Manual of modern Scots

C000162223

William Grant,

James Main Dixon

Alpha Editions

This edition published in 2019

ISBN : 9789353863302

Design and Setting By
Alpha Editions
email - alphaedis@gmail.com

MANUAL OF
MODERN SCOTS

BY

WILLIAM GRANT, M.A. (ABERDEEN)

LECTURER ON PHONETICS IN ABERDEEN TRAINING CENTRE
LECTURER (1916–1920) ON THE HISTORY OF THE ENGLISH LANGUAGE IN ABERDEEN UNIVERSITY
CONVENER OF THE SCOTTISH DIALECTS COMMITTEE

AND

JAMES MAIN DIXON, LITT.HUM.D.

M.A. ST ANDREWS UNIVERSITY
FELLOW OF THE ROYAL SOCIETY OF EDINBURGH
PROFESSOR OF COMPARATIVE LITERATURE IN THE
UNIVERSITY OF SOUTHERN CALIFORNIA

CAMBRIDGE
AT THE UNIVERSITY PRESS
1921

PREFACE

THE idea of this work first occurred to one of the authors, Dr Main Dixon, in the course of his experience in lecturing on Scottish Literature to his students in the University of Southern California. He felt the need of a book to which he could refer them for details of Scottish Grammar and Pronunciation, which he could employ, in class, for the recitation of our literary masterpieces, and which the students themselves, after they left the University, could use either for purposes of declamation or teaching.

The book is divided into three parts. Part I describes the sounds of Modern Scots with examples of their use written in the alphabet of the International Phonetic Association. Part II contrasts Scots Grammar with Standard English usage and gives copious illustrations from Modern Scottish Literature. Part III consists of a series of extracts from Modern Scots writers and a selection of ballads and songs with phonetic transcriptions. Most of these transcriptions are in Standard Scottish Speech (see Introduction, p. xxi); Extracts XII A, XIII A, XVI A, XVII A, IX B, XIV B, may be described as Standard Scottish with local colour; Extracts VII A, XIV A, XX A, XXII A, XXIV A, are intended to represent the exact speech of definite sub-dialects.

The authors desire to express their obligation to the following publishers and writers for kindly allowing them to reproduce copyright matter: Messrs Hurst and Blackett, Ltd. for the passage from George Macdonald's *Alec Forbes*; Dr Charles Murray, and his publishers Messrs Constable and Co., Ltd., for the poem of "The Whistle"; Messrs Douglas and Foulis for the extract from Dr Alexander's *Johnny Gibb*; the Executors of the late Dr John Watson for the passage from *Beside the Bonnie Brier Bush*; Messrs Sands and Co. for the extract from Salmond's *My Man Sandy*[1]; Mr J. Logie Robertson for permission

[1] *My Man Sandy*, published by Messrs Sands and Co., Edinburgh and London, 1*s*. net.

to print "The Absconding Elder" from his *Horace in Homespun*; Mr Joseph Waugh for the story of the "Wooer" from *Robbie Doo*; Mr J. J. Bell for the extract from *Wee Macgreegor* entitled "Taiblet"; Mr Alexander Kennedy for permission to use Mr Alexander Anderson's (Surfaceman's) poem of "Cuddle Doon"; the publishers of the *Dumfries and Galloway Courier and Herald* for the passage from Trotter's *Galloway Gossip*; Mr James S. Angus for the verses entitled "Klingrahool"; Lady Murray, Miss Hilda M. R. Murray and Sir Oswyn Murray for the extract from the Southern Scottish version of "Ruth" by the late Sir James A. H. Murray. Grateful acknowledgement is also due (1) to Professor Lawrence Melville Riddle, Head of the French Department in the University of Southern California, for his careful revision of Part I and his many useful suggestions, (2) to the Rev. Alexander Grieve, M.A., D.Phil., Glasgow, for valuable assistance in the correction and criticism of Parts I and II, (3) to the Rev. Robert McKinlay, M.A., Galston, for much information on local dialect forms and middle Scots, (4) to the Reader and Printers of the Cambridge University Press for their great patience and care in the production of this work.

Finally the authors have to thank the Carnegie Trustees very heartily for the financial guarantee with the help of which the book is published.

W. G.
J. M. D.

December, 1920.

CONTENTS

CHAPTER II. NOUNS

CHAPTER III. PRONOUNS

CHAPTER IV. ADJECTIVES

CHAPTER V. VERBS

CHAPTER VI. ADVERBS

CHAPTER VII. PREPOSITIONS

CHAPTER VIII. CONJUNCTIONS

CHAPTER IX. INTERJECTIONS

CHAPTER X. PREFIXES, SUFFIXES AND COMPOUNDS

PART III. READER: PROSE AND VERSE

PART IV. READER: BALLADS AND SONGS

VALUES OF PHONETIC SYMBOLS IN MID-SCOTTISH

Phonetic Symbol	Ordinary Spelling	Phonetic Transcript	Phonetic Description	Paragraph
ɑː	*twa, a', haar, blaw, daur*	**twɑː, ɑː, hɑːr, blɑː, dɑːr**	Low back lax	64 (1), 175–177
ɑ	*chafts, saft*	**tʃɑfts, sɑft**	Low back lax	64 (1),169,173,174,178,179
ɑɪ	*five, kye, gaiser*	**fɑɪv, kɑɪ, 'gɑɪzər**	Low back lax + high front lax	196–198
ʌ	*butts, whistle*	**bʌts, ʍʌsl**	Mid back tense	64(3),161,170,181–187,200
ʌu	*lowe, rowe*	**lʌu, rʌu**	Mid back tense + high back tense rounded	162, 207, 208
b	*brither*	**'brɪðər**	Voiced lips plosive	7–11
ç	*heuch, heich*	**çjux, hiç**	Breathed front fricative	112
d	*dyke*	**dəik**	Voiced point plosive	25–31, 48, 85
ð	*thae*	**ðeː**	Voiced point-teeth fricative	84–87, 217
eː	*mair, blae, lay*	**meːr, bleː, leː**	Mid front tense	140–143, 151
e	*blate*	**blet**	” ”	140–143, 146
ɛ	*ben*	**bɛn**	Mid front lax	146
ə	*abune*	**ə'byn**	Mid central	188–191
əi	*tyne, eident, fey*	**təin, 'əidənt, fəi**	Mid central + high front tense	194, 200, 201
f	*fyke*	**fəik**	Breathed lip-teeth fricative	74–80, 122
g	*gear, segg*	**giːr, seg**	Voiced back plosive	41–43

Phonetic Symbol	Ordinary Spelling	Phonetic Transcript	Phonetic Description	Paragraph
h	*him*	**hɪ̞m**	Breathed throat fricative	124–126, 217
iː	*dree, reive*	**driː, riːv**	High front tense	131–133, 152
i	*weel, bield, dreich, ream, rede*	**wil, bild, drix, rim, rid**	„ „	131–133, 143, 152, 193, 194
ɪ	*mither*	**'mɪðər**	High front lax	134–137, 142, 151
ɪ̞	*nicht*	**nɪ̞xt**	High front lax lowered	138, 139, 192
j	*leuch, yaval*	**ljux, 'jɑvəl**	Voiced front fricative	105–107, 160, 161
k	*cauld, kye*	**kɑːld, kɑɪ**	Breathed back plosive	33–40
l	*loof, kill*	**lyf, kɪ̞l**	Voiced point-back lateral	49, 59–66
m	*meare, lammas*	**miːr, 'lɑməs**	Voiced lips nasal	9, 10, 46
n	*neeps, thunner*	**nips, 'θʌnər**	Voiced point nasal	47–50, 54
ŋ	*sang, unco*	**sɑŋ, 'ʌŋkə**	Voiced back nasal	51–53
oː	*jo*	**dʒoː**	Mid back tense rounded	164–166
o	*corn, thole*	**korn, θol**	„ „ „	164–166
oɪ	*ploy*	**ploɪ**	Mid back tense rounded + high front lax	205
ɔ	*knock, on*	**knɔk, ɔn**	Mid back lax rounded	167–170
ɔɪ	*boy*	**bɔɪ**	Mid back lax rounded + high front lax	205
øː	*fuird, use* (vb.)	**føːrd, jøːz**	Mid front tense rounded	149–154
ǫː	*snaw, auld*	**snǫ, ǫːld**	Low back tense rounded	171, 172, 177

Phonetic Symbol	Ordinary Spelling	Phonetic Transcript	Phonetic Description	Paragraph
p	*pech, happit*	**pɛx, 'hɑpət**	Breathed lips plosive	4–6, 11
r	*richt*	**rɪ̣xt**	Voiced point trilled	49, 67, 69–72
s	*soom, wyce*	**sum, wəis**	Breathed fore-blade fricative.	88–91
ʃ	*shunners, parritch*	**'ʃʌnərz, 'pɑrɪtʃ**	Breathed after-blade fricative	91, 95–100
t	*traik, cutty*	**trek, 'kʌtɪ̣**	Breathed point plosive	12–24, 98, 99
θ	*thoom, couthie*	**θum, 'kuθɪ**	Breathed point-teeth fricative	82, 83, 86
u:	*coo, pu'* or *poo*	**ku:, pu:**	High back tense rounded	64 (3), 157–162
u	*broon, doute*	**brun, dut**	” ” ”	64 (3), 119, 157–162
v	*vera, seiven, chivvy*	**'vɛrə, səivn, 'tʃɪvɪ̣**	Voiced lip-teeth fricative	75–81, 114, 118
w	*wulks*	**wʌlks**	Voiced lips-back fricative	113–119, 152, 210
ʍ	*wha*	**ʍɑ:**	Breathed lips-back fricative	120–123, 210
x	*loch*	**lɔx**	Breathed back fricative	108–111
y	*guid, mune*	**gyd, myn**	High front lax rounded	147, 148, 151
z	*cruisie*	**'krø:zɪ**	Voiced fore-blade fricative	92–94
ʒ	*fushion*	**'fu:ʒən**	Voiced after-blade fricative	101–104

: Placed after a vowel symbol, indicates maximum length.

+ Placed after a symbol, indicates that the point of the tongue is advanced.

– ” ” ” ” ” ” retracted.

' Placed before a syllable, indicates that the syllable is stressed.

˳ Placed under a symbol, indicates a breathed sound.

ˌ ” ” ” that the sound is syllabic.

VALUES OF PHONETIC SYMBOLS USED IN OTHER VARIETIES OF SCOTTISH DIALECT

Phonetic Symbol		Phonetic Description	Paragraph
a	A substitute for **ɑ** in some Celtic areas	Low back lax advanced	180
æ	Very similar to Sth. E. sound in "*man.*" Used for **ɛ** in words like *men*, *pen* in Sc. of Sth. Counties	Low front lax	155
ę	Heard in some dialects instead of **ɛ**	Low front tense	156
ɲ	Once common in Sc. speech and written *nȝ*, but now heard only in Sth. Counties	Voiced front nasal	56, 57
ʎ	Once common in Sc. speech and written *lȝ*, but now heard only in Sth. Counties	Voiced front lateral	61
ɹ̣	An untrilled **r** in which the tip of the tongue is turned back towards the hard palate; heard in some Celtic areas, e.g. Caithness	Voiced point fricative retro-flex	68
ɟ	Heard in some northern districts for **gj**	Voiced front plosive	32
ʔ	Heard in some mid dialects generally before **t**, **p**, **k**, or as a substitute for these consonants in medial and final position	Throat plosive	44
ʊ	First element in diphthong **ʊə**	High back lax rounded	163, 210

A Phonetic symbol printed in italics represents a sound that may be omitted in pronunciation; thus **ɑ:l***d* indicates that it is optional to say **ɑ:l** or **ɑ:ld**.

CONTRACTIONS

E.	*Literary English as pronounced in Scotland by the majority of educated speakers.
Sth. E.	*Literary English as pronounced in London and the South of England by the educated majority.
O.E.	Old English, chiefly as it has come down to us in West Saxon Texts.
Sc.	Standard Scots—the language spoken in the mid area of Scotland. See Introduction.
N.S.E.W.	North, South, East, West.
M.Sc.	Middle Scots (from 1450–1600).
Mod. Sc.	Modern Scottish (from 1600).
Ph.	Phonetics.
Gr.	Grammar.
Du.	Dutch.
Fr.	French.
Gael.	Gaelic.
Ger.	German.
Gr.	Greek.
It.	Italian.
Lat.	Latin.
Port.	Portuguese.
Scan.	Scandinavian.
Sp.	Spanish.
sb.	Substantive.
adj.	Adjective.
pro.	Pronoun.
vb.	Verb.
adv.	Adverb.
prep.	Preposition.
conj.	Conjunction.
inter.	Interjection.
part.	Participle.
pres.	Present.
pret.	Preterit.

* See *Pronunciation of English in Scotland*, by W. Grant, and *Pronunciation of English*, by D. Jones. Cambridge University Press.

INTRODUCTION

THE phonetic texts in this volume are intended chiefly for the use of students of Scottish literature who have few or no opportunities of hearing the language in its spoken form. A study of the texts will enable the student to read or recite any passage from Scottish literature with a pronunciation which would be recognised as Scottish wherever it be spoken. In our Colonies, in the United States, in educational centres all over the world, are to be found lovers of our national literature who will welcome the means we offer, of increasing their enjoyment of its masterpieces. It is a keen artistic pleasure—which is, indeed, not a small thing—to be able

> To lend to the rhyme of the poet
> The beauty of the voice.

We have seen in recent years a revival of interest in Scottish history, literature and antiquities. This renaissance has extended to our Scottish Schools, and Scottish literature is now not only studied but read aloud and recited by our pupils. We trust that the description of Scottish sounds and the series of phonetic texts contained in this volume may prove helpful to our teachers in settling difficulties of pronunciation and in establishing a certain amount of uniformity in the public use of our ancient national speech.

At the present time, Scottish dialect varies from one district to another all over the Lowland area, in pronunciation, idiom, vocabulary, and intonation. Most of our Scottish writers, however, have refused to bind themselves to any local form of dialect. Like Molière, they take their good where they can get it. They use the Scottish tongue and address themselves to Scottish speakers everywhere. They aim to be understood by the nation and not merely by the parish or county. "I simply wrote my Scots as I was able," remarks Stevenson, "not caring if it hailed from Lauderdale or Angus, Mearns or Galloway; if I had ever heard a good word, I used it without shame, and when

Lingua Scottica

Scots was lacking or the rhyme jibbed I was glad, like my betters, to fall back on English." It is this ingrained consciousness of a general Scottish speech—of a real "Lingua Scottica" apart from dialect varieties—that explains the almost passionate insistence of patriotic Scotsmen on the use of the term "Scottish Language." And certainly the term "language" is as applicable to our speech as it is to Danish or Norwegian, for like these, it has a national life and a national literature behind it. Our literature goes back to the time when Scotland had a King and Court of her own in Edinburgh, when Scottish was the language of the University, the School, and the fashionable courtiers of the ancient capital. The language was used all over Scotland in official documents, Session Records, Town Council Minutes, with practically no distinction of dialect. In *The Heart of Midlothian* Scott makes the Duke of Argyll say of Lady Staunton (Effie Deans) that her speech reminded him of "that pure court-Scotch which was common in my younger days, but it is so generally disused now that it sounds like a different dialect, entirely distinct from our modern patois." Even at the present time, however, we have still a vague belief in a standard pronunciation corresponding to the written language. This belief manifests itself in the public reading or recitation of whatever is not patently topical in purpose. An Aberdonian reciting a national ballad in public would instinctively avoid his local "fa" for "wha" (*who*), and "meen" for "mune" (*moon*). So also a Glasgow man would avoid as far as he could his local pronunciation of **wǫʔər** (*water*), i.e. he would certainly insert the **t**. Neither would completely veil his locality from the average audience, but he would undoubtedly tone down his district peculiarities. "That is not *my* Scots," a critic might say of his speech, "but it is very good all the same."

Literary Scottish is undoubtedly founded on a Lothian dialect. The Lothian type of Scottish speech is spread over a wide area of Mid Scotland, comprising the counties of Berwick, Peebles, Haddington, Edinburgh, Linlithgow, Fife, Clackmannan, Kinross, Stirling, Dumbarton, Renfrew, Bute, Ayr, Lanark, Wigtown, Kirkcudbright, and West Dumfries. The language spoken over this Mid district might be conveniently styled "Standard

Scots." It is not absolutely uniform over this area, but the points of agreement are sufficient to mark it off distinctly from the dialects of the Southern and North-Eastern Counties. It corresponds better than the other dialects to the spelling of the literary language, and it comprises the area of the Old Scottish Court and the largest present Scottish population. We shall use it, therefore, for the interpretation of literary Scottish in the great majority of our phonetic texts, carefully noting variant pronunciations and eliminating localisms which do not correspond with general Scottish usage.

A few texts with suitable explanations are also given of other Scottish dialects. These are the dialects (1) of the Southern Counties—Selkirk, Roxburgh, East and Central Dumfries; (2) of the North-Eastern Counties—Aberdeen, Banff, Moray, Nairn, Caithness; (3) of the Orkney and Shetland Islands (founded on Standard Scottish with Scandinavian elements); (4) of Kincardine and Forfar (intermediate to the Mid and North-Eastern).

The Alphabet used in the phonetic descriptions is that of the International Association, with certain modifications to adapt it to Scottish needs. The formation of the sounds is fully described and key-words are given from modern European languages. The authors hope that anyone with an elementary knowledge of Phonetics will find little difficulty in following the texts.

PART I

PHONETICS

CONSONANTS

1. TERMS USED IN DESCRIBING CONSONANTS

Back	Part of tongue opposite soft palate.
Blade	Part of tongue between the point and the front (i.e. middle) and opposite the upper teeth ridge.
Breathed	Means that the consonant is produced with the vocal chords wide apart so that breath passes.
Consonant	Is a speech sound, breathed or voiced, in which the breath current is completely or partially checked in some part of the throat or mouth, or forces its way out with audible friction.
Fricative	Is a consonant in which the breath current, in its passage out from the lungs, is so narrowed that it has to force its way out with audible friction.
Front	The middle of the tongue, opposite the middle of the hard palate.
Glottal	Implies that the stop or friction takes place in the glottis, i.e. the space between the vocal chords.
Hard palate	Part of the roof of the mouth between the upper teeth ridge and the soft palate.
Lateral	Is a consonant in which the breath current is partially checked by some part of the tongue but finds egress by the side or sides.
Nasal	Is a consonant in which the breath current is completely checked in the mouth but passes through the nose.
Plosive	Is a consonant in which the breath current is momentarily checked on its way out and then issues with a plosion.
Point	Tip of tongue.

Soft palate	Is the soft, fleshy part in the roof of the mouth, behind the hard palate.
Trill	Is a consonant, produced by the vibration of some flexible part of the vocal organs, e.g. by the tongue or the uvula.
Uvula	Pendulous tongue at the extremity of the soft palate.
Vocal chords	Are two elastic folds of mucous membrane, so attached to the cartilages of the larynx and to muscles that they may be stretched or relaxed and otherwise altered so as to modify the sounds produced by their vibration. (*Imperial Dictionary.*)
Voiced	Means that the consonant is produced with the vibration of the vocal chords and hence has a musical quality.

2. TABLE OF CONSONANTS

	Lips	Lips Back	Lip Teeth	Point Teeth	Point	Point Back	Blade		Front	Back	Throat	
							Fore	After				
Stop or Plosive	p b				t d				ɟ	k g	ʔ	Stop or Plosive
Nasal	–m				–n				ɲ	ŋ̊ ŋ		Nasal
Lateral						l			ʎ			Lateral
Trilled					r̥ r							Trilled
Fricative or Open		ʍ w	f v	θ ð	ɹ̣		s z	ʃ ʒ	ç j	x–	h	Fricative or Open

PLOSIVES

3. A plosive is a consonant in which the breath current, breathed or voiced, is completely checked in some part of the mouth, generally issuing with a burst or plosion.

p

4. *Breathed lips plosive.* The breath current is blocked at the lips, issuing after a short pause in a plosion.

5. The sound is the same as the E. **p** and is written with *p* or *pp* (after short vowels).

Sc.	Ph.	E.
taupie	**ˈtɑːpɪ̞**	a foolish woman
tappit	**ˈtɑpət**	topped.

6. Notice **p** for E. **b** in

lapster	**ˈlɑpstər**	lobster
nieper (N.E. Sc.)	**ˈnipər**	neighbour.

b

7. *Voiced lips plosive.* Same sound as **b** in E. "but."

8. Generally spelled *b* or *bb* (after short vowels).

Sc.	Ph.	E.
birk	**bɪ̞rk**	birch
scabbit	**ˈskɑbət**	scabbed.

9. Between **m** and **ər**, and **m** and **l**, **b** does not occur in Sc., though found in E.

chalmer	**ˈtʃɑːmər**	chamber
lammer	**ˈlɑmər**	amber
timmer	**ˈtɪ̞mər**	timber
rummle	**rʌml**	rumble
skemmel	**skɛml**	shamble
thummle	**θʌml**	thimble
tummle	**tʌml**	tumble.

10. **m** and **b** are both voiced sounds and formed at the lips. In **m**, however, the nasal passage is open. If, in pronouncing **m**, the nasal passage is closed prematurely, the consonant **b** will be heard.

11. Note **b** in Sc. instead of E. **p** in **'barlɪ** "parley," **'babtɪst** (W. and Sth. Sc.) "baptist," **kabtn** (W. Sc.) "captain."

t

12. *Breathed point plosive.* This consonant is formed generally as in E., the breath current being blocked at the point of the tongue and the apex of the upper gum. In some dialects, e.g. in Orkney and Shetland, the point of the tongue is advanced to the teeth.

13. **t** is dropped

Sc.	Ph.	E.
(1) after **k**:		
perfec'	**'pɛrfək**	perfect
reflec'	**rə'flɛk**	reflect
stric'	**strɪk**	strict;
(2) after **p**:		
corrup'	**kɔ'rʌp**	corrupt
empy	**'ɛmpɪ**	empty
temp'	**tɛmp**	tempt;
(3) after **x** medial in a few words:		
lichnin	**'lɪxnən**	lightning
tichen	**tɪxn**	tighten
frichen	**frɪxn**	frighten
fochen	**foxn**	fought.

14. Note that in dialects in which the suffix vowel is dropped, inflectional **t** is retained after **p** and **k**: e.g. *sipped,* **sɪpt**; *keeked,* **kikt.**

15. The loss of final **t** in the words in Ph. § 13 (1), (2) may have been begun in such combinations as *strict truth,* **strɪkt tryθ** where **t** after **k** becomes first a pure stop and then disappears completely. In E. "empty" (O.E. *ǣmtig*) the **p** is originally intrusive. If the sound **m** is unvoiced and denasalized before the tongue takes the position for **t**, **p** will be the result. This new formation **mpt** is not an easy one and therefore not long stable. In E. ordinary pronunciation **p** is generally dropped, hence **'ɛmtɪ**; in many Sc. dialects the original **t** is lost, hence **'ɛmpɪ.**

16. **t** is usually unsounded between **f** and **n**, **s** and **l**, **s** and **n**:

Sc.	Ph.	E.
cuisten	**kysn**	cast (pt. part.)
saften	**sɑfn**	soften
wrastle or *warsle*	**rɑsl** **wɑrsl**	wrestle;

but *castle* is very generally pronounced **ˈkɑstəl.**

17. The verbal or adjectival termination *ed* becomes **ət** after **p**, **t**, **k**, **b**, **d**, **g**, except in Caithness dialect where it is **əd.**

Sc.	Ph.	E.
happit	**ˈhɑpət**	covered
frichtit	**ˈfrɪxtət**	frightened
gairdit	**ˈgerdət**	guarded
raggit	**ˈrɑgət**	ragged
rubbit	**ˈrʌbət**	rubbed
swickit	**ˈswɪkət**	deceived.

18. An inorganic **t** occurs in *suddent*, **sʌdnt**, *suddently*, **ˈsʌdntlɪ**, probably due to the influence of words like *evident*, *apparent*, etc. So also we find inorganic **t** in *oncet*, **wʌnst**, **jɪnst**; *twicet*, **twəist** (Lnk.), perhaps on the analogy of the regular ordinal termination *t* in *fift*, *sixt*, etc.

19. In *anent*, *foranent*, **əˈnɛnt**, **forəˈnɛnt**, "in front of," "in comparison with," the **t** is excrescent. The O.E. is *anefn* (lit. *on even*) which later became *anemn* and *anen*, then *anent*. In Wyclif's time a Genitive ending in *es* was added on the analogy of words like *thennes* = "thence," etc., and his form of the word is *anentis*.

20. **t** replaces **k** in **twʌlt** "quilt," in many dialects.

21. In Forfar and East Perth, **t**[1] takes the place of **k** before **n** as

Sc.	Ph.	E.
knee	**tniː**	knee
knife	**tnəif**	knife
knock	**tnɔk**	clock
knowe	**tnʌu**	knoll.

[1] This **t** must have been preceded by a sound intermediate to **t** and **k**, properly a *breathed front plosive* formed in the same part of the mouth as the fricatives **j ç**.

22. **t** takes the place of E. **θ** in ordinals:

Sc.	Ph.	E.
sixt	**sɪ̞kst**	sixth.

23. In the Orkney and Shetland dialects *t* and *d* (both *point teeth* sounds) replace *th* in such words as *thin* and *the,* thus **dat tɪ̞n tɪ̞ŋ** = "that thin thing."

24. For *tu* and *tou* = "thou," see Ph. § 217 (*d*).

d

25. *Voiced point plosive.* This is the voiced sound corresponding to **t** and is pronounced generally in the same way as in E. In the Orkney and Shetland dialects, the point of the tongue is advanced to the teeth.

26. Many of the Scottish dialects, especially the North East, have no **d** after **n** and **l** as in E.

(1) after **n**:

Sc.	Ph.	E.
can'le	**kanl**[1]	candle
han'	**han**[1]	hand
lan'	**lan**[1]	land
len'	**lɛn**	lend
soun' (noise)	**sun**	sound
soun' (healthy)	**sun**	sound
thunner	**'θʌnər**	thunder
wunner	**'wʌnər**	wonder.

In *len'*, *soun'* (noise) and *thunner* the **d** in E. is inorganic.

(2) after **l**:

aul'	**ɑ:l**	old
caul'	**kɑ:l**	cold
faul'	**fɑ:l**	fold.

Usage in Mid. Sc. varies, so we write such words in the texts **lan***d*[1], **ɑ:l***d*, etc.

26 (*a*). In the N.E. *feedle*, **fidl**; *wordle*, **wɔrdl** show a metathesis of **d** and **l** as compared with the E. forms.

27. The sound **d** in *hand* is produced by closing the nasal passage, without stopping the emission of voice. If the nasal passage is kept open till the end of the word, no **d** is heard, but

[1] **ɑ:**

only a prolongation of the **n**. This prolonged **n** may still be heard in some dialects, although in most it has now been shortened. **l** and **d** are likewise formed in the same part of the mouth —i.e. between the tip of the tongue and upper teeth ridge—only in **l** the sides of the tongue droop to allow the emission of the voiced breath. The change from **ld** to a lengthened **l** is therefore a very simple one.

28. In some Mid. and Sth. dialects, *it* = **ɪt** becomes **d** after voiced sounds: e.g.

aa meind oad fine.
ɑ məind od fəin.
"I remember it well."

hwaat izd?	*hwaat wuzd?*
ʍɑt ɪzd?	**ʍɑt wʌzd?**
"What is it?"	"What was it?"

Wilson's *Lowland Scotch*, p. 86.

hi gies the man'd.
hei giːz ðɛ mɑnd.
"He gives it to the man."

Murray's *Dialect of Sth. Sc.* p. 191.

t however is also found.

28 (*a*). Notice **d** in **bodm**, "bottom," and in **dɪʃɪ'lakə**, *dishilago*, from "tussilago, coltsfoot."

29. **d** takes the place of **θ** or **ð** in E., in

Sc.	Ph.	E.
study or *stiddy*	**'stʌdɪ** or **'stɪdɪ**	stithy
smiddy	**'smɪdɪ**	smithy
widdy	**'wɪdɪ, 'wʌdɪ**	withy—hangman's noose, the gallows.

30. In the Buchan dialect **d** is used for **ð** before **ər**. In the fisher dialects of Aberdeenshire **d** in these words is *point teeth plosive.*

fader	**'fɑdər**	father
midder	**'mɪdər**	mother
bridder	**'brɪdər**	brother
idder	**'ɪdər**	other
badder	**'bɑdər**	bother.

31. At an early period in the history of the language, a change of **d** to **ð** before *er*, **ər** had occurred all over the country. Thus we get forms like *ether*, *father*, *blether* (see Ph. § 85), O.E. *nǣdre*, *fæder*, *blǣdre*. In the N.E. (also in Linlithgow and Edinburgh to some extent) a further change took place. All words having **ðər** substituted **dər**: thus *ether*, *father*, *blether*, become *edder*, *fader*, *bledder*, and, further, words like "brother, other, feather," O.E. *brōðor*, *ōðer*, *feðer*, become *bridder*, *idder*, *fedder*.

ɟ

32. *Voiced front plosive.* This is the plosive corresponding to the fricative **j** in "young" (see Ph. § 105). The front (i.e. the middle) of the tongue rises further than for **j** until it presses against the hard palate so as to form a stop to the breath current. **ɟ** is not common in Sc. but may be heard in some parts of Buchan, e.g. **əm ɟɑən ə'wɑː hem**, *am gyaun awa' hame*, "I am going away home."

k

33. *Breathed back plosive.* This sound is the same as **k** in E. "cook" and is formed by the back of the tongue pressing against the soft palate. When a front vowel follows **k**, the area of articulation is further forward on the roof of the mouth.

34. **k** is written with the letter *c*.

(1) Before back vowels:

Sc.	Ph.	E.
cauf	**kɑːf**	chaff
cour	**kuːr**	cower
cowt	**kʌut**	colt
curchie	**'kʌrtʃɪ**	curtsey.

(2) Before **r**, **l**:

crap	**krɑp**	crop
cleed	**klid**	clothe.

(3) Before front vowels derived from back vowels, *c* also is more common than *k*:

	Sc.	Ph.	E.
	cairts	**kerts**	cards
	cuinie	**'kynjɪ**	coin *or* corner
	cuits	**kyts**	ankles
	scuil (old)	**skyl**	school.
But	*kail*	**kel**	cole
	kaim	**kem**	comb
	skule	**skyl**	school.

Note also *schule* as a common spelling for "school."

35. The letter *k* is used regularly before *e* and *i* and *y*, i.e.:

(1) before **ɛ, ɪ, ɪ̢, əi**:

keckle	**kɛkl**	cackle
ken	**kɛn**	know
kep	**kɛp**	catch
kist	**kɪ̢st**	chest
kivvy	**'kɪvɪ**	covey, group
kypie	**'kəipi**	a game of marbles played with a hole in the ground
kythe	**kəiθ**	make *or* become known
kyte	**kəit**	belly.

(2) before **n**:

knee	**kniː**	knee
kneel	**knil**	kneel
knock	**knɔk**	clock.

36. The pronunciation of **k** before **n** is still to be heard in the North-East, but it is practically obsolete in the Mid. district.

37. Many Sc. words have **k** instead of E. *ch*, = **tʃ**, supposed by many to be the result of Scandinavian influence.

kirk	**kɪ̢rk**	church
birk	**bɪ̢rk**	birch
poke	**pok**	pouch
breeks	**briks**	breeches
sic	**sɪ̢k**	such
lerrick, larick	**'lɛrɪ̢k, 'lɑrɪ̢k**	larch.

38. **skl** replaces E. **sl** in many words and is written *scl* or *skl.*

Sc.	Ph.	E.
sclice (O.Fr. *esclice*)	**skləis**	slice
sclate (O.Fr. *esclat*)	**sklet**	slate
sclent	**sklɛnt**	slant
sclender (O.Fr. *esclendre*)	**'sklɛndər**	slender.

39. **sk** often stands for E. *sh* = **ʃ**.

skelf (O.E. *scilfe*)	**skɛlf**	shelf
skemmels (O.E. *scamel*)	**skɛmlz**	shambles.

40. N.B.:

paitrick[1]	**'petrɪk**	partridge
acqueesh	**ə'kwiʃ**	between.

g

41. *Voiced back plosive.* Corresponds to the so-called hard *g* in E. "gun." It often stands for E. final *dge* = **dʒ** as in:

42.

Sc.	Ph.	E.
brig	**brɪ̢g**	bridge
rig	**rɪ̢g**	ridge
segg	**sɛg**	sedge.

43. **g** is rarely pronounced now before **n** as in *gnaw.* In Buchan it may still be heard, e.g. "a gnawing tooth" becomes *a gnyauvin teeth* = **ə 'gnjɑːvən tiθ**.

ʔ

44. *Glottal stop or plosive.* This sound is produced by the sudden closing of the glottis followed by a slight plosion. It may occur before the voiceless plosives **p, t, k**, and sometimes before **n** and **ŋ**. It may be heard occasionally in other positions, for instance finally in exclamation *No!* **nɔʔ!** It is most common in the Mid. region, especially between Glasgow and Stirling, but does not extend into the Southern Counties or Galloway. **ʔ** very frequently takes the place of a medial or final consonant, e.g. "butter, water, that" may be pronounced **'bʌʔər, 'wɑʔər, ðɑʔ** as in the Glasgow district. The reader may use this sound before

[1] Fr. *perdrix*, Lt. *perdīcem*.

t, **p**, **k** or omit it. We have used this symbol in the extract from J. J. Bell's *Wee Macgreegor*.

NASALS

45. A nasal consonant is a speech sound in which the breath current is checked in some part of the mouth, but finds free passage through the nose.

m

46. *Voiced lips nasal.* The same sound as **m** in E. "more," etc. This sound differs from the stop consonant **b** in the fact that the breath current passes through the nose. Hence **m** often develops into **b** and **b** is often changed into **m**. Many words in Sc. have no **b** after **m** as in E. See Ph. § 9.

n

47. *Voiced point nasal.* This sound is identical with E. "n" in "no," etc. The point of the tongue touches the apex of the upper gum. Only in cases of assimilation is it advanced to the teeth, e.g. in *lenth*, **lɛnθ**, "length." In the Insular dialects it is generally of the *point teeth* variety.

48. **n** differs from the stop **d** only in one detail, viz. that the breath current passes through the nose. Hence **nd** may easily change into **n** and **n** develop into **nd**. Sc. generally has **n** instead of E. *nd*. See Ph. § 26 (1).

49. Note **n** for E. **l** and E. **r** in

Sc.	Ph.	E.
flannen	**'flanən**	flannel
garten	**'gɛrtən**	garter

and the loss of **n** in *upo'*, **ə'po** = "upon."

50. **n** takes the place of **ŋ** (see Ph. § 51) by assimilation in:

Sc.	Ph.	E.
lenth	**lɛnθ**	length
strenth	**strɛnθ**	strength.

ŋ

51. *Voiced back nasal.* In this sound the breath current is checked between the back of the tongue and the soft palate and finds egress through the nose. It is practically the stop **g** nasalized. The sound is heard in E. "song."

52. It is written *ng* at the end of a syllable and *n* before a back consonant.

Sc.	Ph.	E.
bink	**bɪ̞ŋk**	shelf
gang	**gɑŋ**	go
hing	**hɪ̞ŋ**	hang
singe	**sɪ̞ŋ**	singe.

53. In words of the following class, **g** is not heard in Sc.:

hungry	**'hʌŋrɪ̞**
langer	**'lɑŋər**
single	**sɪ̞ŋl**

54. The E. verbal termination *ing* is replaced by **ɪ̞n**, or more commonly **ən** in Sc. Most Sc. dialects have lost the distinction between the old Pres. Part. in *an(d)* and the infinitive or verbal noun in *in(g)*. The Caithness and Southern dialects still mark the distinction.

Sicna gutterin a noor saw.
'sɪ̞knə 'gʌtəɹ̣ɪn ə nuːɹ̣ sɑː.
"Such messing I never saw."

Fat ir ye gutteran aboot.
fat ɪɹ̣ jɪ 'gʌtəɹ̣ɑn ə'but.
"What are you messing about?"
Nicolson's *Caithness Dialect*, p. 19.

The heale beakin o' neuw beak'n breid 'at schui was thràng beakand yestreen.

ðɛ hɪəl 'bɪəkin o nɪu 'bɪəkŋ brid ət ʃø wʌz θrɑŋ 'bɪəkɑn jɛ'strin.

"The whole baking of new baked bread that she was busy bakĭng last night."

Murray's *Dialect of the Sth. Counties of Sc.* p. 211.

55. The breathed nasals **m̥**, **n̥**, **ŋ̊**, are not regular sounds in most of the Sc. dialects; **m̥** may be heard in the exclamation **mm̥m** = *iphm*!

ŋ̊ occurs in the Shetland dialect:

knee	**ŋ̊ŋi:**	knee
buncle	**bjɔŋ̊kl**	a knot or lump.

ɲ

56. *Voice front nasal.* Raise the front of the tongue (as in **j**) until it blocks the breath current across the middle of the hard palate, then drive the voice through the opened nose-passage and the result is the sound **ɲ**. Heard in Fr. *signé*, It. *degni*, Sp. *cañon*, Port. *minha*. In Sc. this sound survives only in the dialect of the Sth. Counties. In Middle Scots it was written *nȝ*, (cf. *lȝ* Ph. § 61); this *nȝ* was confused with *nz* and hence arose the modern spelling pronunciation of some proper names that had originally **ɲ**.

	E. Ph.	Modern Sc. Ph.	Middle Scots Ph.
Menzies	′mɛnzɪz	′miŋɪz	′miɲɪz
Mackenzie	mə′kɛnzɪ	mə′kiŋi (rare)	mə′kiɲi
Cockenzie	kɔ′kɛnzɪ	kɔ′kɛn(j)ɪ	kɔ′kɛɲɪ
Gaberlunzie	gabər′lʌnzɪ	gɑbər′lunjɪ	gɑbɛr′luɲɪ.

This old sound is now generally represented by **ŋ** or **ŋj** or **nj**, e.g.:

Middle Sc.	Ph.	Mod. Sc.	Ph.	E.
feinzit	′feɲɪt	feinyit	′feŋɪt (rare)	feigned
meinzie	′meɲɪ	meingie	′meŋɪ	crowd
spanzie	′spɑɲɪ	spaingie	′speŋɪ	Spanish cane
cuinzie	′kyɲɪ	cuinyie	′kynjɪ (rare)	coin.

57. Words like "sing" and "reign" (Fr. *règne*) were rhymes or half-rhymes until a comparatively recent period:

"Yes, in the righteous ways of God
With gladness they shall *sing*,
For great's the glory of the Lord
Who shall for ever *reign*."

Scottish Metrical Psalms (138. 5).

58. Note form *drucken* {**drʌkn** / **drʌkŋ**} "drunken."

LATERALS

l

59. *Voiced point lateral.* (*a*) This sound is formed by the point of the tongue touching the apex of the upper gum while the breath current escapes by the side or sides of the tongue. The back of the tongue is not raised. This is the sound that is commonly heard in E. words beginning with **l**. It does not ring so sharp and clear as Fr. **l**, in which the point of the tongue is always more advanced—touching the teeth. This form of **l** is rare in Sc.

60. *Voiced point-back lateral.* (*b*) This variety of **l** is formed in the same way as (*a*) except that the back of the tongue is also raised as for the vowel **u** or **o**. The acoustic effect is that of a deeper sound. It is common in E. after a vowel or consonant. In the E. *little* the first *l* is (*a*) and the second (*b*). In Sc. *little* both *l*'s are of the (*b*) variety and the vowel is not **ɪ** as in E. but **ɪ̞** or **ə** or **ʌ**.

61. *Voiced front lateral.* (*c*) In this sound the front, i.e. the middle of the tongue, presses against the hard palate and the breath current escapes at the side or sides of the tongue. The French call this sound *l mouillé*. It is replaced now in Standard French by **j** but survives in the dialects and it is heard also in It. *egli*, Sp. *llano*, Port. *filho*. It is still used in Sth. Sc. (see Murray's *Dialect of the Southern Counties of Scotland*, p. 124), but in the other dialects it has been replaced by **l** or **lj**. Its phonetic symbol is **ʎ**. In Middle Scots this **ʎ** was written *lȝ* (cf. *nȝ*, Ph. § 56). The printers confused this digraph with *lz* and this new spelling has influenced the pronunciation of some words; e.g. *Dalȝell* was printed *Dalzell* and many people now pronounce it **dal'zɛl** instead of **dal'jɛl** or the popular **dɪ'ɛl** and **də'ɛl**.

Middle Scots.	Ph.	Mod. Sc.	Ph.
bailzie	'beʎɪ	baillie	'bəili, 'beljɪ
spulzie	'spyʎɪ	spulyie	'spylɪ, 'spulɪ
tailzeour	'teʎur	teyler	'təiljər, 'teljər.

62. When *l* occurs between back consonants, a peculiar sound is often heard in Sc., which is formed in the back of the mouth by a narrowing of the breath passage. This sound may be heard instead of **l** (*b*) in such phrases as *muckle gowk*, "big fool," *muckle gweed*, "much good."

63. In our general texts, we shall use only the symbol **l** denoting in most cases the *voiced point-back lateral.*

64. After short back vowels in Sc., **l** became a vowel and formed a diphthong with the preceding vowel.

(1) When the preceding vowel was **ɑ**, the resulting diphthong **ɑu** was monophthongized at an early period into **ɑː**, sometimes shortened.

Sc.	Ph.	E.
ba'	**bɑː**	ball
ha'	**hɑː**	hall
cauk	**kɑːk**	chalk
hause	**hɑːs**	halse (neck)
palmie	**'pɑːmɪ̜**	a stroke on the hand
saut	**sɑːt**	salt
scaud	**skɑːd**	scald
Wattie	**'wɑtɪ̜**	Walter.

In Mid. Sc. this **ɑː** is also pronounced **ǫː**.

(2) **ɔl** becomes **ɔu** and remains so in Sth. Sc. (Ph. § 209). In the other dialects **ɔu** has been levelled under **ʌu** (Ph. § 207).

bowe	**bʌu**	boll
cowt	**kʌut**	colt
knowe	**knʌu**	knoll
powe	**pʌu**	poll
rowe	**rʌu**	roll.

(3) **ŭl** became **uu** and then **uː**, sometimes shortened to **u** and in stressless position unrounded to **ʌ**.

buik	**buk**	bulk
coom	**kum**	culm
couter	**'kutər**	culter
foo	**fuː**	full

Sc.	Ph.	E.
foomart, fumart[1]	**'fumərt**	fulmart
poo, pu'	**pu:**	pull
poopit	**'pupɪt**	pulpit
shoother	**'ʃuðər**	shoulder
sud	**sʌd, sud**	should.

65. The letter "*l*" in the above cases was retained in the written language long after it ceased to be sounded. Its appearance came to indicate a long vowel or diphthong and consequently it was often inserted in words to which it did not belong etymologically. Examples of this curious spelling may be found in Modern Sc.

nolt	**nʌut**	neat (cattle)
chalmer	**'tʃɑ:mər**	chamber.

This intrusive "l" was sometimes even pronounced, thus the "Nolt Loan" in Arbroath, Forfar, is now pronounced **nolt lon**.

66. Note **l** for **n** in

chimley	**'tʃɪmlɪ, 'tʃʌmlɪ**	chimney.

THE TRILL

r

67. *Voice point trilled.* This sound is formed by the trilling of the point of the tongue against the upper gum. It occurs in words in all positions.

68. In Celtic districts a point fricative consonant with the point of the tongue turned backwards is commonly heard, the symbol for which is **ɹ̣**. The *voice point fricative,* commonly called untrilled **r**, is not a Sc. sound.

[1] *Fumart=fūl*(foul)*mart.* *ū*=**u:** was shortened in the compound. *ŭl* became a diphthong and then a long vowel. The **u** is now generally short.

69. In many Sc. words as compared with E., **r** exchanges position with the preceding or following vowel.

Sc.	Ph.	E.
corss	**kors, kɔrs**	cross
girse	**gɪ̞rs**	grass
Curshanks	**'kʌrʃəŋks**	Cruickshanks
kirsen	**'kɪ̞rsən**	christen
warsle	**wɑrsl, wɑːrsl**	wrestle
brunt	**brʌnt**	burnt
crub	**krʌb**	kerb
truff	**trʌf**	turf
rhubrub	**'rubrʌb**	rhubarb
provribs	**'provrɪbz**	proverbs
wrat	**wrɑt**	wart.

70. In many speakers a vowel is heard (1) before "**r**" in words like

shrub	**ʃərʌb**	
shrill	**ʃərɪ̞l**	

(2) Occasionally after **r**, before **l** and **m**, as in:

farrel	**'fɑrʌl**	a quarter of cakes
airm	**'erʌm**	arm
worm	**'wʌrʌm**	

71. In the Avoch dialect of the Black Isle, Rosshire, **r** takes the place of **n** in words like *knife, knee, knock*, etc. = **krəif, kriː, krɔk.**

72. In the N.E. **freː** = *from* becomes **feː**. In Sth. Sc., an unvoiced **r** is heard in some parts in words like *three, thrae* (*frae*), *throat*, **r̥iː, r̥æː, r̥ot.**

FRICATIVES

73. A fricative is a consonant breathed or voiced where the breath passage is narrowed so that the breath has to force its way out with audible friction.

f

74. *Breathed lip-teeth fricative.* This consonant is formed between the lower lip and upper teeth as in E. **f**.

v

75. **v** is the voiced counterpart of the last sound and is also similar to E. **v**.

76. **f** takes the place of E. **v** in the plurals of some nouns.

Sc.	Ph.	E.
knifes[1]	**knəifs**	knives
leafs	**lifs**	leaves (sb.)
wifes	**wəifs**	wives.

77. **f** and **v** often disappear medially and finally in Sc.

e'en	**i:n**	even
ower	**ʌur**	over
weel-faurt	**'wil 'fɑ:rt**	well favoured
doo	**du:**	dove, pigeon
gie, gya, gae	**gi:, gjɑ:, ge:**	give, gave
lea'	**li:**	leave
lo'e	**lu:**	love
pree	**pri:**	prove, taste
shirra	**'ʃɪrə**	sheriff.

78. **f** and **v** are often lost after **l** and **r**.

del'	**dɛl**	delve
twal'	**twɑl**	twelve
sel'	**sɛl**	self
ser'	**se:r**	serve
hairst	**herst**	harvest
siller	**'sɪlər**	silver, money.

79. **f** for **θ** occurs in **'fø:rzdɪ**, *Fuirsday*, "Thursday," in a number of Scottish dialects. The N.E. has *Feersday*, **'fi:rzdɪ**, also **frɔk** for *throck*, "the lower part of the plough to which the share is fastened." In Roxburgh *feet* = **fit** is used for *theet*, "the rope, chain or trace by which the horse draws the plough." In Caithness, "thresh" (vb.) and *meeth*, "sultry" are pronounced **fɹ̥ɛʃ, mif**. Cf. prov. E. *fink* for *think* and Russ. *Feodor* = *Theodore*.

[1] In Sth. Sc. *leaf, thief, knife, life, wife*, take **v** in Pl. *half, laif* (loaf), *shelf, elf*, take **f** (Murray, *Dialect of S. Counties*, p. 157).

80. For **f** as a substitute for **ʍ** see Ph. § 122.

81. **v** is often a substitute for an original **w** (1) initially before **r** and (2) finally. This change is mostly confined to the N.E.

Sc.	Ph.	E.
vrang	**vraŋ**	wrong
vrat	**vrat**	wrote
blauve	**bljaːv**	blow
gn(y)auve	**gnjaːv**	gnaw
lavyer	**ˈlaːvjər**	lawyer
myauve	**mjaːv**	mew
schauve	**ʃaːv**	sow (corn)
snauve	**snjaːv**	snow.

θ

82. *Breathed point-teeth fricative.* This sound is formed between the point of the tongue and the upper teeth. It is the same sound as is heard in E. "thin" and is written *th* in Sc.

Sc.	Ph.	E.
baith	**beθ**	both
bothy	**ˈbɔθɪ̧**	bothy
graith	**greθ**	harness
tho'	**θoː**	though
thole	**θol**	endure
threip	**θrip**	insist upon, argue.

83. (1) **θ** may replace **xt** in some Northern dialects in:

micht, mith	**mɪθ**	might (vb.)
dochter, dother	**ˈdoθər**	daughter.

drouth and *drucht*, **druθ**, **drʌxt** are heard in Sc. for "drought" and "dryness."

In Middle Sc. *cht* is a spelling for an original *th* in many words, e.g. *aicht, baicht, facht,* for *aith* (oath), *baith* (both), *faith.*

(2) **θ** replaces **f** in Sth. Sc. in *frae*, i.e. "from," = **θræː**, **θrɛ** (unaccented).

ð

84. *Voiced point-teeth fricative.* As in E. "the" and written *th* in Sc.

Sc.	Ph.	E.
thae	**ðe:**	those
thir	**ðɪ̞r**	these
thon	**ðɔn**	yon, that
thonder	**ˈðɔndər**	yonder
thoo	**ðu:**	thou.

85. Sc. has developed **ð** from an original **d** where it does not occur in E., generally before **ər**. See, however, Ph. §§ 30, 31.

blether	**ˈblɛðər**	bladder
consither	**kən̩ˈsɪðər**	consider
ether	**ˈɛðər**	adder
ether	**ˈɛðər**	udder
lether	**ˈlɛðər**	ladder
poother	**ˈpuðər**	powder
shoother	**ˈʃuðər**	shoulder.

These words may also be heard with **d** probably through the influence of E.

86. **θ** or **ð** is often lost in final position.

fro	**fro:**	froth
lay	**le:**	lathe
mou	**mu:**	mouth
quo	**kwo:**	quoth
unca	**ˈʌŋkə**	very *or* extraordinary. From O.E. *uncūþ* with change of accent.
wi'	**wɪ̞**	with.

87. In Sc. generally **ð** is lost in the relative *that* which becomes **ət** or **t**. In the N.E. the dropping of **ð** in the pronominals *this, that, they, their, there,* was once universal and may still be noticed in some parts and with old speakers. In Caithness it is the rule yet. In the Strathearn dialect of Perthshire, when *the* combines with the prepositions *of, in, at, on, to,*

with, by, the result is *ee* = **i**, e.g. *dhe haid ee toon,* **ðə hed i tun** = "the head of the town"; *ee big hoos,* **i bɪg hus** = "in the mansion house" (Wilson's *Lowland Scotch,* pp. 110—112). In Galloway we may hear such phrases as *i' e' toon,* **i e tun**; *intae e' inns,* **'ɪnte e ɪnz,** "into the inns"; *i' e' mornin,* **i e 'mɔrnɪn,** "in the morning" (Trotter's *Galloway Gossip*).

s

88. *Breathed fore-blade fricative.* The same sound as in E. "some." The breath forces its way between the blade (just behind the point) and the apex of the upper gum, the breath passage is shaped like a pipe, the sides of the tongue pressing against the upper teeth.

89. As in E., **s** is generally written initially with *s*, sometimes with *c* in *romance* words before *e*—medially by *ss* and *s* (especially in derivatives), finally by *ss, se* and *ce*. *se* and *ce* are used as in the corresponding E. words, but less regularly.

Sc.	Ph.	E.
soop	**sup**	sweep
ceety	**'siti**	city
bossie	**'bɔsɪ**	basin
fousom	**fusm**	nauseous
mousie	**'musɪ**	a little mouse
foustie	**'fustɪ**	fusty
hooses	**'husəz**	houses
cess	**sɛs**	a tax
gress	**grɛs**	grass
lass	**lɑs**	girl
loss	**lɔs**	lose
corss	**kɔrs, kors**	cross
crouse	**krus**	bold, brisk
grice	**grəis**	a young pig
'tice	**təis**	entice
wyce, wise	**wəis**	wise.

90. In the Sh. dialect *fornenst* appears instead of *foranent.* See Ph. § 19. We may have here a metathesis form for Wyclif's

anentis, influenced perhaps also by such words as *against.* In the English dialects also the *st* forms of this word are quite common. See E.D.D. under *forenent.*

91. Note **s** for E. **ʃ** (*sh*):

Sc.	Ph.	E.
ase	**es**	ash (of coal, etc.)
buss	**bʌs**	bush
sal	**sɑl**	shall
sud	**sʌd, sɪ̢d, səd, sud**	should
wuss	**wʌs**	wish.

z

92. *Voiced fore-blade fricative.* Same sound as in E. "zone."

93. **z** occurs medially and finally. Medially it is generally written *s,* but *z* and *zz* are also used by writers who wish to indicate the exact pronunciation. Finally **z** is written *s* (1) in words like *is, his, was, has,* which originally had an **s** sound: (2) in the plural termination *s* and *es* after voiced sounds: in other cases *se* and *ze* are used[1].

Sc.	Ph.	E.
bosie	**'bo:zɪ̢**	bosom
cruisie, cruizie	**'kru:zɪ, 'krø:zɪ**	oil-lamp
mizzour	**'mɪzər, 'mɛzər**	measure
rouser	**'ru:zər**	watering-can
heese	**hi:z**	hoist
roose, reese, rooze	**ru:z, ri:z, rø:z**	praise
grieves	**gri:vz**	farm bailiffs
lugs	**lʌgz**	ears
mutches	**'mʌtʃəz**	women's caps.

94. N.B. In words ending in *sure* the pronunciation is **z**, though E. influence has also introduced **ʒ**.

layser	**'le:zər, 'li:zər, 'le:ʒər**	leisure
pleiser	**'ple:zər, 'pli:zər, 'ple:ʒər, 'pli:ʒər**	pleasure.

[1] Final **z** before a pause or a breath consonant is generally partially unvoiced and in a very exact transcript would be written **z̥**.

ʃ

95. *Breathed after-blade fricative.* The after-blade is raised towards the after-gum and the point of the tongue hangs down. The breath passage is wider and shallower than for **s**.

96. This sound is generally written *sh* in Sc., older *sch*.

Sc.	Ph.	E.
shim	**ʃɪm**	hoe
shogue	**ʃog**	shake *or* swing
cowshen	**'kʌuʃən**	caution
gabbie-gash	**'gɑbɪ'gɑʃ**	chatterbox.

97. **ʃ** takes the place of E. **s** in many Sc. words: occasionally the original *s* spelling is retained.

(1) Initially:

schir[1]	**ʃɪ̈r**	sir
shoo	**ʃu:**	sew
shunners	**'ʃʌnərz**	cinders
suet	**ʃuət**	suet
suit	**ʃut, ʃyt**	suit
sune	**ʃyn**	soon.

(2) Medially:

Elshiner	**'ɛlʃɪnər**	Alexander
gushet	**'gʌʃət**	gusset
offishers	**'ɔfɪʃərz**	officers
veshel	**vɛʃl**	vessel.

(3) Finally:

creish	**kriʃ**	grease
hersh	**hɛrʃ**	hoarse
minsh	**mɪnʃ**	mince
notis	**'notɪʃ**	notice
rinsh	**rɪnʃ**	rince.

[1] Note *gutcher* = "grandfather" from *guid schir*, pronounced **'gʌtʃər**.

tʃ

98. These two sounds make a sort of consonantal diphthong. Initially they are written *ch*: medially and finally *tch*, since *ch* in these two positions generally stands for **x** in Sc. Some Romance words still retain *ch* for **tʃ** when no ambiguity arises.

Sc.	Ph.	E.
channer	**'tʃanər**	mutter
chowks	**tʃʌuks**	jaws
latch	**latʃ**	idle (v.)
wutchuk	**'wʌtʃʌk**	swallow (bird)
mooch	**mutʃ**	sneak about
pooch	**putʃ**	pocket.

99. **tʃ** often takes the place of E. **dʒ**.

parritch	**'parɪtʃ**	porridge
marriage	**'mɛrɪtʃ**	marriage
Note *eetch*	**itʃ**	adze.

100. In some districts of Scotland, e.g. Caithness, Avoch in Eastern Ross, Cromarty, Chirnside in Berwicksh., **ʃ** takes the place of **tʃ** in many words initially, e.g. **ðerz əz gyd ʃiːz ɪ 'ʃɪrsɛt əz wəz 'ɪvər ʃoud wɪ ʃafts**, *There's as gude cheese in Chirnside as was ever chewed with chafts* (jawbones). On the other hand we find *chop*, **tʃop**, in Nth. Sc. for "shop," and *chingle*, **tʃɪŋl** in general use = "shingle."

ʒ

101. *Voiced after-blade fricative.* Same sound as in E. "pleasure."

Sc.	Ph.	E.
pushion	**puːʒən, pʌʒən**[1]	poison
fushion	**'fuːʒən, 'fʌʒən**[2]	pith
Fraser	**'freːʒər**	Fraser.

[1] Also 'pəizən. [2] Also 'fɪʃən, 'fɪsən.

dʒ

102. This consonant diphthong has the same spellings as in E. Initially *j*, medially *dg*, finally *dge* or in Romance words *ge*, when no ambiguity arises.

Sc.	Ph.	E.
jaud	**dʒɑːd**	jade
jile / *jeyle*	**dʒəil**	jail
jouk	**dʒuk**	duck
jow	**dʒʌu**	toll
fodgel	**ˈfɔdʒəl**	fat
brain(d)ge / *breenge*	**brendʒ** / **brindʒ**	dash *or* plunge
ginge-bread	**ˈdʒɪ̈ndʒbrid**	ginger-bread
waages	**ˈwɑːdʒəz**	wages
wadge	**wɑdʒ**	wedge.

103. A number of words, generally of Romance origin, beginning with **dʒ**, are spelled with **g** when the vowel following is **i, ɛ, ɪ, ɪ̈**.

geal	**dʒil**	freeze
gee	**dʒiː**	a fit of temper
gentie / *gentle*	**ˈdʒɛntɪ̈** / **dʒɛntl**	gentle
geeble	**dʒibl**	splash
gigot	**ˈdʒɪ̈gət, ˈdʒɪgət**	leg of mutton
gimp	**dʒɪ̈mp, dʒɪmp**	slender.

Many of these are also written with *j*, no doubt to avoid ambiguity, e.g. *jeal, jeeble, jimp.*

104. In N.E. Aberdeenshire *gang* is pronounced **dʒɪ̈ŋ** from **jɪ̈ŋ** (see Ph. § 32) from **gjɪ̈ŋ** from **gɪ̈ŋ**.

j

105. *Voiced front fricative.* It is the sound of initial *y* in E. *young*, and is generally so written in Sc.

106. (1) It occurs initially (*a*) arising out of an earlier diphthong:

Sc.	Ph.	E.
yerl	**jɛrl**	earl
yerth } *yird* }	**jɛrθ** } **jɪ̞rd** }	earth
yernin	**'jɛrnən**, **'jɪ̞rnən**	rennet
yin	**jɪn**	one
yowe	**jʌu**	ewe.

(*b*) From fronted **g**:

yeld	**jɛld**	barren
yett	**jɛt**	gate.

(2) Before **u** followed by a back consonant or by **r**, written *iu* or *eu* or *ui.*

beuk, biuk	**bjuk**	book
heuk	**hjuk**	hook
kyeuk	**kjuk** (N.E.)	cook
muir	**mju:r**	moor
leuch	**ljux**	laughed.

(3) In some words it takes the place of **l** in some dialects.

ploo	**pju:**	plough
bloo	**bju:**	blue
ploy	**pjɔɪ**	pastime
kyuk (Strathearn, Perthsh.)	**kjʌk**	cloak
yakes (neighbourhood of Glasgow)	**jeks**	laiks, marbles staked in the game.

107. **j** is dropped in *your* = **i:r** (N.E. and Sth. Sc.) and in *ye* (unemphatic) = **i** in other dialects.

x

108. *Breathed back fricative.* The final consonant sound in Sc. *loch*, **lɔx** and in Ger. *ach*. When the preceding vowel is a front one the tongue advances almost into the front position as in *laigh*, **lex+** (low), *heich*, **hix+** (high). It then resembles *ch* in Ger. *ich* but in our texts we have not thought it necessary to use a separate symbol.

109. In Orkney and Shetland **x** takes the place of **k** before **w**, thus:

question becomes **'xwɛstjən.**

110. In many of the Mid.[1] dialects **x** stands for **θ** before **r**, thus:

twa or *three*	becomes	**'twɑxri,**
thrice	„	**xrəis,**
throo	„	**xruː,**
throat	„	**xrot.**

111. In Sth. Sc. **x** occurs with simultaneous lip-rounding after a back vowel in words like *lauch* (laugh), *leuwch* (laughed, O.E. *hlōh*), *lowch* (loch), *ruwch* (rough), thus written phonetically **lɑxʷ, ljuxʷ, lɔxʷ, rʌxʷ.** The existence of this rounded **x** has to be postulated to explain the development of O.E. final *h* = **x** into a vowel or **f** as in modern English "dough," "laugh." See note to Ph. § 160.

ç

112. *Breathed front fricative.* Formed between the front of the tongue and the hard palate. It is similar to the sound in German *ich* and is the breathed counterpart of **j**. It is heard in Sc. often in the beginning of words, instead of **h** as in *Hugh*, *hook*, **çjuː, çjuk.** It is also heard finally after a front vowel (more especially *i*) as a substitute for **x**, thus:

Sc.	Ph.	E.
heich	**hiç**	high.

[1] e.g. Stirling.

In general the tongue is never so far advanced on the roof of the mouth as for the German sound, and the sound might be described as an advanced **x**. In the general texts **x** will be used indifferently for the back and advanced forms of the sound written *ch*.

w

113. *Voiced lips-back fricative.* This sound is written and pronounced in much the same way as in E. The back of the tongue rises simultaneously with the rounding of the lips. **w** used to be pronounced regularly before **r** in words like *wright, wring, write, wrong, wren, wretch, wrought,* but its use is becoming rarer. Sometimes a distinct vowel is heard between **w** and **r**.

114. In the North East *w* becomes *v*. This *v* was originally, no doubt, a bilabial sound like the Ger. *u* in *Quelle*, but it is now labio-dental. **vrɪxt**, **vrəit**, **vrɑŋ**, **vrɑtʃ** = *wright, write, wrong, wretch* are still current in the N.E. Sc.

115. **w** is lost very frequently before vowels, especially before **u**.

Sc.	Ph.	E.
oo (Sth. Sc.)	**u:**	we
oo'	**u:**	wool
athin	**ə'θɪn**	within
athoot	**ə'θut**	without
ook	**uk**	week
soom	**sum**	swim
soop	**sup**	sweep
towmont	**'tʌumənt**	twelvemonth
umman	**'ʌmən**	woman
toonty (Sth. Sc.)	**'tunti**	twenty.

116. Occasionally **w** is developed from **u** as in E. "one" = **wʌn**.

wir (unemphatic)	**wɪr**, **wʌr**, **wər**	our
oonerstan	**wunər'stɑn**	understand.

117. For its development in N.E. Sc. before an original $\bar{o}$ see Ph. § 152, and in Sth. Sc. before initial *o* see Ph. § 210.

118. In some of the Sc. dialects **w** often replaces **v**: for *v* = *w* see Ph. § 81. We have a similar phenomenon in the Cockney speech of Dickens' time, e.g. *winegar* and *weal* for *vinegar* and *veal*. So in Sc. we may hear *wirtuous, weggybun, wanish,* for *virtuous, vagabond, vanish*. If **v** was at one time bi-labial, the confusion between it and **w**, in Middle Sc. texts, may be easily understood.

119. **w** sometimes takes the place of E. **j**, developing in most cases out of an original **u**.

Sc.	Ph.	E.
actwally	**'ɑktwəlɪ̞**	actually
anwall	**'ɑnwəl**	annual
gradwal	**'grɑdwəl**	gradual
richtwis (O.E. *rihtwīs*)	**'rɪ̞xtwɪs**	righteous.

ʍ

120. This sound is produced in the same way as **w**, only breath is used instead of voice.

121. *wh* is the common modern spelling, taking the place of the older *quh, qwh*. In some dialects the back action of the tongue is very marked so that the result might be represented almost by **xʍ** or **xʷ**. **ʍ** is almost unknown in Sth. Eng. but may be heard in the North of England. It is the rule in Scotland in all words spelled *wh*. Examples:

Sc.	Ph.	E.
whan, quhan	**ʍɑn**	when
whare, quhar	**ʍɑ:r**	where
whitrit, quhitrit	**'ʍʌtrɪ̞t, 'ʍɪ̞trɪ̞t**	weasel
whilk, quhilk	**ʍɪ̞lk, ʍʌlk**	which
wha, quha	**ʍɑ:, ʍe:**	who.

121 (*a*). For **ʍʌ** in Sth. Sc. = **hʊə** see Ph. § 210.

122. In the N.E. the back action of the tongue has been eliminated, producing (1) a bi-labial **f** and (2) later on, the lip-teeth **f** of ordinary speech. Hence the above words are pronounced *fan, far,* etc., **fɑn, fɑ:r**, etc. in the N.E.

123. In the dialect of Avoch (Eastern Ross) and Cromarty **ʍ** is lost in the interrogatives *wha, whase, what, whan, whare*, which become *a, as, at, an, ar*, respectively, e.g.

"Where are you going, boy?"
aːr ðu geən, bjɔx?

h

124. *Breathed glottal fricative.* This sound is produced by the friction of the outgoing breath on the edges of the vocal chords, or against the interior walls of the larynx. It is really a stressed breath. Hence its liability to disappear to consciousness when the syllable in which it occurs loses the stress. As in E., words with the minimum of stress tend to lose the "h," e.g. *him, her, his*. See Ph. § 217 (*b*). On the other hand, notice that *us* **ʌs** when stressed becomes **hʌz, hɪz**.

125. As in E., the pronoun "it" has generally lost its aspirate, but unlike E. the "h" may be retained under emphasis, e.g. "You are it," in the game, i.e. the person who has to pay the penalty, e.g. to stay in the house, becomes in Sc. *ye're hit*, **jir hɪt** or **jir hʌt**. For other examples see Gr. § 23.

126. In some dialects the "h" is omitted or inserted contrary to E. usage, e.g. in the fisher speech of Avoch and Cromarty in the Black Isle, in Footdee Aberdeenshire, and in Cove in Kincardineshire. In his *History of Buckhaven*, Fifeshire, Dougal Graham (18th century) records a like peculiarity in that fishing village. If we may judge from the literary texts and public records that have come down to us, there was a similar hesitancy in the use of **h** in Middle Scots on the part of many writers.

VOWELS

127. A vowel is a speech sound in which the breath current, normally voiced, issues from the mouth without a check—complete or partial—and without audible friction.

128. TERMS USED IN DESCRIBING VOWELS

High indicates that the tongue is raised as far as it can go without producing audible friction, the mouth opening being small.

Low indicates that the tongue is as far down as possible, and the mouth-opening at its maximum.

Mid indicates that the tongue is midway between high and low and that the mouth is half open.

Front indicates that the highest point on the surface of the tongue is in the front and opposite the middle of the hard palate. The short slope is to the front and the long slope to the back.

Back indicates that the highest point on the surface of the tongue is in the back and opposite the soft palate. The long slope is to the front.

Central indicates that there is a very slight rise on the surface of the tongue midway between the point and the back. The tongue lies very nearly flat on the floor of the mouth in the position for easy breathing. Other names used by phoneticians for this position are *mixed, flat, neutral.*

Tense indicates that the muscles of the tongue are drawn tight, a condition of the tongue that generally produces a clearer and more ringing sound.

Lax indicates that the muscles of the tongue are relaxed so that the upper surface is not so convex as in the tense sound.

Rounded indicates that the contraction of the lips has come into play to modify the sound. In back vowels the cheeks also play an important part in the production of the sound.

129. TABLE OF VOWEL SOUNDS IN SCOTTISH

	Key-words	Front	Central	Back	Key-words	
High	E. *fee*t G. H*ü*tte E. f*ɪ*t E. pɪt*y*	i̱ y̰ ɪ ɨ	[ɪ̈]	ṵ [ʊ̰]	E. *foo*d Sth. E. p*u*ll	High
Mid	Fr. *été* Fr. p*eu* E. pen	e̱ ø̰ ɛ	ə E. *a*rise	o̰ ɔ̰ ʌ̱	Fr. b*eau* G. Sonne E. b*u*t	Mid
Low	Sth. E. f*ai*r Sth. E. m*a*n	[ę̱] [æ]	[a]	ọ̰ ɑ	E. l*aw* E. f*a*ther Fr. p*a*tte	Low

NOTE. 'The Phonetic symbols with a plain line under them indicate tense vowels; a zig-zag line indicates a rounded vowel. The symbols in square brackets stand for sounds used in other dialects than Mid. Sc. The key-words must be regarded as only approximately correct.

130. COMPARISON OF VOWEL SYSTEMS OF WEST SAXON, SCOTTISH DIALECT AND MODERN ENGLISH

Long[1] Vowels

West Saxon		Scottish Dialect		Modern English		
Vowel	Word	Vowel	Word	Scottish pronunciation	Sth. English pronunciation	Word in ordinary spelling
ā	(1) hām, bān lāð	(1) **e**	(1) hame, bane laith	(1) **o**	(1) **öʊ, ɔʊ**	(1) home, bone loath
	(2) twā	(2) **ɑ, ǫ, e**	(2) twa, twæ	(2) **u**	(2) **ʊu, ʊw**	(2) two
āw	blāwan	**ɑ, ǫ**	blaw	**o**	**öʊ, ɔʊ**	blow
āg	āgan	**ɑ, ǫ**	awe	**o**	**öʊ, ɔʊ**	owe, own
āh	āht	**ɑ, ɔ**	aucht	**ǫ**	**ǫ**	aught
ǣ	hǣto	**i, e**	heit	**i**	**ɪi, ɪj**	heat
ē, œ̄	nēhst, grœ̄ne (Anglian)	**i**	niest, grene	**i**	**ɪi, ɪj**	green
ēg	hēg	**əi**	hey	**e**	**ɛɪ**	hay
ea	(1) drēam	(1) **i, e**	(1) dreme	(1) **i**	(1) **ɪi, ɪj**	(1) dream
	(2) hēafod (3) rēad	(2) **i, e** (3) **i, e, ɛ, ə**	(2) heid (3) reid	(2) **ɛ** (3) **ɛ**	(2) **ɛ** (3) **ɛ**	(2) head (3) red
ēah	(4) hēah	(4) **ix, i**	(4) heich, hie-[lands	(4) **aɪ**	(4) **aɪ**	(4) high, high-[lands
ēaw	fēaw	**ju, jʌu**	few, fyowe	**ju**	**jʊu, jʊw**	few

[1] For comparative vowel lengths, see Ph. §§ 211—214.

West Saxon		Scottish Dialect		Modern English		
Vowel	Word	Vowel	Word	Scottish pronunciation	Sth. English pronunciation	Word in ordinary spelling
e͞o e͞ow e͞og	(1) bre͞ost (2) de͞op e͞owu le͞ogan	**i** **jʌu** **i**	(1)briest(2)depe yowe lee	(1) **ɛ** (2) **i** **ju** **aɪ**	(1) **ɛ** (2) **ɪi**, **ɪj** **jʊu**, **jʊw** **aɪ**	breast, deep ewe lie (fib)
ī ȳ	(1) fīf (2) wīs (3) fȳlan	(1) **aɪ** (2) **əi** (3) **əi**	(1) five (2) wyce (3) fyle	(1) (2) **aɪ** (3) **aɪ**	(1) (2) **aɪ** (3) **aɪ**	(1) five (2) wise (3) de-file
ō ōw	(1) mōna (2) gōd (3) mōr (4) bōc grōwan	(1) (2) **y** (3) **ø** (4) **ju**, **jʌ**, **y** **ʌu**	(1)mune (2)guid (3)muir (4)beuk growe	(1) (2) (3) (4) **u** **o**	(1) **ʊu**, **ʊw** (2) **ʊ** (3) **ʊə** (4) **ʊ** **öʊ**, **ɔʊ**	(1)moon (2)good (3)moor (4)book grow
ū ūg	hūs, cū būgan, drūgað	**u** **u**	hoose, coo boo, drouth	**aʊ** **aʊ**	**aʊ** **aʊ**	house, cow bow, drought

Short[1] Vowels

West Saxon		Scottish Dialect		Modern English		
Vowel	Word	Vowel	Word	Scottish pronunciation	Sth. English pronunciation	Word in ordinary spelling
I {a, æ	(1) nama (2) dragan, clawu (3) fæder	(1) **e** (2) **ɑ, ǫ** (3) **e**	(1) name (2) draw, claw (3) fayther	(1) **e** (2) **ǫ** (3) **ɑ**	(1) **ɛɪ** (2) **ǫ** (3) **ɑ**	(1) name (2) draw, claw (3) father
II {a, æ, ea	(1) sang (2) camb (3) salt (4) glæd æppel (5) dæg (6) earm (7) eald	(1) **ɑ** (2) **e** (3) **ɑ, ǫ** (4) **e, ɛ** (5) **e** (6) **e, ɛ** (7) **ɑ, ǫ**	(1) sang (2) kaim (3) saut (4) glaid aipple (5) day (6) airm (7) auld	(1) **ɔ** (2) **o** (3) **ǫ** (4) **a** (5) **e** (6) **ɑ** (7) **o**	(1) **ǫ**[1] (2) **öʊ, ɔʊ** (3) **ǫ** (4) **æ** (5) **ɛɪ** (6) **ɑ** (7) **öʊ, ɔʊ**	(1) song (2) comb (3) salt (4) glad apple (5) day (6) arm (7) old
I e	(1) etan (2) teran	(1) **e** (2) **i**	(1) ait (2) teir	(1) **i** (2) **e**	(1) **ɪi, ɪj** (2) **ę**	(1) eat (2) tear (rend)
II {e, eo, eor	(1) bedd (2) welle (3) heort, smeort	(1) **ɛ** (2) **ɑ** (3) **ɛ**	(1) bed (2) wall (3) hert, smert	(1) **ɛ** (2) **ɛ** (3) **ɑ**	(1) **ɛ** (2) **ɛ** (3) **ɑː**	(1) bed (2) well-water (3) heart, smart

[1] For comparative vowel lengths, see Ph. §§ 211—214.

West Saxon		Scottish Dialect		Modern English		
Vowel	Word	Vowel	Word	Scottish pronunciation	Sth. English pronunciation	Word in ordinary spelling
i	sittan	ɪ̞	sit	ɪ	ɪ	sit
ir	bird	ʌ, ɪ̞	burd	ə	əː	bird
y	hyll, pytt	ʌ, ɪ̞	hyll, hill, pyt, pit	ɪ	ɪ	hill, pit
I { o	brocen	ɔ, o	broken	o	öʊ, ɔʊ	broken
I { ol	stolen	ʌu	stown	ol	öʊl, ɔʊl	stolen
I { og	flogen, boga	ʌu	flowen, bowe	o	öʊ, ɔʊ	flown, bow
II { o	corn	ɔ, o	corn	ɔ	ɔ̨ː[1]	corn
II { ol	bolster	ʌu	bowster	ol	öʊl, ɔʊl	bolster
II { o + labial	croft, pott	ɑ	craft, pat	ɔ	ɔ̨[1]	croft, pot
u	sumor	ɪ, ʌ	simmer	ʌ	ʌ	summer
ug	sugu	u	soo	aʊ	aʊ	sow (pig)
ul	full, pull	u	foo *or* fu', poo, pu'	ul	ʊl	full, pull

I Vowel is in open position, Ph. § 146 (2).

II Vowel is in closed position, Ph. § 146 (2).

[1] ɔ̨ = *low back lax rounded.*

NOTE TO VOWEL TABLES

Literary English and Scots are descended from sister dialects of Teutonic speech in Britain. The first comes from an East Midland form, the second from the Northern or Anglian dialect which from a very early period was spoken between the Humber and the Forth and subsequently extended to all the Scottish Lowlands. The only Old English dialect that has come down to us in a satisfactory literary form is the West Saxon speech of King Alfred. This dialect has been written with great phonetic accuracy and as we cannot put our hands on the original form of Teutonic from which all these dialects presumably have sprung, it serves as a very valuable test of the development of the vowels in English and Scots. Naturally West Saxon stands in closer relationship to the Teutonic languages of the Continent than do its modern collateral descendants, and so it serves to link up our modern dialects with Teutonic speech in general.

FRONT VOWELS

i

131. *High front tense.* The tongue occupies the forepart of the mouth, the point rests on or close behind the lower teeth ridge and, behind the point, the tongue arches up towards the teeth ridge and hard palate. The front of the tongue is opposite the middle of the hard palate, the space between being just sufficient to allow of the egress of the breath current without audible friction. The muscles of the tongue are tense, and the lips form a large ellipse with the corners well apart. This vowel is heard in E. *deep*; in Fr. *ici*; in Ger. *Biene, ihn*; in Sp. and It. *vino.* In Sth. E., **i** is either much prolonged or diphthongized, when **i** becomes **ɪi** or **ɪj**, thus *deep* is **dɪip** or **dɪjp**.

132. In Sc. **i** is spelled (1) *ee,* (2) *ie,* (3) *ei,* (4) *ea,* (5) *e-e.*

	Sc.	Ph.	E.
(1)	*cleek*	**klik**	hook
	deevil	**di:vl**	devil
	dree	**dri:**	undergo
	eelie-lamp	**'ili'lamp**	oil-lamp

	Sc.	Ph.	E.
	reek	**rik**	smoke
	seeven	**si:vn**	seven
	speer, speir, spier	**spi:r**	ask
	weel	**wil**	well (adj., adv.).
(2)	*bield*	**bil***d*	protection
	Hieland	**'hilən***d*	Highland
	shieling	**'ʃilɪn**	summer hut.
(3)	*dreich*	**drix**	wearisome
	heich	**hix**	high
	neist	**nist**	next
	reive	**ri:v**	plunder.
(4)	*gear*	**gi:r**	property
	ream	**rim**	cream.
(5)	*rede*	**rid**	advice
	remede and *remeid*	**rɪ'mid**	remedy.

For final **i** diphthongised in Sth. Sc., see Ph. § 203.

133. N.B. Words of Romance origin retain this vowel in Sc., e.g.:

bapteese	**bɑp'ti:z**	baptise
ceevil	**si:vl**	civil
obleedge	**ə'blidʒ**	oblige
peety	**'piti**	pity
poseetion	**pə'ziʃn**	position.

ɪ

134. *High front lax.* This vowel is formed in very nearly the same position as for **i**, only the tongue is a little lower and its upper surface less convex owing to the muscles being relaxed. It is identical with the vowel in E. *hit* etc., Ger. *mit, nicht.* It occurs also as the first element in the Sth. E. diphthong in "sea, heat," etc.; **sɪi, hɪit, sɪj, hɪjt**.

135. In Sc. **ɪ** is generally spelled with the letter "*i*":

Sc.	Ph.	E.
brither	**'brɪðər**	brother
fivver	**'fɪvər**	fever
mither	**'mɪðər**	mother.

136. This sound or (ɪ̞) frequently takes the place of ʌ especially before a nasal.

Sc.	Ph.	E.
din	**dɪn**	dun
nit	**nɪt**	nut
simmer	**'sɪmər**	summer
sin	**sɪn**	son
sin	**sɪn**	sun
sinery	**'sɪnrɪ̞**	sundry
sipper	**'sɪpər**	supper
winner	**'wɪnər**	wonder.

137. In Sc. Dialect generally, the pure ɪ sound is not so common as in E., its place being taken by ɪ̞.

ɪ̞

138. *High front lax lowered.* The tongue is still further lowered from the ɪ position until it is at least half way down to the mid position. The vowel in acoustic effect is midway between ɪ and ɛ, i.e. between the sounds in E. "pit" and "pet." In some dialects, especially in the North, the tongue is flattened as well as lowered, so that the sound in acoustic effect approaches ə. See Ph. § 188. In other dialects ɛ (see Ph. § 144) is heard instead of ɪ̞ in many words in all positions, e.g. *pit* becomes *pet.* In E. the second vowel in "pity" is often pronounced as ɪ̞.

139. The vowel ɪ̞ is generally spelled "*i*" in Mod. Sc., and in final position (2) *ie* or (3) *y*. In Middle Sc. it was generally written "*y*."

	Sc.	Ph.	E.
(1)	*find*	**fɪ̞n***d*	find
	hill	**hɪ̞l**	hill
	nicht	**nɪ̞xt**	night
	things	**θɪ̞ŋz**	things
	will [1]	**wɪ̞l**	will.
(2)	*tassie*	**'tɑsɪ̞**	cup.
(3)	*tuppenny*	**'tɪ̞pnɪ̞, 'tʌpnɪ̞**	twopenny.

[1] **wʌl** is more common.

e

140. *Mid front tense.* The tongue is now lower than for any of the previous vowels, and the mouth more open. As the tongue is tense, the acoustic effect is sharp and clear. **e** is heard in E. *mate*; Fr. *été*; Ger. *See*; Du. *reel.* It is always diphthongized in Sth. E.: thus *mate* is **meɪt** or **mɛɪt**.

141. The most common spellings for **e**[1] in Sc. are (1) *ai*[2], (2) *ae*, (3) *a-e*, (4) *ay*[2].

	Sc.	Ph.	E.
(1)	*mair*	**meːr**	more
	pairt	**pert**	part
	stravaig	**strəˈveg**	wander aimlessly.
(2)	*blae*	**bleː**	blue, livid
	mae	**meː**	more
	strae	**streː**	straw
	tae	**teː**	toe.

[1] In some Sc. dialects, e.g. Morayshire, when **e** is short or half-long, it changes somewhat in quality. The sound is formed with the tongue lower and less tense as in *baith*, *ane*, *bale* (fester) = **beᵀθ, eᵀn, beᵀl** which might be written also **bȩθ, ȩn, bȩl**.

[2] The spellings *ai*, *ay*, for the vowel **e** have a curious origin. They indicated first a diphthong as in *dai*, *mai*, *sayde*, *paie*, for "day, may, said, pay." In course of time this diphthong was monophthongized, resulting in a long vowel. The old spelling was retained for this long vowel. The *i* or *y* came to be regarded as a sign of length and was later extended to mark length in the vowels *e* and *o* and *u*. Again in words like *name*, *schame*, O.E. *nama*, *scamu*, the *a* standing in open position (see Ph. § 146 (2)) had been lengthened in the 13th century and the suffix *e*, representing nearly all the old terminations, had come to be regarded as a mark of length and was added to many words which had originally a long *a*, as *bane* O.E. *bān*, "a bone." Thus there arose two ways of indicating a long *a*, viz.: *ai*, *ay*, and *a* + consonant + *e*.

Old Sc.	Middle Sc.	E.
batale	bataill	battle
have	haiff	have
mare	mair	more.

So also with *e*, *o*, and *u*:

dede	deid	dead
remede	remeid	remedy
before	befoir	before
gude	guid	good
mune	muin	moon.

	Sc.	Ph.	E.
(3)	*blate*	**blet**	shy
	quate	**kweːt**	quiet.
(4)	*splay*	**spleː**	split.

142. In Sth. Sc. a diphthong is used instead of **e** in words derived from original long *a* or open *a* (see Ph. § 146 (2)), e.g. *stane*, **stɪən**, O.E. *stān*, *hate* (vb.), **hɪət**, O.E. *hatian*.

143. In Forfar, Kincardine, Aberdeen and on the Banffshire coast, this **e** becomes **i** before **n** as **bin**, **stin** = E. "bone, stone"; O.E. *bān*, *stān*.

ɛ

144. *Mid front lax*. In Sc. Dialect, the tongue is always lower than for **e**, the mouth more open and the tongue-surface less convex, owing to the laxness of the muscles. E. "men, pen," etc. Ger. *Fest*, *Thräne*.

145. **ɛ** is spelled in Sc. (1) *e*, (2) *ai*.

	Sc.	Ph.	E.
(1)	*ettercap*	**'ɛtərkɑp**	spider, spitfire
	ben	**bɛn**	inside room
	blether	**'blɛðər**	bladder
	bress	**brɛs**	brass
	gless	**glɛs**	glass
	ken	**kɛn**	know.
(2)	*aipple*	**ɛpl**	apple
	bairn	**bɛrn**	child
	cairn	**kɛrn**	heap of stones
	mainner	**'mɛnər**	manner
	saiddle	**sɛdl**	saddle.

Note **e** may also be heard in (2).

146. Many words in Sc. have an **e** or **ɛ** vowel where E. has an **a** vowel. This is frequently the case (1) in words ending in *r*+cons., and *s*+cons., e.g. E. "arm, harm, sharp, yard," become in Sc. **erm**, **herm**, **ʃerp**, **jerd**, and "brass, fast, glass," become, **brɛs**, **fɛst**, **glɛs**; (2) in words where a short *a* (*ea*, *æ*) stood originally in an open syllable. A syllable is said to be open when it ends with a vowel as *a* in "la-dy" and *ow* in "low." When

the syllable ends in a consonant, it is said to be closed as in "lad, bath." In early Middle English and Sc. the short vowels, *a, e, o,* in open syllables were lengthened and had a different development from the same vowel in a closed syllable. Thus O.E. *baðian* becomes *bathe,* but O.E. *bæð* becomes *bath.* E. "glad" comes from O.E. nom. *glæd,* but Sc. "glaid" from an oblique case of the adjective like *glade* or *gladum,* where *a* was in open position. So Sc. **'feðər** goes back to Nom. Sing. *fæder,* but E. "father" to some form like *fædres* or *fædras,* where æ is in closed position. Chaucer's "small" in *smale foules* would give Mod. Eng. "smail," a form which actually occurs in the proper name Smail and the Sc. place-name Smailholm. The nominative *smæl* is the ancestor of Sc. "sma'," and E. "small," by regular process of change in each of the dialects.

y

147. *High front lax rounded.* **y** is an **ɪ** pronounced with lip-rounding. It is like the vowel in Ger. *Hütte,* and is generally heard short and occurs before all consonants except **r** and *voiced fricatives.* In a few dialects this vowel is tense and very nearly equivalent to Fr. *u* in *mur.*

148. **y** is commonly written (1) *ui,* (2) *u-e,* (3) *oo.*

	Sc.	Ph.	E.
(1)	*buist*	**byst**	mark on cattle
	cuit	**kyt**	ankle
	fruit	**fryt**	fruit
	guim	**gym**	gum
	tuim	**tym**	toom (empty).
(2)	*bude*	**byd**	behoved
	excuse (sb.)	**ɛk'skjys**	excuse
	guse	**gys**	goose
	mune	**myn**	moon
	schule	**skyl**	school
	spune	**spyn**	spoon
	use (sb.)	**jys**	use.
(3)	*loof*	**lyf**	hollow of hand
	shoon	**ʃyn**	shoes.

ø

149. *Mid front tense rounded.* In pronouncing this vowel, the tongue is in the position for **e** (Ph. § 140), with the lips slightly rounded. The vowel *eu* in Fr. *peu* has very nearly the same sound. **ø** occurs in final position and before *voiced fricatives*, such as **z**, **v**, **ð** and **r**, and is normally long.

150. **ø** is written (1) *ui*, (2) *u* + *e*, (3) *oe*, (4) *o*, (5) *oo*.

	Sc.	Ph.	E.
(1)	*cruive*	**krøːv**	pen for live stock
	fuird	**føːrd**	ford
	muir	**møːr**	moor
	puir	**pøːr**	poor.
(2)	*excuse* (vb.)	**ɛks'kjøːz**	excuse
	use (vb.)	**jøːz**	use.
(3)	*shoe*	**ʃøː**	shoe.
(4)	*do*	**døː**	do.
(5)	*too*	**tøː**	too.

151. The original vowel in most of the words containing **y** or **ø** appears to have been a long *o* in O.E. and Scan. and *u* in Fr., e.g. O.E. *mōna*, Sc. **myn**; Scan. *hrōsa*, Sc. **røːz**; Fr. *user*, Sc. **jøːz**. This *o* (or *u*) was fronted and became **ø**. **ø** remained before *voiced fricatives* and **r** and in final position, but in other cases it was generally raised and shortened to **y**. In many districts of the Mid. area, recent unrounding has taken place so that **y** becomes **ɪ** and **ø** becomes **e**. Thus *fruit*, *use* (sb.), *shoon* become **frɪt**, **jɪs**, **ʃɪn**, but *puir*, *use* (vb.), *shoe* become **peːr**, **jeːz**, **ʃeː**. In some districts this unrounding is so recent that middle-aged people remember the difference between their own sound and that of the older generation. In other cases the change goes back to the seventeenth century. In the Records of Stitchil[1] (1674) there is an entry of "5/6 as the price of 'shin,'" i.e. "shoes." Another instance from Kirk Session Records is given in Henry's *History of the Parish Church of Galston*[1] (Ayrshire) under date

[1] We are indebted to the Rev. Mr McKinlay, Galston, for pointing out these instances.

Oct. 1635: "*The collection to the pare* (i.e. poor) *sall be gathered at the entrie of the people to the kirk.*" The conventional spelling disguises this change but it crops out occasionally, e.g. in the song of "*Guid Ale.*" Burns writes:

I sell'd them a' just ane by ane
Guid ale keeps my heart abune.

ane and *abune* would make a perfect rhyme in Burns' local pronunciation, although the spelling conceals this fact:

ə sɛld ðəm ɑː dʒɪst jɪn bə jɪn
gɪd jɪl kips mə hɛrt ə'bɪn.

See also verse 4 in Burns' poem "To a Mouse," p. 335.

152. In the N.E. this **ø** vowel (derived from O.E. *ō*, Scan. *ō*, Fr. *u*) was raised at a very early period to **y** without being shortened and was then unrounded to **i**. It is possible that **ø** may have been unrounded to **e** and then raised to **i**. In either case the result was **i**. Thus:

N. Sc.	Ph.	Mid. Sc.	Ph.
freet	**frit**	*fruit*	**fryt**
meen	**min**	*mune*	**myn**
peer	**piːr**	*puir*	**pøːr**
shee	**ʃiː**	*shoe*	**ʃøː**
sheen	**ʃin**	*shoon*	**ʃyn**.

When a back consonant preceded the original long *o*, it seems to have been rounded, and a glide developed between it and the vowel, which afterwards became **w**. Thus:

N. Sc.	Ph.	Mid. Sc.	E.
cweed	**kwid**	*cuid*	a small tub
cweet	**kwit**	*cuit*	ankle
gweed	**gwid**	*gude*	good
skweel	**skwil**	*schule*	school.

153. For *heuk, heuch,* etc. see Ph. § 160.

154. **y** and **ø** are eminently unstable vowels in Sc. and the variations perceptible in different districts and in close proximity are very numerous. Sometimes the distinction between **y** and **ø** does not seem to hold, or a rounded central vowel is used instead of either.

æ

155. *Low front lax.* This is the same sound as the vowel in Sth. Eng. *man.* It does not occur regularly in Mid. Scottish but may be heard in the dialect of the Southern Counties as a substitute for **ɛ** in words like *beg, men, pen, Berwick, Nellie.* The symbol is not used in the general texts.

ę

156. *Low front tense.* Sth. E. "fair," **fęə**; Fr. *fête, père.* This is a very broad substitute for the **ɛ** of "men" in some dialects (e.g. in the Langholm dialect of Dumfries) but the symbol is not used in the general texts.

BACK VOWELS

u

157. *High back tense rounded.* The highest point on the surface of the tongue is in the back, the tongue is raised as far as possible without producing audible friction, its muscles are tense so that its surface bulges upwards, the lips are drawn together at the corners and protruded. E. "food, rue, blue" (in Sth. E. this vowel is often diphthongised = **ʊu** or **ʊw**); Fr. *roue, foule*; Ger. *Buhle*; It. and Sp. *uno*; Du. *goed.*

158. **u** is commonly spelled in Sc. (1) *oo*, (2) *ou*, (3) *u'*:

	S.	Ph.	E.
(1)	*broon*	**brun**	brown
	coo	**kuː**	cow
	doo	**duː**	dove.
(2)	*doute*	**dut**	doubt
	goun	**gun**	gown
	roun(d)	**run***d*	round
	soun(d)	**sun***d*	sound (sb., vb.).
(3)	*fu'*	**fuː**	full
	pu'	**puː**	pull.

159. In some parts of the country, e.g. in Celtic districts and in the neighbourhood of Glasgow, the tongue is decidedly advanced from the back position and a sound is produced that in acoustic effect is midway between **u** and **y**.

160. In the N.E. and in some parts of the Mid. area an original long **o** before a back consonant becomes **ju**[1] or **iu**.

Sc.	Ph.	E.
beuk (*buik*)	**bjuk**	book
eneuch	**ə'njux**	enough
heuk	**hjuk**	hook
heuch	**hjux**	crag, gully
leuch	**ljux**	laughed
sheuch	**ʃux** (from **sjux**)	ditch.

In the N.E. district between Moray and Caithness original long **o** before **r** has also been developed into **ju**.

muir	**mju:r**	moor
puir	**pju:r**	poor.

161. In some districts of the Mid. area the **u** of **ju** before a back consonant has been lowered and unrounded, hence *eneuch, heuk, heuch*, etc. become **ə'njʌx**, **hjʌk**, **hjʌx**, etc.

162. In the dialect of the Sth. counties, **u** in final position has been diphthongized, producing **ʌu**. Thus *coo, poo, you* become **kʌu**, **pʌu**, **jʌu**.

ʊ

163. *High back lax rounded.* The tongue is slightly lower than for **u**, its surface less convex and the lips are not so pursed. Same vowel as in Sth. E., *bull, full.* Rare in Sc. except in the Southern Counties where it is the first element of the diphthong **ʊə**, used instead of **o** in words like *bore*, **bʊər**; *sole* (of a shoe), **sʊəl** (see Ph. § 210).

[1] The process may have started with the rounding of the back consonant, i.e. the action of the lips used in forming **o** may have been kept up while **k** or **x** was being sounded. Then a strong glide may have developed between **o** and **k** or **x**. The development of *leuch* = "laughed" may be thus summarised, O.E. *hlōh* (*h* = **x**), **hlōh**^{w}, **louh**, **lφux**, **leux**, **liux**, **ljux**. See Ph. § 111.

o

164. *Mid back tense rounded.* The tongue is lowered from the **u** position but is still kept tense, the lips are less rounded. **o** is the same vowel sound as in E. *load, rode* (Sth. E. diphthongizes this sound): Fr. *beau, tôt*; Ger. *Sohn, Boot*; Du. *wonen.* The most frequent source of **o** is O.E. short *o* standing in open position (see Ph. § 146 (2)) and lengthened in early Middle English and Sc.

165. **o** is generally written (1) *o*, (2) *o-e*, (3) *oa.*

	Sc.	Ph.	E.
(1)	*corn*	**korn**	corn
	horn	**horn**	horn.
(2)	*hole*	**hol**	hole
	thole	**θol**	bear.
(3)	*body*	**'bodɪ**	body
	foalie	**'folɪ̞**	foal
	woa	**wo:**	whoa.

166. This vowel is frequently diphthongized in Sth. Sc. and becomes **ʊə**. See Ph. § 210.

ɔ

167. *Mid back lax rounded.* The lips are less rounded than for **o** and the tongue position lower. **ɔ** is the same vowel as in E. *cost, on,* etc.; Fr. *tort*; It. *notte*; Ger. *Sonne.* It is quite distinct from the Sth. E. sound in *cost* which is a *low back rounded* vowel. **ɔ** is common in the Sc. of the Sth. Counties and in the North in words where an original *o* stood in close position (see Ph. § 146 (2)). In the Mid. districts there has been a strong tendency to make this vowel more tense, so that in many words **o** has completely displaced **ɔ** and in others **ɔ** and **o** seem to be used indifferently, the latter being preferred for emphatic utterance.

168. *o* is the common spelling of the vowel **ɔ**.

Sc.	Ph.
coft (bought)	**kɔft**
frost	**frɔst**
knock (clock)	**knɔk**
lot	**lɔt**
post	**pɔst**
rod	**rɔd**

169. This vowel is generally unrounded in Sc. to **ɑ** when it is in contact with a lip-consonant—seemingly by a process of dissimilation.

Sc.	Ph.	E.
bather	**'bɑðər**	bother
bannet	**'bɑnət**	bonnet
craft	**krɑft**	croft
drap	**drɑp**	drop
hap	**hɑp**	hop
laft	**lɑft**	loft
pat	**pɑt**	pot
Rab	**rɑb**	Rob
saft	**sɑft**	soft
stammick	**'stɑmɪk**	stomach
tap	**tɑp**	top.

170. In districts where the original **ɔ** becomes **o**, the vowel is unrounded to **ʌ** in many words, e.g.

bunnet[1]	**'bʌnət**	bonnet
buther	**'bʌðər**	bother
munny	**'mʌnḙ**	many
Rubbert[1]	**'rʌbərt**	Robert
stummick[1]	**'stʌmɪk**	stomach.

ǫ

171. *Low back tense rounded.* The tongue is in the lowest position in the back of the mouth, but the lips are less rounded than for **o**. The vowel occurs in E. *law, cause, ball.* It is common in Mid. Sc. In the North, in Galloway and in the Southern Counties it is of rare occurrence, being replaced by a broad **ɑ** sound. It varies over the country from **ǫ** to **ɔ** and **o** on the one hand and to **ɑ** and **a** (in Celtic areas) on the other.

172. (1) *a*, (2) *aa*, (3) *a'*, (4) *aw*, (5) *au*, (6) *al* are the most common spellings of **ǫ**. All the words given in Ph. § 176 may be pronounced with **ǫ** instead of **ɑ**.

[1] In these words **ʌ** may possibly be the unrounded form of Anglo-French **u**.

ɑ

173. *Low back lax.* This is the most open sound of *a* which is heard very commonly in E. *father*, Fr. *pâte*, Ger. *Name.*

174. A lighter sound of *a* is often heard where the mouth is only half open and which might be described as *mid back lax.*

175. **ɑ** is generally fully long when final, and before a voiced fricative and **r**. It is also long when it represents an older diphthong, arising generally from a lost consonant (**l, g, w**) with the spellings *al, aw, au.*

176. Common spellings for this long sound are (1) *a*, (2) *aa*, (3) *a'*, (4) *aw*, (5) *au*, (6) *al.*

	Sc.	Ph.	E.
(1)	*da*	**dɑ:**	father
	twa	**twɑ:**	two
	wha	**ʍɑ:**	who.
(2)	*haar*	**hɑ:r**	cold sea mist
	haave	**hɑ:v**	grey.
(3)	*a'*	**ɑ:**	all
	ca'	**kɑ:**	call, drive
	fa'	**fɑ:**	fall
	sa'	**sɑ:**	salve.
(4)	*blaw*	**blɑ:**	blow
	chaw	**tʃɑ:**	chew
	saw	**sɑ:**	sow
	tawse	**tɑ:z**	strap (for punishing).
(5)	*baur*	**bɑ:r**	joke
	cauk	**kɑ:k**	chalk
	daur	**dɑ:r**	dare
	fause	**fɑ:s**	false
	saugh	**sɑ:x**	willow
	bauld	**bɑ:l***d*	bold
	cauld	**kɑ:l***d*	cold
	fauld	**fɑ:l***d*	fold
	auld	**ɑ:l***d*	old.

	Sc.	Ph.	E.
(6)	*chalmer*	**'tʃɑːmər**	chamber
	halflin	**'hɑːflɪn**	half-grown
	halse	**hɑːs**	neck.

177. In the Mid. Sc. dialects **ǫ** is used very widely instead of **ɑː** in words of this class. See Ph. § 171.

178. In other cases **ɑ** is of medium length or short, i.e. when it does not occur finally or before voiced fricatives and **r** and when it does not represent an older diphthong. Ph. § 175.

Sc.	Ph.	E.
chafts	**tʃɑfts**	jaws
dag	**dɑg**	rain *or* wet
fallow	**'fɑlə**	fellow
lass	**lɑs**	girl
sax	**sɑks**	six
thack	**θɑk**	thatch.

179. For **ɑ** representing an older **ɔ**, see Ph. § 169.

a

180. *Low back lax advanced.* In this vowel the tongue is advanced bodily from the position of **ɑ** but without the pronounced rising in the front which characterizes genuine front vowels. The sound is used regularly in the Northern English in words like *man.* It is similar to the vowel in the Fr. *patte.* It may be heard in Scottish dialect in districts that have come under Celtic influence in the North as a substitute for **ɑ**. The symbol is not used in the general texts.

ʌ

181. *Mid back tense.* This vowel is heard in E. *but, hut, cur,* etc. In Sth. E., the tongue is generally advanced and before **r** invariably flattened in words of this class. The short *a* in the German *mann* sounds very like this Sc. vowel, only in the German vowel the tongue is lax. In some Scottish dialects the tongue is lowered.

182. The common spellings of **ʌ** are (1) *u*, (2) *ou*, (3) *o*.

	Sc.	Ph.	E.
(1)	*bull*	**bʌl**[1]	bull
	cut	**kʌt**	cut
	putt	**pʌt**	put (at golf).
(2)	*young*	**jʌŋ**	young
	touch	**tʌtʃ**	touch.
(3)	*come*	**kʌm**	come
	work	**wʌrk**	work (vb.).

183. Words with the spellings *whi*, *wi* in E. generally have **ʌ** in Sc.

whustle	**ʍʌsl**	whistle
whurl	**ʍʌrl**	whirl
swirl	**swʌrl**	swirl
wull	**wʌl**	will
wutch	**wʌtʃ**	witch.

184. In some districts, especially those on the Highland Border, this **ʌ** sound very commonly takes the place of **ɪ** or **ɪ̞** as

Sc. and E.	Ph.
ditch	**dʌtʃ**
fill	**fʌl**
fish	**fʌʃ**
hill	**hʌl**
little	**lʌtl**

185. For *son*, *summer*, etc., see Ph. § 136.

186. For **ʌ** in *eneuch*, etc., see Ph. § 161.

187. For **ʌ** unrounded from **o**, see Ph. § 170.

ə

188. *Mid central.* In the formation of this vowel the tongue lies nearly flat in the mouth, the centre being slightly raised, the mouth is half open as for easy breathing. This sound may be heard in the first syllable of E. "attack." It occurs generally in unaccented position as a substitute for any vowel, but it may be heard also in Sc. before **r** in accented position, instead of **ɪ̞** or **ʌ** and is then tense as a rule. Examples: *third*, *bird*; **θərd**, **bərd**.

[1] Also **bɪl** or **bɪ̞l**.

189. In some of the Northern dialects another flat vowel may be heard, viz. the *high central lowered.* It takes the place of **ɪ** in words like *put, foot, hit, him,* and occurs also in terminations such as *er.* Thus in Sc. one may hear five variants of the word "put"—sometimes more than one in the same dialect, viz. **pɪ̞t, pɛt, pɪ̈t, pʌt, pət.**

190. In nearly all suffixes the original vowel is reduced to **ə**, e.g.:

Sc.	Ph.	E.
visible	**'vɪzəbl**	visible
hallan	**'halən**	cottage partition
oxter	**'ɔkstər**	armpit
painfu'	**'penfə**	painful
barra'	**'barə**	barrow
elbuck	**'ɛlbək**	elbow.

191. *Note: na* = not, in *dinna, winna* (will not), etc., is pronounced **nə**, although **ne** is also heard.

192. The termination *y* or *ie* is generally sounded **ɪ̞**, though a short **e** is also heard in some dialects. After a *voiced plosive* **ɪ** is also common.

nappy	**'napɪ̞**	ale
ony	**'onɪ̞**	any
bonnie	**'bonɪ̞**	bonnie
Sannie	**'sanɪ̞**	Alexander
taupie	**'ta:pɪ̞**	a silly person
tawtie	**'ta:tɪ̞, 'tatɪ̞**	potato.

193. In the N.E. after a *voiced plosive* or *fricative y* or *ie* is more commonly sounded **i**, as in *hardy, Robbie, windy, bosom*; **'hardi, 'robi, 'wʌndi, 'bo:zi.** In Sth. Sc. **i** is also very common.

194. When the vowel in the syllable preceding *y* or *ie* final is **i** (written *ee* or *ea*), **əi** (written *i*), *y* or *ie* final is generally sounded **i.** Thus:

creepie (stool), *greedy, Jeannie, whilie, wifie*

are pronounced

'kripi, 'gridi, 'dʒini, 'ʍəili, 'wəifi.

DIPHTHONGS

195. A diphthong consists of two vowel sounds pronounced with one breath impulse so as to form one syllable. One of the vowels carries a predominant stress. In Sc. the stress is generally on the first vowel, i.e. most Sc. diphthongs are falling ones. Diphthongs with the stress on the second element—rising diphthongs—were once common in Scottish speech, but now the first element has generally become a consonant; thus *ane* = *one* is now pronounced in Mid. Sc. *yin* = **jɪn**; *heuch, buik,* once **hiux**, **biuk**, are now generally **hjux**, **bjuk**. In Sth. Sc. *huope* = "hope" has become **hwʌp**.

ɑɪ

196. This diphthong is not very common in Sc. It may be heard in final position and before voiced fricatives and **r**, but is frequently replaced by **əi**.

197. Its common spellings are (1) *uy*, (2) *ui*, (3) *ie*, (4) *ye*, (5) *i-e*, (6) *y-e*.

	Sc.	Ph.	E.
(1)	*buy*	**bɑɪ**	buy.
(2)	*guiser*	**ˈgɑɪzər**	mummer.
(3)	*lie*[1]	**lɑɪ**	lie (recline)
	tie	**tɑɪ**	tie.
(4)	*aye*	**ɑɪ**	yes
	kye	**kɑɪ**	kye.
(5)	*five*	**fɑɪv**	five
	rise	**rɑɪz**	rise.
(6)	*byre*	**bɑɪr**	byre.

198. The personal pronoun *I* is **ɑ** and **ɑɪ** in stressed position and **ə** when unstressed.

199. **aɪ** is heard in some dialects instead of **ɑɪ**.

[1] The older form **lɪg** is almost obsolete.

əi

200. This diphthong is quite different from the Sth. E. diphthong in *fade* = **feɪd** or **fɛɪd**. The first element is rarely a pure **e** or **ɛ** sound. It is really a vowel between **e** and **ə** and is always tense. So also is **i** the second element of the diphthong. Another, but less convenient method of writing it, might be **ëi**. In some dialects **ʌ** is the first element; in others, especially in the fishing villages of the N.E. coast, the first vowel of the diphthong is a slightly rounded **ʌ**, giving the impression of a sound which lies acoustically between **ɔ** and **o**; examples *boide, foine, loike, koine, moine, poipe* for "bide, fine, like, kind, mine, pipe."

201. **əi** is spelled: (1) *i-e-*, (2) *y-e*, (3) *ei*, (4) *ey*, (5) *oi*.

	Sc.	Ph.	E.
(1)	*jile*	**dʒəil**	jail
	tine	**təin**	lose
	white	**ʍəit**	white.
(2)	*kyte*	**kəit**	belly
	wyte	**wəit**	blame.
(3)	*eident*	**'əidənt**	diligent.
(4)	*fey*	**fəi**	doomed
	hey	**həi**	hay.
(5)	*boil* or *byle*	**bəil**	boil
	coin	**kəin**	coin
	join or *jine*	**dʒəin**	join
	oil or *ile*	**əil**.	oil.

ei

202. In the dialect of Avoch, Eastern Ross, the diphthong **ei** may be heard in many words which have **e** or **i** in Sc. The original vowel is generally **ɑː** or **ɑ** and **e** in open position (see Ph. § 146 (2)): e.g. **bein**, **stein**, **eim**, **eit**, **peir**, **ʃeip**, **ʃeir** for "bone, stone, home, eat, pear, cheap, chair."

ɛi

203. **ɛi** is heard in Sth. Sc. in final position, where **i** is the rule in Mid. Sc., e.g. *bee, free, he, me, pea, we, dee* (die), *flee* (fly), *lee* (a lie) are the Sth. Sc. **bɛi, frɛi, hɛi, mɛi**, etc.

ɪə

204. For this diphthong in Sth. Sc., see Ph. § 142.

ɔɪ or **oɪ**

205. This diphthong is rarer in Sc. than in E. Words with *oi* or *oy* spelling are generally pronounced with the **əi** diphthong except when *oy* is final.

Sc.	Ph.	E.
boy	**boɪ, bɔɪ**	boy
ploy	**ploɪ, plɔɪ**	pastime.

206. "Joist" is generally **dʒist** in Sc., but **dʒɑɪst** and **dʒəist** are also known.

ʌu

207. This diphthong is spelled (1) *ou*, (2) *ow*, (3) *owe*, (4) *ol*. In most cases the diphthong arises from the loss of a consonant **h**, **g**, **l**, or **w**.

	Sc.	Ph.	E.
(1)	*goud*	**gʌud**	gold
	loup	**lʌup**	leap
	throu (N. Sc.)	**θrʌu**	through.
(2)	*bow* (brig)	**bʌu**	bow (bridge)
	chow	**tʃʌu**	chew
	cowt	**kʌut**	colt
	fowk	**fʌuk**[1]	folk
	grow	**grʌu**	grow
	howp	**hʌup**	hope
	owsen	**'ʌusən**	oxen
	row	**rʌu**	roll
	towmon(d)	**'tʌumən***d*	twelvemonth.
(3)	*fower*	**fʌuər**	four
	lowe	**lʌu**	flame
	ower	**ʌuər**	over.
(4)	*boll* or *bowe*	**bʌu**	boll (a measure)
	bolster	**'bʌustər**	bolster
	stolen	**stʌuən**	stolen.

[1] Also **fok.**

208. **ʌu** is used in Sth. Sc. in words which in the other dialects end in long **u**, e.g.

Mid. Sc.	Sth. Sc. Ph.	E.
boo	**bʌu**	bend
coo	**kʌu**	cow
doo	**dʌu**	dove
soo	**sʌu**	sow
yoo	**jʌu**	you.

ɔu

209. This diphthong is heard in Sth. Sc. in words which originally had (1) *ol*, (2) *oh*, (3) *og*, (4) *ow*, (5) *oh*. All except (2) and (5) have **ʌu** in Mid. Sc., e.g.

(1)	*bolster*	**ˈbɔustər**	bolster.
(2)	*sowcht*	**sɔuxt**	sought.
(3)	*bow* (sb.)	**bɔu**	bow.
(4)	*stowe*	**stɔu**	stow.
(5)	*dowchter*	**dɔuxtər**	daughter.

ʊə

210. This diphthong is heard in Sth. Sc. in words that have **o** or **ɔ** in the other dialects.

born	**bʊərn**
corn	**kʊərn**
morn	**mʊərn**
bore	**bʊər**
sole (of a shoe)	**sʊəl**
Rome	**rʊəm**

ʊə is derived from O.E. open *o* or classical *o*. Later additions to the dialect have **ɔ**. When the diphthong is initial, it may appear in Sth. Sc. as **wʌ**, e.g. **wʌpən**, *open*, **wʌrtʃɛt**, *orchard*; when preceded by **h**, it becomes **ʍʌ**, e.g. **ʍʌl**, *a hole*, **ʍʌp**, *hope*. See Murray's *D. of S. C. of Sc.*, pp. 112, 147.

VOWEL AND CONSONANT LENGTH

LENGTH OF VOWELS

211. As contrasted with Sth. E. pronunciation, quantity in Scottish vowels tends more to medium length with greater freedom in shortening and lengthening. The tense vowels **i**, **e**, **o**, **u**, **ǫ**, **ø** and the vowel **ɑ** may all be heard fully long in final accented position and before voiced fricatives and **r**. The shortening of these tense vowels before all voiced plosives and **l**, **m**, **n**, **ŋ** is much more marked than in Sth. E. and does not generally result in any loss of tenseness as in Sth. E.

212. It should be noted that the addition of an inflectional ending does not usually alter the quantity of a preceding long vowel. Thus both *fee* pr. t. and *fee'd* pt. t. have a fully long **i**, but the verb *feed* has a comparatively short **i**. Compare also

Sc.	Ph.	E.
broo	**bru:**	brew
broo'd	**bru:d**	brewed
brood	**brud**	brood
'gree	**gri:**	agree
'gree'd	**gri:d**	agreed
greed	**grid**	greed
loo	**lu:**	love
loo'd	**lu:d**	loved
lood	**lud**	loud
lay	**le:**	lay
laid	**le:d**	laid
lade	**led**	load
bray'd	**bre:d**	pushed
braid	**bred**	broad.

213. When a word is in frequent use, the natural tendency to shorten before *t*, *d*, *n* manifests itself, especially if there is no danger of confusion with another word, e.g.

gaed = "went" may be **ge:d** or **ged**,
gie'd = "gave" „ „ **gi:d** or **gid**.

214. (*a*) Sometimes a vowel is long because it represents a diphthong in the older form of the word or the loss of a consonant.

Sc.	Ph.	E.
quate	**kwe:t**	quiet
rael	**re:l**	real
vain	**ve:n**	vain
ain	**e:n**	own;

but **en** = *one.* For other examples see Ph. § 176.

(*b*) In the case of words like *auld, laugh, saugh,* the diphthong arose from the glide before **l** and **x**. The tendency to shorten a vowel before **x**, a breathed consonant, accounts for the double forms **lɑ:x**, **lɑx**, **strɑ:xt**, **strɑxt**, for *laugh* and *straight.*

(*c*) The ending *er* seems in some dialects to have a shortening influence. Hence *couter, shoother* have generally a short **u**, and *faither, raither* are heard in different districts with both long and short **e**.

(*d*) For shortening through lack of stress, see Ph. § 216.

(*e*) Meaning sometimes influences length, e.g.

bət nu: ðe ər 'mo:nən ɪn 'ɪlkə grin 'lo:nən,
but now they are moaning in ilka green loaning.
The Flowers of the Forest (Elliot).

(*f*) In the texts the mark for length (**:**) will be used after the tense vowels **e, i, o, u** and **ɑ** when they are final and accented, or when they stand in the accented syllable before *voiced fricatives* and **r**.

LENGTH OF CONSONANTS

215. In many dialects (e.g. the Galloway dialect), when **d** is dropped after **n**, the **n** is noticeably lengthened. Sometimes the lengthening is equally distributed over the vowel and consonant. In the general texts we write such words **lɑn***d* and **lɑ:n***d*.

STRESS

216. Stress is the comparative force of the breath current, with which the syllables that make up a word are uttered. In Sc. and E. the root syllable of native words is generally the one that has the chief stress. As this root syllable is very often the first in the word, there is a tendency to stress foreign words in the first syllable. In Sc. we often find Romance words retaining their original stress contrary to English usage, e.g.

April	**ə'prəil**
consequence	**konsə'kwens**
discord	**dɪs'kord**
massacre	**mə'sɑkər**
mischief	**mɪs'tʃif**
novel	**no'vɛl**
soiree	**sə'riː.**

On the other hand we have

dispute (sb.)	**'dɪspjut**
police	**'polɪs.**

WORDS IN THE BREATH GROUP

217. (*a*) The sounds produced in a single breath for the purpose of conveying a thought or a definite part of a thought are styled a breath group. A breath group *may* be a single word but generally consists of a number. The lightly stressed vowels in the breath group are subject to change. Long vowels are shortened and often become lax or are graded down to a *central* vowel. This applies also to monosyllabic words that are generally employed with a minimum stress. These have nearly always a strong and a weak form, the latter being the more common. Words habitually used with minimum stress are the articles, pronominal words, monosyllabic prepositions, conjunctions and auxiliary verbs. Examples:

E.	Strong	Weak
you	**ji**	**ji, jɪ**
I	**ɑɪ, ɑ**	**ə**
my	**mɑɪ, mɑ**	**mə**
when	**ʍɑn**	**ʍən**
us	**hɪ̞z, hʌz**	**əs, s, z**
our	**u:r**	**ur, wər, wɪ̞r, wʌr.**

(*b*) Vowels may even be lost and consonants may disappear or be assimilated to neighbouring sounds in the breath group, e.g. *h* is regularly lost in unstressed pronominals like *him, her, his* and the auxiliary *have*. Examples:

Sc.	Ph.	E.
I sepad (used by Barrie)	**əsə'pɑd**	I shall uphold
fousticat (N.E.)	**'fustɪkɑt**	how is't ye call it?
guidschir	**'gʌtʃər**	grandfather
ne'erday	**'ne:rdɪ̞**	New Year Day
see till't	**sitlt, sidlt**	see to it, i.e. look at it
see till 'im	**sitlm, sidlm**	see to him, i.e. look at him.

(*c*) In the sentence "ye would na been sae shy," Gr. § 61, na = na (not) + a (av = have). The two *a*'s have coalesced to form one vowel, so that *would* seems to be followed by a past part.

Then the usage is extended to cases where *na* does not occur, e.g. "I would rather *paid* the needful repairs myself." Galt, in *Annals of the Parish,* ch. 27.

(*d*) The curious form *tu* or *tou* for "thou" was once common in Mid. Scotland and survives in the nickname for Paisley, viz. *seestu* = "seest thou?" For examples of its use, see Extract from Galt's *Entail,* and Gr. § 23. It arose from an old assimilation in the breath group that was not unknown in O.E. and was very common in Middle E. where *th* = **θ** following **t**, **d**, and often **n** and **s** became **t**, thus:

> "And tatt wass don, thatt witt *tu* wel."
> And that was done, that knowest thou well.
>
> *Ormulum,* 1004 (c. 1200).

Often *u* or *ou* and *e* were written for *ðu* and *ðe*:

> "Wilt u se a wel fair flur?"
> Wilt thou see a well fair flower?
>
> *Floris and Blancheflur* (13th cent.).

> "Wreche bodi wȝy list ou so?"
> Wretched body why liest thou so?
>
> *The Debate of the Body and the Soul* (13th cent.).

> "hi byeþ briȝte and clene ase hi weren at *e* point and at *e* time."
> they be bright and clean as they were at the point and at the time (of their christening).
>
> *The Ayenbite of Inwit* (1340).

Thus one or all pronominal words beginning with *th* might have alternate forms without *th*. Sometimes one form might prevail for one or all pronominal words in a dialect, sometimes another. In spoken Sc. at the present time there is only one form of the relative *that,* viz. **ət**; yet it is but very rarely used in written Sc. which has either *that,* **ðət**, or the highly artificial *wha,* **ʍɑː**. In one dialect, viz. the Caithness Sc., all the pronominal words beginning with *th* = **ð** still drop the consonant and so for *this, that, the, they, their, them, there, then, thence* we get **ɪs**, **ɑt**, **ət** (relative), **i**, **eː**, **eːr**, **ɛm**, **eːr**, **ɛn**, **ɛns**. For instances in other Sc. dialects, see Ph. § 87.

(*e*) This close binding of words into a sort of compound in the breath group also explains such forms as the *tane* and the *tuther*, **ðə ten, ðə 'tɪðər** or **'tʌðər**, "the one and the other," from the O.E. *þæt ān, þæt ōðer*. So also O.E. *mīn āgan, þīn āgan* would be in Sc. **məin eːn, ðəin eːn**, and give rise to a new possessive **neːn**. Hence *his nain son*, **hɪz neːn sɪn**; *his nain sel'*, **hɪz neːn sɛl**, i.e. "his own self." In *a tantrin ane or twa*, "an odd one or two," the **t** of the definite article has been prefixed to *antrin*, "odd." (Mid. Eng. *auntren* "to come by chance," Mid. Fr. *aventurer*.) The dropping of **d** in words like *cauld, find* may also be susceptible of a similar explanation, but see Ph. § 27.

INDEX

TO WORDS REFERRED TO IN PART I, §§ 1—217

PART II

GRAMMAR

CHAPTER I

THE ARTICLES

1. *Indefinite article as* ane. There seems to be a trace of French influence through Middle Scots literary usage in the use of *ane*, **en**, for "a" before consonants, yet it was always more or less of a literary affectation, and took no root in popular speech[1].

"Ane herrand damysele, and ane spekand castell sal nevyr end with honour." (A hearing damsel and a speaking castle

[1] This is a moot question with philologists, who regard such an intrusive influence as contrary to philological usage. It has been explained as a survival in the Northern dialect, the English having dropped the "n" before a consonant before 1200 A.D. But facts are against such an explanation: e.g. Barbour writing in the 14th century uses *a* and *an* just as we do to-day, while Henryson, before the close of the 15th century, uses *ane* freely before consonants, and Lyndsay in the 16th century has *ane* constantly before consonants, recalling the Fr. *une*:

"Tyll Jamys of Dowglas at the last
Fand a litill sonkyn bate." *The Bruce*, 1375 A.D.

"With that ane Paddock, on the watter by,..."
Henryson, *The Mouse and the Paddock*, I. 10.

"Intyl ane garth, under ane reid roseir,
Ane auld man, and decrepit, hard I syng."
Henryson, *The Prais of Aige*, *circ*. 1473 A.D.

"And sett ane seage proudlye about the place.
... ...
They have ane boumbard braissit up in bandis."
Lyndsay, *The Papyngo*, 1538 A.D.

See Murray, *Dialect S. C. Sc.*, The Middle Period, French Influence, p. 55. Also Gregory Smith, *Specimens of Middle Scots*, who remarks in his Introduction, p. xxxiii:

"It is more difficult to settle the question of Mod. Sc. indebtedness to French in its use of *ane*. According to Dr Murray, it 'was introduced in literature and set speech in imitation of the French, so that the Sc. *ane kyng* answered to the French *un roi*....The proposition cannot be brought under any of the ordinary categories of linguistic imitation, for it implies more than the mere Gallicising of native forms. It amounts to the admission of a grammatical interference in a quarter least liable to interference of any kind, and to an absolute recognition by every writer and scribe of the propriety of an affectation as ingenious as uncalled for.'"

will never come to a good end.) *Complaint of Scotland*, p. 167. (Quoted by Andrew Cheviot, *Proverbs*, p. 40.)

2. *Use of "a" before vowels.* In many modern dialects the tendency is to use "a" indifferently before vowels and consonants, although most modern authors seem to adopt the ordinary English usage[1].

"It's no a boat,...it's a beast."
"A beast?"
"Aye, a aggilator." J. J. Bell, *Wee Macgreegor*, c. 5.

3. *Emphatic "a" as* ae, **eː**. "a" is found as *ae* when emphatic; pronounced **jeː** in G. S. W.

"Sir, my Lord, if ye'll believe me, there was no ae single ane,...that would gie your Lordship a bawbie for auld lang syne." Galt, *Sir A. Wylie*, I, c. 18.

[1] Examples of this use of "a" before vowels are to be found sometimes in literature:

"Thare he of chance a ymage fand." *Legends of the Saints*, Alexis, 156.

"It war a our hie thing
Agayne the faith to reyff my rychtwis king."
Blind Harry's *Wallace*, VIII, 639—640.

Lauder of Fountainhall in his *Journal* (Scot. Hist. Society) scarcely ever uses "an" before a vowel. "A ignorant fellow," "a old woman," "a emblem," etc. His *Journal* may be taken as a good example of the colloquial in Edinburgh in the seventeenth century. Cf. also Pitscottie's *History*, 1. 158: "Licherie and wenus lyfe hes oft a euill end" (Scot. Text Soc. Edition).

Examples are also to be found in documents written by the less educated, e.g. in Town Council Records:

"James of Loche layd the sayd penny in a ymage hand." *Peebles Records*, 17 Jan., 1462.

"Dik Bulle sal gef a aktre." *ib.*, 25 Oct. 1452.

Such writers frequently use "a" before a consonant where literary men would have written "ane":

"Ilk persoun sall pay a penny on the mercat day." *Stirling Records*, 12 March, 1519.

"The officer of the quarter, a principall man." *Aberdeen Records*, 12 May, 1514.

"Ane suord, a quhinger,...a pair of blak hoiss." *ib.*, 12 Jan., 1572.

"A consent to transact with my Lord of Fentoun." *Stirling Records*, Feb., 1615.

(Contributed by Rev. R. McKinlay, M.A., Galston.)

The indefinite article is found along with *ae* (one), when *ae* signifies "solitary," "single":

"An auld maid leevin' in a flat wi' an ae lass." Ramsay, *Reminiscences*, c. 5.

4. *Definite article for indefinite article.* Scottish usage often prefers the definite article to the indefinite:

"He had gotten into roving company, and had taken the drap drink." Scott, *Guy Mannering*, c. 6.

"It was an unco thing to bid a mother leave her ain house wi' the tear in her ee." Scott, *Antiquary*, c. 22.

So with St. "apiece," originally *a pece* or *a piece*, "a" being the St. indefinite article, Sc. has *the piece*:

"We had a gweed stoot stick the piece." Alexander, *Johnny Gibb*, c. 18.

5. *Definite article for pronoun.* The definite article is found in Scottish where a pronoun is used in standard speech:

"'Wanting the hat,' continued my author Kirstie." Stevenson, *Weir of H.*, c. 5.

"'But I maun see the wife (your wife), Patie,' says she." Wilson, *Tales of the B.*, "The Hen-pecked Man."

6. *Definite article in adverbial combinations.* (*a*) The definite article takes the place of "to" or "this" in connection with "day," "morrow," "night," or their equivalents, to form adverbial combinations. "To-day" is *the day*; "to-morrow" is *the morn*; "to-morrow morning" is *the morn's morning*; "to-morrow night" is *the morn's nicht*; *the streen* is "last night (yester even) or yesterday":

"Wear them the day, hizzie." R. L. Stevenson, *Weir of H.*, c. 6.

"Ye'll come in sune again, Welum?"

"The morn's nicht, gin it be possible." Ian Maclaren, *Days of A. L. S.*, "Drumsheugh's Love Story."

"But I've tellt him he's to get nae gundy till the morn's (to-morrow) morning." J. J. Bell, *Wee Macgreegor*, c. 1.

"Yon's no a bad show o' aits ye hae in the wast park the year, Hillocks." Ian Maclaren, *Days of A. L. S.*, "Triumph in Diplomacy."

"Says she, 'Dawvid was up by the cairts the streen, wusnin he?'" Alexander, *Johnny Gibb*, c. 19.

(*b*) "Just now" is *the now* or *the noo*, **ðə nuː**. *The now* is "genteel Scottish":

"He cannot leave the shope any earlier the now." J. J. Bell, *Wee Macgreegor*, c. 13.

"I maun see—."

"No the noo, John, I think he's sleepin' again." *ib.* c. 14.

By analogy, "together" becomes *thegither*, **ðə'gɪ̞ðər**:

"She winna speak a word, they say, for weeks thegither." Scott, *Antiquary*, c. 40.

7. *Intrusive definite article in Sc.* The definite article in Sc. is used in the following cases where it would be omitted in St.:

(*a*) Before the names of all diseases: "suffering from the headache," "ill of the rheumatiz."

(*b*) Before the names of trades or occupations: "learnin the carpenterin."

(*c*) Before the names of sciences or departments of learning: "He knows the chemistry"; "The boy is good at the Latin."

(*d*) Before the names of days, months, seasons, especially when any particular circumstance is associated therewith: "He'll come at the Martinmas"; "Wae's my heart, I had been tender a' the simmer."

(*e*) In phrases, with words like "kirk," "school," "bed," "tea" (evening meal): "My oe (grandchild) is at the school"; "I never gang to the kirk twice a day"; "It's gey wearisome lying in the bed."

"I forgot aboot that. Weel, I—I'll wait an' see what she's got in for the tea first." J. J. Bell, *Wee Macgreegor as a Soldier of the King.*

CHAPTER II

NOUNS

8. *Plurals in* en. There are several Sc. plurals in *en*: *een*, **in**, "eyes"; *shoon, shuin*, **ʃyn**, **ʃin** or *shaen*, **ʃen**, "shoes"; *hosen*, **'hoːzən**, "stockings"; *owsen*, **'ʌusən**, "oxen[1]"; *treen*, **trin**, "trees"; *turven*, **'tʌrvən**, "turfs"; *breeken*, **'brikən**, "breeches."

"Can this be you, Jenny?—a sight o' you's gude for sair een, lass." Scott, *Antiquary*, c. 26.

"'When did ye begin to dander in pink hosen, Mistress Elliot?' he whispered shyly." R. L. Stevenson, *Weir of H.*, c. 6.

(Compare the passage in Daniel iii. 21: "in their coats, their hosen, and their hats.")

"Tak tent ye dinna o'erdrive the owsen."

"Ye're e'en come back to Libberton to wait for dead men's shoon!" Scott, *H. of Midlothian*, c. 5.

"I ate the half o' 't mysel, and rubbet the ither half into ma shaen." *The Scottish Review*, 1908, p. 545.

Double plurals like *shins, breeckens* are met with.

9. *Plurals in* r. There is a plural of "calf" (O.E. *calferu*) *caur, carr, car*, **kaːr** found in Aberdeenshire, Perthshire, W. Forfarshire, Renfrewshire usage:

"The caur did haig, the queis low." Jamieson, *Popular Ballads*, I, 286.

"Bairns manna be followed like carr." G. Macdonald, *Alec Forbes*, c. 5.

Breer, breers, **'briːrz**, "eyebrows" or "eyelashes," are found in Aberdeen and Banff. *Childer*, the plural of child, so common in English and Irish usage, is almost never heard now in Scotland.

[1] The singular "ox" is not common in the Scottish dialect, but is replaced by *stirk*, **stɪrk**; *stot*, **stɔt**; *nowt*, **nʌut** ("neat" of Shakespeare, *Winter's Tale*, I. ii. 125: "The steer, the heifer and the calf are all called neat"), etc. *Owse* **ʌus** is found in the N.E.

10. *Exceptional plurals.* *Coo,* **kuː**, "cow," pl. *kye,* **kaɪ** (O.E. *cū*, "cow," *cȳ*, "cows"). "Kine" is a double plural form, *ky-en,* and is used by Burns in "Auld Rob Morris":

"He has gowd in his coffers, he has owsen and kine."

But the word is now obsolete, if it ever was in common use. Probably Burns used it here for the sake of the rhyme.

11. *Nouns expressing time, space, weight, measure, and number.* Such nouns, when immediately preceded by a cardinal numeral, are frequently used without any plural sign in Sc. dialect:

"The powny hasna gane abune thirty mile the day." Scott, *Antiquary,* c. 15.

12. *Singular words treated as plurals.* Words like *parritch* "porridge," "pudding," "broth," "brose," take plural pronouns and verbs north of the Humber:

"They'll be unco puir pudding athoot something mair than bluid in them." D. Gilmour, *Paisley Weavers,* c. 5.

"'They're gude parritch eneuch,' said Mrs Wilson, 'if ye wad but take time to sup them.'" Scott, *Old Mortality,* c. 5.

"I doot some o' ye hae taen ower mony whey porridge the day." Ramsay, *Reminiscences,* c. 6.

13. *Spurious singular nouns.* "Corpse" was regarded as a plural, and a spurious form *corp,* **kɔrp** came into common use:

"They pu'd him up like a deid corp." R. L. Stevenson, *David Balfour,* c. 15.

(Compare *glimp,* **glɪmp** for "glimpse" and *hoe,* **hoː** for "hose.")

14. *Simpler verb form in place of noun derivative.* Note the common use of the shorter and more direct verb form in place of the noun derived from it: e.g. *differ,* **'dɪfər** for "difference"; *len',* **lɛn** for "loan"; *transacks,* **tran'saks** for "transactions":

"'Weel, I canna see nae differ in her,' returned the first." R. L. Stevenson, *Weir of H.*; c. 1.

"Mony's the body that's hed their gullie i' ye aboot yer bits o' transacks." W. Alexander, *Johnny Gibb*, c. 23.

"It's a sang-buik that I want the len' o'." G. Macdonald, *Alec Forbes*, c. 23.

"'The modiewarts are castin a' up round the foun' (foundation) o' the hoose, an' they winna be lang there,' answered Jane.' *The Scottish Review*, 1908, p. 525.

"They've been haein' a gay on-cairry (carrying-on) doon at the Ward." W. Alexander, *Johnny Gibb*, c. 17.

15. *Nouns intimately connected with family life: ation*, **eʃn** *guidman*, **gyd'man**; *guidwife*, **gyd'wəif**; *minnie*, **'mɪnɪ̨**; *luckie* **'lʌkɪ̨**; *gudesire*, **gyd'saɪr**, **'gʌtʃər**; *tittie*, **'tɪtɪ̨**; *eme*, **im**; *nevoy*, **'nɛvɔɪ**; *oe*, **oː**; *get*, **gɛt**, **git**; *bairn*, **bern**; *wean*, **weːn**; *loon*, **lun**.

Family connections are known as *ation*, **eʃn**:

"She lows't the richt gate aboot the minaister an' a' 's ation." W. Alexander, *Johnny Gibb*, c. 49.

The head of the household, or husband, is *goodman*, *guidman*, *gudeman* (accented on final syllable). (Compare Scriptural "For the goodman is not at home" (Proverbs vii, 19).) The correlative is *guidwife*, "wife" or "lady of the house": "I haena lived for five-and-twenty years without expectin' to get a guidman some day." Wilson, *Tales B.*, "Willie Wastle's Wife."

"'Whist! whist! gudewife,' said her husband." Scott, *Guy Mannering*, c. 24.

Where the *gudewife* is supposed to be the abler partner, dominating the *gudeman*, she is popularly known as the "gray mare" or *grey mear*: "As he had a golden nag at his door, so he had a grey mare in his shop." Scott, *H. of Midlothian*, c. 3.

"Rob has a grey mear in his stable." Scott, *Rob Roy*, c. 26.

A *John Tamson's man* is one who lets his wife rule: "'The deil's in the wife,' said Cuddie, 'd'ye think I am to be John Tamson's man, and maistered by a woman a' the days o' my life?'" Scott, *Old Mortality*, c. 37.

"Mother" is found as *mither*, with diminutive *minnie*, *minny*:

"But i' my auld minny's buiks, I hae read jist as muckle as that, an' waur too." G. Macdonald, *David Elginbrod*, I, c. 13.

"'But minnie was asking ye,' resumed the lesser querist.'' Scott, *Antiquary*, c. 26.

Luckie is used for the "mistress of a family" as well as for a grandmother:

"'Ay, ay,' exclaimed the mistress of the family. 'Hegh, sirs, can this be you, Jenny?' (Jenny answers.) 'Ay, ay,' answered Luckie Mucklebackit." Scott, *Antiquary*, c. 26.

"Grandmother" is *grandmither, granny, luckie, luckie-minnie*:

"Speak to your grandmither, Jenny." Scott, *Antiquary*, c. 26.

"'O what was it, grannie?'—and 'what was it, gude-mither?'—and 'what was it, Luckie Elspeth?' asked the children, the mother, and the visitor, in one breath." Scott, *Antiquary*, c. 26.

"*Luckie*" also used of "the landlady of an inn":

"'No, no,' said the Deacon, 'ye're clean out there, Luckie.'" Scott, *Guy Mannering*, c. 11.

"Grandfather" is *gudesire, gran'faither, luckie-dad*:

"The bits o' bairns, puir things, are wearying to see their luckie-dad." Scott, *H. of Midlothian*, c. 46.

"'Weel spoken, bairns!' cried your grandfaither." Wilson, *Tales B.*, "The Whitsome Tragedy."

"Before our gudesire gaed into Edinburgh to look after his plea." Scott, *Antiquary*, c. 9.

"Sister" is colloquially *tittie*:

"A bonnie spot o' wark your tittie and you hae made o't." Scott, *H. of Midlothian*, c. 25.

"Uncle" is *eme* (German *oheim, ohm*; O.E. *ēam*, "maternal uncle"):

"Didna his eme die and gang to his place wi' the name of the Bluidy Mackenyie?" Scott, *H. of Midlothian*, c. 11.

"Nephew" is *nevo, nevoy* (French *neveu*):

"If ye didna, your nevoy did." Scott, *Antiquary*, c. 36.

"'Div ye mean to tell me,' asked his mistress,...'that my nevo is comin' doon the burnside wi' a leddy?'" W. Cross, *Disruption*, c. 1.

"Grandchild" is *oye, oe*:

"And grannies danced with their oyes." Galt, *A. of Parish*, c. 48.

"'And,' continued Mrs Butler, 'he can wag his head in a pulpit now, neibor Deans, think but of that—my ain oe.'" Scott, *H. of Midlothian*, c. 9.

Knave-bairn is a male child (compare German *knabe*):

"Wha could tell whether the bonny knave-bairn may not come back to claim his ain?" Scott, *Guy Mannering*, c. 22.

Lass-bairn is a female child; *lass*, a young unmarried woman:

"Verra improper o' you, wi' a young lass-bairn, to encourage the nichtly veesits o' a young gentleman." G. Macdonald, *David Elginbrod*, I, c. 6.

Bairns and *weans* are both used commonly for "children":

"There was my daughter's wean, little Eppie Daidle—my oe, ye ken, Miss Grizel." Scott, *H. of Midlothian*, c. 4.

"Just to tak his meat, and his drink, and his diversion, like ony o' the weans." Scott, *Antiquary*, c. 26.

But *wean* has often a contemptuous flavour, less present in *bairn*, so that we have the adjective *weanly*, "feeble":

"'My bairn! my bairn!' cried the distracted father, 'where can he be?'" Scott, *Guy Mannering*, c. 9.

"...and plaits rush-swords and grenadier caps for the weans." Scott, *Antiquary*, c. 12.

"'Aye,' said Brodie, 'paidling in a burn's the ploy for him. He's a weanly gowk.'" G. Douglas, *H. with Green Shutters*, c. 5.

But *bairnly* is also used for "childish":

"Man, Charlie, it's bairnly to make sic a wark for a bit tig on the haffet." Galt, *Sir A. Wylie*, I, c. 5.

Get, gett (common gender) is a "child":

"'He was the get of a Kilwinning weaver,' said Craiglands." Galt, *Sir A. Wylie*, III, c. 20.

"And where's that ill-deedy gett, Giles?" Scott, *Bride of Lammermoor*, c. 13.

Loon is "son" or "boy":

"An' hedna he Jock Ogg, the gauger's loon, haill twa year at it?" W. Alexander, *Johnny Gibb*, c. 12.

In Forfar *loon* is = a "boy baby." A doctor will intimate to a parent that the child born to him is a "loon"; i.e. not a girl.

16. *Familiar masculine or general Personal Terms: body* **'bodɪ**; *buddy,* **'bʌdɪ**; *chap, chappie,* **'tʃɑpɪ**; *creature,* **'kretər.**

The term *body, bodie* or *buddy* is characteristically Scottish. It is used as an indefinite pronoun: "one," Ger. *mann,* Fr. *on.* It has been defined for us by George Douglas (Brown) in *The House with the Green Shutters,* c. 5: "In every little Scottish community," he says, "there is a distinct type known as the bodie. 'What does he do, that man?' you may ask, and the answer will be, 'Really, I could hardly tell ye what he does—he's just a bodie.'...The chief occupation of his idle hours (and his hours are chiefly idle) is the discussion of his neighbour's affairs." It has also been defined for us by Dr William Wallace, editor of the *Glasgow Herald,* in the *National Review* for October, 1907: "As used in the larger cities, it (buddy) is applied good-naturedly and not disrespectfully to a man who is not necessarily deficient in capacity or even in character, who is indeed as a rule somewhat noisily energetic and public-spirited, but who looks at everything, and especially every political question, from the standpoint of his sect, his class, his trade, or his crotchet; who seldom thinks nationally or impersonally, but almost always provincially, if not parochially."

Body is used as a familiar ending to a name, sometimes with a slight indication of contempt, as in "lawyer-body," "minister-body":

"She was a Gordon of Earlswood—the oldest stock in Galloway and brought up to be a lady-body." S. R. Crockett, *Courtship of Allen Fairley.*

Chappie is used like *bodie*:

"They're proposin' byuldin a hoose for a manse to the Free Kirk minaister chappie." W. Alexander, *Johnny Gibb,* c. 42.

"He af'en calls for the letters fan the dog-dirder chappie's occupiet." W. Alexander, *Johnny Gibb,* c. 38.

Coof, **kyf**, is used contemptuously. It is probably a form of "cove"; cf. O.E. *cāf,* "bold":

"Though hundreds worship at his word,
He's but a coof for a' that." Burns, *For A' That.*

"'Me ken or care for him, ye spiritless coof, ye!' she replied." Wilson, *Tales B.*, "Guidwife of Coldingham."

Trypal, **'trəipəl**, is a "sloven":

"Mair smeddum aboot 'im nor the like o' that gawkie trypal." W. Alexander, *Johnny Gibb*, c. 10.

Hempie, **'hɛmpɪ**, is a "rascal," "rogue." Originally one destined for the hemp or gallows-rope:

"This is the very lad Tirl that I raised a summons against before the Justices—him and another hempie." Scott, *St Ronan's Well*, c. 8.

Creature, creatur, crater is also used in this same familiar way:

"Fat's he?—the sin o' a peer nace nyaukit beggar creatur." W. Alexander, *Johnny Gibb*, c. 21.

"It's my idea that the creature Dougal will have a good action of wrongous imprisonment." Scott, *Rob Roy*, c. 30.

"'Eh! ye crater!' said Robert Falconer, 'ir ye there after a'?'" G. Macdonald, *Robert Falconer*, c. 10.

Hotch, **hotʃ**, is "a big lumbering person":

"'Ou aye,' said he, 'ye great muckle fat hotch o' a decent bodie ye—I'll gang in and have a dish o' tea wi' ye.'" G. Douglas, *H. with Green Shutters*, c. 21.

Other familiar terms for "man," "person" or "fellow" are *billy*, **'bɪlɪ**; *callant*, **'kalənt**; *callan*, **'kalən**; *cull*, **kʌl**; *carle*, **karl**; *carlie*, **'karlɪ**; *chield, chiel*, **tʃil**; *chielie*, **tʃili**; *loon*, **lun**; *stock*, **stok**; *wight*, **wɪxt**:

"I was disturbed with some of the night-walking queans and swaggering billies." Scott, *Fortunes of Nigel*, c. 3.

"'As I live by bread,' said Campbell...'I never saw sae daft a callant.'" Scott, *Rob Roy*, c. 25.

"Ye wadna be doing your duty to the callan, if you learnt him naething but a jargon o' meaningless gibberish." Cross, *Disruption*, c. 8.

"'Na, na,' answered the boy, 'he is a queer auld cull.'" Scott, *St Ronan's Well*, c. 30.

"In the evenings Andrew had recourse to the firesides of the gash and knacky carles and carlines of the village." Galt, *Sir A. Wylie*, I, c. 4.

"An' Lachlan himself, though he be a stiff chiel (difficult fellow to manage)." Ian Maclaren, *Days of A. L. S.*, "For Conscience' Sake," c. 5.

"Mains's chiels (employees) wus lowst gin that time." W. Alexander, *Johnny Gibb*, c. 40.

"Gettin' a share o' a gill wi' a cheelie." W. Alexander, *Johnny Gibb*, c. 14.

"That I suld hae been left sae far to mysel' as to invite that writer loon till his dinner." Wilson, *Tales B.*, "The Fatal Secret."

"Ga'in was a 'fine stock' with a fluent and compendious power of 'newsin.'" W. Alexander, *Johnny Gibb*, c. 36.

"Every wight has his weird." Scott, *Rob Roy*, c. 34.

"'I wonder what that auld daft beggar carle and our son Steenie can be doing out in sic a nicht as this!' said Maggie Mucklebackit." Scott, *Antiquary*, c. 36.

"While Andrew...settled into a little gash carlie." Galt, *Sir A. Wylie*, I, c. 6.

Buckie, **'bʌkɪ**, "restless youth" or "mischievous boy": with the stronger form *deevil's* or *deil's buckie*:

"The huzzy Beenie—the jaud Eppie—the deil's buckie of a callant." Scott, *St Ronan's Well*, c. 2.

"...That daft buckie, Geordie Wales." Burns, *Lines written to a Gentleman. Ellisland*, 1790.

Taupie, tawpy, **'tɑːpɪ**, is a contemptuous word for "softy," "good for nothing," mostly applied to girls, but also to the other sex:

"An inhaudin unedicat taupie chiel in ạ kwintra chop." W. Alexander, *Johnny Gibb*, c. 35.

"'Ye're na to be a tawpy noo,' she went on, endeavouring to dry his eyes. 'Ye're to be a man.'" J. J. Bell, *Wee Macgreegor*, c. 5.

The "loons" are the "masses" as opposed to the "classes"; "simple" as opposed to "gentle." The word is contrasted with *laird* or "proprietor":

"The lairds are as bad as the loons." Scott, *Rob Roy*, c. 26.

"It's just the laird's command and the loon maun loup." Scott, *Rob Roy*, c. 26.

Waufie, **ˈwaːfɪ**; *waf*, **waf** (adjective and noun), is an "idle fellow," a "person of no account":

"A'll grant ye that the new factor is little better than a waufie." Ian Maclaren, *Days of A. L. S.*, "The Country Tyrant."

"Ilka waf carle in the country has a son and heir." Scott, *Guy Mannering*, c. 39.

17. *Feminine personal terms.* *Wife*, **wəif**, is the equivalent of "woman," with a diminutive *wifie*, **ˈwəifi**, "little woman," used freely:

"Excuse a daft wife that loves ye, and that kenned your mither." R. L. Stevenson, *Weir of H.*, c. 8.

"Meantime two of his congregation, sisters, poor old mutched wifies, were going home together." G. Macdonald, *Alec Forbes*, c. 56.

Kimmer, **ˈkɪmər**, is used loosely as a synonym of "woman," a "woman-friend" or "girl-friend" (Fr. *commère*):

"I'm saying she was naturally a bonny bit kimmer rather than happit up to the nines." J. M. Barrie, *The Little Minister*, c. 6.

"She gecked and scorned at my northern speech and habit, as her southland leddies and kimmers had done at the boarding-school." Scott, *Antiquary*, c. 33.

Carlin, **ˈkarlɪn**; *carline*, **ˈkarləin**, is used of an "elderly woman," being the correlative of *carle*, **karl**:

"But what can ail them to bury the auld carlin (a rudas wife she was) in the night time?" Scott, *Antiquary*, c. 26.

Lass is a "young woman," with diminutive *lassie* and *lassock*. But it also is a general sex term:

"They brought him tidings that his wife had given birth to a daughter; but he only replied, 'Is it so?...then God's will be done. It came with a lass and it will go with a lass.'" Scott, *Tales of a Grandfather*, c. 28.

(That is, in standard speech, "It (the Scottish crown) came with a woman, and it will pass from the Stuarts by a woman.")

"I was but a lassock when ye cam." S. R. Crockett, *Bog Myrtle*.

Lad, **laːd**, **lad**, and *lass*, **las** = "sweethearts"; e.g. "wull ye be ma lass?"

Lass and woman is the Scottish equivalent for "maid and wife":

"I...that have waited on her, lass and woman." Keith, *Indian Uncle*, p. 340. (W.)

Familiar and somewhat contemptuous names for young women are *cutty*, **'kʌtɪ̨**; *deemie*, **'dimi** (diminutive of "dame"); *girzie*, **'gɪ̨rzɪ̨** (diminutive of "Griselda"); *hizzie*, **'hɪzɪ̨**; *jaud*, **dʒɑːd** = "jade"; *shilp*, **ʃɪ̨lp**; *limmer*, **'lɪ̨mər**; *besom*, **'bɪzəm**; *callants and wenches* "boys and girls":

"'The cutty looks weel,' he had said." R. L. Stevenson, *Weir of H.*, c. 6.

"He's ta'en a fancy to yon bit shilp in the barroom o' the Red Lion." G. Douglas, *H. with Green Shutters*, c. 21.

"That deemie that they said hed the bairn till 'im." W. Alexander, *Johnny Gibb*, c. 33.

"'I'll leave that for your pairt of it, ye girzie,' said he." R. L. Stevenson, *Weir of H.*, c. 6.

"Wear them the day, hizzie." *Ib.*

"Na, she's a kind of a handsome jaud—a kind o' gypsy." *Ib.*

Taupy, tawpy, **'tɑːpɪ̨**, is commonly applied to a "lazy, foolish woman" (Danish *taabe* and Swedish *tap* "a simpleton"):

"He was at first a farmer lad, but had forgathered with a doited tawpy." Galt, *A. of Parish*, c. 17.

"I'm in an hour of inspiration, ye upsetting tawpie." R. L. Stevenson, *Weir of H.*, c. 6.

"The lazy taupy butt-a-house maun walk aboot her business." Wilson, *Tales B.*, "Willie Wastle's Wife."

Hempie, **'hɛmpɪ̨**, is also applied to girls, as well as to men:

"Aye, ye were a hempie o' a lassie, Jean." Ian Maclaren, *Days of A. L. S.*, "Endless Choice."

18. *Familiar terms of quantity.* Colloquial Sc. is prolific in words signifying quantity, which precede nouns, usually with omission of the preposition. One of the commonest is *bit*, applied more strictly to a piece of ground:

"She...certainly thought...the land a 'very bonnie bit if it were better seen to and done to.'" Scott, *H. of Midlothian*, c. 25.

A bit becomes the equivalent of "some," "a little":

"A bunchie o' wormit to gi'e 't a bit grip." W. Alexander, *Johnny Gibb*, c. 30.

Bit is freely used as a diminutive:

"Maybe some bit lassie brocht her copy-buke." Ian Maclaren, *Brier Bush*, "Domsie," c. 1.

It takes the form *bittie, a bittie, a bittock*, "a short time, space or distance":

"Aifter I hed latt'n 'im get oot's breath a bittie, he cam' tee won'erfu." W. Alexander, *Johnny Gibb*, c. 45.

An augmentative form is "a bonnie bit":

"Geordie wud read a bonnie bit." Ian Maclaren, *Brier Bush*, "Domsie," c. 2.

Drap, **drap**, is used for small portions of liquid:

"But Mattie gae us baith a drap skimmed milk." Scott, *Rob Roy*, c. 14.

There is also a diminutive form, *drappie*:

"Twa mutchkins o' yill between twa folk is a drappie ower little measure." Scott, *Redgauntlet*, c. 20.

Other words are *jilp*, **dʒɪ̞lp** (used contemptuously):

"I can nedder dee wi' a jilp o' treacle bree, nor yet wi' that brewery stuff...." W. Alexander, *Johnny Gibb*, c. 30.

A kenning, "a little," "somewhat":

"His father was none sa ill a man, though a kenning on the wrong side of the law." R. L. Stevenson, *David Balfour*, c. 9.

Kneevelick, **'kniːvlɪ̞k**, "round lump," "large piece"; what the *kneeve, nieve* or "fist" can hold:

"Mrs Gibb produced an abundant store of cakes and butter ready spread, and the cakes placed face to face with several 'kneevelicks' of tempting blue cheese." W. Alexander, *Johnny Gibb*, c. 2.

A maitter o', "only," "merely":

"A mere trifle—a maitter o' twa shillin's or half-a-crown." W. Alexander, *Johnny Gibb*, c. 10.

Note also *haet*, **het**; *starn*, **starn**; *starnie*, **'starnɪ̞**; *pickle*, **'pɪ̞kəl**, or *puckle*, **'pʌkəl**; *tait* or *tate*, **tet**; *soup*, **sup** (of liquids); *thocht*, **θoxt**; *curn, curran*, **kʌrən**; *grainy*, **'grenɪ̞**:

"There's naething like a starn gweed maut." W. Alexander, *Johnny Gibb*, c. 30.

"Dead folks may sleep yonder sound enow, but deil haet else." Scott, *Fortunes of Nigel*, c. 3.

"It struck me she micht be a wee thocht jealous o' the lassie." Wilson, *Tales B.*, "Willie Wastle's Wife."

"So I took to the kist, and out wi' the pickle notes in case they should be needed." Scott, *Guy Mannering*, c. 45.

"Winna ye hae a starnie jam, Isie? It's grosert-jam." G. Macdonald, *Alec Forbes*, c. 73.

"We hed to lay 'im down upon a puckle strae." W. Alexander, *Johnny Gibb*, c. 33.

"'There's a curran folk at the back door,' Jean announced later." J. M. Barrie, *Little Minister*, c. 3.

Gey pickle, **gəi 'pɪkəl**; *fell puckle*, **fɛl 'pʌkəl**; "a good many"; "quite a little":

"A grand farmer he was, wi' land o' his nain, and a gey pickle bawbees." G. Douglas, *H. with Green Shutters*, c. 5.

"It canna be coals 'at he's wantin' frae the station, for there's a fell puckle left." Ian Maclaren, *Brier Bush*, "Domsie," c. 1.

Tait is originally a "lump of wool or tow":

"Like a poor lamb that...leaves a tait of its woo' in every Southern bramble." Scott, *Fortunes of Nigel*, c. 26.

"'Heard ye ever the like o' that, Laird?' said Saddletree to Dumbiedikes, when the counsel had ended his speech. 'There's a chield can spin a muckle pirn out of a wee tait of tow!'" Scott, *H. of Midlothian*, c. 20.

Tait, tate is used freely of any small portion:

"There was some half-fous o' aits, and some taits o' meadow-hay left after the burial." Scott, *Bride of Lammermoor*, c. 7.

"Och, Lizzie, it was jist a tate the size o' yer nail." J. J. Bell, *Wee Macgreegor*, c. 10.

"It's an ugly auld pictur! I dinna like it a wee tate (a little bit)." *Ib.*, c. 8.

"A curn or two of Greek would not be amiss." Scott, *Fortunes of Nigel*, c. 27.

"They war sayin' he had gotten a curn' o' that ga'ano stuff." W. Alexander, *Johnny Gibb*, c. 15.

"Ah, Thomas! wadna ye hae a body mak' a grainy fun whiles whan it comes o' itsel' like?" G. Macdonald, *Alec Forbes*, c. 68.

Hantle, **hantl**, is used of a "considerable number." (Compare Danish *antal*, Dutch *aantal*, Ger. *anzahl*: perhaps "hand" and "tale"):

"There's a hantle bogles about it." Scott, *Guy Mannering*, c. 1.

Hantle is also used of quantity = "much," both as an adjective and an adverb:

"Your father has always had a grand business, and I brought a hantle money to the house." G. Douglas, *H. with Green Shutters*, c. 14.

"'It's a hantle easier gettin' a lass than a kirk ony day,' says I." S. R. Crockett, *Probationer*.

Heap, **hip**, is also used in the same way:

"A heap good she's like to get of it." R. L. Stevenson, *Weir of H.*, c. 5.

Cairn, **kern**, **kjarn**, is "a heap":

"Cairns o' them rinkin up upo' the dyke." W. Alexander, *Johnny Gibb*, c. 18.

Rickle, **'rɪ̞kəl**; *ruckle*, **'rʌkəl**, is a "heap" (used contemptuously):

"There was a rickle o' useless boxes and trunks." Scott, *Antiquary*, c. 9.

Gowpenfu', **'gʌupənfu**, is what can be held in a *gowpen* or *gowpin*, i.e. with the palms extended in a cup-like fashion:

"Ow, ay, she brocht him gowpenfu's o' siller." G. Macdonald, *David Elginbrod*, I, c. 13.

"Left 'goud in goupins' with all those who had the handling of it." Galt, *Provost*, c. 34.

Nievefu', *neavefu'*, **'niːvfu**, is a "handful," cf. *kneevelick*, p. 89:

"Awat ye may tak' a nievefu' on-been miss't." W. Alexander, *Johnny Gibb*, c. 11.

Routh, **rʌuθ**, is used for an "abundance":

"Ye'll have hair, and routh of hair, a pigtail as thick's my arm." R. L. Stevenson, *Weir of H.*, c. 5.

Toosht, **tuʃt**, is used of an "untidy quantity," "heap of loose stuff":

"Aweel, a' the toosht aboot oor toon (farm) 'll mak' little odds." W. Alexander, *Johnny Gibb*, c. 6.

A wheen, a whin, **ʍin, ʍɪn** "a few" or "a little," often in a contemptuous way:

"That cost me telling twenty daily lees to a wheen idle chaps and queans." Scott, *Bride of Lammermoor*, c. 26.

"'Oh,' she would say in weary complaint, 'I just took it to break a wheen coals.'" G. Douglas, *H. with Green Shutters*, c. 4.

"Sae aff a wheen o' them gaed followin' Rover up the road to the moor." *Scottish Review*, July 23, 1908, "A Black Day." (Here there is no contemptuous flavour.)

"What use has my father for a whin bits o' scarted paper?" Scott, *Waverley*, II, c. 29.

A wee, **wiː**, is "a little":

"...Ance I got a wee soupled yestreen, I was as yauld as an eel." Scott, *Antiquary*, c. 12.

Note the use of *the feck*, **fɛk**, for "the most part," "the greater portion," with or without a qualifying adjective:

"An ye sat still there the feck o' the aifterneen." W. Alexander, *Johnny Gibb*, c. 20.

"I hae been through France and the Low Countries, and a' Poland, and maist feck o' Germany." Scott, *Waverley*, I, c. 36.

"Ye see the muckle feck o' the young chaps hed lasses." W. Alexander, *Johnny Gibb*, c. 40.

19. *Standards of quantity, etc. Gill*, **dʒɪ̞l**, ¼ pint; *mutchkin*, **'mʌtʃkɪn**, English pint; *chappin*, **'tʃɑpɪn**, quart; *lippie*, **'lɪ̞pɪ̞**, **'lipi**, ¼ peck; *forpet, forpit*, **'forpɪ̞t**, fourth of a peck; *firlot*, **'fɪ̞rlət**, ¼ boll; *bow, bowe*, **bʌu**, boll or 6 imperial bushels; *chalder*, **'tʃɑldər**, **'tʃɑːdər**, **tʃǫːdər**, 16 bolls:

"Gettin' a share o' a gill wi' a cheelie." W. Alexander, *Johnny Gibb*, c. 14.

"Jist gang an' fess a mutchkin mair." G. Macdonald, *Robert Falconer*, c. 5.

"Mistress, I have had the twa ounces o' tea on boiling in a chappin o' water for the last twa hoors." Wilson, *Tales B.*, "Willie Wastle's Wife."

"Four lippies—gweed mizzour—will that dee?" W. Alexander, *Johnny Gibb*, c. 1.

"Mattie Simpson that wants a forpit or twa o' peers." Scott, *Rob Roy*, c. 14.

"She had bought a firlot (of meal) selected with great care." Cross, *Disruption*, c. 15.

"Four bows o' aitmeal, twa bows o' bear." Scott, *Old Mortality*, c. 20.

"Drawing a stipend of eight hundred punds Scots and four chalders of victuals." Scott, *H. of Midlothian*, c. 43.

The *tappit-hen*, **'tapəthɛn**, was a measure variously estimated; sometimes as a quart. The Aberdeen *tappit-hen*, or liquor-jar, holds three magnums or Scots pints:

"Don't let the tappit-hen scraugh to be emptied." Scott, *L. of Montrose*, c. 5.

"Hoo's the tappit-hen?" G. Macdonald, *Alec Forbes*, c. 66.

"Their hostess appeared with a huge pewter measuring pot, containing at least three English quarts, familiarly denominated a tappit-hen, and which, in the language of the hostess, reamed with excellent claret." Scott, *Waverley*, I, c. 11.

20. *Scottish Coinage Terms. Note, pun' note*, **pʌnnot**, 20 shillings (bank issue, and much more popular than the sovereign, equal to the U.S. five dollar gold piece); *merk*, **mɛrk** (13*s.* 4*d.* = $3.30); *pun' Scots* (of silver = 1*s.* 8*d.* or 40 c.); *bawbee*, **'bɑːˈbi** = halfpenny = one U.S. cent; "*bawbees*" stands for cash in general, e.g. "Have ye ony bawbees wi' ye?"; *boddle* or *bodle*, **bɔdl, bodl** = one-third of a U.S. cent; *doit*, **dɔɪt, dəit** = a Scottish penny, one-sixth of a U.S. cent; *plack*, **plɑk** = one-third of a Scottish penny.

The plural "pence" was used only for English values; "pennies" was applied to the Scots money:

"'Ye maun gie me twopence, I'se warrant,' said the woman. 'Deed no, lucky,' replied Andrew; 'fools and their siller are soon parted. I'll gie you twal pennies gin ye like to tak it.'" Galt, *Sir A. Wylie,* I, c. 10.

"Were the like o' me to change a note, wha the deil d'ye think wad be sic fules as to gie me charity after that?" Scott, *Antiquary,* c. 12.

"My sma' means, whilk are not aboon twenty thousand merk." Scott, *Waverley,* I, c. 36.

"He had ne'er a doit that didna burn a hole in his pouch." Galt, *Sir A. Wylie,* I, c. 12.

"It stands me in three hundred, plack and bawbee" (i.e. counting minutely). Scott, *Black Dwarf,* c. 1.

"They wad hae seen my father's roof tree fa' down and smoor me before they would hae gi'en ae boddle apiece to have propped it up." Scott, *St Ronan's Well,* c. 2.

"Naebody wad trust a bodle to a gaberlunzie." Scott, *Antiquary,* c. 39.

CHAPTER III

PRONOUNS

Personal Pronouns

21. *Personal pronouns of the first person.* Emphatic "I" may be **aɪ** as in St., but **a** is also used. The unemphatic form is **ə**, written *a* and *aw*.

"A'm thinking with auld John Knox that ilka scholar is something added to the riches of the commonwealth." Ian Maclaren, *Brier Bush*, "Domsie," c. 1.

"Aw thoch aw had a' my material here." W. Alexander, *Johnny Gibb*, c. 45.

"'Aw'm gye an' well used to stickin' to my opeenion,' said the meal miller. 'Aw hae seen the Maitland fowk's verdick come roon' to mine a hantle deal oftener than mine whurl aboot to theirs." S. R. Crockett, *Boanerges Simpson's Incumbrance.*

"My" is sometimes represented by *o' me* (cf. Fr. *de moi*).

"I think the Hieland blood o' me warms at thae daft tales." Scott, *Rob Roy*, c. 26.

"My" is usually pronounced like *ma*, **ma**, **mə**, and is often so written:

"They're ma ain—a' ma ain!" G. Macdonald, *Robert Falconer*, c. 5.

"Mine" takes the form *mines* or *mine's*:

"Mines is no to be mentioned wi' it." R. L. Stevenson, *Weir of H.*, c. 5.

"Keep your min' easy; mine's is a clipper." D. Gilmour, *Gordon's Loan*, p. 8.

The accusative "me" is colloquially *us* or *'s*. (The first extract is a proposal of marriage, which is certainly not to be made in the plural):

"'Will ye hae's, Bell?,' demanded Sam'l, glaring at her sheepishly." J. M. Barrie, *A. L. Idylls*, c. 8.

"'Will ye no gie's a kiss, Dand?' she said, 'I aye likit ye fine." R. L. Stevenson, *Weir of H.*, c. 6.

"Our" takes the form *wir*, **wɪ̈r**; *wur*, **wʌr**, **wər**, on the Northumbrian border, in Glasgow, Ayrshire, Perthshire and elsewhere:

"Maist o' us is that engross't in wir wark." *Saltcoats Herald*, Nov., 1910.

"But if I took it hame, there would be sic talking and laughing amang wur neighbours." Wilson, *Tales B.*, "Whitsome Tragedy."

"A guinea and a half, if you please, sir. That is wur usual fare." Wilson, *Tales B.*, "The Minister's Daughter."

"We roastit it an' toastit it an' had it to wur tea." J. J. Bell, *Wee Macgreegor*, c. 13.

Its usual form is *oor*, **ur**; with *oors* for the predicative use:

"There's a hantle to look after yet, and we maunna neglec' oor wark." G. Macdonald, *Alec Forbes*, c. 21.

"And whaur did ye fa' in wi' this stray lammie o' oors?" G. Macdonald, *Alec Forbes*, c. 21.

"Us" takes the aspirated forms *hus*, **hʌs**; *huz*, **hʌz**; *hiz*, **hɪz**, and also *us yins*, thus distinguishing it from *us* for "me":

"Though it may begin at hus, it canna en' there." W. Alexander, *Johnny Gibb*, c. 7.

"But ye winna persuade me that he did his duty, either to himsell or to huz puir dependent creatures." Scott, *B. of Lammermoor*, c. 24.

"I's warran he cares as little about hiz as we care aboot him." G. Macdonald, *Robert Falconer*, c. 4.

"'Deed, she micht ha'e askit us yins till her pairty!,' said John." J. J. Bell, *Wee Macgreegor*, c. 8.

22. *Personal pronouns of the second person.* The colloquial use of *tu*, **tu** (see Ph. 217 (*d*)); *tou*, **tu**; *thoo*, **ðu**; *thee*, **ði**; *thou*, **ðʌu**, is a distinctive mark of Paisley, which has been locally dubbed *Seestu*, **Sistu** (Do you see?) because the inhabitants were fond of using the phrase as a close to sentences:

"At length, in a tremulous voice, the childless one asked, 'Wha's tu in mournin for?'" D. Gilmour, *The Pen Folk*, p. 36.

"Thoo maun gie me something to pit it in, lad." D. Gilmour, *Paisley Weavers*, c. 4.

"Although thee and me thinks 't wrang tae eat bluid." D. Gilmour, *Paisley Weavers*, c. 5.

"Thou maunna lea' the deid burd in my keeping—tak' it wi' thee." D. Gilmour, *Gordon's Loan*, p. 9.

The usage is also found in Dumfriesshire:

"'And wha is't tou's gotten, Wullie, lad?,' said half a score of voices." Scott, *Redgauntlet*, Letter XII.

In north-east Aberdeenshire, *thoo* was once in common use, and may still be heard occasionally among old people:

"If thoo were a thrifty lass, as thoo're a fair." Old Rhyme.

Cf. also Shetlandic:

"An sood du try da lek agen,
Dis twartee lines 'll lat dee ken
Du sanna pass me." Burgess, *Rasmie's Buddie.*

In the Sc. dialect of the Black Isle, Easter Ross, and in the Canobie dialect of the Sth. Counties, *thoo* and *thee* are still in use:

Ar thoo get the water, Lugs?

"Where did you get the water, Lugs?"

"Your" and "you are" take the form *yer*, **jɛr**; *yir*, **jir**, **jər**:

"Wull ye mak' a prayer for yir auld dominie afore we pairt?" Ian Maclaren, *Brier Bush*, "Domsie," c. 3.

"When onybody passes ye yer tae say, 'Thank ye.'" J. M. Barrie, *Thrums*, c. 4.

Your wa's, yir waa's are used in place of "away":

"An come your wa's wi me." Child's Ballads, *Battle of Harlaw*, st. 13, p. 401.

"Gang ye yer waa's for the aifternoon." *Life at a Northern University*, c. 1.

23. *Personal pronouns of the third person*[1]. Burns uses the old English form *scho*, **ʃø**, for "she":

[1] Highlanders are fond of the feminine pronoun for all genders. The story is told of a Highland domestic at Rothesay, who came in from the back yard one morning, carrying a rabbit. He explained the situation to his master in this fashion: "*She* was in the garden, an' *she* saw the rabbit; an' *she* took a stane, an' flung *'er* at *'er* an' kilt *'er.*"

"Here one of the gillies addressed her in what he had of English, to know what 'she' (meaning by that himself) was to do about 'ta sneeshin.'" R. L. Stevenson, *David Balfour*, c. 1.

"'What the deil, man,' said an old Highland servant belonging to the

"The gossip keekit in his loof,
Quo' scho, 'wha lives will see the proof.'"
Burns, *There Was a Lad.* (Song.)

Note the objective form of personal pronoun when two or more subjects are mentioned, e.g. "*Me* and *him's* awa tae the ploo."

"Her" is often found as *'er*:

"'Er fader's to be latt'n gae to see his gweed-dother." W. Alexander, *Johnny Gibb*, c. 49.

The old form *hit* for "it" is in common use where emphatic. *Hit* is a survival of O.E. "hit," neuter singular form of the personal pronoun:

"It would take a heap to revolutionize hit." G. Douglas, *H. with Green Shutters*, c. 10.

"Paw," said Macgreegor, "I see the zoo." "Ay, thon's hit." J. J. Bell, *Wee Macgreegor*, c. 2.

To be hit or *het*—"to be the player who is caught and has to take his turn at catching the others."

"I wis playin' wi' Wullie an' the ither laddies at tig, an' I never was het!" J. J. Bell, *Wee Macgreegor*, c. 8.

It is sometimes used as a preliminary subject in place of "there" or a plural form:

"'I tried to cry oot,' she said afterwards, 'for I kent 'at it were rottans.'" G. Macdonald, *Alec Forbes*, c. 8.

Note that the order of pronominal objects, direct and indirect, when used consecutively, often differs in Sc. from St., the direct object coming first.

"I'll show it ye some of thir days if ye're good." R. L. Stevenson, *Weir of H.*, c. 5.

24. *Reflexive pronouns.* "Self" takes the form *sel'* or *sell*; *masel'* **mɑ'sɛl**[1]; *oorsel'* **ur'sɛl, wɪ̞r'sɛl**; *oorsel's, yersell, yersel's*; **hɪ̞z'sɛl**, *hissell, hersel', itsel', themsel's, theirsel's*:

family, 'can she no drink after her ain master without washing the cup and spilling the ale, and be tamned to her?'" Scott, *L. of Montrose*, c. 4.

[1] The term is used to cover the varied uses with *sel'* or *sell*, some of them differing from the standard usage with "self": e.g. "I've hurt mys'l" (ordinary reflexive); "I've hurt ma'sel" (emphatic reflexive); "I did it ma'sel'" (emphatic nominative); "I did it ma'sel" (e.g. "by myself"). Compare the last with the use of *lane* (see par. 25); "I did it my lane." This is an adverbial use.

"A' mind gettin' ma paiks for birdnestin' masel'." Ian Maclaren, *Brier Bush*, "Domsie," c. 1.

"Weel, ye see, sir, your college is a great expense to heumble fowk like oorsel's." G. Macdonald, *Alec Forbes*, c. 79.

Yoursel' or *yersel'* is the form used with singular "you"; *yoursel's* with plural "you":

"But I'll appel to yersel', Jinse." W. Alexander, *Johnny Gibb*, c. 14.

"Put out the double moulds, and e'en show yoursel's to your beds." Scott, *St Ronan's Well*, c. 28.

"He couldna murder the twa o' them hissel'." G. Macdonald, *Settlement*, p. 165. (W.)

"That hour had been the last of hursel'." S. R. Crockett, *Raiders*, c. 40. (W.)

"But it cam' o' 'tsel'." G. Macdonald, *Alec Forbes*, c. 58.

"His ain dear Annie and her two sisters had to taigle home by theirselves like a string of green geese." R. L. Stevenson, *David Balfour*, c. 30.

Note the form *nainsell*, **neːnsɛl** (ownself), specially common on the Highland border:

"Ye's hae as mickle o' mine to your nainsel' as 'll clear Mrs Forbes." G. Macdonald, *Alec Forbes*, c. 89.

Ainsel is the usual Scottish form of "ownself":

"I'll show an elder in Yarrow Kirk, ony Sabbath atween this and Christmas, that shall outmanner your ainsel'." Wilson, *Noctes Ambro.*, c. 14.

The sell o't is sometimes used for "itself":

"Kirkcaldy, the sell o't, is langer than ony town in England." Scott, *Rob Roy*, c. 14.

So also *the sell o' ye* for "yourself":

"I ken nae friend he has in the world that's been sae like a father to him as the sell o' ye, neibor Deans." Scott, *H. of Midlothian*, c. 9.

Murray lays down this distinction in his *Dialect of the Southern Counties of Scotland* (p. 197):

"In the plural there is a double form: *oor-sel, yoor-sel, thair-sel*, are used when the idea is collective: *oor-sels, yoor-sels, thair-sels*, when the idea is segregate. Thus, 'Wey-ll dui'd oorsel; Ye maun keip thyr be thair sel.' But 'Gang awa' yer twa sels.'"

25. *Use of pronoun with "lane,"* **len**, "alone." The pronoun-adjectives *my, yir, his, her, its* are used with *lane* to make the equivalent of "alone." *Oor, yir, their*, are used with *lanes*, but oftener with *lane*. Sometimes the prefix *lee*, **liː**, and the adjective *leeful*, **'liːfə**, or *leaful* are added for emphasis:

"So being my leeful lane with the dead body." Galt, *Steamboat*, c. 13.

"So 'at we micht hae a kîn' o' a bit parlour like, or rather a roomie 'at ony o' us micht retire till for a bit, gin we wanted to be oor lanes." G. Macdonald, *David Elginbrod*, I, c. 12.

"A sturdy brat that has been rinning its lane for mair than sax weeks." Galt, *Ayrshire Legatees*, c. 5.

"Nae lass gaed hame her lane." Taylor, *Poems*, p. 93. (W.)

The indefinite pronoun "a body" takes the form *their lane:*

"What a time o' nicht is this to keep a body to, waiting and fretting on o' ye, their lane?" Wilson, *Tales B.*, "Hen-pecked Man."

Note the phrase *her lanesome* = "alone":

"She'll shin be walkin' her lanesome—wull ye no', honey?" J. J. Bell, *Wee Macgreegor*, c. 2.

Note, however, the forms *him lane, itlane* and *them lanes:*

"I reckon he micht hae thocht lang there, a' him lane." G. Macdonald, *Alec Forbes*, c. 53.

"There's nane (no poetry)
That gies sic great insight to me
As yours itlane."

Letter to R. Fergusson, *Perth Magazine*, 1773.

"Till the verry lasses are not to be lippent out them lanes." G. Macdonald, *Alec Forbes*, c. 53.

Note the Aberdeenshire form, *their leens*, **ðɪr linz**:

"The Presbytery's ill eneuch their leens." W. Alexander, *Johnny Gibb*, c. 18.

By...lane is the predicative form:

"Robes and foot-mantles that wad hae stude by their lane wi' gold brocade." Scott, *H. of Midlothian*, c. 4.

"Is he by his lane?" S. R. Crockett, *Men of the Moss Hags*, c. 4.

26. *Interrogative pronouns.* "Who" = *wha*, **ʍaː**, **ʍɒː**; *whae*, **ʍeː**; *fa*, **faː** (Northern).

"'Folks says sae,' replied the bard. 'Wha says sae?' she pursued." R. L. Stevenson, *Weir of H.*, c. 6.

"'What mistress do I forget? whae's that?' she pursued." Scott, *Rob Roy*, c. 6.

"Fa wud ken fat ye wud be at!" W. Alexander, *Johnny Gibb*, c. 16.

The accusative form is *wham*:

"Wham sal I lippen, O Lord, wham but thee?" H. P. Cameron, Sc. version of the *Imitatio Christi*, c. 45.

But in ordinary dialect no change is made for the accusative.

The possessive form is *whas(e)*, **ʍaːz, ʍɒːz, ʍeːz**. In place of the possessive a periphrasis is common:

Whas is this? = "Whose is this?"

Wha is aught the wean? = "Whose is the child?" *Wha belangs this hoose?* = "Whose house is this?"

"Which" takes the forms *whilk*, **ʍɪlk**; *quhilk* (archaic); *filk*, **fɪlk**; *full*, **fʌl** (Aberdeen).

"'An' filk o' them wud be warst likein?' inquired Mains." W. Alexander, *Johnny Gibb*, c. 23.

The form *whit yin* = "which" is very common: "Whit yin will ye tak?"

"What" takes forms *whit*, **ʍɪt**; *fat*, **fat** (Northern):

"'Maw, whit's the name o' thon spotit yin?' cried Macgreegor." J. J. Bell, *Wee Macgreegor*, c. 2.

"An' fat ither lessons wud ye like to tak?" W. Alexander, *Johnny Gibb*, c. 15.

Note the forms *whatten*, **'ʍatən**, *whatten a*, *whatna*, *what'n*, *fatten* (Northern); all worn-down forms of "what kind of?":

"Whatna hummeldoddie o' a mutch hae ye gotten?" Ramsay, *Reminiscences*, c. 4.

"But whaur will ye be the morn, and in whatten horror o' the fearsome tempest?" R. L. Stevenson, *Weir of H.*, c. 8.

"When it was announced that Mr Thomas Thomson was dead, an Aberdeen friend of the family asked, 'Fatten Thamas Tamson?'" Ramsay, *Reminiscences*, c. 5.

27. *Relative pronouns. That,* **ðat**, **ðət**; *'at,* **at**, **ət**; *'t,* **t**. The idiomatic relative pronoun in Sc. is *that,* taking the forms *'at, 't,* and often being omitted even when nominative of a clause:

"My Maggie's no ane 'at needs luikin' efter." G. Macdonald, *David Elginbrod,* I, c. 6.

"Yon's a snippit horsie 't was i' the secont pair—yon young beastie." W. Alexander, *Johnny Gibb,* c. 15.

The relative is sometimes omitted along with the auxiliary *have*:

"There's no mair than twa acre seen the ploo." Ian Maclaren, *Days of A. L. S.,* "Milton's Conversion."

An idiomatic possessive for this relative is got by adding "his," "her" or equivalents:

"That's the man 'at's hoose was brunt."

Wha, whae, quha, fa, and oblique forms. The dialect forms of "who," *wha, fa* (Northern) are used as relative pronouns (masc. and fem.) in rhetorical prose and in poetry.

"Scots, wha hae wi' Wallace bled." Burns.

Wha and *wham* are not, however, modernisms, for they occur in the forms *quha* and *quham* frequently in Middle Scots:

"(He) hid his blisfull glorious ene
To se quham angellis had delyt."
Dunbar.

"Ane hasty hensure callit Hary
Quha wes ane archer heynd."
Chryst's Kirk.

But *quha* and *quham,* as relatives, never passed into popular speech. The relative is always "that," "'at." In Middle Sc. *quha* was often used for "he who" or "they who": in modern speech = "him that" or "them that." "Them that fin's, keeps."

Oblique cases, *whase, wham,* are found in poetry and prose, especially where tinctured by biblical phraseology:

"The Holy Ghost, whase temple we sud be, is wranged forby." G. Macdonald, *Alec Forbes,* c. 85.

"Scots, wham Bruce has aften led." Burns.

The final *m* of the accusative is nearly always omitted in modern dialect usage.

Whilk, quhilk, filk, **ʍɪlk, fɪlk.**

The neuter of this relative takes the forms *whilk, quhilk, filk* (Aberdeen) and *whuch* ("fancy" Scotch):

"To ony body o' whuch they war jined members." G. Macdonald, *Alec Forbes*, c. 68.

"'They ca' them,' said Mr Jarvie, in a whisper, '*Daoine Schie*, whilk signifies, as I understand, "men of peace."'" Scott, *Rob Roy*, c. 28.

"And I tried to gie birth till a sang—the quhilk, like Jove, I conceived i' my heid last nicht." G. Macdonald, *Alec Forbes*, c. 84.

28. *Ilk*, **ɪlk**; *ilkin*, **'ɪlkɪn**, as pronouns.

Ilk for "every one," used as a pronoun, is rarely found separately, without *ane*. Ramsay in his *Reminiscences*, c. 3, quotes the toast:

"May we a' be canty an' cosy,
An' ilk hae a wife in his bosy."

Murray, *Oxford Dictionary*, under "Ilk," mentions *ilkin* as in modern Scottish a frequent pronunciation of *ilkane*:

"Take ilkin a dog wi' ye."

Ilk, meaning "same," is found in the phrase "of that ilk" (proprietor of the estate from which the name has been taken, or *vice versa*):

"Young Earncliff, 'of that ilk,' had lately come of age." Scott, *Black Dwarf*, c. 1.

29. *Indefinite pronouns. Ane*, **en, jɪn**, *a body*, **ə 'bodɪ**, or **'bʌdɪ**; *onybody*, **'onɪbodɪ**; *a' body*; *naebody*; **'nebodɪ**. The indefinite pronoun "one" takes the form *ane*, **en**, **jɪn**:

"Ane canna expect to carry about the Saut Market at his tail." Scott, *Rob Roy*, c. 34.

Note the plural "their" in association with *ane*:

"Eh, sirs! yon's a awfu' sight, and yet ane canna keep their een aff frae it." Scott, *Old Mortality*, c. 17.

The common indefinite term is *a body*:

"Weel, weel, a body canna help a bit idle thocht rinnin i' their heid." W. Alexander, *Johnny Gibb*, c. 47.

"Gin a body meet a body
Comin' through the rye,
Gin a body kiss a body
Need a body cry?" *Popular Song.*

"Anybody" is *onybody*:

"I might grane my heart out or onybody wad gie me either a bane or a bodle." Scott, *Antiquary*, c. 12.

"Everybody" is *a'body* (*a'* = "all"), **'aːbodɪ, 'ǫːbodɪ**:

"Little wonder if a'body's talking, when ye make a'body ye're confidants." R. L. Stevenson, *Weir of H.*, c. 9.

"Nobody" is *naebody*:

"Naebody got onything by him, and mony lost." Ramsay, *Reminiscences*, c. 2.

30. *Equivalents of* "anything," "nothing."

"Anything," "aught," are usually represented by *ocht, aucht*, **ɔxt, ɑxt**, although *onything* is also in use:

"She whiles fetches ocht that there may be for us." S. R. Crockett, *The Tutor of Curlywee.*

"Well! weel! I didna mean onything." G. Macdonald, *Alec Forbes*, c. 2.

Of *ocht*, a stronger form is *aucht or ocht* (anything whatever):

"Johnny got something very like crusty, and said he 'kent nedder aucht nor ocht aboot it.'" W. Alexander, *Johnny Gibb*, c. 6.

"Anything whatever" may also be rendered *ocht or flee* (Aberdeen):

"There's nae occasion for you to say ocht or flee." W. Alexander, *Johnny Gibb*, c. 36.

Naething is the Sc. equivalent of "nothing":

"Naething should be done in haste but gripping fleas." Sc. Proverb (A. Cheviot, p. 261).

Not a haet is the equivalent of "nothing":

"There's not a haet that happens at the Gourlays but she clypes." G. Douglas, *H. with Green Shutters*, c. 21.

CHAPTER IV

ADJECTIVES

31. *Cardinal numerals.*

ane, **en, jɪn, jɪ̨n**
twa, **twɑː, twǫː**; twae, **tweː**
thrie, **θriː**
fower, **'fʌuər**
fyve, **fɑɪv**
sax, **sɑks**
seeven, **'sivən**; saiven, **'sevən**
aucht, **ɑxt**; aicht, **ext**
nine, **nəin**
ten, **tɛn**
eleeven, **ə'livən**
twal, **twɑl**
thretteen, **'θrɛtin**
fowrteen, **'fʌurtin**
fyfteen, **'fɪ̨ftin**
saxteen
seeventeen
auchteen
nineteen
twenty, **'twɪ̨ntɪ**
thretty, **'θrɛtɪ̨**
forty, **'fɔrtɪ̨**
fifty, **'fɪ̨ftɪ̨**
saxty, **'sɑkstɪ̨**
seeventy, **'sivntɪ̨, 'sevəntɪ̨**
auchty, **'ɑxtɪ̨, 'extɪ̨**
ninety, **'nəintɪ̨**
hunner, **'hun*d*ər**
thoosand, **'θuːzən*d*, θusnt**

32. *Idiomatic uses of cardinals. Ae,* **eː**, or *yae,* **jeː** (one), is the form of the cardinal before a noun:

"It canna be but that in the life ye lead ye suld get a Jeddart cast ae day suner or later." Scott, *Rob Roy*, c. 36.

"If it's sae graun' to listen to yae minister on Sabbath, what maun it no' be to hear a dizzen a' at yince?" S. R. Crockett, *Trial for License by the Presbytery of Pittscottie.*

The tae is used for "the one." Here the ending of the O.E. neuter form of the definite article (demonstrative) survives, attached to the second word (*the tae* = "that ae"). See Ph. 217 (*e*).

"The tae half o' the gillies winna ken." Scott, *Rob Roy*, c. 34.

Twa three is a phrase implying "some," "a few":

"Atweesh the shou'ders o' twa three o' them." W. Alexander, *Johnny Gibb*, c. 18.

33. *Idiomatic compounds and phrases formed with cardinal numerals.* "Twelvemonth" is *towmon, towmond, towmont,* **'tʌumɔn*d*, 'tʌumɔn*t***:

"Hoot, I haena been in Aberdeen this three towmons." W. Alexander, *Johnny Gibb*, c. 27.

Twal hours, **twɑl u:rz**, is the midday meal or dinner; *four-hours*, **fʌur u:rz**, is the afternoon meal or tea:

"I thought ye would hae had that o'er by twal hours." Galt, *Sir A. Wylie*, I, c. 10.

"So I'll thank ye to get me a mutchkin of strong yill and a cooky, which will baith serve me for fourhours and supper." *Ib.*, c. 12.

Twasome, threesome, foursome, combinations of two, three, or four persons, e.g. players at golf. In a "Scotch foursome" two players have one ball against the other two players, and strike it in turn.

34. *Ordinal numerals.* The terminal *-t* after cardinals takes the place of *-th* in ordinary dialect:

"Ye ken he's in the foort class." W. Alexander, *Johnny Gibb*, c. 10.

"Syne he read the twenty-third and fourt psalms." G. Macdonald, *Alec Forbes*, c. 85.

"The places is to be set aboot the twenty-foift." W. Alexander, *Johnny Gibb*, c. 34.

"'The boady of the saxt,' pursued Kirstie, 'wi' his head smashed like a hazelnit.'" R. L. Stevenson, *Weir of H.*, c. 5.

"...and begud, or ever I kent, to sing the hunner and saivent psalm." G. Macdonald, *Alec Forbes*, c. 45.

35. *Uses and forms of* "this," "these." "This" is sometimes used as a plural:

"That self sam ministeris: this speichis: this wemen": Spalding's *Historie* (17th century).

Also in modern use in the N.E.:

"I'll knock aff some o' that loons' heids." "This twa three notes." Greig, *Mains's Wooing*.

"These" is *thir* (O.N. *ðeir*; found in M.E. as *ðir, ðer*):

"'Þir wurdes,' he sayd, 'er all in vayne.'" *Death of St Andrew.*

"'Thir kittle times will drive the wisest o' us daft,' said Niel Blane." Scott, *Old Mortality*, c. 19.

But "these" is sometimes *thae*:

"They hae been a sad changed family since thae rough times began." Scott, *Old Mortality*, c. 36.

36. *Uses and forms of* "that," "those." "That" is *yon, thon*:

"'Yon divot 'at ye flang aff o' Luckie Lapp's riggin,' said Curly, 'cam richt o' the back o' my heid.'" G. Macdonald, *Alec Forbes*, c. 20.

"Thon taiblet's jist fu' o' nits." J. J. Bell, *Wee Macgreegor*, c. 1.

"Those" is *thae*:

"'Upon my conscience, Rose,' ejaculated the Baron, 'the gratitude o' thae dumb brutes, and of that puir innocent, brings the tears into my auld een.'" Scott, *Waverley*, II, c. 35.

"Are there really folk that do thae kind o' jobs for siller?" Galt, *Sir A. Wylie*, I, c. 30.

That is found in place of the plural "those" (a North country idiom):

"To mizzour aff some o' that bits o' places." W. Alexander, *Johnny Gibb*, c. 30.

"Keep awa' fae the edges o' that ooncanny banks." W. Alexander, *Johnny Gibb*, c. 5.

"Those" takes the form *them* when used pronominally:

"Them that buys beef buys banes, as the aul' by-word says." W. Alexander, *Johnny Gibb*, c. 25.

37. *Indefinite adjectives.* "Other" is *ither*, **'ɪðər**; *tither*, **'tɪðər**. *The tither, the tother*, **ðə 'tʌðər** are used for "the other":

"Ance I thocht to gang across to tither side o' the Queensferry wi' some ither folks to a fair." Ramsay, *Reminiscences*, c. 5.

"The probang we had the tither nicht." W. Alexander, *Johnny Gibb*, c. 32.

Note the combination "*the tane or the tither*," "the one or the other":

"It was the tane or the tither o' them, I am sure, and it maks na muckle matter whilk." Scott, *H. of Midlothian*, c. 11.

The combination *tane...tother* is also used:

"And the 'did promise and vow' of the tane were yokit to the end o' the tother." Scott, *Old Mortality*, c. 37.

The combination *tae...ither* is also found: here the use is adjectival, not pronominal:

"I'se warrant it was the tae half o' her fee and bountith, for she wanted the ither half on pinners and pearlings." Scott, *Old Mortality*, c. 14.

38. *Equivalents of* "every," "each." "Every" or "each" is *ilk, ilka*:

"Ilk lass takes her leglin, and hies her away." Jane Elliott, *Flowers of the Forest* (Song).

"Ilka land has its ain land law." Scott, *H. of Midlothian*, c. 28.

"That will be just five-and-threepence to ilka ane o' us, ye ken." Scott, *Antiquary*, c. 16.

"In ilka-day meals, I am obligated to hae a regard for frugality." Galt, *Sir A. Wylie*, I, c. 30.

"What did ye do with your ilka-days claise (everyday clothes) yesterday?" Scott, *H. of Midlothian*, c. 15.

"Every" is *a'kin*, [1]**ˈɑːkɪn**, or [1]**ˈɑːkəin**:

"Wi a'kin kind of things." Child's Ballads, *Lady Maisry*, st. 2, p. 128.

The phrase, *the piece*, takes the place of "each" (used pronominally):

"We hed a gweed stoot stick the piece." W. Alexander, *Johnny Gibb*, c. 18.

"Each" as a pronoun or its equivalent is not found colloquially before "other" (*ither*) after verbs:

"I thocht we understood ither on that matter." Gilmour, *Pen Folk*, c. 8.

39. *Uses of* "*severals*," "*antrin*," "*orra*."

"Several," **ˈsevrəlz**, takes a plural in *-s*:

"There's severals 'll hae to gae yet." W. Alexander, *Johnny Gibb*, c. 30.

"Occasional" is *antrin*, **ˈɑntrn̩**; *tantrin*, **ˈtɑntrn̩**; *antrant*, **ˈɑntrənt**:

> "Pop the proverb in yer pooch
> An tak an antrin read."
>
> T. W. Patterson, *Auld Saws.*

"Extra" or "odd" is *orra*, **ˈɔrə**:

"Sanders was little better than an 'orra man' and Sam'l was a weaver." J. M. Barrie, *A. L. Idylls*, c. 8.

[1] ɐː.

"Had a whin kegs o' brandy in them at an orra time." Scott, *Guy Mannering*, c. 9.

40. *Forms of* "such." "Such" is *sic*, **sɪk**; *siccan*, **'sɪkən**; *sich* ("genteel Sc."), **sɪtʃ**; *siclike*, **'sɪkləik**, *siccan-like*:

"Sic a man as thou wad be, draw thee to sic companie." A. Cheviot, *Proverbs*, p. 298.

"And siccan a breed o' cattle is not in any laird's land in Scotland." Scott, *Waverley*, I, c. 36.

"That lady, holding up her hands, exclaimed, 'Sich vulgarity.'" J. J. Bell, *Wee Macgreegor*, c. 13.

"'I like na siccan work,' said some." S. R. Crockett, *Accepted of the Beasts*.

"Such" in the form *sic*, *siclike*, is sometimes used without a following noun:

"I could hae carried twa sic then." Scott, *Antiquary*, c. 33.

"I wonder how ye can be fashed wi' siclike." Galt, *Sir A. Wylie*, I, c. 18.

Siclike may follow its noun:

"They're forced...to bide about the Broch, or some gate siclike (method of that kind)." W. Alexander, *Johnny Gibb*, c. 14.

"Such as" is usually represented by "the like o'":

"Fan the like o' 'im's amo' them (when such as he are among them)." W. Alexander, *Johnny Gibb*, c. 23.

41. *Uses of "pickle," "puckle," "mair," "mae," "mickle," "muckle."* "Some" or "a few" is sometimes represented by *puckles*:

"Nane but puckles o' the gentry gets 't deen in ae Sunday." W. Alexander, *Johnny Gibb*, c. 16.

A puckle, **pʌkl**, or *a pickle*, **pɪkl**, is used of "a few," both for quantity and number:

"The laird has a puckle fine stirks i' the Upper Holm park." W. Alexander, *Johnny Gibb*, c. 11.

"A pickle's no missed in a mickle." A. Cheviot, *Proverbs*, 22.

"More" is *mair*, **meːr**, or *mae*, **meː**, *mair* being originally of quantity and *mae* of number:

"And what mair me than another?" Wilson, *Tales B.*, "Roger Goldie's Narrative."

Mickle, muckle, meikle are all forms of "much":

"Muckle coin, muckle care." A. Cheviot, *Proverbs*, p. 254.

"I couldna hae thought he would hae done so meikle for me already." Galt, *Sir A. Wylie*, I, c. 25.

Consequently the proverb as quoted, "Many a mickle makes a muckle" is tautological nonsense. The proper rendering is "Mony a pickle makes a mickle."

42. *Some common comparatives and superlatives.* The comparative of *ill* is *waur* (worse), **wɑːr**:

"I maun gae and get Rashleigh out o' the town afore waur comes o' it." Scott, *Rob Roy*, c. 25.

The superlative of *ill* is *warst*, **wɑrst, wʌrst**:

"Do you think that folk wad expec' onything o' me gin the warst came to the warst?" G. Macdonald, *Alec Forbes*, c. 4.

Muckle ("much" or "great") takes the comparative and superlative forms, *muckler, mucklest.*

"Muckler sooms to them that it wouldna be easy to uplift it fae again." W. Alexander, *Johnny Gibb*, c. 47.

The form *mae* ("moe" of Shakespeare's "Sing no moe ditties, sing no moe") is in use:

"Sal-alkali o' Midge-tail clippings,
And mony mae." Burns, *Death and Doctor Hornbook.*

"I might hae broken my neck—but troth it was in a venture, mae ways nor ane." Scott, *Waverley*, II, c. 30.

"Later," "latter" is *hinner*, **'hɪ̢ndər**, *hint*, **hɪ̢nt**:

"There's a heep o' judgments atween this an' the hinner en'." G. Macdonald, *Alec Forbes*, c. 60.

"It happened at the hint end o' hervest" (Sth.).

"Latest," "last" is *hinmost*, **'hɪ̢nməst**:

"My father's hinmost words to me was, 'It's time eneuch to greet, laddie, when ye see the aurora borealis.'" J. M. Barrie, *The Little Minister*, c. 26.

"Lowest" is *nethmost* (*neth* = "beneath"):

"Ye've keepit me sittin wytein ye till the vera nethmost shall o' the lamp's dry." W. Alexander, *Johnny Gibb*, c. 14.

"Uppermost" is *boonmost* or *bunemost* (boon, bune = "above"), **'bynməst**:

"'O,' quo' the boonmost, 'I've got a het skin.'" Chambers, *Popular Rhymes*, p. 33. (W.)

Also *eemest, umist, yimost*, **'iməst**, **'jiməst**, O.E. *ȳmest*, Gothic *aúhumists*:

"Three feet eemist, cauld an deed,
Twa feet nethmest, flesh an bleed."
Gregor, *Folk-Lore* (1881, p. 79).

"Innermost" is *benmost*, **'bɛnməst**:

"While frighted rattons backward leuk,
And seek the benmost bore." Burns, *Jolly Beggars*.

43. *Free use of "-est."* The termination *-est* for the superlative of adjectives is used more freely in Scottish dialect than the standard usage allows. A phrase like, "An incident of the most extraordinary kind happened," would be rendered, "The awfu'estlike thing happened."

"Ye wad spoil the maist natural and beautifaest head o' hair in a' Freeport." Scott, *Antiquary*, c. 10.

44. *Special comparative uses. Auld* and *young* are used in the sense of "eldest," "youngest" (Wright, *Grammar*, p. 269). He compares this usage with *auld* = "first," "best," found in East Anglia, especially in the vocabulary of bowls and other games.

45. *Some intensive forms* = "very." The adjective "gay," usually in the forms *gey*, **gəi**, *geyan*, **'gəiən**, or *gye an'*, is freely used to modify or intensify:

"'Ay,' replied Andrew, 'they're gay and heigh.'" Galt, *Sir A. Wylie*, I, c. 13.

"Lily's juist ower saft-hearted, and she hes a gey lot o' trimmies tae deal wi'." Ian Maclaren, *Days of A. L. S.*, "A Servant Lass," c. 1.

"My God, aye, it's a geyan pity o' me." G. Douglas, *House with Green Shutters*, c. 12.

Braw and is sometimes used in the same way:

"That loft above the rafters, thought the provident Wilson, will come in braw and handy for storing things." G. Douglas, *H. with Green Shutters*, c. 10.

CHAPTER V

VERBS

46. *Inflections of the Present Tense Indicative.* In ordinary speech the termination *-s* is sometimes added to the 1st pers. sing., especially of habitual action: or when the present is used for a dramatic past: or when a relative pronoun is the subject of the verb:

"I rises ilka day at sax." Murray's *Dialect of the Sth. Counties*, p. 214.

"Aa hears a reis'le at the doar an' thynks aa, quhat can that bey." *Ibid.*

"I heard the clatter o' them an' *throws* on my waistcoat." W. Alexander, *Johnny Gibb*, c. 18.

"It's me at comes first."

Occasional examples are found in Middle Sc.:

"Quhilkis I obleissis me to redelevyr." *Stirling Records*, 1638.

The St. termination *-t* is not found in the 2nd pers. sing. pres. indic.; e.g. *thou will, thou sings, thou's* for "thou wilt," "thou sing'st," "thou hast":

"Thou'll break my heart, thou bonie bird,
That sings upon the bough." Burns, *Bonie Doon.*

"Wee, modest, crimson-tipped flow'r,
Thou's (hast) met me in an evil hour."
Burns, *To a Mountain Daisy.*

With noun subjects, not pronouns, the verb has *-s* in the plural pres. indic.:

"Yet he downa gang to rest, for his heart is in a flame,
To meet his bonnie lassie when the kye comes hame."
James Hogg (Song).

But the pronouns *we, ye, they,* are followed by the uninflected form as in standard usage, unless separated from the verb by intervening words:

You anes a' says that.
You at comes last, jist gets the same.
It's his at kens fine.

47. Note the idiom common in Mid and Sth. Sc.

the're = there is,
they wur = there was.

"O! Paw, there a wee doug ootbye, an its worryin' my hat." J. J. Bell, *Wee Macgreegor*, c. 10.

Dhay wur nay pailinż, yee see.
"There was no fence, you see."
Wilson's *Lowland Scotch*, p. 123.

48. *Marks of the preterit in weak verbs.* The past tense indic. takes *-it*, *-et*, or *-t* for all numbers and persons[1], but see Ph. § 17 and Gr. App. D:

"Dinna mind me, Paitrick, for a' expeckit this." Ian Maclaren, *Brier Bush*, "Doctor of Old School," c. 4.

"He juist nippet up his verbs...First in the Humanity, and first in the Greek, sweepit the field." Ian Maclaren, *Brier Bush*, "Domsie," c. 2.

49. *The present participle and gerund.* The present participle used to end in *an(d)*:

"Upon Grene Lynton they lyghted dowyn,
Styrande many a stage."
Child's Ballads, *Battle of Otterburn*, p. 387.

"An' ding me na by, i' yer bleezan torne." Psalm vi. 1, P. H. Waddell's Translation.

The Participial termination "*an(d)*" and the Gerund ending in *yng*, *yne*, *ene* were confused in most of the Sc. dialects after the sixteenth century and are now written *in*, **ɪn**, **ən**. In the dialects of the Sth. Counties and Caithness, the distinction is still maintained.

"Thay war dans*and* aa thruw uther (durch einander) an' syc dans*in'* aa never saa afuore; hey beguid a-greit*in*, but feint o' eane kænnd quhat hey was greit*and* for; syc ongang*in*'s as yr ga*an'* on yonder." Murray, *Dialect of the Southern Counties*, p. 211.

[1] The connecting vowel is dropped when the verb ends in any consonant except **t**, **p**, **k**, **d**, **b**, **g**. After an accented vowel **d** (instead of **t**) is more common in the Mid and Sth. dialects as also after a liquid or nasal.

"He's fond o' gutterin aboot."

"He's aye gutteran aboot."

Warrack, *Scots Dialect Dictionary*, Introduction, p. 21, and Ph. § 54.

50. *Use of the progressive form.* The progressive form of the verb, first person sing., formed with the verb "to be" and the present participle, is used colloquially in making deliberate statements, where standard usage employs the simple verb:

"'My feth, sir,' said Archy, 'I'm dootin' that it's sic exercise as them that's engaged in't 'll no like vera weel.'" Wilson, *Tales B.*, "Blacksmith of Plumtree."

"'Ye'll have ye're ups and downs like me, I'm thinking,' he observed." R. L. Stevenson, *Weir of H.*, c. 6.

A free use of this form of verb is a mark of Highland speech, where there is a flavour of deliberateness:

"I was never knowing such a girl, so honest and beautiful." R. L. Stevenson, *David Balfour*, c. 21.

"I was to be carrying them their meat in the middle night." *Ibid.*

51. *The use of "on," "ohn" with past participle or gerund.* The past participle of verbs is used with *on, ohn* (Northern Sc. only) to signify lack, deprivation or omission: e.g. *ohnbeen, onhed, ongrutten*:

"I'll jist need to gang to my prayers to haud me ohnbeen[1] angry wi' ane o' the Lord's bairns." G. Macdonald, *Alec Forbes*, c. 44.

"I'm nae responsible to gae afore Sir Simon onhed my papers upo' me." W. Alexander, *Johnny Gibb*, c. 42.

"I cudna 'a haud'n up my heid, Tam, nor been ongrutt'n" (*on* + p. part. of *greet*, to weep). W. Alexander, *Johnny Gibb*, c. 16.

This combination with *on*[2] is also common in Aberdeenshire usage with the gerund.

"Ye'll nae gyang on tellin's."

[1] The prefix *on, oon*, is simply the Eng. *un*, and is not derived from the German *ohne*. George Macdonald's spelling is misleading. In Early and Middle Sc. it is quite common, e.g. Blind Harry's *Wallace*, VII, 1228: "Onchangit hors throuch out the land thai rid."

[2] This infinitive (or gerund) in *ing* (**ən**) may be heard in N.E. Scotland after

So in Mid. Sc.:

"Sa mony as the bot wald hauld on drawning thame sellffis." Pitscottie, *Chronicles of Scotland*, S.T.S. Ed. II, 122.

52. *Special negative forms.* Note the negative *-na* (not), **nə** and **ne**, used with verbs; *winna*, **'wɪnnə** (will not), *sanna*, **'sɑnnə** (shall not), *canna*, **'kɑnnə** (cannot), *maunna*, **'mɑnnə** (must not), *dinna*, **'dɪnnə** (do not), *daurna*, **'dɑːrnə** (dare not), *sudna*, **'sʌdnə** (should not), *binna*, **'bɪnnə** (be not), *haena*, **'henə** (have not), *comesna*, **'kʌmznə** (comes not), *downa*, **'dʌunə**, etc.:

"I ken naebody but my brother, Monkbarns, himsell wad gae through the like o' 't, if indeed it binna you, Mr Lovell." Scott, *Antiquary*, c. 11.

"Yet still she blushed, and frowning cried, 'Na, na, it winna do; I canna, canna, winna, winna, mauna buckle to.'" Popular Song, "Within a Mile of Edinburgh Town."

"I couldna dee less nor offer to come wi' 'im." W. Alexander, *Johnny Gibb*, c. 46.

Downa do is used of a refusal:

"But downa do comes o'er me now,
And, oh, I find it sairly."
Burns, *The Deuk's Dang O'er my Daddie.*

In Aberdeenshire *-na* sometimes takes the form *-nin* with *am*, **'ɑmnɪn**, *wus*, **'wʌznɪn**, *div*, **'dɪvnɪn**, *mith*, **'mɪθnɪn**, used interrogatively (see "be," "do," "might").

53. *Auxiliary verbs. Forms and uses of* "do" (O.E. *dōn*). I, we, you, they, *dae*, **deː**, *du*, **døː**, *div*, **dɪv**, *dinna*, **'dɪnnə**, *divna*, **'dɪvnə**, *divnin*, **'dɪvnɪn**:

Thou, he, she, it, *dis*, **dɪz**; *disna*, **'dɪznə**.

"And dae they feed ye tae?" H. Maclaine, *M. F. the P.*, p. 21.

"I divna ken wha's till preach." Ramsay, *Reminiscences*, c. 6.

on or *ohn*, but it is quite certainly an imitation of the infinitive after prepositions. The past participle is the original and *still the more common form.* In the N.E. *on* the preposition is pronounced **ɔn**; *on* or *ohn* in this particular usage is pronounced **on, un**, coming from an original *un*. The confusion may have begun when a number of verbs came to have the same form for the Past Part. and the Pres. Part. Thus in most Sc. dialects such couples as *falling—fallen*, *eating—eaten*, *holding—holden* are represented in each case by one pronunciation, viz. **'fɑən, itn, hɑːldn.** Examples of *un*+Past Part. may be found in O.E.

"But gin I dinna, my left leg dis." G. Macdonald, *Alec Forbes*, c. 16.

"Div ye mind what I said, 'There's something ahint that face.'" Ian Maclaren, *Brier Bush*, "Domsie," c. 2.

"If George Howe disna get to college, then he's the first scholar I've lost in Drumtochty." Ian Maclaren, *Brier Bush*, "Domsie," c. 1.

A form *div*, **dɪv**, *duv*, **dʌv**, is found in interrogative sentences, usually for the purpose of emphasis:

"Duv ye think I'm fleyt at her?" G. Macdonald, *Robert Falconer*, c. 5.

"Will ye say 'at ye div tak' thoucht, George?" G. Macdonald, *Alec Forbes*, c. 25.

The form *divnin*, **'dɪvnɪn**, is found (Aberdeen):

"'Divnin ye see the ships sailin' on't,' said the lassie." W. Alexander, *Johnny Gibb*, c. 2.

54. *Forms and uses of* "do" (O.E. *dugan*). The verb *dow*, **dʌu**, "can" must not be confused with "do" (O.E. *dōn*). Its past tense is *dought*, **dʌuxt**, *docht*, **doxt**, *dow'd*, **dʌud**.

"Ye'll make what speed ye dow." Galt, *Sir A. Wylie*, I, c. 30.

"My lady didna dow (couldn't bear) to hear muckle about the friends on that side of the house." Scott, *Guy Mannering*, c. 39.

"Women are wilfu', and downa bide a slight." Scott, *H. of Midlothian*, c. 15.

"Beggars douna bide wealth." A. Cheviot, *Proverbs*, p. 55.

"Went home to St Leonard's Crags, as well as a woman in her condition dought." Scott, *H. of Midlothian*, c. 21.

"I dochtna bide to hear yer bonnie name." G. Macdonald, *Alec Forbes*, "Last Wooing" (Song), c. 22.

"For he dow'd na see onybody want." Scott, *Old Mortality*, c. 37.

Note *downa do* = "can't be done," used as a noun-phrase:

"But downa do's come o'er me now,
And, oh, I find it sairly, O."
Burns, *The Deuk's Dang O'er My Daddie.*

55. *Forms and uses of* "will." "Will" takes the form *wull*, **wʌl**, **wɪl**; "will not," *winna*, **'wɪnnə**, *wonna*, **wonnə**; "would,"

wud, *wad*, **wɑd**, **wəd**, *wud*, **wʌd**; "would not," *wadna*, **'wɑdnə**, **'wədnə**, *widna*, **'wɪdnə**, *wudna*, **'wʌdnə**:

"'Wonna she, Johnnie?' 'Ay wull she,' answered Johnnie, following his leader with confidence." G. Macdonald, *Alec Forbes* c. 9.

"How wad ye like when it cums to be your ain chance? as I winna ensure ye, if ye dinna mend your manners." Scott, *H. of Midlothian*, c. 4.

"His goodwife asked me if I widna hae my stockings changed." Wilson, *Tales B.*, "I Canna Be Fashed."

"The dragoons will be crying for ale, and they wunna want it." Scott, *Old Mortality*, c. 3.

"Wad it be a glorified timmer leg he rase wi', gin he had been buried wi' a timmer leg?" G. Macdonald, *Alec Forbes*, c. 3.

"Sic a wife as Willie had!
I wadna gie a button for her."
Burns, *Willie's Wife* (Song).

"Will" is the ordinary auxiliary form interrogative for the future tense; "shall I," "shall you" are not used. (But "I shall," "you shall," become *I'se, you'se*):

"'Will I have gotten my jo now?' she thought with a secret rapture." R. L. Stevenson, *Weir of H.*, c. 6.

56. Note frequent use of "will" in Sc. where omitted in St. usage, often to denote supposition:

"'I see somebody will have (has) been talking to ye,' she said sullenly." R. L. Stevenson, *Weir of H.*, c. 9.

Note the use of "will" with "can" to form a future tense in Mid and Sth. dialects:

"'That's my bairn!' said Kirstie rising, 'I'll can trust ye noo, I'll can gang to my bed wi' an easy hairt.'" R. L. Stevenson, *Weir of H.*, c. 8.

57. *Forms and uses of* "shall." "Shall" is found as *sal, sall*, **sɑl**, **səl**:

"My man sall hae his ain get, that sall he." G. Macdonald, *David Elginbrod*, c. 8.

Sal shortens to '*se*, *'s*':

"I'se warrant he's do that, doctor." Brown, *Rab and His Friends.*

"That lad Cranstoun may get to the tap o' the bar, if he can; but tak my word for 't, it's no be by drinking." Ramsay, *Reminiscences*, c. 3.

"An' she's hae bite and sup wi' them." G. Macdonald, *Alec Forbes*, c. 6.

This explains Barrie's *sepad*, **sə'pɑd** = [*I'*]*se uphad* (uphold) "I shall maintain":

"I sepad it had been bocht cheap second-hand." J. M. Barrie, *Thrums*, c. 24.

"Should" is found as *suld*, **sʌld**, *sud*, **sʌd**:

"Wha suld come in but Pate Macready, the travelling merchant?" Scott, *Rob Roy*, c. 14.

"Bairns suld haud their tongues." G. Macdonald, *Robert Falconer*, c. 1.

"Ye sud learn to sing 't through." G. Macdonald, *Alec Forbes*, c. 21.

"Shall not" is found as *sanna*, **'sɑnnə**; "should not" as *shouldna*, **'ʃudnə**, *sudna*, **'sʌdnə**:

"It sanna be the battle o' Culloden." Hogg, *Tales.* (W.)

"I sudna won'er." W. Alexander, *Johnny Gibb*, c. 8.

"I sanna be speerin the price o' them eenoo." W. Alexander, *Johnny Gibb*, c. 7.

58. *Forms and uses of verb* "to be." "Are" is found as *are*, *ir*, **ɑr**, **ər**, **ɪr**; "was" as *wes*, **wɛz**, *wis*, **wɪz**, *wus*, **wʌz**, *wass*, **wɑs** (Highland); "were" as *war*, **wɑr**, pret. ind. pl. and pret. subj. sing. and pl.; "be not" as *binna* ind. and subj.; "am not" as *amna*, **'ɑmnə**, *amnin* (Aber), **'ɑmnɪn**; "was not" as *wusnin* (Aberdeen), **'wʌznɪn**; *dhay aar* and *dhur* = "there is" (Perthshire, Strathearn district):

"'Eh! ye crater!' said Robert, 'ir ye there efter a'?'" G. Macdonald, *Robert Falconer*, c. 10.

"Yir trust wes mickle help tae him." Ian Maclaren, *Brier Bush*, "Domsie," c. 4.

"Wus ye sleepin' terrible soun', Jinse?" W. Alexander, *Johnny Gibb*, c. 3.

"'It wass like him to make all other men better than himself,' with the soft, sad Highland accent." Ian Maclaren, *Brier Bush*, "Domsie," c. 4.

"We ran like mad; but corn and byre war blazin'...." G. Macdonald, *Alec Forbes*, c. 21.

"But an' he war goodman o' Newtoon." W. Alexander, *Johnny Gibb*, c. 35.

"Afore it war weel gloam't." W. Alexander, *Johnny Gibb*, c. 40.

"Aw thocht I was to get oor ain toon; amnin aw?" W. Alexander, *Johnny Gibb*, c. 21.

"Mrs Saddletree looked after her, and shook her head. 'I wish she binna roving, poor thing.'" Scott, *H. of Midlothian*, c. 24.

"Dhur naybuddee in." Sir James Wilson, *Lowland Scotch*, p. 122.

"You are" becomes *ye'er*, **jiər**, *yer*, **jər**, *yir*, **jir**; "where are," *whaur*, **ʍǫːr**, *whare*, **ʍɑːr**:

"Yer richt, Dominie." Ian Maclaren, *Brier Bush*, "Domsie," c. 2.

"'Weel, yir wrang, Weelum,' broke in Marget." Ian Maclaren, *Brier Bush*, "Domsie," c. 1.

"Ha! whare ye gaun, ye crowlin ferlie?" Burns, *To a Louse*.

59. *Forms and uses of* "have." "Have" takes the forms *hev*, **hɛv**, *hae*, **he**, *'a*, **ɑ**; "has not," *hesna*, **'hɛznə**, *hisna*, **'hɪ̨znə**; "have not," *haena*, **'henə**, *hinna*, **'hɪ̨nnə**; "had," *haed*, **hed**; "had not," *hadna*; "having," *haein*, **'heɪn**; "had" (past pt.), *haen*, **hen**:

"Didna I say, 'Ye hev a promisin' laddie, Whinnie.'" Ian Maclaren, *Brier Bush*, "Domsie," c. 2.

"I hae no fear aboot her; she's a wise bairn." G. Macdonald, *Alec Forbes*, c. 2.

"Ye hae the best recht, Thomas, for hesna he been good to ye?" G. Macdonald, *Alec Forbes*, c. 45.

"We hae haen deaths in our family too." J. M. Barrie, *A. L. Idylls*, c. 8.

"Ye wudna not till 'a been taul'" (would not have needed to have been told). W. Alexander, *Johnny Gibb*, c. 33.

"He got up and said—'I haena time to stop.'" Wilson, *Tales B.*, "The Deserted Wife."

"Have" (*hae, 'a*) is constantly dropped after the auxiliaries "would," "should," etc. especially when followed by *-na*: see Ph. 217 (c):

"I would rather, having so much saved at the bank, paid the needful repairs myself." Galt, *A. of Parish*, c. 27.

"O, Tibbie, I hae seen the day Ye wad na been sae shy." Burns (Song).

Hae as an imperative signifies "take this" (cf. Fr. *tiens*):

"Hae, there's half-a-crown for boding so meikle luck to my Lord." Galt, *Sir A. Wylie*, II, c. 29.

60. *Forms and uses of* "may" *and* "might." "Might" is *micht*, **mɪxt**, *mith*, **mɪθ** (Aberdeen): "might have" is *michta*, *micht av*, **'mɪxtəv**, *mitha*, **'mɪθə** (Aberdeen); "might not" is *michtna*, **'mɪxtnə**, *mithnin*, **'mɪθnɪn** (Aberdeen):

"But twa or three micht gang by my door and cross to Jamie Mitchell's yonner." G. Macdonald, *Alec Forbes*, c. 4.

"Gin ye hae nae regaird for yersel', ye mith hae some for yer family, peer things." W. Alexander, *Johnny Gibb*, c. 20.

"Mitha been wi' ye!" W. Alexander, *Johnny Gibb*, c. 20.

"But mithnin he dee (do) wi' the less coontin?" W. Alexander, *Johnny Gibb*, c. 10.

The present *may* is usually the equivalent of "can," a survival of its early signification, O.E. and M.E.:

"Ye may be luikin for me hame afore sindoon the morn's nicht." W. Alexander, *Johnny Gibb*, c. 1.

61. *Forms and uses of* "can." "Can not" is *canna*, **'kɑnnə**; "could" is found as *cud*, **kʌd**, N.E. **kwɪd**, "could not" as *couldna*, **'kudnə**, *cudna*, **kʌdnə**, *cwidna*, **'kwɪdnə** (N.E.).

"Ye canna be fashed! Can ye no?" Wilson, *Tales B.*, "I Canna be Fashed."

"I couldna weel see." Scott, *H. of Midlothian*, c. 15.

"Weel, cudna ye pit it oot at five per cent.?" G. Macdonald, *Alec Forbes*, c. 6.

"Can," "could" are used after the auxiliaries "will" and "have" in place of "be able," "been able": but not in the Northern dialects.

"They haena cuid geate ane." "If we haed cuid cum." Murray, *D. S. C. Sc.*, p. 216.

"He'll no can haud doon his heid to sneeze, for fear o' seeing his shoon." Scott, *Antiquary*, c. 26.

62. *Forms and uses of "maun,"* **mɑːn, mɑn, mʌn, mən.** "Must" is replaced by *maun, mun*; "must not" by *maunna, mauna, manna*:

"A' body maun sit still and listen to him, as if he were the Paip of Rome." Scott, *H. of Midlothian*, c. 8.

"They are all gentle, ye mun know, though they ha' narra shirt to back." Scott, *Rob Roy*, c. 4.

"Hout, tout, neighbor, ye maunna take the warld at its word." Scott, *H. of Midlothian*, c. 12.

"An' ye manna speak muckle." *Scottish Review*, July 23, 1908, "A Black Day."

63. *Forms and uses of* "dare." "Dare" is *daur*, **dǫːr**, *daar*, **dɑːr**: negative, *daurna*. Past *durst*, **dʌrst**; negative, *durstna*; *daur't, daur'd*; when followed by a noun, the past tense is *daur'd*, **dɑːrd**, **dǫːrd**. (Used also in compound tenses—"Wull ye daar gang? They wadna daar cum; Yf wey haed durst beyde onie langer." Murray, *D. S. C. Sc.*, p. 217.)

"Show me a word Saunders daur speak, or a turn he daur do about the house...." Scott, *Antiquary*, c. 26.

"O luve will venture in, Where it daur na weel be seen." Burns, *The Posie*.

"He should been tight that daur't to raize thee, Ance in a day." Burns, *The Auld Farmer's New Year Salutation to His Auld Mare, Maggie*.

64. *Forms and uses of* "owe," "ought." "Owe," "ought" take the forms *awe*, **ǫː**, *aa*, **ɑː**, *o'*, **oː**, *aucht*, **oxt**, **ɑxt**. Of *aucht* Murray remarks (*D. S. C. Sc.*, pp. 217–8):

"The past participle apparently occurs in the difficult idiom, 'Quheae's aucht that?,' often 'Quheae's owcht that?,' contracted

'Quheae's *aa* that?,' 'Quheae's o' that?,' Whose is that?, Who owns that?...The second meaning given to *āgan* by Bosworth would allow us to construe *Quheae's aucht that?* as *Who is made to possess that?* Who has the right to that?, or To whom does that belong?"

Thus *indebtedness* and *possession* have got mixed up, as in the English "owe" and "own":

"When I was passing along the sea-front of a fishing village in Fife, I heard a stalwart matron ask her gossip at the next door, 'Whae's aucht them?'—that is, who owns them, or has charge of them?" A. Geikie, *Scottish Reminiscences*, c. 14.

"For us and for our stage should ony spier,
'Whase aucht thae chiels maks a' this bustle here?'"

—that is, who is responsible for. Burns, *Prologue, for Mr Sutherland's Benefit Night*, Dumfries, 1790.

"Gin ye awe the siller, ye maun pay't, man." G. Macdonald, *Alec Forbes*, c. 90.

"Wha's aucht this?" (Who is the owner of this?) G. Macdonald, *Alec Forbes*, c. 32.

"That schochlin' cratur, Bruce, is mintin' at roupin' the mistress for a wheen siller she's aucht him (owing him)." G. Macdonald, *Alec Forbes*, c. 89.

"......As gin she aucht (owed) you anything for rent." G. Macdonald, *Alec Forbes*, c. 83.

"He wuntit to ken immediately fat was auchtin you for fat ye laid oot upo' that place at the Ward." W. Alexander, *Johnny Gibb*, c. 45.

"Ilk ane wi' the bit dribbles of syndings in it, and a paper about the neck o't, to show which of the customers is aught it." Scott, *St Ronan's Well*, c. 2.

65. *Forms and uses of* "behoved." *Bud*, **bʌd**, *bood*, **bud**, or *bude*, **byd**, *but*, **bʌt** (behoved), *buit*, **byt**. In the N.E. *beed*, *beet* = **bid**, **bit**. Used both for present and past tense formation, like "ought" and "should," but mostly as a preterit; "thought good," "decided to," "to be under moral compulsion"; "have reason":

"It's a strang tow 'at wad haud or bin Dawvid, whan he

considers he bud to gang, an' 'twere intill a deil's byke." G. Macdonald, *David Elginbrod*, I, c. 14.

"So afore they could let him gang, they bood examine him on the Hebrew an' Latin." S. R. Crockett, *Trials for License by the Presbytery of Pitscottie.*

"How did she come home then?" "She bude to come hame, man." G. Macdonald, *Alec Forbes*, c. 91.

"And like a bairn, I but to gang wi' him." R. L. Stevenson, *David Balfour*, c. 15.

"Richt or wrang aboot the women, I bude to ken mair aboot the men nor ye do." G. Macdonald, *Alec Forbes*, c. 73.

"For tricks ye buit be tryin'." R. Fergusson, *The Election.*

"He beed a' be thocht saucy." W. Alexander, *Johnny Gibb*, c. 28.

Note a preterit form *I boost, I buist, I byst*, as if from a present form *I boos*. In changing from the impersonal *it boos me*, "it behoves[1] me," to the personal form, the "*s*" of the third person singular seems to have been retained, and to have been preserved in this preterit form:

"Or, faith! I fear that with the geese,
I shortly boost to pasture
I' the craft some day."

Burns, *A Dream.*

"He beside himsel' buist be." Quinn, *Heather Lintie.* (Dumf.) (W.)

66. *Forms of* "need." "Need" has a past tense *not*, past part. *not*:

"He not naething but jist the chyne an's poles." W. Alexander, *Johnny Gibb*, c. 9.

"An' ye hed been wi' her, like Tam an' me, ye wudna not till 'a been taul' that there's nae the marrow o' 'er atween this an Tamintoul." W. Alexander, *Johnny Gibb*, c. 33.

[1] The standard form "behoved," discarded as a personal verb south of the Tweed after the year 1500, continued to be used in literature by Sc. writers. The *New English Dictionary* gives an example from the historian Robertson, and the following from Sir William Hamilton:

"He behoved...clearly to determine the value of the principal terms." *Discourses* (1853).

67. *Forms and uses of* "let." "Let" is *lat*, **lat**, **lət**, p. tense *loot*, **lut**, **lyt**, *leet*, **lit**; p. part. *looten*, **'lutən**, **'lytən**, *latt'n*, **'latən**, *lutten*, **lʌtən**:

"But I wud not *latt'n* them say't." W. Alexander, *Johnny Gibb*, c. 19.

"'Indeed, doctor,' said the honest woman, 'I loot the brandy burn as lang as I dought look at the gude creature wasting itsell that gate.'" Scott, *St Ronan's Well*, c. 7.

"That nae only never laid a han' till't, but maybe never hardly leet their een see't." W. Alexander, *Johnny Gibb*, c. 44.

"...When she gangs luikin aboot for a pirn or a prin that she's looten fa'." G. Macdonald, *Alec Forbes*, c. 44.

Phrases: lat licht (to let it be known, to disclose a fact), *lat at* (to attack), *lat sit* (to leave alone, or leave off); *lat-a-be* (adverbially="and not really"), *gae-lattin* ("letting-go" or "bankruptcy"):

"An' fan maister MacCassock loot licht that he was thinkin' o' buyin' the furniture to the manse." W. Alexander, *Johnny Gibb*, c. 46.

"Lat sit, an' gang an' luik for that puir doited thing." G. Macdonald, *Alec Forbes*, c. 2.

"Jist sit doon there, and carry on frae whaur ye loot sit." G. Macdonald, *Alec Forbes*, c. 70.

"...Speaks as if she were a prent buke, let-a-be an old fisher's wife." Scott, *Antiquary*, c. 39.

"Dawvid...lats at him fanever they meet." W. Alexander, *Johnny Gibb*, c. 23.

"An'ro (Andrew) Lanchofts was jist at the gae-lattin, and wud lickly need to gi'e up the chop a' thegither ere lang." W. Alexander, *Johnny Gibb*, c. 29.

68. *Use of "gar" for causative purposes. Gar*, **gaːr**, *ger*, **gɛr**, to "cause," "make"; p. tense *gart*, *gert*; p. part. *gart*, *gert*:

"Ah! gentle dames! it gars me greet
To think how mony counsels sweet,
How mony lengthened, sage advices,
The husband frae the wife despises."

Burns, *Tam O'Shanter*.

"He has rendered no account of his intromissions, but I'll gar him as gude." Scott, *Redgauntlet*, c. 23.

"The sacristan...speaks as if he would ger the house fly abroad." Scott, *Monastery*, c. 8.

69. *"Begood" for* "began." "Begin" has the odd preterit form, *begood*, **bə'gud**, *begude*, **bə'gyd**, *begouth*, **bə'guθ**, seemingly by analogy with *cud, sud, bude*:

"But he begood to dwine in the end of the year." Ian Maclaren, *Brier Bush*, "Domsie," c. 3.

"But, after a while, I begude an' gaed through twa or three bits o' reasonin's aboot it." G. Macdonald, *David Elginbrod*, I, c. 13.

70. *Some Impersonal Verbs: leeze me*, **liːz mɪ**, *like*, **ləik**, *fell*, **fɛl**, *worth*, **wʌrθ**, *weels me on*, *weels me o'*, **wilz mi o**, etc.

Leeze me (leif is me) often followed by *on*, "I am fond of," "blessings on!"

"Leeze me that bonny mouth that never told a fool tale" (Kelly). A. Cheviot, *Proverbs*, p. 232.

"Leeze me on thee, John Barleycorn,
Thou king o' grain!" Burns, *Scotch Drink*.

Like (the older impersonal use) = *placet*, to "please," "suit," "be agreeable to."

"We'll mak shift, an it like your honor." Scott, *B. of Lammermoor*, c. 8.

Fell—to "happen to":

"'Ay, ay, the fader o' 'im was a lang-heidit schaimin carle, an' weel fells the sin (good luck is the son's lot) for that,' was the remark in one case." W. Alexander, *Johnny Gibb*, c. 2.

Worth—"to be (to)," "befall":

"Wae worth the wife
That has a waukrife wean!" *Popular Rhyme*.

"'Wae worth ill company,' quo the daw of Camnethan." A. Cheviot, *Proverbs*, p. 383.

Weel's me on, weels me o' signifies "blessings on," "I am happy with":

"Weels me o' drink, quo' copper Will." R. Fergusson, *The Election*.

APPENDIX A

LIST OF IRREGULAR VERBS (MID-SCOTTISH)

(Including verbs irregular in standard use and regular in Scottish)

Present	Past	Past Part.
bake	beuk, buik, bakit	baken, bakit
bek, bjɑ'k (N.E.)	bjuk, byk, 'bekət	'bekən, 'bekət
be	wes, wis, wus	been
biː	wɛz, wɪz, wʌz, wəz	bin
bear	bure, bore	borne
beːr, biːr	bøːr, boːr	born
beat	bet, bate	beaten
bit, bet	bɛt, bet, bit	bitn, betn
begin	begud, begude, begood, begouth	begun
bɪ'gɪn	bɪ'gud, bɪ'guθ	bɪ'gʌn, bɪ'gud
bid	bad	bidden, budden
bɪd	bɑd	bɪdn, bʌdn
bide ("stay, endure")	bade	bidden
bəid	bed, bɛd	bɪdn
big ("build")	bug, buggit	buggen, biggit
bɪg	bʌg, 'bʌgət, 'bɪgət	'bʌgən, 'bɪgət
bin' ("bind")	ban'	bun'
bɪn	bɑn	bʌn
blaw ("blow")	bleuw	blawn
[1]blɑː, bljɑːv (N.E.)	bljuː, bløː	blɑːn
brack, brek ("break")	brak, brook	broken
brɑk, brek	brɑk, bruk	'brokən, 'brɔkən
bring	brocht	brocht, brochten, brung (Galloway)
brɪŋ	broxt, brɔxt	broxt, 'broxtən, brʌŋ
burn	brunt, brent	brunt, brent
bʌrn	brʌnt, brɛnt	brʌnt, brɛnt
burst	brast, burstit	bursten, bursen
bʌrst	brɑst, 'bʌrstət	'bʌrstən, 'bʌrsən
can	cud, cood	cud, cood
kɑn, kən	kʌd, kəd, kud, kyd	kʌd, kud

[1] In Mid-Sc. ɔ̜ː may be substituted for ɑː passim.

Present	Past	Past Part.
cast	cuist, keest	cuis'n
kɑst	kyst, kist (N.E.)	kysn
catch	catcht	catcht
kɑtʃ	kɑtʃt, kɑxt (S.)	kɑtʃt
choose, choise	chase, chois't	choosed, chosen, cho
tʃu:z, tʃø:z, tʃɔɪs	tʃe:z, tʃɔɪst	tʃu:zd, tʃo:zn, tʃɔɪst
clade, cleed, cleid ("clothe")	claid	claid
kled, klid	kled	kled
cleik ("seize")	claucht, cleikit	claucht, cleikit
klik	klɑxt, klɑ:xt, 'klikət	klɑxt, klɑ:xt, 'klikət
sclim ("climb")	sclam	sclum
sklɪ̞m, klʌm	sklɑm, klʌmd, klʌmt	sklʌm*d*, sklʌmt
craw ("crow")	creuw, crawed	crawn
krɑ:	kru:, krɑ:d, krɑ:t	krɑ:n
creep	crap, creepit	cruppen, creepit
krip	krɑp, 'kripət	'krʌpən, 'kripət
come	cam	come, comen, comed
kʌm	kɑm	kʌm*n*, kʌmd
daur ("dare")	daur'd, durst	daur'd, durst
dɑ:r	dɑ:rd, dɑ:rt, dʌrst	dɑ:rd, dɑ:rt, dʌrst
ding ("knock")	dang	dung
dɪ̞ŋ	dɑŋ	dʌŋ
dreid ("dread")	drad, drade, dreidit	drad, dreidit
drid	drɑd, dred, 'dridət	drɑd, 'dridət
drink	drank	drucken
drɪ̞ŋk	drɑŋk	'drʌkən
drive	draive, drave, dreeve	driven, drien
drɑɪv, drəiv	dre:v, dri:v	drɪ̞vn, dri:n
du, dae, div, duv ("do")	did	dune, daen, dane
dø:, de:, dɪv, dʌv	dɪ̞d	dyn, døn, dɪn, den
eat	ett, eitet	ett, etten
et, it	ɛt, 'itət	ɛt, ɛtn
fa' ("fall")	fell	fa'en
fɑ:	fɛl	fɑ:n, fɑən
fecht ("fight")	feucht, focht, foocht, faught	fochten, feughen, fochen, fechen
fɛxt	fjux*t*, fɔxt, foxt, fɑxt	'fox*t*ən, 'fɔx*t*ən, 'fju 'fɛxən
fess, fesh ("fetch")	fuish, fush, feish, fees	fessen, fooshen, fush
fɛs, fɛʃ	fyʃ, fʌʃ, fiʃ, fis (N.E.)	'fɛsən, 'fuʃən, 'fʌʃən

Present	Past	Past Part.
flee ("fly")	fleuw	flowen, fleuwn
fli:	flju:	flʌun, flju:n
flit ("change domicile")	flittit	flitten, flittet
flɪt	ˈflɪtət	flɪtn, flɪtət
flyte, flite ("scold")	flait, fleat, flyted	flyted, flytten
fləit	flet, flit, ˈfləitət	fləitət, fləitn
freize, freeze	fruize	fruozen
fri:z	frø:z	fro:zn
fin'	fan', fand	fun', fand
fɪn	fand	fʌn, fand
gae, gang, ging ("go")	gaed, gied	gaen, gane (pres. part. gaun)
ge:, gaŋ, gɪŋ gjaŋ, jaŋ, dʒaŋ, dʒɪŋ (N.E.)	ge:d, gid	gen, ge:n (geən, gaən)
get	gat	gatten
gɛt	gat, gɔt	gatn, gɔtn
gie ("give")	gied, gae, gya (Abd.)	gien, gie'en
gi:	gi:d, ge:, gja:	gi:n, giən
greet ("weep")	grat	grutten, gruttin, grettin
grit	grat	grʌtn, grɛtn
grup, grype ("grip")	grap	gruppen, gruppit
grʌp, grəip	grap, grʌpət	grʌpən, grʌpət
had, haud ("hold")	haudit, hield	hauden, hadden
had, ha:d	hadət, hild	ha:dn, hadn
hae ("have")	haed, hed	haed, hed, ha'en
he:	he:d, hed, həd	he:d, hed, həd, he:n
hang ("execute")	hangit	hangit
haŋ	ˈhaŋət	haŋət
hing ("hang on")	hang	hung
hɪŋ	haŋ	hʌŋ
hit	hat	hutten
hɪt	hat	hʌtn
hurt	hurtit	hurtit
hʌrt	ˈhʌrtət	ˈhʌrtət
keep	keepit	keepit
kip	kipət	kipət
ken ("know")	kent, kend	kent, kend
kɛn	kɛnt, kɛnd	kɛnt, kɛnd
lat ("let")	loot, leet (N.E.)	looten, latten
lat, lət	lut, lyt, lit	lutn, lytn, latn, lətn

Present	Past	Past Part.
lauch lɑx, lɑ:x	leugh, leuch, lauchit ljux, lɑxət, lɑ:xət	leughen, leuchen, ljuxən, lauchen, lauchit 'lɑxən, lɑxət
loup ("leap") lʌup	lap, loupit lɑp, lʌupət	luppen, loupit 'lʌpən, lʌupət
maw ("mow") mɑ:	meuw (S.), mawed mɪu, mɑ:d, mɑ:t	mawn, mawed mɑ:n, mɑ:d, mɑ:t
may me:	micht, mith mɪ̣xt, mɪ̣θ (N.)	
need	not nɔt	not nɔt
pit ("put") pɪ̣t, pʌt	pat, pit pɑt, pɪ̣t, pʌt	pitten, putten pɪ̣tn, pʌtn
pruve, pruive, pree pru:v, prø:v, pri:	pruived, preed pru:vd, prø:vd, pri:d pru:vt, prø:vt, pri:t	proven, pruived, pree pru:vn, prø:vd, pri:d prø:vt, pri:t
quit, quut kwɪ̣t, kwʌt	quat kwɑt	quitten, quat, quut kwɪ̣tn, kwɑt, kwʌt
reid ("read") rid	rade red, rɛd	red rɛd
rin, rinn rɪ̣n	ran rɑn	run rʌn
rise rɑɪz, rəiz	rase re:z	risen rɪ̣zn
rive rɑɪv, rəiv	rave re:v	riven rɪ̣vn
rot rɔt	rottit 'rɔtət	rotten rɔtn
sall sɑl	sud sʌd, səd, sɪ̣d	
saw ("sow") sɑ:, ʃɑ:v (N.E.)	seuw (S.), sawed sɪu, sɑ:d, ʃɑ:vd (N.E.) sɑ:t, ʃɑ:vt (N.E.)	sawn sɑ:n, ʃɑ:vd ʃɑ:vt (N.E ʃɑ:vn (N.E.)
see si:	saw, seen sɑ:, sin	seen sin
seik, seek sik	socht sɔxt, soxt	socht sɔxt, soxt
set sɛt	sute (S.), set syt, sɛt	suten, suitten (S.), se sytn, sɛt

Present	Past	Past Part.
shape ʃep	shoop, shaipit ʃup, ʃepət	shapit ʃepət
shave ʃeːv	shavit ʃeːvət	shaven, shavit ʃeːvn, ʃeːvət
shear, sheer ʃeːr, ʃiːr	shure, shoor, shore ʃøːr, ʃuːr, ʃoːr	shorn ʃɔrn, ʃorn
shine ʃəin	shane (S.), shined, shone ʃen, ʃəind, ʃəint, ʃon	shined, shone ʃəind, ʃəint, ʃon
shae, shui ʃeː, ʃøː	shod ʃɔd	shodden ʃɔdn
shute, sheet (N.E.), shot ʃyt, ʃit, ʃɔt	shot ʃɔt	shotten, shuten, sheet (N.E.) ʃɔtn, ʃytn, ʃit
sit sɪt	sat sɑt	sutten sʌtn, sɪtn
sleep slip	sleepit 'slipət	sleepit 'slipət
slide sləid	slade, slidet sled, 'sləidət	slidden slɪdn
slite ("slit" or "unsew") sləit	slate slet	slitten slɪtn
smit smɪt	smate, smittit smet, 'smɪtət	smittit, smitten 'smɪtət, smɪtn
snaw snɑː	snaw'd, snew snɑːd, snɑːt, snjuː	snaw'd, snewn snɑːd, snɑːt, snjuːn
schnaw (N.E.) ʃnjɑːv	schnawed ʃnjɑːvd, ʃnjɑːvt	schnawen ʃnjɑːvn
spek, speik spɪk, spəik (N.E.)	spak spɑk	spoken 'spɔkən, 'spokən
spend spɛnd	spendit 'spɛndət, spɛnt	spendit 'spɛndət, spɛnt
spit spɪt	spat spɑt	sputten spʌtn, spɪtn
spleit, spleet ("split") split	splat, splitted splɑt, splɪtət	splet, splitten, splitted splɛt, splɪtn, 'splɪtət
spreid, spreed spred, sprid, spræd (S.)	sprad, spreidet sprɛd, spræd (S.), 'spridət	sprad, spreidet sprɛd, spræd (S.), 'spridət

Present	Past	Past Part.
stan'	stude	stooden, stude
stɑn, stɑ:n	styd	studn, styd
stang ("sting")	stang'd	stang'd
stɑŋ	stɑŋd, stɑŋt	stɑŋd, stɑŋt
steill ("steal")	staw, steill'd, stal	stown, steill'd
stil, stel	stɑ:, stilt, stelt, stɑl	stʌun, stilt, stelt
stick	stack, stak	stickit, stucken
stɪ̢k	stɑk	'stɪ̢kət, 'stʌkən
straw	streuw	strawn
strɑ:	stru:	strɑ:n
strike	strak	strucken
strəik, strɪ̢k	strɑk	'strʌkən
strive	strave	striven
strɑɪv, strəiv	stre:v	'strɪvən
sweem (N.E.), soom ("swim")	sweemed (N.E.), soom'd	sweemed (N.E.), soon
swim, sum	swimt, sumd	swimt, sumd
soop ("sweep")	soopit	soopit
sup	'supət	'supət
swall	swall'd, swalt	swallen, swald
swɑl	swɑld, swɑlt	'swɑlən, swɑld, swɑl
sweir ("swear")	swure, swuir	swurn (S.), sworn
swi:r, swe:r	swu:r, swø:r, so:r, su:r	swʌrn, sworn
swyte, sweit ("sweat")	swat	swat, swutten
swəit, swit	swɑt	swɑt, swʌtn
tak	tuik, taen (S.)	taen, tane, tooken
tɑk	tyk, ten (S.)	te:n, ten, 'tukən
teitch ("teach")	teitcht, taucht	teitcht
titʃ, tetʃ	titʃt, tetʃt, tɑxt	titʃt, tetʃt
tell	tauld, taul', tell't, tɑ:xt	tauld, taul', telt
tɛl	tɑ:l*d*, tɛlt	tɑ:l*d*, tɛlt
think	thocht	thocht
θɪ̢ŋk	θɔxt, θóxt	θɔxt, θoxt
thrash	throosh, thruish	thrashen, throoshen
θrɑʃ	θruʃ, θryʃ	θrɑʃn, θruʃn, θryʃn
thraw ("throw" or "twist")	threuw (S.), threw, thrawed ("twisted")	thrawn
θrɑ:	θrɪu, θru:, θrɑ:d, θrɑ:t	θrɑ:n

Present	Past	Past Part.
threid ("thread")	thrad, thrade, threidit	thrad, thred, threidit
θrid	θræd (S.), θred, ′θridət	θræd (S.), θrɛd, ′θridət
thrive	threeve, thrave	thrien (S.), thriven
θrɑɪv, θrəiv	θriːv, θrɑːv	θriːn, ′θrɪvən
tine	tint	tint
təin	tɪ̣nt	tɪ̣nt
tred	treddit	tredden
trɛd	′trɛdət	trɛdn
treit ("treat")	trate, treitit	tret, treitit
tret, trit	tret, ′tretət, ′tritət	tret, ′tretət, ′tritət
twine	twined	twun, twined
twəin	twəind, twəint	twʌn, twəind, twəint
vreet ("write," Buchan)	vrat	vrutten
vrit	vrɑt	vrʌtn
wad ("wed")	wed, wad	wed, wad
wɑd	wɛd, wɑd	wɛd, wɑd
wash	woosh, wuish	wooshen
wɑʃ	wuʃ, wyʃ	wuʃn, wyʃn
wat, wot	wust	wust
wɑt, wɔt	wʌst, wɪ̣st	wʌst
wear, weir	wure, wuir	wurn, worn
weːr, wiːr	wuːr, wøːr	wʌrn, wɔrn, worn
weit ("wet")	wat	wat, wutten, weitet, weiten
wit	wɑt, ′witət	wɑt, wʌtn, ′witət, witn
win ("get")	wan	wun
wɪ̣n	wɑn	wʌn
win, wund ("wind")	wundit, wan, wun	wundit, wun, wund
wɪ̣n, wʌn*d*	wʌndət, wɪ̣ndət, wɑn wʌn	′wʌndət, ′wɪ̣ndət, wʌn*d*
wiss, wuss	wist, wuss't	wuss't
wɪ̣s, wʌs	wɪ̣st, wʌst	wʌst
write	wrate	written, wrutten
*w*rəit	*w*ret, *w*rɪ̣t	*w*rɪ̣tn, *w*rʌtn
writhe	wrathe	writhen
*w*rəið	*w*reːð	*w*rɪ̣ðn
wurk	wrocht, wroucht	wrocht, wroucht
wʌrk	*w*rɔxt, *w*roxt	*w*rɔxt, *w*roxt

APPENDIX B

FREQUENCY OF *-EN* FORMS OF PAST PARTICIPLE IN SC.

Note the frequent forms in *-en*: *bidden* (remained), *broughten*, *brochten* (brought), *grutten* (wept), *hauden*, *looten*, etc.:

"The town would have been the quieter, if the auld meddling busybody had bidden still in the burn for gude and a'." Scott, *St Ronan's Well*, c. 28.

"Four sour faces looked on the reinforcement. 'The deil's broughten you!'" R. L. Stevenson, *Weir of H.*, c. 5.

"I cudna 'a haud'n up my heid, Tam, nor been ongrutt'n (tearless)." W. Alexander, *Johnny Gibb*, c. 16.

"Her honour had better hae hauden her tongue." Scott, *L. of Montrose*, c. 1.

"The auncient freedom of the kirk, and what should be stooden up for." Cross, *The Disruption*, c. 2.

APPENDIX C

ORDER OF VERBS WITH *-NA* SUFFIX

The use of *-na* as a suffix is associated with a different order of words in interrogative sentences: verb, negative, pronoun, instead of verb, pronoun, negative. This order was common in conversational English in the first half of the 19th century:

"Sawna ye nae appearance o' the fishers getting the muckle boats built doon to the water?" W. Alexander, *Johnny Gibb*, c. 6.

Compare Jane Austen:

"Did not they tell me that Mr Tilney and his sister were gone out in a phaeton together...I had ten thousand times rather have been with you. Now, had not I, Mrs Allen?" *Northanger Abbey*, c. 12.

CHAPTER VI

ADVERBS

71. *Adverbs of time.*

Whan, **ʍɑn**, **ʍən**; *fan*, N.E. **fɑn**, **fən** = "when"; *aften*, **'ɑfən** = "often"; *tae*, **te**, **tə** = "until" or "till"; *afore*, **ə'for** = "before"; *efter*, **'ɛftər** = "after"; *aince*, *anes*, *ance*, **ens**; *yince*, **jɪns**, **jɪ̞ns**; *yinst*, **jɪnst**, **jɪ̞nst** = "once"; *aye*, **əi** = "always"; *noo*, **nuː**, *the noo*, *i' the noo* = "now"; *sune*, **syn**, **ʃyn** = "soon"; *syne*, **səin** = "ago," "late," "then"; *whiles*, **ʍəilz** = "sometimes"; *nar*, **nɑːr** = "never"; *yestreen*, **jɛ'strin** = "yesterday"; *the morn* = "to-morrow"; *the nicht*, **ðə'nɪ̞xt** = "to-night"; *neist*, **'nist** = "next"; *belyve*, *belive*, **bə'lɑɪv** = "immediately."

"Fu' fain was I whan they said to mysel, till the house o' the Lord let us gang." Psalm cxx, 11, P. H. Waddell's translation.

"A body may lauch ower aften." G. Macdonald, *Alec Forbes*, c. 39.

"I reckon they've a' seen him afore." G. Macdonald, *Alec Forbes*, c. 1.

"But I'm gaun to clear up things aince for a'," Ian Maclaren, *Days of A. L. S.*, "Drumsheugh's Secret."

"'They hae dune the job for anes,' said Cuddie, 'an they ne'er do it again.'" Scott, *Old Mortality*, c. 17.

"He's a blue whunstane that's hard to dress, but ance dressed it bides the weather bonnie." G. Macdonald, *Alec Forbes*, c. 14.

"But yince in, she did verra weel for my comfort." S. R. Crockett, *The Probationer*.

"But it's a queer word, Zoo; an' the mair ye think o't the queerer it gets. 'I mind I yinst...." J. J. Bell, *Wee Macgreegor*, c. 2.

"Na, na, that winna aye work." G. Macdonald, *Alec Forbes*, c. 4.

"What think ye noo, Andrew?" G. Macdonald, *Alec Forbes*, c. 4.

"Mrs M'Conkie the grocer's got kittens the noo." J. J. Bell, *Wee Macgreegor*, c. 12.

"I canna attend till't jist i' the noo." G. Macdonald, *Alec Forbes*, c. 20.

"As sune as ever ye spy her lowse i' the yard be aff wi' ye to Willie MacWha." G. Macdonald, *Alec Forbes*, c. 16.

"...and for the bit interest, I'll take her wi' my ain bairns, ...and syne, efter a bit—we'll see what comes neist." G. Macdonald, *Alec Forbes*, c. 6.

"It's as weel to come sune's syne." Gilmour, *Pen Folk*, c. 8.

"The gudeman will be blythe to see you—ye nar saw him sae cadgy in your life." Scott, *Bride of L.*, c. 12.

"He jumps at things whiles, though sharp eneuch." G. Macdonald, *Alec Forbes*, c. 14.

"They cam' in files to see you, an' bade throu the aifterneen." W. Alexander, *Johnny Gibb*, c. 1.

"'O, ye are ganging to the French ordinary belive,' replied the knight." Scott, *Fortunes of Nigel*, c. 15.

Fernyear, **'fɛrnjir**, is "last year":

"Ye pat awa' yer second horsemen fernyear." W. Alexander, *Johnny Gibb*, c. 10.

For ance and awa is "just for once":

"I think I'll turn missionar mysel', for ance and awa." G. Macdonald, *Alec Forbes*, c. 25.

Nows and nans is "now and then," "occasionally":

"The Red Lion, farther up the street, to which it was really very convenient to adjourn nows and nans." G. Douglas, *H. with Green Shutters*, c. 5.

At the lang len'th is "at last":

"An' at the lang len'th, fan a' thing else was will't awa'." W. Alexander, *Johnny Gibb*, c. 47.

Air is "early":

"But, Jeanie, lass, what brings you out sae air in the morning...?" Scott, *Old Mortality*, c. 27.

72. *Adverbs of place.*

Whare, whar, **ʍaːr**; *whaur,* **ʍɔ̜ːr**; *far* and *faur, faure, for,*

N.E. **fa:r** = "where"; *abeigh*, **ə'bix** = "at a shy distance"; *abune* or *aboon*, **ə'byn** = "above"; *ablow*, **ə'blo:** = "below"; *ben*, *benn*, **bεn** = "inside"; *thereout*, **ðer'ut**; *outbye*, **ut'baɪ** = "outside"; *aboot*, **ə'but** = "around"; *hine* or *hyne awa*, **həin ə'wa** = "far off"; *wa* = "away"; *here-a-wa*, **'hirə'wa**, *here-away* = "in the neighbourhood"; *but*, *butt*, **bʌt** = "in the outer room":

"'And I tell you they might have got a "waur."' To which, as if coming over the complainant's language again, the answer was a grave 'whaur'?" Ramsay, *Reminiscences*, c. 5.

"Whar do they bide? And how are they kent?" Galt, *Sir A. Wylie*, I, c. 30.

"O see for he gangs, an see for he stands." Child's Ballads, *The Heir O'Linne*, st. 2, p. 578.

"Tak' awa' Aberdeen and twal mile round about, and faure are ye?" A. Geikie, *Scottish Reminiscences*, c. 13.

"Town's-bodies ran, an' stood abeigh,
An' ca't thee mad."
Burns, *Salutation to his Auld Mare.*

"'Jean, com ben to worship,' he cried roughly." G. Macdonald, *Alec Forbes*, c. 29.

"I luikit a' up and doon the street till I saw somebody hine awa' wi' a porkmanty." G. Macdonald, *Robert Falconer*, c. 32.

"Aifter theyve gane hyne awa'." W. Alexander, *Johnny Gibb*, c. 15.

"'Gae wa wi' ye.' 'What for no?' 'Gae wa wi' ye,' said Sam'l again." J. M. Barrie, *A. L. Idylls*, c. 8.

"'Odd, ye maun be a stranger here-a-way, I take,' replied the other." Wilson, *Tales B.*, "The Minister's Daughter."

"Here-a-wa, there-a-wa,
Wandering Willie." *Popular Song.*

Whaur, *whare* is sometimes the equivalent of "where are":

"Very weel, Janet, but whaur ye gaun to sleep?" Ramsay, *Reminiscences*, c. 2.

"Ha! whare ye gaun, ye crowlin ferlie?" Burns, *To A Louse.*

Ewest (**'juəst**) is "near," "close by":

"'To be sure, they lie maist ewest,' said the Baillie." Scott, *Waverley*, II, c. 6.

"Farther" takes the forms *farrer* and *ferrar*:

"...and nae muckle farrer on nor whan I begud." G. Macdonald, *Alec Forbes*, c. 88.

"I hae naething to say ferrar nor what concerns the sheep." Hogg, *Tales*, p. 239. (W.)

Forrit is "forward":

"Yon light that's gaun whiddin' back and forrit." Scott, *Black Dwarf*, c. 3.

Thonder is "yonder":

"I'll tell the man ower thonder to keep his e'e on it." J. J. Bell, *Wee Macgreegor*, c. 6.

73. *Adverbs of manner.*

Hoo, **hu:**, *foo*, **fu:** (N.E.) = "how"; *weel*, **wil** = "well"; *richt*, **rɪxt** = "right"; *somegate*, **'sʌmget** = "somehow"; *sae* = "so"; *hither and yont* = "in confusion"; *ither* = "else"; *back or fore* = "one way or another."

"Hoo are ye the nicht, dawtie?" G. Macdonald, *Alec Forbes*, c. 6.

"Hoot! man, the bairnie's weel eneuch." G. Macdonald, *Alec Forbes*, c. 2.

"They hummered an' ha'ed through some gate." S. R. Crockett, *Trials for License by the Presbytery of Pitscottie.*

"'It was e'en judged sae,' said Dinmont." Scott, *Guy Mannering*, c. 45.

"But it mak's na muckle, back or fore." W. Alexander, *Johnny Gibb*, c. 44.

"What ither did I come for?" G. Macdonald, *Alec Forbes*, c. 11.

The termination *-lin(s)* is found, making adverbs, signifying "in a certain way": *halflins* = "partly"; *blin'lins* = "in a blind condition"; *middlin* = "so-so," "fairly well." See under Suffixes.

"'Na, na, I could gang hame blin'lins,' remonstrated Annie." G. Macdonald, *Alec Forbes*, c. 29.

Aiblins (**'eblɪnz**), *ablins* is "perhaps":

> "Ye aiblins might, I dinna ken,
> Still hae a stake." Burns, *Address to the Deil.*

"So" replying to an interrogation: e.g. "I will do so (what you wish)," is *that*, with frequent inversion; *that* coming first in the sentence:

"'Promise me...that ye'll read out o' that book every day at worship....' 'That I will, sir,' responded Annie earnestly." G. Macdonald, *Alec Forbes*, c. 3.

74. *Adverbs of degree.*

Verra, **ˈvɛrə**; *rael*, **reːl**; *fell*, **fɛl**; *unco*, **ˈʌŋko**, **ˈʌŋkə**; *gey*, *gay*, **gəi**, *geyan* = "very"; *ower*, *owre*, **ʌur** = "too"; *maist*, **mest**, *amaist* = "almost"; *clean*, **klin** = "quite"; *nae*, **neː** = "not," with a comparative; *sae*, **seː**; *that*, **ðat** = "so"; *fu*, **fuː** = "very."

"'Dinna wauk him,' she said, '...he's fell tired and sleepy.'" G. Macdonald, *Alec Forbes*, c. 64.

"But he's a gey queer ane." G. Macdonald, *Alec Forbes*, c. 37.

"The plaids were gay canny, and did not do so much mischief." Scott, *Waverley*, II, c. 25.

"They say he's lickit the dominie, and 'maist been the deid o' him." G. Macdonald, *Alec Forbes*, c. 14.

"I hae eaten ower muckle for that, ony gait." G. Macdonald, *Alec Forbes*, c. 12.

"And jist min' what ye're aboot wi' the lassie—she's rael bonnie." G. Macdonald, *Alec Forbes*, c. 14.

"Him an' oor Willie's unco throng." G. Macdonald, *Alec Forbes*, c. 14.

"No that weel, and no that ill." G. Macdonald, *Alec Forbes*, c. 6.

"There's something no that canny (not so safe) about auld Janet Gellatly." Scott, *Waverley*, II, c. 31.

"'Your father,' said he, 'would be gey and little pleased if we was to break a leg to ye, Miss Drummond.'" R. L. Stevenson, *David Balfour*, c. 22.

"He's no a' thegither sae void o' sense neither." Scott, *Rob Roy*, c. 21.

"If ye're no keepit quiet ye'll gang a' wrang thegither." *Scottish Review*, July 23, 1908, "A Black Day."

"Keenest of all her suitors—clean daft about her, said the country side—were three lads of the parish." S. R. Crockett, *A Midsummer Idyll.*

"They laid on us fu' sair." Child's Ballads, *Battle of Harlaw,* st. 11, p. 401.

That is also used for "too":

"Maybe a wee that dressy and fond o' outgait." Galt, *Sir A. Wylie,* I, c. 28.

Note also: *Feckly,* **'fɛklɪ̞** = "mostly"; *geyly,* **'gəilɪ̞** = "a good deal"; *dune,* **dyn**, *dooms,* **dumz** = "thoroughly"; *fair,* **feːr** = "quite"; *freely,* **'frilɪ̞** = "completely"; *uncoly,* **'ʌŋkolɪ̞** = "very much"; *naarhan',* **'nɑrhɑn**; *nighhan',* **'nɑɹhɑn** = "almost"; *han',* **hɑn** = "quite"; *allenarly,* **ə'lɛnərlɪ** (obs.) = "entirely":

"The tither was feckly a quakin' bog." W. Alexander, *Johnny Gibb,* c. 44.

"He can tell you exactly, for instance, how it is that young Pin-oe's taking geyly to the dram." G. Douglas, *H. with Green Shutters,* c. 5.

"Na, na, neeburs, we hae oor faults, but we're no sae dune mean as that in Drumtochty." Ian Maclaren, *Brier Bush,* "Domsie," c. 1.

"It was not sae dooms likely he would go to battle wi' sic sma' means." Scott, *Guy Mannering,* c. 32.

"'Domsie's fair carried,' whispered Whinnie." Ian Maclaren, *Brier Bush,* "Domsie," c. 2.

"As for inventions, the place is fair scatted up wi' them." Ian Maclaren, *Days of A. L. S.,* "Triumph in Diplomacy."

"Half salvages, who are accustomed to pay to their own lairds and chiefs, allenarly, that respect and obedience whilk ought to be paid to commissionate officers." Scott, *L. of Montrose,* c. 3.

"You're gyaun aboot the toon the neist thing to han' idle." W. Alexander, *Johnny Gibb,* c. 32.

"It near-han' dazes me whiles." G. Macdonald, *Alec Forbes,* c. 6.

"I'm no that unco weel." S. R. Crockett, *The Candid Friend.*

"It (the river) was uncoly swalled, and raced wi' him." R. L. Stevenson, *Weir of H.*, c. 5.

"Na, nae freely that, Mr Cupples." G. Macdonald, *Alec Forbes*, c. 67.

"Whan the time's guid for ither fowk, it's but sae sae for you and me." G. Macdonald, *Alec Forbes*, c. 32.

Naar is "nearly":

"A chap or twa, naar grippit braid (nearly squeezed flat) i' the crood themsel's." W. Alexander, *Johnny Gibb*, c. 18.

A matter of, **ə'metər o**, is "as much as":

"She ran awa to the charity workhouse, a matter of twenty punds Scots in my debt." Scott, *Redgauntlet*, c. 20.

The length of, **ðə lɛnθ o**, is "as far as"; see under Prepositions:

"When they get the length of the burn, they heard a shrill whistle." *Scottish Review*, July 23, 1908, "A Black Day."

Ane's errand, **enz'irən**, **jɪnz 'irənt**, is "specially," "on purpose," "on the sole errand":

"The doctor hes dune his pairt, and it wes kind o' him tae come up himsel ane's errand tae tell us." Ian Maclaren, *Days of A. L. S.*, "For Conscience' Sake," c. 4.

An a', **ən ɑː**, is "also," "as well":

"The coronach's cried on Bennachie
And down the Don an' a'."
Scott, *Antiquary*, c. 40.

Fine, **fəin**, is "well" or "exactly":

"I ken fine how to manage her." Cross, *Disruption*, c. 3.

At ane mair, at ane mae, **ət en meː(r)**, is "at the last push," "in a state of nervous tension":

"I'm blythe to see yer bonny face ance mair. We're a' jist at ane mair wi' expeckin' o' ye." G. Macdonald, *David Elginbrod*, I, c. 11.

Haill on, **hel ən**, is "steadily," "right along":

"An' 't (the hens) wud a' been layin' haill on the feck o' the winter." W. Alexander, *Johnny Gibb*, c. 42.

75. *Adverbs of inference and argument.*

Still an' on', **stɪl ən ɔn**; *nae-theless*, **'neðə'lɛs** ("nevertheless"); *howsomever*, **'husʌm'ɪvər**, *howsumever* ("however"); *weel-a-wat*, **'wilə'wɑt** ("certainly"); *atweel*, **ət'wil** ("in any case"), *mair by token* (nay more, moreover), **meːr bɪ 'tokən**:

"'Still an' on,' replied Mains, 'it's nae ceevil eesage to speak that wye.'" W. Alexander, *Johnny Gibb*, c. 9.

"But that nae-theless for peace-sake an' for example tae the bairns, I'd gang whar he gaed." D. Gilmour, *Paisley Weavers*, c. 5.

"Howsumever, to proceed: Ye maun understand I found my remarks on figures." Scott, *Rob Roy*, c. 26.

"I hope, howsomever, that your Lordship will let me do something to oblige yoursel." Galt, *Sir A. Wylie*, I, c. 28.

"Well-a-wat ye never spak a truer word, Dawvid." W. Alexander, *Johnny Gibb*, c. 42.

"'Atweel[1] I'll no grudge to do that,' replied Andrew seriously." Galt, *Sir A. Wylie*, I, c. 17.

"Mair by token, an she had kend how I came by the disorder, she wadna hae been in sic a hurry to mend it." Scott, *Old Mortality*, c. 8.

76. *Some interrogative adverbs.*

What for, **ʍɑt fɔr**, and *whit wey*, **ʍɪt wəi**, are used for "why":

"I was glad to get Jopp hangit and what for would I pretend I wasna?" R. L. Stevenson, *Weir of H.*, c. 3.

"Whit wey is 't no the season?" J. J. Bell, *Wee Macgreegor*, c. 5.

What for no? is "why not?":

"And what for no?" G. Macdonald, *Alec Forbes*, c. 6.

No is a terminal word to a sentence, giving an interrogative force: "Am I not right in supposing this?"

[1] *Atweel*, "at least," "in any case," is to be sharply distinguished from *aweel*, "well then," implying agreement:

"'Atweel, Cuddie, ye are gaun nae sic gate,' said Jenny, coolly and resolutely." Scott, *Old Mortality*, c. 38.

"'Aweel,' said Cuddie, sighing heavily, 'I'se awa to pleugh the outfield then.'" Scott, *Old Mortality*, c. 38.

"That's to lat himsel' get a gnap no!" W. Alexander, *Johnny Gibb*, c. 2.

No gives an interjectional close to a sentence, shading it off:

"'He's jist owre bitter no,' said the good wife." W. Alexander, *Johnny Gibb*, c. 32.

77. *Adverbs of probability.*

Belike, **bə'ləik**, is "perhaps," "probably":

"In order that ye may not only deprive honest men and their families o' bread, but, belike, rather than starve, tempt them to steal!" Wilson, *Tales B.*, "Willie Wastle's Wife."

Maybe, **'mebi**; *mebbe*, **'mɛbɪ**, "perhaps":

"Maybe ye'll no object to let me go with you." Galt, *Sir A. Wylie*, I, c. 30.

"'Ye'll mebbe tell me,' he said richt low, 'if ye hae the furniture 'at used to be my mother's?'" J. M. Barrie, *Thrums*, c. 22.

Like is used in the same way as *belike*:

"The three mile diminished into like a mile and a bittock." Scott, *Guy Mannering*, c. 1.

"She asked my wife what was like the matter wi' her." Wilson, *Tales B.*, "Willie Wastle's Wife."

Like is also thrown in adverbially to soften an expression, having usually a deprecatory flavour:

"Weel, gin ye insist, I'll juist hae to try a toothful' to oblige ye, like." S. R. Crockett, *Ensamples to the Flock.*

"An wud ye gi'e 'im an excamb like?" W. Alexander, *Johnny Gibb*, c. 42.

"Braver than her guidman, wha didna believe like (seem to believe) that his laddie could be deid." D. Gilmour, *Paisley Weavers*, c. 5.

Likein, **'ləikən**, is "for instance":

"'An' filk o' them wud be warst likein?' inquired Mains." W. Alexander, *Johnny Gibb*, c. 23.

Or than no, **ɔr ðɑn noː**, is an Aberdeenshire phrase implying incredulity or lack of respect for a statement.

"Poo'er or than no (his power counts for little)—a grun-offisher glaid to gae aboot an' tell fowk fan to pay their hens to the laird." W. Alexander, *Johnny Gibb*, c. 20.

Note the similar use of *or ens no*, **ɔr ens no:** (*ens* = "otherwise").

"A bonny impruvement or ens no." Miss Ferrier, *Marriage* c. 33.

78. *Adverbs of affirmation and negation.*

Ay, **ɑɪ**, is "yes":

"'Ay,' languidly assented Macgreegor." J. J. Bell, *Wee Macgreegor*, c. 4.

"'Ay are ye,' returned Annie." G. Macdonald, *Alec Forbes*, c. 14.

Na, **nɑ:**, is "no":

"Na, na. It's fair words make foul wark." G. Macdonald, *Alec Forbes*, c. 6.

The ordinary form of the negative "not" is *no*:

"'There's no a lassie maks better bannocks this side o' Fetter Lums,' continued Pete." J. M. Barrie, *A. L. Idylls*, c. 8.

"Son of mines or no son of mines, ye hae flung fylement in public." R. L. Stevenson, *Weir of H.*, c. 3.

But *nae*, **ne:**, is commonly used, especially in the N.E.:

"But I'm nae sure that ee didna for a' that." G. Macdonald, *Alec Forbes*, c. 68.

No is sometimes used without the ordinary expletive "do":

"'Hoot, Tibby,' says I, for I was quite astonished at her, 'ye no understand things.'" Wilson, *Tales B.*, "The Hen-pecked Man."

A double negative is common:

"Ye'll better jist say that ye're agreeable at once, an nae detain me nae langer." W. Alexander, *Johnny Gibb*, c. 45.

Attached to verbs, "not" is found as *na*: e.g. *daurna, canna, sanna, widna, dinna.*

79. *Colloquial equivalents for the ordinary negative.*

The word *de'il*, **dil**, is used in Sc. colloquial as a negative:

"But deil a dram, or kale, or onything else—no sae muckle as a cup o' cauld water." Scott, *Old Mortality*, c. 13.

But it is also used as a mere intensive, along with a wish:

"Deil gin they would gallop!" Scott, *Old Mortality*, c. 13.

Fient, **fınt**, **fint**, and *sorra*, **'sɔrə**, are also used in this way:

"But ye'll hae forgotten that, wumman?" "Fient a bit o' me." Ian Maclaren, *Days of A. L. S.*, "Endless Choice."

"This is fat we had ees't to ca' the Main St.—Duff Street; fat sorra ither?" (What the deuce else?) W. Alexander, *Johnny Gibb*, c. 2.

At no rate is a strong negative:

"Weel, but they can come at no rate, I tell ye." Scott, *Guy Mannering*, c. 11.

80. *Use of negative in* meiosis.

Under negative adverbs may be noted the frequency of *meiosis* in Scottish literature, especially in the form of reported conversations. The ordinary Scot avoids exaggeration, or the committing himself to a statement which he is unable to make good. Words of real admiration or praise, therefore, are often couched in a colourless negative form:

"Bella, the bride-to-be, arrayed in the dress that had cost her so many thoughts, heard her mother's words of admiration and her father's no less affectionate 'Ye're no' bad.'" H. Maclaine, *M. F. the P.*, p. 16.

"That was a grand poem about the collier's no-weel wean." H. Maclaine, *M. F. the P.*, p. 94.

81. *Adjectives as adverbs.*

Adjectives are freely used as adverbs:

"It would seem terrible conspicuous." R. L. Stevenson, *Weir of H.*, c. 6.

"Your rale (real) natural, Harry." H. Maclaine, *M. F. the P.*, p. 23.

82. *Adverbs with auxiliary in place of verb.*

The adverb *awa* (away) is used with *'ll* (will), and in the past tense alone, as a substitute for *gae, gaed*:

"We'll e'en awa to Chastington-hall." Galt, *Sir A. Wylie*, II, c. 28.

"After I had brocht them a' to ken what I was, I awa yont to my mither's." Wilson, *Tales B.*, "The Hen-pecked Man."

83. *Adverbs of emphasis. Use of "here—there," "ava'," ***ə'vaː***, ***ə'vǫː***, "*whatefer,*" **ʌat'ɛfər**.

"Here—there" is used in a belittling way, to prepare for a strong statement to the contrary:

"Pretorian here, Pretorian there, I mind the bigging o't." Scott, *Antiquary*, c. 4.

"However, effecs here, or effecs there, it's no right o' you, sir, to keep me clishmaclavering." Galt, *Sir A. Wylie*, I, c. 14.

Ava' is a "worn-down" or corrupt form of "of all," and gives closing emphasis to a phrase:

"To be sure, for my part, I hae nae right to be here ava'." Scott, *Old Mortality*, c. 14.

"An' lows'd his ill-tongu'd, wicked Scawl,
Was warst ava'."

Burns, *Address to the Deil.*

Whatefer ("whatever") added by Highlanders for emphasis, usually in negation:

"Weel, Sandy, ye may say what ye like, but I think he canna be a nice man, whatefer." A. Geikie, *Scottish Reminiscences*, c. 1.

But also in affirmations:

"Ow ay, it's a fery goot congregation, whatefer." *Ib.* c. 3.

CHAPTER VII

PREPOSITIONS

84. *Ablow*, **ə'blo**, see "below." As with many other prepositions the Scottish form favours the prefix *a*-.

85. *Sc. forms and uses of* "about."

"About" = *about, aboot*, **ə'but**:

(1) = "near," "beside": "My twa-year-auld bairn was standin' aboot the door." J. M. Barrie, *Thrums*, c. 22.

About it = "near the mark,' "differing little."

Just much about it = "very much the same thing," "very nearly equal or alike":

"Auld vandal, ye but show your little mense,
Just much about it wi' your scanty sense."
Burns, *The Brigs of Ayr.*

(2) = "regarding": "We hae nae cause to be anxious aboot a' thing bein' dune respectable aince we're gone." J. M. Barrie, *Thrums*, c. 21.

(3) = "around," so as to envelop or encompass: "Tak yer plaid aboot ye, or ye'll be cauld." G. Macdonald, *Alec Forbes*, c. 70.

The Standard use of "*around*" in this sense is post-Shakespearian and quite modern. See *Othello*, II, iii, 99: "Then take thine auld cloak about thee."

Adverbially. Used familiarly after such a phrase as "come in," to signify "into the house," "close to me." "Come in aboot, an' lat me say a fyou words to ye afore ye start." *Life at a Northern University*, c. 2.

In aboot (*a*) "under control," "in hand": "Seemed rather pleased that he had been able to keep Dawvid tolerably well 'in aboot' in the long run." W. Alexander, *Johnny Gibb*, c. 26.

(*b*) "within hail," "in the place": "Will there be ony chance o' 's bein' in aboot shortly?" W. Alexander, *Johnny Gibb*, c. 36.

(*c*) "into the house": "Nyod, Peter, ye mith jist gae in aboot, an' tell yer mither...." W. Alexander, *Johnny Gibb*, c. 37.

(*d*) "home," "to the quick": "But gin I didna grip 'er in aboot, I did naething to the purpose, that's a'." W. Alexander, *Johnny Gibb*, c. 45.

86. *Sc. forms and uses of* "above."

"Above" = *aboon, abune*, **ə'byn**; *abin*, **ə'bɪn**; *abeen*, **ə'bin** (Aberd.) (preposition, adjective, adverb): superlative form, *bunemost*:

"Will ye gang wi' me and fare
To the bush aboon Traquair?"
J. C. Shairp, *Poems*.

"'Come, come, Provost,' said the lady rising, 'if the maut gets abune the meal with you, it is time for me to take myself away.'" Scott, *Redgauntlet*, c. 11.

"John, ye're no to gar him lauch abin his breith." J. J. Bell, *Wee Macgreegor*, c. 3.

"Them 't 's obleeg't till's leenity for haein a reef o' onykin abeen their heids." W. Alexander, *Johnny Gibb*, c. 17.

Adverbially:

"Yer words strenthen my hert as gin they cam frae the airt aboon." G. Macdonald, *Alec Forbes*, c. 88.

Get aboon—(said of the heart) to "recover cheerfulness."

"Come, join the melancholious croon
O' Robin's reed!
His heart will never get aboon—
His Mailie's dead!" Burns, *Poor Mailie's Elegy*.

Keep one's heart abune—to "keep cheerful":

"Keep your heart abune, for the house sall haud its credit as lang as auld Caleb is to the fore." Scott, *B. of Lammermoor*, c. 8.

87. *Aff*—see "off."

88. *Sc. forms and uses of* "after."

"After" = *aifter*, **'eftər**; *efter*, **'ɛftər**; *efther*, **'ɛfðər** (prep. and conj.):

"'I cud jist say the word efther auld Simeon,' said Macgreegor." G. Macdonald, *Robert Falconer*, c. 5.

Ettle efter—to "aim at," "strive for":

"I was jist ettlin' efter that same thing mysel." G. Macdonald, *David Elginbrod*, I, c. 5.

89. *Sc. forms and uses of* "against."

"Against" = *again, agane,* **ə'gen**; *agen,* **ə'gɛn**:

(*a*) "in time for":

"And then a puir shilling again Saturday at e'en." Scott, *Rob Roy*, c. 17.

"To see when the broidered saddle-cloth for his sorrel horse will be ready, for he wants it agane the Kelso races." Scott, *H. of Midlothian*, c. 4.

(*b*) "in opposition to":

"'He was a prick-eared cur,' said Major Galbraith, 'and fought agane the King at Bothwell Brig.'" Scott, *Rob Roy*, c. 29.

(*c*) "in contact with":

"...I got my heid clured wi' fa'in agen the curbstane." G. Macdonald, *Alec Forbes*, c. 67.

90. *Sc. equivalents of* "along."

"Along" = *alang,* **ə'laŋ**:

"But as alang the hill she gaed." G. Macdonald, *Alec Forbes*, c. 22.

Adverbially = *alang,* **ə'laŋ**; *a-lenth,* **ə'lɛnθ**:

"Gin ye'll step alang bye wi' me to Lucky Leevinston's." Wilson, *Tales B.*, "The Fatal Secret."

"Gin ye gae muckle forder a-lenth ye'll maybe gar me lowse o' ye the richt gate." W. Alexander, *Johnny Gibb*, c. 45.

91. *Sc. equivalents of* "among."

"Among" = *amo',* **ə'mo**; *amon',* **ə'mon**; *amang,* **ə'maŋ**:

"Mak' it up amo' yersels." G. Macdonald, *Alec Forbes*, c. 8.

"There ocht to be ane or twa owre an' abeen, to wale amon'." W. Alexander, *Johnny Gibb*, c. 31.

"Ony way, she's a kind o' queen amang the gipsies." Scott, *Guy Mannering*, c. 45.

92. *Aneath,* **ə'niθ**; *aneth,* **ə'nɛθ**—see "beneath."

93. *Forms and uses of "anent,"* **ə'nɛnt.**

(1) *Anent* = "concerning," "about":

"Glossin sent for Deacon Bearoliff to speak 'anent the villain that had shot Mr Charles Hazelwood.'" Scott, *Guy Mannering*, c. 32.

(2) = "opposite":

"It's right anent the mickle kirk yonder." Scott, *Fortunes of Nigel*, c. 2.

Thereanent (adverbial form, at close of clauses) = "concerning the matter":

"I did not think it proper to tell her altogether the truth thereanent." Scott, *Fortunes of Nigel*, c. 14.

94. *Aside, asides*—see "beside."

95. *Sc. equivalent of* "as far as."

"As far as" = *the length of*:

"Mr Dishart never got the length of the pulpit." J. M. Barrie, *The Little Minister*, c. 33.

A story is told of Henry Dundas, Viscount Melville, when in London, that he asked Mr Pitt to lend him a horse "the length of the Strand"; and that the reply came back that his friend had no horse of the required size in his stable, but sent him the longest he had.

96. *Sc. equivalents of* "around."

Around is a preposition that occurs rarely or never in Scottish dialects; nor is it found in the plays of Shakespeare nor in the Authorized Version of the Holy Scriptures, where its place is taken by "about," "round about." Its Scottish equivalents are *aboot, roon aboot*:

> "Get up, guidman, save Crummie's life
> An' tak' yet auld cloak aboot ye."
>
> *Old Scots Song.*

"Tak' yer plaid aboot ye, or ye'll be cauld." G. Macdonald, *Alec Forbes*, c. 70.

The modern usage is present in nineteenth century poetry and prose: e.g.

"But he lay like a warrior taking his rest,
With his martial cloak around him."
Wolfe, *Burial of Sir John Moore* (1820).

"Around" is the favourite word in American usage for general purposes.

97. *Sc. uses of* "at."

"Ye hae just a spite at the bairn." Galt, *The Entail*, c. 6.

"At" frequently takes the place of "with," as in the phrase, "I'm angry at you":

Or of the standard "of," after *ask* or *speir*:

"I speired at 'im what he meant by terrifyin' a bairn." J. M. Barrie, *Thrums*, c. 22.

Mint at—to "attempt to," "intend to":

"'For,' said she, and in spirit, if not in the letter, it was quite true,—'I never mint at contradictin' him. My man sall hae his ain get, that sall he.'" G. Macdonald, *David Elginbrod*, I, c. 8.

98. *Use of* "*athort*," **ə'θɔrt**.

(1) = "over":

"Athort the lift they start and shift." Burns, *The Vision*.

(2) = "across" (to the other side of):

"Come athort the reek, and lat's luik at ye." G. Macdonald, *Alec Forbes*, c. 37.

Adverbially, "across":

"Peter was authorized to give Mrs Birse assurance that he would be 'athort the morn's gloamin,' without fail." W. Alexander, *Johnny Gibb*, c. 32.

99. *Forms and uses of* "*atower*."

Atower, **ə'tʌur**; *attour*, **ə'tur**; *outower*, *oot-ower*, **ut'ʌur** = "over," "above," "at a distance" (preposition and adverb):

"It's weel worth yer while to ging atower to the T'nowhead an' see." J. M. Barrie, *Auld Licht Idylls*, c. 8.

"The plaid was atower ma shouthers." J. Wilson, *Noctes*, IV, 60.

"He's sleeping in his bed out-ower yonder ahint the hallan." Scott, *Antiquary*, c. 26.

"They jist haud a puir body at airm's lenth ootower frae God himsel'." G. Macdonald, *David Elginbrod*, I, c. 8.

Used along with *bye, bye and* = "in addition to," "over and above":

"Bye attour my gutcher has
A hich house and a laigh ane."

Burns, *Lass of Ecclefechan.*

"She is maybe four or five years younger than the like o' me—bye and attour her gentle havings." Scott, *Redgauntlet*, c. 12.

100. *Ayont*—see "beyond."

101. *Sc. forms and uses of* "before."

"Before" = *afore* (of place) = "in presence of":

"Ye sud be more carefu' whit ye say afore the wean." J. J. Bell, *Wee Macgreegor*, c. 3.

(Of time) = "sooner than":

"'Ye'll be a man afore yer mither!' said John." J. J. Bell, *Wee Macgreegor*, c. 1.

(Previous to):

"My father the deacon was nane sic afore me." Scott, *Rob Roy*, c. 26.

102. *Use of* "*beheef.*"

Beheef, **bə'hif** = *behoof.*

"On behoof of" = *for beheef o'*:

"Lawbourin the rigs in an honest wye for beheef o' the countra at lairge." W. Alexander, *Johnny Gibb*, c. 44.

103. *Sc. equivalents of* "behind."

"Behind" is found as *ahint*, **ə'hɪ̞nt**; *ahin*, **ə'hɪ̞n**; *behint*, **bə'hɪ̞nt**:

"There may be ane of his gillies ahint every whinbush." Scott, *Rob Roy*, c. 27.

"A bit bole ahin the shakker." W. Alexander, *Johnny Gibb*, c. 25.

"I see her cocked up behint a dragon on her way to the tolbooth." Scott, *Old Mortality*, c. 7.

104. *Sc. equivalent of* "below."

"Below" = *ablow*:

"I hid from them ablow the claes." G. Douglas, *H. with Green Shutters*, c. 27.

"Keep yersel' ablow the claes, my mannie." J. J. Bell, *Wee Macgreegor*, c. 3.

105. *Forms and uses of* "*ben*."

Ben, benn, **bɛn** = "inside," "to the inner apartments," "into" (preposition, adverb and noun):

"I'm glaid to see ye. Come benn the hoose." G. Macdonald, *Alec Forbes*, c. 89.

"I think...he gaed ben the parlor." G. Douglas, *H. with Green Shutters*, c. 27.

Ben is used as a noun = "parlour":

"Many a time have I slept in the little box-bed in her 'ben.'" A. Geikie, *Scottish Reminiscences*, c. 11.

"Leeby went ben, and stood in the room in the dark." J. M. Barrie, *Thrums*, c. 20.

On the N.E. coast "to sail ben" is to sail to the land.

106. *Sc. forms and uses of* "beneath."

"Beneath" = *aneath*, **ə'niθ**; *aneth*, **ə'nɛθ**. Mostly to be translated "under":

"Jeames Anderson here, honest man aneath our feet." G. Macdonald, *Alec Forbes*, c. 3.

"'Weel, Meggy,' says she, speakin' aneth her breath." W. Alexander, *Johnny Gibb*, c. 19.

"A picter in our auld Bible o' an angel sittin' aneth a tree." G. Macdonald, *David Elginbrod*, I, c. 7.

107. "*Benorth*" *as preposition.*

Benorth = "to the north of," **bɪ'nɔrθ**:

"Tod had his dwallin' in the lang loan benorth the kirk-yaird." R. L. Stevenson, *David Balfour*, c. 15.

108. *Sc. forms and uses of* "beside."

"Beside" = *aside*, **ə'səɪd**; *asides*:

"The watchers winna let me in aside them." J. M. Barrie, *Little Minister*, c. 4.

"Will ye sit doon asides 's, Thamas?" G. Macdonald, *Alec Forbes*, c. 51.

Aside = "in comparison with":

"Aside Eve he (Adam) was respectable." J. M. Barrie, *Little Minister*, c. 10.

Adverbially = "close at hand," "on the spot":

"Aw declare aw wud gi'e my best brodmil o' Mairch chuckens naarhan' to be aside an' hear foo she'll brak oot." W. Alexander, *Johnny Gibb*, c. 43.

109. *Sc. forms and uses of* "between."

"Between" takes the forms *atween*, **ə'twin**; *atweesh*, **ə'twiʃ**; *acqueesh*, **ə'kwiʃ**:

"A never heard as muckle doonricht nonsense atween the junction an' the station in forty year." Ian Maclaren, *Days of A. L. S.*, "Jamie," c. 2.

"A lang airm was rax't owre atweesh the shou'ders o' twa three o' them." W. Alexander, *Johnny Gibb*, c. 18.

"'Lord!'" said Irrendavie, 'it's weel for Brodie that the ring's acqueesh them!'" G. Douglas, *H. with Green Shutters*, c. 24.

110. *Sc. forms and uses of* "beyond."

"Beyond" takes the forms *ayont*, **ə'jɔnt**; *'yont*, **jɔnt**; "on the other side of":

"Places of learnin' ayont the sea." Ian Maclaren, *Days of A. L. S.*

"There wasna a mot in the lift till we got ayont Canterbury." Galt, *The Steam Boat*, c. 12.

"That 'yont the hallan snugly chows her cood." Burns, *Cotter's Saturday Night.*

Yont has more the meaning of "through and across" (of close proximity):

"Aft yont the dyke (through the hedge) she's heard your bummin'." Burns, *Address to the Deil.*

Adverbially "across, in a surreptitious way":

"'Does she want to change Bibles wi' me?' I wondered, 'or is she sliding yont a peppermint?'" J. M. Barrie, *Little Minister*, c. 30.

111. *Use of* "boot."

To the boot (**byt**) *of*—"in addition to":

"To the boot of that, I might hae gane to even-song." Scott, *Rob Roy*, c. 17.

112. *Sc. uses of* "but."

But = (1) "without," **bʌt**:

"What tho', like commoners of air,
We wander out, we know not where,
But either house or hal'?"

Burns, *Epistle to Davie.*

Butt, but, **bʌt** = (2) "into the outer apartment, kitchen or general sitting-room":

"Ye're welcome, sir. Come butt the hoose." G. Macdonald, *David Elginbrod*, I, c. 4.

"And at midnight she gaed butt the house." G. Macdonald, *Alec Forbes*, c. 64.

(3) "in the kitchen."

"I was ben in the room playing Hendry at the dambrod. I had one of the room chairs, but Leeby brought a chair from the kitchen for her father. Our door stood open, and as Hendry often pondered for two minutes with his hand on a 'man,' I could have joined in the gossip that was going on but the house (e.g. between Leeby and Jess in the kitchen)." J. M. Barrie, *Thrums*, c. 2.

113. *Sc. forms and uses of* "by."

"By" takes the forms *bye*, **bɑɪ**; *b'*, **bə**, **bɪ**. **bɑɪ** only may be used in (2), (4), (5), (6), (7), below.

(1) Of instrumentality:

"To be trampit upon aiven b' them that ca's themsel's nobility." W. Alexander, *Johnny Gibb*, c. 45.

(2) = "beyond," "more than":

"As ye do seem a chap by common." Scott, *Guy Mannering*, c. 44.

(3) = "compared with":

"'Ou, we have nae connection at a' wi' the Bertrams,' said Dandie,—'they were grand folk by the like o' us.'" Scott, *Guy Mannering*, c. 36.

(4) = "besides," "except":

"Grizy has nothing frae me by twa pair o' new shoon ilka year." Scott, *Guy Mannering*, c. 32.

With the addition of *and out-taken*; see *out-taken*:

"I ken naething suld gar a man fight...by and out-taken the dread o' being hanged or killed if he turns back." Scott, *Old Mortality*, c. 35.

(5) = "in addition to":

"Papists and pie-bakers, and doctors and druggists, bye the shop-folk, that sell trash and trumpery at three prices." Scott, *St Ronan's Well*, c. 2.

(6) Of neglect or omission = "leaving aside":

"But fat's this that you Free Kirkers 's been deein' mairrying yer minaister bye the maiden o' Clinkstyle?" W. Alexander, *Johnny Gibb*, c. 49.

(7) = "Out of one's mind," crazy (with the reflexive pronoun); St. "beside one's self":

"But monie a day was by himsel',
He was sae sairly frighted
That vera night." Burns, *Halloween*.

"The folk would hae thought I had gane by mysel'." Galt, *Sir A. Wylie*, I, c. 12.

Adverbially = "over," "finished":

"She just gi'd a sab, and was by wi' it." R. L. Stevenson, *Weir of H.*, c. 1.

114. *Sc. forms and uses of* "down."

"Down"—*doon*; *doun*, **dun**:

"Had a good name wi' whig and tory, baith up the street and doun the street." Scott, *Old Mortality*, c. 3.

115. *Sc. equivalents of* "except."

"Except" = *cep*, **sɛp**; *'ceptna*, **'sɛptnə**:

"There's been nae ane meddlin' wi' the kirk cep some o' that Edinboro' fowk." W. Alexander, *Johnny Gibb*, c. 23.

"There's not a soul, either, that kens there's a big contract for carting to be had 'ceptna Goudie and mysell." G. Douglas, *H. with Green Shutters*, c. 13.

116. *Sc. forms and uses of* "for."

"For" is *fer*, **fər**; *fur*, **fʌr**:

"I haena seen ye fer a lang time, Mr Lawmie." G. Macdonald, *Alec Forbes*, c. 70.

"As feart fur me as fur the wean." J. J. Bell, *Wee Macgreegor*, c. 3.

For a' that = "notwithstanding all that," "yet," "nevertheless," is found in the contracted forms *fraat*, **frɑːt**; *frithat*, **frɪ'ðɑt**.

"And yet intill't there's something couthie fraat" [f'ra't, Ed. 1816; fra't, Ed. 1866, p. 181]. Ross, *Helenore* (1768), 48. Jam.

Burns uses it in his celebrated refrain:

"For a' that, an' a' that,
It's comin yet for a' that."

To is often used for the standard "for" = "on behalf of":

"An' 'her an' her,' 's Peter said, was wylin (choosing) furniture to (for) Maister McCassock." W. Alexander, *Johnny Gibb*, c. 46.

An intrusive *fur* or *for* is common before infinitives, as in archaic English:

"What went ye out for to see?" Matt. xi, 13, Authorized Version.

"Ay, an' he begood fur to greet." J. J. Bell, *Wee Macgreegor*, c. 12.

What for? is "why," "wherefore"; *what for no* is "why not?":

"'For my pairt,' replied David, 'if I see no wonder in the man, I can see but little in the cobbler. What for shouldna a cobbler write wonnerfully?'" G. Macdonald, *David Elginbrod*, I, c. 14.

"It maun be eaten sune or syne, and what for no by the puir callant?" Scott, *The Pirate*, c. 4.

117. *Uses of* "*forby(e)*."

Forby, **fər'bɑɪ**, *forbye*, (1) = "in addition to," "besides":

"Forbye which it would appear that ye've been airing your opeenions in a Debating Society." R. L. Stevenson, *Weir of H.*, c. 3.

(2) = "let alone," "without the addition of":

"Ye might hae thought folk wad hae been vexed enough

about ye, forbye undertaking journeys and hiring folk to seek for your dead body." Scott, *St Ronan's Well*, c. 28.

Adverbially, (1) = "besides," "as well":

"Then she maun hae a bonnet for Sabbath an' a hat tae gae out a message in forby." Ian Maclaren, *Days of A. L. S.*, "A Servant Lass," c. 1.

(2) = "nearby," "close at hand":

"Annie made her bed a little forby." Child's Ballads, *Fair Annie*, p. 119.

118. *Sc. equivalents of* "from."

"From" is *fra*, **frə**; *frae*, **fre**; *fae*, **fe**; Norse and Dan. *fra*.

"...Wad rive wi' lauchin' at a word fra Cosmo Cupples." G. Macdonald, *Alec Forbes*, c. 70.

"Ye wad hae thought she had taen an ill will at Miss Lucy Bertram frae that moment." Scott, *Guy Mannering*, c. 39.

"We ken brawly that Gushets an' 's wife tee's awa' fae hame." W. Alexander, *Johnny Gibb*, c. 3.

119. *Forms and uses of "fornent."*

Fornent, **for'nɛnt**; *forenent, foranent*, **'forənɛnt**; *forenenst*, **for'nɛnst** = "in front of," "facing":

"When Bonaparte gathered his host fornent the English coast." Galt, *A. of the Parish*, c. 44.

"But they maun lie in Stronach haugh,
To biek forenent the sin (sun)."
Child's Ballads, *Bessy Bell and Mary Gray*, p. 485.

"Like the great King Ahasuerus when he sate upon his royal throne foranent the gate of his house." Scott, *H. of Midlothian*, c. 26.

"They stoppit just forenenst him." G. Douglas, *H. with Green Shutters*, c. 5.

"In a wee while you will be seein' Lonfern forenenst you" (in Skye). A. Geikie, *Scottish Reminiscences*, c. 14.

120. *Use of "gin,"* **gɪn**.

Gin = "by" (of time):

"The thing that's deen the day winna be adee the morn, an' I may be deid an' buriet gin Whitsunday." W. Alexander, *Johnny Gibb*, c. 46.

"I heard the clatter o' them, an' throws on my waistcoat an' staps my feet in 'o my sheen an' gin that time he was at the door." W. Alexander, *Johnny Gibb*, c. 17.

121. *Uses of* "hard upon."

Hard upon or *upo'*—"close to," "very near":

(1) Of time.

"It was hard upo' Hogmanay." G. Macdonald, *Alec Forbes*, c. 70.

(2) Of place.

"For Nannie, far before the rest,
Hard upon noble Maggie prest."
Burns, *Tam o' Shanter*.

122. *Sc. equivalents of* "in."

"In" is often *into, intil, intill,* **ɪntɪl**:

"O lang, lang may their ladies sit,
Wi' thair fans into their hand."
Child's Ballads, *Sir Patrick Spens*, p. 104.

"'What's in the broth?' 'Well, there's carrots intil 't.'"

"He sat intil this room." Thom, *Jock o' Knowe*, 23. (W.)

123. *Sc. forms of* "into."

"Into" is found as *intae*, **'ɪnte, 'ɪntə**; *intul*, **ɪntʌl.**

"Did ye no hear hoo the Frees wiled him intae their kirk?" Ian Maclaren, *Brier Bush*, "Domsie," c. 1.

"The lass showed him intul the study." S. R. Crockett, *Courtship of Allan Fairley*.

124. *Sc. use of* "*let abee.*"

Let abee, **lɑtə'biː** and **lɛtə'biː**, "not-to-speak-of," "without mentioning," "let alone":

"We downa bide the coercion of gude braid-claith about our hinderlins, let abee breeks o' freestane and garters o' iron." Scott, *Rob Roy*, c. 23.

125. *Maugre*, **'mɑgːər** = "notwithstanding":

"An' maugre the leather lungs o' them the fowk roar't doon." W. Alexander, *Johnny Gibb*, c. 24.

I' maugre o'—"in spite of":

"We hae stood to oor principles as yet, an' we'll dee't still, i' maugre o' an Erastian Presbytery." W. Alexander, *Johnny Gibb*, c. 7.

126. *Sc. equivalents of* "near."

"Near" is *naar* (Abd.), **na:r**; *nearhan'*, **nirhan**; *naarhan'*, **narhan**.

"I wasna wuntin naar their parlour." W. Alexander, *Johnny Gibb*, c. 45.

"I was jist turnin' nearhan' the greetin', for I lo'ed the laddie weel." G. Macdonald, *Alec Forbes*, c. 74.

"An' syne fat d'ye mak' o' sic ootrages as Marnock an' Culsalmon', to keep nearhan' hame?" W. Alexander, *Johnny Gibb*, c. 22.

(Adverbially) = "almost":

"I've toilit aboot wi' you upo' this place naar foorty year." W. Alexander, *Johnny Gibb*, c. 44.

127. *Sc. uses of* "of."

O'—usually stands for "of"; but in Scottish dialect often represents "on" (q.v.):

Blythe of, **'bləiθ o:**, "pleased with":

"Weel, then," replied the man, "he said, 'Tell Sir William Ashton that the next time he and I forgather, he will not be half sae blythe of our meeting as of our parting.'" Scott, *B. of Lammermoor*, c. 5.

Croose o', **krus o:**, "excited over":

"'He's owre croose o' the subject nae to be here in time,' said Jonathan." W. Alexander, *Johnny Gibb*, c. 25.

"Of" or "o" is omitted after nouns of quantity like *wheen*, *piece*, *bit*, *drap*, etc.:

"There's a wheen fine fat cattle and some gude young horses." Ian Maclaren, *Days of A. L. S.*, "For Conscience' Sake," c. 3.

"Tak' it awa' and bring me a piece bread." R. L. Stevenson, *Weir of H.*, c. 1.

"O'" is used like the French *de* with obj. case in place of the possessive case:

"I think the Hieland blude o' me warms at thae daft tales." Scott, *Rob Roy*, c. 26.

For *ava'*, a corruption of "of all," see Gr. § 83.

128. *Sc. equivalents of* "off."

"Off" = *aff*, **af.**

"Mr Balderstone's no far aff the town yet." Scott, *B. of Lammermoor*, c. 13.

Adverbially,

"Sae aff I set, and Wasp wi' me." Scott, *Guy Mannering*, c. 45.

"I must do the best I can to bring baith o' ye aff." Wilson, *Tales B.*, "Willie Wastle's Wife."

Aff and on = "off and on," i.e. "so-so," "moderately well":

"'Hoo's a' wi' ye?' asked Sam'l. 'We're juist aff and on,' replied Effie cautiously." J. M. Barrie, *A. L. Idylls*, c. 8.

Aff o'—"from," "away from":

"Oor ale is not drinkable, it's jist new aff o' the barm." W. Alexander, *Johnny Gibbs*, c. 38.

"...Keep aff o' braes an' kittle roads, siclike's owre by the Kirk toon." W. Alexander, *Johnny Gibb*, c. 38.

To slip aff—a common euphemism for "to die":

"Ye'ill miss Jock, Posty, he slippit aff afore his time." Ian Maclaren, *Days of A. L. S.*, "Past Redemption."

129. *Sc. equivalents of* "on."

"On" is often *o'*:

"Ye'll maybe gar me lowse o' ye the richt gate." W. Alexander, *Johnny Gibb*, c. 45.

On himself—"on his own account."

"The fishmonger had lately started on himself." J. M. Barrie, *A. L. Idylls*, c. 2.

To think on—"to think of":

"Why should I be frightened in thinking on what everybody will approve?" Galt, *The Entail*, c. 16.

On is used with the verb *marry* (for both sexes):

"Ye ken Sam'l an' the lawyer married on cousins." J. M. Barrie, *Thrums*, c. 2.

"Him 'at's mither mairit on Sam'l Duthie's wife's brither." *Ibid.*, c. 2.

Cry on = to "call for":

"'If you'll excuse me, Mr Innes, I think the lass is crying on me,' said Kirstie and left the room." R. L. Stevenson, *Weir of H.*, c. 7.

Fa' on, **fa:**, **fǫ: ɔn** = to "discover," "meet by chance":

"Ay, Allan, lad, an' where did ye fa' on wi' her?" S. R. Crockett, *Courtship of Allan Fairley.*

Yoke on = to "find fault with," "upbraid":

"Do ye mind hoo he yokit on me in the kirkyaird ae day for lauchin' at Airchie Moncur an' his teatotalism?" Ian Maclaren, *Days of A. L. S.*, "A Cynic's End."

Ontill, onto: see *till, to.*

130. *Use of* "or" = "before."

This usage is obsolete in St. even as a conjunction = "sooner than."

Or = "before":

"I' thy ain presence-chaumer, whaur we houp to be called or lang." G. Macdonald, *David Elginbrod*, I, c. 11.

131. *Forms and uses of* "out."

Out, oot, **ut**, (1) "beyond," "outside of":

"What he has felt 'tis out our power to say." McGillvray, *Poems*, 1839.

(2) "free from":

"Wark bodies are ne'er out the guddle
Fae their cradles till laid in the mools."
Webster, *Rhymes.* (W.)

(3) = "from," "making use of":

"To say prayers out a book."

(4) = "from within":

"Come oot the door." J. J. Bell, *Wee Macgreegor.*

Cf. "Going out the door, he stopped and listened." Mary G. Wilkins, *A Far-away Melody.*

(5) "Along" (Abd.):

"He went oot the road."

Where the St. has "out of," Hately Waddell uses *frae, yont frae*:

"Frae the deeps sae awesome dread, O Lord, I hae scraigh'd till thee." Psalm cxxx, 1.

"O wha sal rax yont frae Zioun heal-making till Israel a'?" Psalm xiv, 7.

Phrases: *cast oot* (to quarrel), *haud oot* (take aim), *redd out* (explain):

"We sanna cast oot aboot aul' scores." W. Alexander, *Johnny Gibb*, c. 45.

"When Sir Edgar hauds out, down goes the deer, faith." Scott, *B. of Lammermoor*, c. 3.

"'I dinna ken,' said the undaunted Bailie, 'if the kindred has ever been weel redd out to you yet, cousin.'" Scott, *Rob Roy*, c. 31.

Out-taken, "except," "barring"; found also in combination with *by* (q.v.), see Gr. § 113 (4):

"He was in former times ane of the maist cruel oppressors ever rade through a country (out-taken Sergeant Inglis)." Scott, *Old Mortality*, c. 42.

Outbye of = "without," see "without."

Outen, **'utən**, *out on* = "out of."

Out oner, **u'tonər** = "from under."

Outoure, **u'tʌur** = "across," "beyond."

Out-through, *out-throw*, **ut 'θruː**, N.E. **θrʌu** = "completely through."

132. *Sc. forms and uses of* "over."

Ower, *owre*, **ʌur** = "over," "across":

"There's been warrants out to tak him as soon as he comes ower the water frae Allowby." Scott, *Guy Mannering*, c. 45.

"Duncan sighed baith out and in,
Grat his een baith bleer and blin',
Spak o' lowpin owre a linn."

Burns, *Duncan Gray* (Song).

To come owre = to "repeat":

"But aw cudna come owre them, Mrs Birse, on nae account." W. Alexander, *Johnny Gibb*, c. 19.

To tak in-owre = to "deceive":

"We've baith been weel aneuch ta'en in-owre wi' that carline." W. Alexander, *Johnny Gibb*, c. 43.

To threep owre = to "insist to a person who hears unwillingly":

"An' threepit owre me't it was sic an advantage to dee 't that gate." W. Alexander, *Johnny Gibb*, c. 9.

To win owre—to "fall asleep":

"'He's won owre,' she murmured thankfully." G. Douglas, *H. with Green Shutters*, c. 26.

133. *Sc. forms and uses of* "round."

"Round" is *roon*, **run**:

"Jist pit it wi' ae single k-not roon her neck." G. Macdonald, *Alec Forbes*, c. 17.

"The fowk't she inveetit doon a' roon 'the parlor'—fat ither—like as mony born dummies." W. Alexander, *Johnny Gibb*, c. 41.

134. *Sc. forms and uses of* "since."

Sin' = "since," **sɪ̨n**.

"Peter begood to tell's that they had been in sin' the streen (since yesterday evening)." W. Alexander, *Johnny Gibb*, c. 46.

"He's awa' mony a day sin syne" (for a long time back). W. Alexander, *Johnny Gibb*, c. 47.

Sinsyne, **sɪ̨n'səin**, often appears as one word: "My eesight and my hand-grip hae a' failed mony days sinsyne." Scott, *Antiquary*, c. 7.

135. *Sc. equivalents of* "through."

Through, throuch, thruch, **θrux**; *throu, throuw*, **θruː**, **θrʌu** (N.E.) = "across," "on the other side of."

"I div not see hoo we and he won throuw the winter." G. Macdonald, *The Warlock*, c. 56.

Doun throu, **dun θruː**, of locality or country = "towards the sea": "That very morning Dawvid had to leave post haste for 'doon throu' on business of Sir Simon's." W. Alexander, *Johnny Gibb*, c. 36.

To go throu' 't = to "have a fuss":

"Hoot, fye! is Dawvid gyaun throu' 't wi' the new vricht already?" W. Alexander, *Johnny Gibb*, c. 48.

Through-gaun, **'θru'gɑːn**—(1) "thorough-going," "pushing," "capable":—"Janet was what is called a 'through-gaun lass,' and her work for the day was often over by eight o'clock in the morning." S. R. Crockett, *The Heather Lintie.*

(2) (as a noun) "scolding," "nagging":

"The folk that were again him gae him sic an awfu' through-gaun aboot his rinnin' awa'." Scott, *Rob Roy*, c. 14.

Throu'-han' = "under discussion and settled":

"Gushetneuk an' mysel' hed the maitter throu' han'." W. Alexander, *Johnny Gibb*, c. 18.

Through ither, **'θru ɪðər**; *throu 'dder*, **'θruːdər** (1) = "restless," "disorderly," "unmethodical":—"Ou, just real daft, neither to haud nor to bind, a' hirdy-girdy, clean through ither, the deil's ower Jock Webster." Scott, *Rob Roy*, c. 14.

(2) = "in common," "in a mass":

"Ou yea, I thocht ye wud 'a maetit a' throu' ither." W. Alexander, *Johnny Gibb*, c. 7.

Through-the-muir = a "quarrel":

"Aifter a through-the-muir that dreeve aul' Peter naarhan' dementit." W. Alexander, *Johnny Gibb*, c. 49.

Kail throu' the reek—"a drubbing," "castigation":

"Tam spoke widely of giving the two disturbers of his enjoyment their 'kail throu' the reek' some day." W. Alexander, *Johnny Gibb*, c. 3.

"He may come to gie you your kail through the reek." Scott, *Rob Roy*, c. 30.

136. *Sc. uses of* "till," **tɪ̈l**, **tʌl**.

Till, ontill, are used freely for St. "to":

"'Hear till her,' said Madge." Scott, *H. of Midlothian*, c. 17.

"'You see, the house was taen, at ony rate,' continued Sanders. 'And I'll juist ging intil't instead o' Sam'l.'" J. M. Barrie, *A. L. Idylls*, c. 8.

Used for *to* of the infinitive:

"I wud 'a gi'en a bottle o' black strap till 'a been there." W. Alexander, *Johnny Gibb*, c. 24.

Used in place of (1) "of":

"'There's just twenty-five guineas o't,' said Dumbiedikes..., 'I make ye free till't without another word.'" Scott, *H. of Midlothian*, c. 25.

Used in place of (2) "upon":

"...Yersel', that Gushets had aye sic a reliance till." W. Alexander, *Johnny Gibb*, c. 47.

Lippen till = to "trust":

"To hae fowk so weel wordy o' bein lippen't till." W. Alexander, *Johnny Gibb*, c. 47.

137. *Sc. forms and uses of* "to."

Tae, **te**, **təː**; *tee*, **tiː** (Abd.) = "to," used adverbially.

"Sae step roun' tae yer minister-man, an arrange for the next First-day." D. Gilmour, *The Pen Folk*, p. 38.

"We wud be willin' to tak' tee (i.e. add) Gushetneuk till oor place." W. Alexander, *Johnny Gibb*, c. 37.

Replaced generally by *till*; see above.

138. *Sc. forms and uses of* "under."

"Under" is represented by *inner*, **'ɪnər**; *oonder*, **'undər**; *oon'er*, **'unər**, **'ʌnər**:

"His lauchter's no like the cracklin's o' thorns unner a pot." G. Macdonald, *Alec Forbes*, c. 39.

"They'll leave the kirk wa's to the owls an' the bats seener, an' gae forth oonder the firmament o' heaven to worship." W. Alexander, *Johnny Gibb*, c. 7.

"We hed the new hooses biggit, an' the grun a' oon'er the pleuch." W. Alexander, *Johnny Gibb*, c. 44.

Sit under—to "attend the preaching of":

"Of course, it would be different if we sat under him." J. M. Barrie, *Little Minister*, c. 14.

139. *Sc. idioms with* "up."

Up = of movement to a higher level:

"Fan we was wearin' up the wye o' the stabler's." W. Alexander, *Johnny Gibb*, c. 46.

Cast up—"to turn up," "appear":

"But he canna be far off—he will soon cast up." Wilson, *Tales B.*, "Roger Goldie's Narrative."

Cleik up, **klik ʌp**—to "become friendly":

"'Eh, but ye're a green callant!' he cried...'cleikin' up wi' baubee-joes!'" R. L. Stevenson, *David Balfour*, c. 1.

Redd up, **rɛd ʌp**—to "settle," "adjust":

"He is generally an 'auld residenter'; great, therefore, at the redding up of pedigrees." G. Douglas, *H. with Green Shutters*, c. 5.

140. *Sc. forms and uses of* "upon."

"Upon" is *upo'* or *upon*:

"Sic a deceesion as will admit o' yer castin' yer care upo' him." G. Macdonald, *Alec Forbes*, c. 9.

Upo' go = "on foot," "engaging one's attention":

"An' fat sud be upo' go noo, but a braw new viacle!" W. Alexander, *Johnny Gibb*, c. 43.

Dispone upon = to "convey in legal form":

"And you, ye thowless jade, to sit still, and see my substance disponed upon to an idle, drunken, reprobate, worm-eaten serving-man." Scott, *B. of Lammermoor*, c. 13.

Married upon = "married to" (see *on*):

"I micht have been marriet upon a skirling Jezebel like you!" R. L. Stevenson, *Weir of H.*, c. 1.

To min' (**məin**) *one upon*—to "remind one of":

"A closin'-in heid-piece concern that min's me, for a' the earth, upon a mutch that my wife hed ance." W. Alexander, *Johnny Gibb*, c. 46.

141. *Sc. forms and uses of* "wanting."

Wanting, *wuntin*, **'wʌntɪn**; *wintin*, **'wɪntɪn**—"without," "minus":—

"'Wanting the hat,' continued my author, Kirstie...'wanting guns...the lower o' them took the road.'" R. L. Stevenson, *Weir of H.*, c. 5.

"Far owre sma' for our een wintin' the glass." G. Macdonald, *Robert Falconer*, c. 9.

"It cudna be deen wuntin, cud it?" W. Alexander, *Johnny Gibb*, c. 10.

142. *Sc. forms and uses of* "with."

"With" is *wi'*, **wi**, **wɪ**:

"And sign'd it wi' his hand." Child's Ballads, *Sir Patrick Spens*, p. 103.

"It's a shame her father's daughter should keep company wi' a' that scauff and raff of physic-students, and writers' 'prentices, and bagmen, and siclike trash as are down at the Well yonder." Scott, *St Ronan's Well*, c. 2.

143. *Sc. forms and uses of* "without."

"Without" = *withoot*, **wɪ'θut**; *wi-oot*, **wi'ut**; *athoot*, **ə'θut**; *withouten*, **wɪ'θutən**; *outbye*, **'ut'bɑɪ**, *and outbye of*:

"Some fowk cudna ca' the niz o' their face their nain withoot speerin leave." W. Alexander, *Johnny Gibb*, c. 45.

"Wi-oot ony thing to weet them, they're dooms dry." G. Macdonald, *Alec Forbes*, c. 26.

"'Na!' was the answer; 'they'll be unco puir pudding athoot something mair than bluid in them.'" D. Gilmour, *Paisley Weavers*, c. 5.

"Wherefore would ye risk life or limb withouten cause?" Wilson, *Tales B.*, "Roger Goldie's Narrative."

> "The yerlle of Fyffe, wythowghten striffe,
> He bowynd hym over Sulway."
>
> Child's Ballads, *Battle of Otterburn*, p. 387.

"'I was wanting to say to ye, Laird,' said Jeanie,...'that I was gaun a lang journey, outbye of my father's knowledge.'

"'Outbye his knowledge, Jeanie! Is that right?'" Scott, *Heart of Midlothian*, c. 26.

144. *Use of* "*yont.*"

Yont, **jɔnt** = "across and through" (of proximity); "on the other side" (as of a hedge or street). See "beyond," from which it differs specifically.

"Aft yont the dyke she's heard you bummin." Burns, *Address to the Deil.*

"Meet thy titty yont the knowe." Hogg, *Poems.*

To go yont, to "cross over," "walk to a place near by."

"Sae, after I had brocht them to ken what I was, I awa yont to my mither's." Wilson, *Tales B.*, "Hen-pecked Man."

"I'll gang yont, after fothering time the nicht, and speak to yer faither and mither." Wilson, *Tales B.*, "Willie Wastle's Wife."

To hirsle yont, **hɪrsl jɔnt**—to "shuffle along to the other end":

"Peter and the stranger did not rise to put the ladies into the pew, but, according to use and wont, simply 'hirsled yont.'" W. Alexander, *Johnny Gibb*, c. 11.

CHAPTER VIII

CONJUNCTIONS

145. *Connective conjunctions.*

Connective; (*a*) (with co-ordinate clauses or terms):

An' (and), *baith*, **beθ**; *aither*, **'eðər**; *eyther*, **'əiðər**; *owther*, **'ʌuðər** = "either"; *naither*, **'neðər**; *neyther*, **'nəiðər**; *nouther*, **'nʌuðər**; *nowther*, **'nʌuðər** = "neither":

"Thomas Jardine come awa an' speak tae me." D. Gilmour, *Paisley Weavers*, c. 3.

"That part o' his garments which it does not become a leddy to particulareeze, was baith side and wide." Scott, *Antiquary*, c. 9.

"For aither he wull lichtlie the ane, and lo'e the ither, or incontinent he wull haud by the ane, and care-na for the ither." W. W. Smith, *N. T. in Braid Scots*, Matt. vi, 24.

"He has naything comed himsel', nor had the ceevility tae sen' us the scart o' a pen." Ramsay, *Reminiscences*, c. 6.

"'I'll gie thee my hand and word on't, aunt,' said I, 'that I knaw nowther the faither nor mother o' 't.'" Wilson, *Tales B.*, "Whitsome Tragedy."

"Nouther you nor no Scottish lord Durst have set a foot on the bowling green of Airly." Child's Ballads, *Bonnie House o' Airlie*, p. 483.

(*b*) (With subordinate clauses):

'At, 't, nor, 'at-hoo, **ət'hu** = "how":

"Gin it be more blessed to gie than to receive, as Sant Paul says 'at the Maister himsel' said." G. Macdonald, *David Elginbrod*, I, c. 6.

"Wha cud hae thocht, Thomas, 't ye cud hae pickit sic gumption oot o' staves!" G. Macdonald, *Alec Forbes*, c. 60.

"Nae won'er nor (= 'that') ye was obleeg't to tak' yer innocent bairns awa' fae's skweel." W. Alexander, *Johnny Gibb*, c. 19.

"The laird himsel' said, 'at hoo the bairns had never gotten on naething like it wi' ony ither body." G. Macdonald, *David Elginbrod*, I, c. 6.

146. *Causal.*

'Cause (because), **kəz**, *sae* (so), **se**, *sin'* (since), **sɪ̢n**, *noo than*, **nu ðɑn** (now then):

"Ye maunna think, hooever, 'cause sic longin' thouchts come ower me, that I gang aboot the hoose girnin' and compleenin'." G. Macdonald, *Alec Forbes*, c. 44.

"I whiles speak as I think, an' whiles as I feel; sae dinna misjudge me." D. Gilmour, *Paisley Weavers*, c. 3.

"I'll speak to the laird himsel' sin' ye'll no hear me." G. Macdonald, *David Elginbrod*, I, c. 6.

147. *Adversative or concessive particles.*

(*a*) With co-ordinate statements.

Edder, **'ɛdər**, "either"; *nedderin*, **'nɛdərɪn**; *netherins*, **'nɛðərɪnz**; *naitherans*, "neither"; *bot*, **bɔt**, **bɪ̢t**, "but"; *natheless*, *naithless*, **'neθlɛs**, "nevertheless":

"Naw, I hardly think't I'll fash wi' that edder." W. Alexander, *Johnny Gibb*, c. 15.

"An' he not nae leems till't, nedderin." W. Alexander, *Johnny Gibb*, c. 15.

"I dinna like it naitherins." Picken, *Poems*. (W.)

"Bot ay, 'am mylane wi' thee." P. Hately Waddell, Psalm lxxiii, 25 (Tr.).

"Natheless, it is ill travelling on a full stomach." Scott, *Pirate*, c. 11.

> "Naithless some waggish trickster loon
> Aye put the Bailie off the tune."
>
> Spence, *Poems*. (W.)

(*b*) With subordinate clauses.

For all, *for a'*, [1]**fər'ɑː**; *for a' as*, [1]**fər'ɑː əz**; *for as...as*, an emphatic "although":

"I'm no without some wits, for a' I'm a woman." Hunter, *J. Inwick*. (W.)

"She doubted na that the pasture might be very gude, for

[1] ɔ̢ː.

the grass looked green, for as drouthy as the weather had been (although the weather had been very drouthy)." Scott, *Heart of Midlothian*, c. 41.

"Katherine has a gae sharp tongue when she's lowst, for 'a as quait's she luiks." D. Gilmour, *Paisley Weavers*, c. 8.

148. *Hypothetical conjunctions.*

Hypothetical: *Gin*, **gɪn**; *gif*, **gɪf**; *an* = "if"; *onless*, *without*, *'cep* = "unless":

"An her luikin a' the time 't a bodie speaks till 'er as gin butter wudna melt in her cheek." W. Alexander, *Johnny Gibb*, c. 8.

"Gif I micht advise you as ye advised him." D. Gilmour, *Paisley Weavers*, c. 4.

"Mony o' them wadna mind a bawbee the weising a ball through the Prince himsell, an the chief gave them the wink." Scott, *Waverley*, II, c. 22.

"Onless they can haun in a gowpen o' siller." D. Gilmour, *Paisley Weavers*, c. 3.

"I hae kent mony an honest man wadna hae ventured this length without he had made his last will and testament." Scott, *Rob Roy*, c. 27.

"But ridickleous for the size o' 't, 'cep' ye gie 't room." G. Macdonald, *Alec Forbes*, c. 80.

149. *Temporal conjunctions.*

Temporal: *Or*, *afore* = "before"; *aifter*, **'eftər**; *efter*, **'ɛftər** = "after"; *ance*, *as sune's* = "as soon as"; *gin* = "by the time that":

"There will no be a dry thread amang us or we get the cargo out." Scott, *Guy Mannering*, c. 40.

"Will ye mak' a prayer for yir auld dominie afore we pairt?" Ian Maclaren, *Brier Bush*, "Domsie," c. 3.

"Wantin' gundy efter ye've ett twa apples." J. J. Bell, *Wee Macgreegor*, c. 5.

"An' tell 'im that he'll be expeckit, gin the spring war in, to drive a fawmily convaiyance to the kirk every Sabbath." W. Alexander, *Johnny Gibb*, c. 48.

Again, **ə'gen, ə'gɛn**, is used as a conjunction, in the sense of "in preparation for the time that":

"I hae just been putting your honour's things in readiness again ye were waking." Scott, *Old Mortality*, c. 23.

The standard usage allows "against" in this sense: Dickens has, in *The Pickwick Papers*, "Throw on another log of wood *against* father comes home."

150. *Comparative conjunctions.*

Comparative: *Nor, na, as, gin,* **gɪn**; *or* = "than"; *sae-'s*, **se z** = "so-as"; *'s* = "as"; *by'se* (as, in comparison with), **baɪz**:

"That's better gin naething." J. B. Salmond, *M. M. S.*, c. 11.

"I wish he wad, for he kens better nor me hoo to set aboot the job." G. Macdonald, *Alec Forbes*, c. 3.

"The big ane's bigger na usual." J. M. Barrie, *Thrums*, c. 2.

"It's as weel to come sune's syne, lass." D. Gilmour, *Paisley Weavers*, c. 8.

"Sae dear's that joy was bought, John,
Sae free the battle fought, John."
Baroness Nairne, *The Land o' the Leal* (Song).

"Better soon as syne; better a finger aff as aye wagging." Scott, *Rob Roy*, c. 18.

"For the whole place aye seems fu' o' a presence, an' it's a hantle mair to me nor the kirk an' the sermon forby." G. Macdonald, *David Elginbrod*, I, c. 7.

"Little to be expeckit fae them, by'se fae the set o' leern't (learned) men't hed ta'en upo' them to provoke them to mischief." W. Alexander, *Johnny Gibb*, c. 18.

CHAPTER IX

INTERJECTIONS

151. *Summoning interjections.*

Hae, **heː**; *haw,* **hɑː**, *hey,* **həi**—calling a person, in order to offer something; a form of "have."

"'Hae then,' said she, placing the dish before him, 'there's what will warm your heart.'" Scott, *Guy Mannering,* c. 46.

Or to have the person listen to a remark:

"And from a window above came a jeering hail—'Haw, you wi' the fancy hat!'" J. J. Bell, *Wee Macgreegor,* c. 10.

"Hey! what are ye daein' there?" A. Geikie, *Scottish Reminiscences,* c. 6.

152. *Assertive interjections.*

Assertive particles: *sang,* **sɑŋ**; *'od, 'odd,* **ɔd**; *nyod,* **njɔd**, **ɲɔd**; *sall,* **sɑl**; *sal,* **sɑl**; *ma certies,* **mɑ 'sərtɪz**; *ma certes,* **mɑ 'sərtɛz**, *my certy, my certie*; *'deed,* **did**; *fegs,* **fɛgz**; *by faigs,* **bɑɪ fegz**; *by crivens,* **bɑɪ 'krɪvənz**; *wow,* **wʌu**; *catch them*; *catch us*; *mind ye*:

Sang precedes a deliberative statement:

"Sang, she'll better nae try't though." W. Alexander, *Johnny Gibb,* c. 15.

Od, odd—of mild surprise.

"Od, man, your name has travelt far faurer nor these wee legs 'll ever carry yoursell." A. Geikie, *Scottish Reminiscences,* c. 6.

Nyod implies pleasant assertion:

"He added—'Nyod, that's capital fusky.'" W. Alexander, *Johnny Gibb,* c. 13.

Sall (upon my soul) is an expression of astonishment or admiration:

"When Mrs Macfayden allowed it to ooze out in the Kildrummie train that she had obtained a penny above the market price for her butter, she received a tribute of silent admiration, broken only by an emphatic 'Sall' from Hillocks." Ian Maclaren, *Days of A. L. S.*, "A Triumph in Diplomacy."

"My certy, but this makes a perfect feel (fool) o' the kirk o' Foot Dee." A. Geikie, *Scottish Reminiscences*, c. 13.

"'Proud, John?'

''Deed, ay!'" J. J. Bell, *Wanderer's Return.*

"Ma certies, Janet, but that's a sicht for a hungry man." *Scotsman*, Nov., 1909. (The Roarin' Game.)

"And fegs he did it tae perfection." *Scotsman*, Nov., 1909.

"'By faigs, Sandy,' says I, 'that's waur....'" J. B. Salmond, *M. M. S.*, c. 2.

"By crivens, he's gotten a richt horse for Donal', noo." J. B. Salmond, *M. M. S.*, c. 1.

"O, wow, my winsome bairn, Cuddie." Scott, *Old Mortality*, c. 6.

Catch them or *catch us* implies a negative, with emphasis:

"They want mair daylight, likely? Catch them." H. Maclaine, *M. F. the P.*, p. 66.

"Catch us, we're no sae Gaelic." H. Maclaine, *M. F. the P.*, p. 91.

"Mind ye, its awfu' eerie bein' at sea in the nicht-time." H. Maclaine, *M. F. the P.*, p. 94.

153. *Ejaculations of discomfort.*

Exclamations of weariness, regret, sorrow.

Sirce-me, **sɪ̢rs-mi**; *sirce the day, hegh*, **hɛx**; *hegh sirs*, imply woe or sadness or weariness:

"Thirce me, neebour, I'm thorry for ye! Thith ith a terrible affair." G. Douglas, *H. with Green Shutters*, c. 24.

"Eh, sirce me; an' me was so happy no mony 'oors syne." J. B. Salmond, *M. M. S.*, c. 8.

Aich, **ex**, is an expression of fatigue:

"The verra attemp'—an' dinna ye think that I haena made it—aich." G. Macdonald, *Alec Forbes*, c. 70.

Och hone, **ox hon**, is an exclamation of distress or weariness: "'Och hone! och hone!' said Granny from her bed." G. Macdonald, *Robert Falconer*, c. 13.

"Ohone! ohone! the day o' grace is by at last!" G. Macdonald, *Robert Falconer*, c. 13.

Ochan; a Highland expression of sorrow or lament:

"Ochan, ochan; hanging a man for stealing sheeps!" A. Geikie, *Scottish Reminiscences*, c. 8.

Willawins!, **'wɪlɑwɪnz**, "alas!":

"Willawins!—willawins! Such a misfortune to befa' the house of Ravenswood, and I to live to see it." Scott, *B. of Lammermoor*, c. 11.

"Oh, Willawins, Mons Meg, for you,
'Twas firing cracked thy muckle mou'."
R. Fergusson, *King's Birthday at Edinburgh.*

Waesucks! **'wesʌks**, "alas!":

"Waesucks! for him that gets nae lass."
Burns, *Holy Fair.*

154. *Ejaculations of astonishment or advice or reproof.*

Megsty me, **'mɛgstɪ mi**; *gweeshteens*, **'gwiʃtinz**; *hooly*, **'hulɪ**; *heely*, **'hili**; *hech*, **hɛx**; *losh*, **loʃ**; *losh me, loshtie, wheesht, whisht, keep me, keep's a'*:

Megsty me! gweeshteens, express surprise or astonishment:

"Megsty me, what am I about, daffing all this time here!" Galt, *Sir A. Wylie*, I, c. 16.

"Gweeshteens, ye've seerly been sair ta'en up." W. Alexander, *Johnny Gibb*, c. 14.

Hooly, heely imply caution or warning:

"With a sigh, he answered, Hooly enoch, Mrs Bowie, hooly enoch." D. Gilmour, *Gordon's Loan*, "The Wanters."

"Weel, jist heely till I gi'e a cry." W. Alexander, *Johnny Gibb*, c. 11.

"'O, hooly, hooly, sir,' she said, 'ye'll wauken oor guidman.'" *The Jolly Beggar* (Song).

"Hech! that's a droonin' awfu' strange, and waur than ane and a'." G. Macdonald, *Alec Forbes*, c. 39.

Losh, loshtie imply surprise and deprecation, expostulation or sympathy:

"Losh, Drumsheugh, be quiet." Ian Maclaren, *Brier Bush*, "Domsie," c. 2.

"But losh me! when we cam' oot the coffin wi' my grannie in't was awa'." A. Geikie, *Scottish Reminiscences*, c. 13.

"Loshtie man, ye're seerly gyaun gyte." W. Alexander, *Johnny Gibb*, c. 44.

"Wheest! here's the wife; no a word aboot it." H. Maclaine, *M. F. the P.*, p. 34.

"'Oh, whisht! my bairn! whisht,' replied Mause." Scott, *Old Mortality*, c. 7.

"'Keep me, Sandy,' says I, 'is that whet's brocht ye here?'" J. B. Salmond, *M. M. S.*, p. 5.

Keep me, keep's a' are somewhat similar in usage to *losh me*:

"Keep's a', Burnbrae, is that you?" Ian Maclaren, *Days of A. L. S.*, "For Conscience Sake."

Hoot awa, **hut ə'wɑː**; *hout tout*, **hut tut**; *hoots*, **huts**; *hout fie* (**fɑɪ**), convey mild expostulation and reproof:

"Hout awa, the laws are indifferently administered here to a' men alike." Scott, *Rob Roy*, c. 18.

"'Hout tout, neighbor, ye mauna take the warld at its word,' said Saddletree." Scott, *H. of Midlothian*, c. 11.

"Hoots, lassie, I never got a telegram in a' my days." J. J. Bell, *The Wanderer's Return*.

"Hout fie, stir, ye suld aye be taking." Scott, *Old Mortality*, c. 23.

155. *Derisive ejaculations.*

Set him up for is a phrase used in derision:

"Set him up for a confectioner!" Scott, *St Ronan's Well*, c. 15.

Shute, **ʃyt**; *him forrit* or *forward* is often added:

"A lord! set them up and shute them forward." Scott, *St Ronan's Well*, c. 15.

156. *Exclamations of disgust or impatience.*

Dozen't, **doznt** (confound it!), implies disgust:

"'Dozen't, men, I never thocht o' that,' said Peter Birse, Jr." W. Alexander, *Johnny Gibb*, c. 37.

Auch, **ax**, **ɔx**, implies impatience:

"'Auch, she's in the shop,' he says heich oot." J. B. Salmond, *M. M. S.*, p. 83.

Sheugh, **ʃøx**, **ʃux**, implies impatience and abhorrence:

"Sheugh, sheugh—awa with ye, that hae spilled sae muckle blude, and now wad save your ain." Scott, *Old Mortality*, c. 17.

157. *Exclamations of resignation or assent.*

Aweel, **ə'wil**, implies submission to what cannot be helped:

"Aweel! this body's nothing but a wheen claes to my soul." G. Macdonald, *Alec Forbes*, c. 58.

Weel-a-weel, **'wilə'wil**, implies assent:

"'Come to yer tea, West Mains,' said Myreside cordially. 'Weel a weel. Thank ye kindly.'" Ramsay, "Emancipation of Sandy Macgregor," *Scotsman*, Nov. '09.

158. *Calls to animals; with colloquial terms.*

Yean, **jɛn**, is an exclamation implying holding back or slowing:

"As each horse passed the gate the driver left its head, and took his place by the wheel, cracking his whip, with many a 'hup horse; yean horse; woa lad; steady!" G. Douglas, *H. with Green Shutters*, c. 1.

Hup is also a call to a horse to go to the right; *wind, wynd*, **wəind**; *wyne*, **wəin**, a call to the left. Hence *neither hup nor wind* signifies "to move in no direction whatever":

"A feckless loon of a Straven weaver...had catched twa dragoon naigs, and he could neither gar them hup nor wind." Scott, *Old Mortality*, c. 23.

"By their answerin' to our ca'—Hup, Wyne, go back, step awa." Watson, *Poems* (1853, Lanarkshire). (W.)

"Formerly, in speaking to their horses, carters employed *hup* and *wynd* in ordering them to either side, now mostly *high-wo*, and *jee*." Jamieson, *Dictionary*, under *haup, hap, hup*.

Proo, proo, prochiemoo, **pruː**, **'pruʃɪmu**:

"It is interesting to hear these young women (in south Ayrshire) calling to their cows *proo, proo, prochiemoo*, a call which the animals understand and obey. The words are said to be a corruption of *approchez-moi* and to date from the time, three hundred years ago, when French ways and French servants were widely in vogue throughout Scotland." A. Geikie, *Scottish Reminiscences*, c. 7.

A cat is called *baudrons, baudrins*, **'bǫːdrənz**, **'bɑːdrənz**:

"Auld Hornie did the Laigh Kirk watch
Just like a winkin baudrons."
Burns, *The Ordination.*

A cat is usually addressed as "*Pussy baudrons*":

"Poussie, poussie baudrons,
What got ye there?
I got a fat mousikie
Rinning up a stair."
Chambers, *Popular Rhymes.* (W.)

A dog, especially a collie or shepherd's dog, is spoken of as *bawty*, **'bǫːtɪ**, **'bɑːtɪ**, and so addressed:

"The Spanish empire's tint a head,
An' my auld teethless Bawtie's dead."
Burns, *Elegy on the Departed Year*, 1788.

A stray or ill-conditioned dog is a *tyke*, **təik**:

"Wha now will keep you frae the fox,
Or worrying tykes?" Burns, *The Twa Herds.*

A donkey is *cuddie*:

"The auld tinkler bodie,
Wi' his creel and his cuddie."
Ballantine, *Poems.* (W.)

"The highway is as free to our cuddies as to his gelding." Scott, *Guy Mannering*, c. 8.

A fox is *Tod Lowrie, Todlowrie*, **'tod'lʌurɪ**:

"Todlowrie, come out o' your den." Scott, *Fortunes of Nigel*, c. 31.

"Tod Lowrie kens best, wi' his lang head sae sly;
He met the pet lammie...."
Baroness Nairne, *The Mitherless Lammie.*

A cow has *hawkie*, **'hǫːkɪ**, **'hɑːkɪ**, for a general or pet name; originally applied to a white-faced cow:

"An' dawtit, twal-pint hawkie's gaen
As yell's the bill." Burns, *Address to the Deil.*

CHAPTER X

PREFIXES, SUFFIXES AND COMPOUNDS

PREFIXES

159. "*a-*." "a-" takes the place of the St. "be-" in many words:

ablow, **ə'blo:** (with intrusive "b"); *afore*, **ə'fo:r**; *ahint*, **ə'hɪnt**; *aneath*, **ə'niθ**; *asides*, **ə'səidz**; *atween*, **ə'twin**; *ayont*, **ə'yont**, in place of "below," "before," "behind," "beneath," "beside," "between," and "beyond." (See under Prepositions.)

160. "*Be-*."

"Be" is used (1) before verbs to strengthen them, e.g. *be-grudge* "to regret keenly"; (2) to make nouns into verbs, e.g. *begowk* or *begunk* "to deceive"; (3) to form adverbs, *belive*, *belyve*, **bə'laɪv**, "immediately," "soon":

"Then, on the other hand, I beflumm'd (fooled) them wi' Colonel Talbot." Scott, *Waverley*, II, c. 35.

"But if ye didna fa' in wi' yer father within ten year, ye maun behaud (hold yourself) a wee,...an' go awa' ower the sea to Calcutta." G. Macdonald, *Robert Falconer*, c. 14.

"Belyve, the elder bairns come drapping in." Burns, *Cotter's Saturday Night*.

161. "*For-*."

(*a*) The prefix *for-* or *fore-*, = "early," gives several compounds. *Forbear*, **'forber**, is "ancestor":

"Your grandfather...did some gude langsyne to the forbear of this great MacCallummore." Scott, *H. of Midlothian*, c. 26.

Forenicht = "the early part of the evening."

"He's very entertaining when he comes over forenicht." S. R. Crockett, *Minister of Nether Dullery*.

Fore-end = "first-fruits."

"I send you, out of the fore-end of my earnings, something to buy a new gown." Galt, *Sir A. Wylie*, I, c. 25.

(*b*) There is another *for-* (Ger. *ver-*) = "against." *Foregather*, *forgedder* is to "meet for a special purpose":

"Dog-dirders an' others forgedderin' to get a house." W. Alexander, *Johnny Gibb*, c. 19.

Also "to meet by chance."

"If it ever was my fortune to forgather with a Frenchman." Moir, *Mansie Wauch*, c. 25.

(*c*) The second *for* is also used, like *ver*, of "reversal," "destruction," "exhaustion":

Forwandered—"strayed," a stronger form of "wandered":

"But he's awa' ower by thè Wolf's Slock the day lookin' fòr some forwandered yowes." S. R. Crockett, *Tutor of Curlywee.*

Forbear is to "avoid."

"I know all his haunts, and he cannot forbear them long." Scott, *Fortunes of Nigel*, c. 25.

Forfeuchan, **fɔr'fyxən**, **fəɪ'fjuxən**, "exhausted":

"Weel, you may jalouse we were a wee bit forfeuchan when we cam' to the kirkyard." A. Geikie, *Scottish Reminiscences*, c. 13.

Forfoughten, **fər'foxtən**, *forfochen*, **fər'fɔxən**; *forfoochen*, *forfoughen*, **fər'fuxɔn**, is "exhausted with fighting," "wearied out":

"Ye're baith o' ye sair forfoochen." Ian Maclaren, *Days of A. L. S.*, "Drumsheugh's Love Story," c. 1.

"I am so forfoughten...that I think I had better ensconce myself in one of those bushes." Scott, *Legend of Montrose*, c. 14.

"This good little gentleman that seems sair forfoughen...in this tuilzie." Scott, *Rob Roy*, c. 28.

Forfecht, **fər'fɛxt**, is to "weary out":

"Fat needs fowk forfecht themsel's fan they hae plenty?" W. Alexander, *Johnny Gibb*, c. 30.

Forfain, **fər'fen**, is "played out," the opposite of "fain," "eager":

"I hae putten the gudeman to his bed, for he was e'en sair forfain." Scott, *Antiquary*, c. 26.

162. "*Mis-*."

"Mis-" is associated with what is unpleasant:

Mishanter is an "accident":

"There's sae mony mishanters 't we hear o' happenin." W. Alexander, *Johnny Gibb*, c. 46.

Mislippen is to "neglect," "abuse":

"Ye wudna like to hae neen o' the bucklins mislippen't." W. Alexander, *Johnny Gibb*, c. 46.

Mistryst, **mɪs'trəist**, is to "alarm":

"Pate Macready does say they are sair mistrysted (alarmed and annoyed) yonder in their Parliament House about this rubbery o' Mr Morris." Scott, *Rob Roy*, c. 14.

Misken, **mɪs'kɛn**, is to "mistake":

"No man fell so regularly into the painful dilemma of mistaking, or, in Scottish phrase, 'miskenning,' the person he spoke to." Scott, *St Ronan's Well*, c. 16.

Misdoot, **mɪs'dut**, is to "suppose what is unpleasant":

"I misdoot it's gaun to be terrible weather." S. R. Crockett, *Ensamples to the Flock.*

163. *Negative uses of "on" and "wan."*

"On-," "ohn-" is an equivalent of the English "un." For its use with the past part. and gerundive, see under *ohn*, *on*: Gr. § 51 and note.

Onkenned—"unknown."

"Weel, it's no onkenned to you that the twa first Maister Slees wraite their sermons." S. R. Crockett, *The Three Maister Peter Slees.*

"I wadna advise you to keep up expectin' an ondeemas (not to be reckoned) price for't." W. Alexander, *Johnny Gibb*, c. 6.

Wan- signifies "absence" or "lack":

Wanworth is a "trifle," "what is worthless":

"Chain work got at a mere 'wanworth.'" W. Alexander, *Johnny Gibb*, c. 27.

Wanrestfu', **wɑn'rɛstfə** (restless); *wanuse*, **wɑn'juːz** (abuse, wreck and ruin); *wanownt*, **wɑn'ʌunt** (unclaimed):

"An' may they never learn the gaets
Of ither vile, wanrestfu' pets!"
Burns, *Poor Mailie.*

Suffixes.

164. *-Art.*

The suffix *-art* is used like the old French *-ard* to form personal words, adjectives and nouns:

Thrawart, **'θrawart**, is "difficult," "unpleasant," "hard":

"Mony a thrawart job I hae had wi' her first and last." Scott, *H. of Midlothian*, c. 12.

Willyard (with intrusive *y*) is "obstinate":

"Uh! uh! it's a hardset willyard beast this o' mine." Scott, *H. of Midlothian*, c. 12.

165. *Absence of "-d," "-ed," in past participles.*

The dental termination of the past participle, borrowed from French or Latin, does not take on final "-d" or "-ed" in Scottish. Compare modern London usage, "situate" = "situated."

"John Anderson, my jo, John,
When we were first acquent (acquainted)."
Burns (Song).

"Domsie's a thraun body at the best, and he was clean infatuat' wi' George." Ian Maclaren, *Brier Bush*, "Domsie," c. 3.

166. *-El.*

-El of direction implies "towards," the converse of *lin*, implying "direction from." (For *lin* = Eng. *ling* in "darkling," see par. 176.)

"O, if ye get to easel or wessel again I am undone." Scott, *Guy Mannering*, c. 1.

"Now, weize yoursell a wee easelward." Scott, *Antiquary*, c. 7.

"How do you this blae eastlin wind,
That's like to blaw a body blind?"
Burns, *Letter to James Tennant.*

"Erskine, a spunkie Norland (Norlin?) billie." Burns, *Author's Earnest Cry.*

(The resemblance in sound between *-lin* and *-lan'* (= "land") has no doubt led to a confusion between the two suffixes.)

167. *-En, -ern.*

The termination "-n," "-en," "-ern" occurs where the standard English has the simple noun or some other termination:

"The west Post is of stonern work." Scott, *Fortunes of Nigel*, c. 2.

"They had pillaged my mither's auld house sae, that beechen bickers and treen trenchers and latten platters were whiles the best at our board." Scott, *Fortunes of Nigel*, c. 5.

168. *-Er.*

-Er takes the place of final "-e" in words like "orange," "lozenge," probably by sympathy with "messenger," "dowager":

"Mr Broon was fair divertit, an' gi'ed her yin o' his cough lozengers." J. J. Bell, *Wee Macgreegor*, c. 2.

"He cam hame frae the Sawbath-schule suree the ither nicht wi' fower orangers an' guid kens hoo mony pokes o' sweeties." J. J. Bell, *Wee Macgreegor*, c. 3.

169. *-Erie.*

Sc. *-erie*, St. "-ery." *-Erie* is used freely like standard *-ery* in "trumpery," but with a French flavour:

"There's a wee spicerie of I'll no say what in this." Galt, *Sir A. Wylie*, II, c. 1.

"What's the need o' a' this fasherie?" *Ib.*, II, c. 7.

"He has comed between me and as muckle spreicherie (**'sprixəri**), as wad hae made a man of me for the rest of my life." Scott, *The Pirate*, c. 7.

170. *-Fast.*

The termination *-fast* occurs in the compound *bedfast* (confined to one's bed):

"It laid me bedfast for a fortnight." Wilson, *Tales B.*, "The Deserted Wife."

171. *-Fu'.*

Sc. *-fu'*, St. "-ful."

"She's a rale genteel wumman, an' awfu' easy offendit." J. J. Bell, *Wee Macgreegor*, c. 3.

-Fu' implies the subjective condition; *fearfu'* is "timid," *soothfu'* is "honest," *waefu'* is "melancholy" or "sad." The suffix implying the production of a condition is *-some* (q.v.).

172. *-Heid.*

-Heid, **hid**, takes the place of St. "*-hood*," and is used in different combinations; *bairnheid, maidenheid, youthheid, neebourheid*, **'nibərhid**, *liveliheid*, **'laɪvlɪhid**:

"Your mither's wull wud be a law to ye sae lang, i' yer bairnheid." W. Alexander, *Johnny Gibb*, c. 49.

"...Toil't awa' upo' this plan fae youthheid to aul' age." W. Alexander, *Johnny Gibb*, c. 44.

"An' gi'e industrious fowk the means o' makin' a liveliheid." W. Alexander, *Johnny Gibb*, c. 47.

"He's been a great freen to the cause in this neebourheid." W. Alexander, *Johnny Gibb*, c. 31.

173. *Sc. use of diminutive* "-ie."

-Ie is a diminutive suffix particularly common in Scottish, and passages where it occurs in the vernacular cannot be rendered into standard English without dropping the diminutive form:

"I bide i' that wee hoosie (house) down at the brig." G. Macdonald, *Alec Forbes*, c. 38.

"It wad flee nae mair nor a deid deukie (duck) i' this weather." G. Macdonald, *Alec Forbes*, c. 16.

"But Peter showed nae regard for either the bit tender lammie (lamb) or its mother." Wilson, *Tales B.*, "The Deserted Wife."

In some quarters, for instance in Dumfriesshire, it is added to nouns whenever the sentence is thus made to run more smoothly. Probably this explains its appearance in the *House with the Green Shutters*, the locality of which, Ochiltree in Ayrshire, is close to the Dumfriesshire border:

"From sidie to sidie they swung till the splash-brods were skreighing on the wheels."

This usage is also found in the Aberdeen and Forfarshire district. The saying which is quoted makes no reference to a diminutive man or horse:

"It's jist sic mannie, sic horsie atween the twa for that maitter." W. Alexander, *Johnny Gibb*, c. 19.

174. *-Le.*

There is a curious termination *-le* in the north of Sc. equivalent to *-ful*, e.g. "A seckle o' corn," i.e. a sackful; "a platle o' pottage"; "a spadle o' muck"; "a cairtle o' peats"; "a hantle o' fowk."

In Buchan, Abd., they have an adj. *forgetle* = forgetful. Under date of 7th Sept. 1515, in the Aberdeen Council Register, "The quhilk day, David Brownn grantit him award to my lord the Elect of Abirdene iiii^{xx} Cartill of dry petis."

Alexander Hume in 1598 wrote: "In abating from the word following, we in the North use a mervelouse libertie. As...a ship'l of fooles, for a shipful of fooles."

Hantle (a small portion) is not confined to the North-East, but is common south of the Forth. Murray suggests two etymologies: (1) *antal* Scandinavian for "a number," which suits the meaning; (2) *-le* = *-ful, handful, hankle, hantle*; but *handfu'* is common in all the dialects.

175. *-Like. "-Like" after adjectives.*

-Like attached to adjectives qualifies the meaning, giving it a more general bearing:

Wise-like, **wəis-ləik**, means "presenting a good appearance":

"'Ye ken what ye're about, wricht,' said Hillocks..., 'an' ye've turned out a wise-like kist.'" Ian Maclaren, *Days of A. L. S.*, "A Servant Lass," c. 1.

"'The awfu'-like thing,' as Miss Mizy ever afterward spoke of the schoolboy's conspiracy." Galt, *Sir A. Wylie*, I, c. 3.

"Everything about the house was, to use her own phrase, 'in wyselike order.'" Cross, *Disruption*, c. 1.

Wainish't-like, **ˈwenɪʃt ləik**, is "having a shrunken appearance."

"I was thinkin' 'im luikin jist rael wainish't-like aboot the queets." W. Alexander, *Johnny Gibb*, c. 35.

"'Daft-like!,' she had pronounced it. 'A jaiket that'll no meet.'" R. L. Stevenson, *Weir of H.*, c. 6.

176. *"-Lin," "-lins," "-lang," of way or condition.*

-Lin, -lins, is a termination signifying "way," "condition," or "direction," surviving in English poetry in "darkling" (in the dark). In Scottish it is found with adverbs, adjectives and nouns:

Halflin(s) or *hafflins,* **'hɑːflɪnz, 'hɑflɪnz, 'hǫːflɪnz,** is "half-grown":

"Chiefly through the exertions o' a hafflins laddie whose name was James Patrick." Wilson, *Tales B.*, "Willie Wastle's Wife."

Also "partly": "While Jennie halflins is afraid to speak." Burns, *Cotter's Saturday Night.*

Hinderlins, **'hɪndərlɪnz,** are the "hindquarters":

"We downa bide the coercion of gude braid-claith about our hinderlins." Scott, *Rob Roy,* c. 23.

Blindlins, **'blɪndlɪnz,** is "in a blind condition":

"'Na, na; I could gang hame blindlins,' remonstrated Annie." G. Macdonald, *Alec Forbes,* c. 29.

Oughtlins, "in any way," "at all":

"Or if he was grown oughtlins douser." Burns, *To a Gentleman Who Had Sent Him a Newspaper.*

Another form of *-lin* is *-lang*:

Endlang, **'ɛndlɑŋ,** is "on end," "continually":

"He never could preach five words of a sermon endlang." Scott, *Guy Mannering,* c. 11.

177. *-Most.*

"-Most" is found as a suffix, with intensive force, in the word *bunemost*: *bune* = "above."

"I crammed them (the supplications) baith into his hand, and maybe my ain was *bunemost.*" Scott, *Fortunes of Nigel,* c. 4.

178. *"-Ock" as a diminutive.*

-Ock is used freely in a familiar way as a diminutive; *bowrock,* **'burək**; *winnock,* **'wɪnək** (small window); *gullock,* **'gʌlək** ("small beetle"), *bannock* (small bun), *bittock* (little bit):

"Sequestered for near a month in a bowrock (little bower or cottage) of old cold ruins on the Bass." R. L. Stevenson, *David Balfour*, c. 17.

"The 'three mile' diminished into 'like a mile and a bittock.'" Scott, *Guy Mannering*, c. 1.

The combination of *-ock* and *-ie* gives *-ockie*, *-ukie*, which implies something very small indeed; and *wee bit* is often prefixed, giving a very intensive diminutive form:

"There was a wee bit wifukie, was comin' frae the fair,
Had got a wee bit drappukie, that bred her meikle care."
Alexander Geddes, *The Wee Wifukie.*

179. *-Oot*, *-out*.

Out, *oot*, **ut**, as a suffix signifies "outside," "in the open":

"It lats fowk get the young beasts keepit thereoot." W. Alexander, *Johnny Gibb*, c. 37.

A *gang-thereout*, **'gaŋðərut**; *rintheroot*, **'rɪnðərut**, is "one fond of gadding or going outside":

"I daurna for my life open the door to ony o' your gang-thereout sort o' bodies." Scott, *Guy Mannering*, c. 1.

"Ye'll be drooned afore the mornin'..., ye fashous rintherout." G. Macdonald, *Alec Forbes*, c. 62.

180. *-Ous*.

The French *facheux* is found in Sc. as *fasheous*, *fashous*, *fashious* = "troublesome," one of the many borrowings from France during the century and a half of close alliance:

"Tell them frae me, wi' chiels be cautious,
For, faith! they'll aiblins fin' them fashious."
Burns, *Letter to James Tennant.*

This may explain the formation, or at least the final form, of *byous* = "extraordinary"; as an adverb, "extremely" (cf. *by-ordinar*):

"Be sure an' plot 'er milk dishes weel, in this byous weather." W. Alexander, *Johnny Gibb*, c. 1.

"I was byous anxious to hear aboot her."

It has the form *bias*:

"Our faithfu' servant Colonel Stuart got nae sic bias courtesy." *St. Johnstoun* (1823), II, 276. (W.)

181. *-Rick.*

Survival of O.E. *rīc*, "province":

"They sate dousely down and made laws for a haill country and kinrick." Scott, *Rob Roy*, c. 14.

182. *-Rife.*

Adjectival *-rife*, **rɪ̞f** = "abundant," makes compound adjectives, signifying "full of the quality of—."

Cauldrife is "disposed to chilliness"; *wakerife*, **'wekrɪ̞f**, *waukrife*, **'wɑːkrɪ̞f**, **'wɔ̣ːkrɪ̞f**, is "disposed to be watchful or wakeful":

"Their poor forlorn mother sitting by herself at the embers of a cauldrife fire." Galt, *A. of the Parish*, c. 17.

"There was a wakerife common sense abroad among the opinions of men that the new way of ruling was to follow." Galt, *Provost*, c. 28.

"Wae worth the wife
That has a waukrife wean,
A wee stoozie stumpie,
That winna bide its lane."

Popular Rhyme.

COMPOUNDS.

183. *Ahint, behint.*

Ahint, behint = "behind" give the compounds:

Behint-hand, ahint the hand = "behind in payments."

"Ye ken I never was behint hand." Wilson, *Tales B.*, "The Hen-pecked Man."

"Honest folks that may chance to be a wee ahint the hand, like me." Scott, *Rob Roy*, c. 28.

184. *By, bye.*

By, **bɑɪ**, in the sense of "over" or "past," gives *bygane*:

"The ball that the gentry used to hae at my bit house a gude wheen years bygane." Scott, *St Ronan's Well*, c. 2.

By-gane also = "extra," "beyond," "more":

"A lusty, good-looking kimmer, of some forty or by-gane." Scott, *Fortunes of Nigel*, c. 14.

So *by-ordinar*, **'baɪ'ɔrnər** = "beyond the common," "extra-good," "first-rate":

"They had a by-ordinar sermon frae a student." Ian Maclaren, *Days of A. L. S.*, "For Conscience' Sake."

Bye, **baɪ**, in the sense of "aside," gives *bye-hands*:

"I think we may as weel, for the present, set them bye hands (**baɪ handz**), for I have got dreadful news." Galt, *Sir A. Wylie*, II, c. 30.

In the sense of extra, *bye-bit* = an "odd morsel":

"I had set that down for a bye-bit between meals for mysell." Scott, *B. of Lammermoor*, c. 3.

In the sense of "off the regular," to *fall bye* is to "get sick":

"Some jots o' wark at the Manse offices, that's been lyin' owre sin' he fell bye." W. Alexander, *Johnny Gibb*, c. 49.

Bye-ganging, **'baɪgaŋən** = "passing":

"Where your beasts had been taking a rug of their muirland grass in the bye-ganging." Scott, *Rob Roy*, c. 35.

To *let bye* is to "allow to pass":

"Gin they'll no let me bye, I maun try to run through aneath their legs." Galt, *Sir A. Wylie*, I, c. 9.

By, *bye* following words like *down, north, out* signifies "near," "in the immediate neighbourhood":

"There was a man in a glen north-bye...'at wes sober." Ian Maclaren, *Days of A. L. S.*, "A Nippy Tongue."

"Noo, man, ye'll jist mak' an erran' owre bye to the smiddy." W. Alexander, *Johnny Gibb*, c. 32.

"The tabledot, as they ca' their new-fangled ordinary down-by yonder." Scott, *St Ronan's Well*, c. 2.

"Here I am after a trot of sixty mile, or near by (about so far)." Scott, *Guy Mannering*, c. 45.

With "in," *bye* signifies "into the house," "inside":

"Gang in bye, and up the turnpike stair." Scott, *H. of Midlothian*, c. 12.

"Gang in bye, and be a better bairn another time." *Ibid.*, c. 4.

With "on," *bye* signifies "along," "in company":

"'Take my way of it,' says he, 'and come on by with the rest of us here to Rotterdam.'" R. L. Stevenson, *David Balfour*, c. 22.

Owre bye = "over here," "with us":

"It's keerious no, that Dawvid sudna been owre bye ere this time." W. Alexander, *Johnny Gibb*, c. 36.

To *care na by* = to "have no interest," to "be indifferent":

"For, laik o' gear ye lightly me,
But, trowth, I care na by."
Burns, *Tibbie, I Hae Seen the Day.*

185. *Cam-, kam-.*

Cam, kam is an adjective signifying "awry." (Cf. "This is clean kam." Shakespeare, *Cor.* III, 304.)

It is used as the first component with other words to give the sense of what is twisted, e.g. *camsteary*, **kɑm'sti:ri**, *camstairie*; *camstrairie*, *camstrairy*, **kɑm'stre:rɪ̢** = "difficult to manage," "going the wrong way":

"But the'll aye be some camstreary craturs in the warld." Ian Maclaren, *Days of A. L. S.*, "Milton's Conversion."

"And wash Ethiopians in the shape of an east country gentleman's camstrairy weans." Galt, *A. of the Parish*, c. 22.

"He's a camsteary chield, and fasheous about marches." Scott, *Guy Mannering*, c. 50.

"'Ye're a camstairie lassie,' said Bruce." G. Macdonald, *Alec Forbes*, c. 21.

Camseuch, **'kɑmsyx**, is "cross-grained," "crabbed":

"Just her camseuch faither, and a thrawn auld limmer o' a servant lass." Cross, *Disruption*, c. 6.

Kamshackle, **'kɑmʃɑkl**, is "twisted" or "mixed-up."

"It's sae kamshackle, I canna word it." Hogg, *Tales.* (W.)

186. *Deil* in compounds.

Deil in negative phrases has already been treated under *Adverbs*, par. 79. *Deil haet*:

"Tho' deil haet ails them, yet uneasy."
Burns, *The Twa Dogs.*

It is used in various other ways:

"There is probably still room for a dissertation on the part the Devil has played in colouring the national imagination of Scotland. As is well known, all over the country instances may be found where remarkable natural features are assigned to his handiwork. Thus we have 'Devil's punchbowls' among the hills and 'Devil's cauldrons' in the river-channels. Perched boulders are known as 'De'il's putting-stanes,' and natural heaps and hummocks of sand or gravel have been regarded as 'De'il's spadefuls.' Even among the smaller objects of nature a connection with the enemy of mankind has suggested itself to the popular mind. The common puff-ball is known as the 'De'il's snuff-box'; some of the broad-leaved plants have been named 'De'il's spoons': the dragon-fly is the 'De'il's darning-needle.' Then the unlucky number thirteen has been stigmatized as the 'De'il's dozen,' and a perverse unmanageable person as a 'De'il's buckie.'" A. Geikie, *Scottish Reminiscences*, c. 4.

187. *Doun.*

Phrases and compounds with *down*, *doon*, *doun*, **dun**:

Douncome = "fall," "ruin":

"It had amaist a douncome lang syne at the Reformation." Scott, *Rob Roy*, c. 19.

Put down = to "hang," "execute":

"And we were a' put down for ane,
A fair young wanton lady."
Child's Ballads, *Gypsy Laddie*, p. 483.

Doon-laid = "laid-down," "express":

"But to cairry oot Sir Simon's doon-laid orders." W. Alexander, *Johnny Gibb*, c. 45.

Doonsittin' = "resting-place":

"Hoot! hoot! dinna further the ill hither by makin' a bien doonsittin' an' a bed for't." G. Macdonald, *David Elginbrod*, c. 13.

Doon throu' = "in the lower territory," "nearer sea level":

"Dr Drogemweal, who had settled 'doon throu',' so as to be beyond the limits of his father's 'suchen.'" W. Alexander, *Johnny Gibb*, c. 19.

Doon the watter = "down the river Clyde," "at the seaside." A Glasgow phrase:

"Doon the watter, five in a bed, an' takin' your meat on the tap o' a tin box is nae holiday wi' ma reckonin'." H. Maclaine, *M. F. the P.*, p. 35.

Doonwith = "downward," "to a later time":

"As mony a man frae King Dawvid doonwith afore him." G. Macdonald, *Alec Forbes*, c. 73.

188. *Fore, fur*, **fʌr**.

The word "furrow" is found in the forms *fur*, *fore*, to form compounds.

Fur ahin, fur afore, the two "furrow" or right-hand animals drawing the plough. The other two in the team were known as *lan'* (land) *ahin* and *lan' afore*:

"My fur-ahin's a wordy beast
As e'er in tug or tow was traced."
Burns, *The Inventory.*

"I might as weel hae tried to drive our auld fore-a-hand (=*fur-ahin*) ox without the goad." Scott, *Old Mortality*, c. 13.

189. *Gate, gait.*

Gate signifies "road," "way." The Canongate in Edinburgh is a continuation of High Street, leading down from the Tron to Holyrood; the Cowgate is the road by which the cattle were formerly driven to market. In Glasgow the Trongate is "Market Street." In Ayr, Burns's town, Sandgate is the thoroughfare west of High Street, and closer to the sands.

Naegate or *naegait* signifies "in no wise" or "nowhere."

Outgait = "going about," "visiting":

"She was a fine Leddy—maybe a wee that dressy and fond o' outgait." Galt, *Sir A. Wylie*, I, c. 28.

That gate signifies "in that manner":

"Dear brother, dinna speak that gate o' the gentlemen volunteers." Scott, *The Antiquary*, c. 6.

Other gate is used as an adjectival phrase = "different," "a different kind of":

"But Solomon should sit in other gate company than Francis of France." Scott, *Fortunes of Nigel*, c. 5.

190. *In.*

In about = "under one's influence":

"An' fan the like o' 'im's amo' them that canna keep 'im in about." W. Alexander, *Johnny Gibb*, c. 23.

Income = (*a*) a contracted disease affecting the general health:

"Afflicted with the rheumatics, and suchlike incomes." Galt, *The Steamboat*, c. 4.

(*b*) a tumor or gathering:

"Maister John, this is the mistress; she's got a trouble in her breest; some kind o' an income, I'm thinking." John Brown, *Rab and His Friends*.

Infare = a reception after the wedding at the bridegroom's new home:

"At bridal and infare I've braced me wi' pride." J. Baillie, *Todlin' Hame*, p. 350.

Infield, in-field, infeedle (Abd.); see quotation 1:

"The part of the township properly arable, and kept as such continually under the plough, was called *in-field*." Scott, *The Monastery*, c. 1.

"The Tower of Glendearg was distant, and there was but a trifling quantity of arable or infield land attached to it." *Ibid.*, c. 13.

"That bit elbuck at the back o' your infeedle." W. Alexander, *Johnny Gibb*, c. 45.

Intown, intoon, is another name for the same kind of land:

"The cultivators...are obliged to bring their corn to be grinded at the mill of the territory, for which they pay a heavy charge, called the *intown multures*." Scott, *The Monastery*, c. 13.

Inlack, inlaik, inlake, signifies "gap," "loss":

"Egad, he dashed at the old lord, and there would have been inlake among the peerage, if the Master had not whipt roundly in." Scott, *The Bride of Lammermoor*, c. 3.

Input is "contribution":

"...Ilka ane to be liable for their ain input." Scott, *H. of Midlothian*, c. 12.

191. *On.*

On is found in various compounds.

Onding = **'ondɪŋ**, "downfall" (ding on):

"'Onding o' snaw, father,' answered Jock, after having opened the window, and looked out with great composure." Scott, *H. of Midlothian*, c. 8.

Ongae, **'onge:**, is "business" or "affair," a "going on":

"A sad ongae they made o't." W. Alexander, *Johnny Gibb*, c. 18.

Oncomes—see quotation:

"The pretended cures which she performed, especially 'in oncomes,' as the Scotch call them, or mysterious diseases, which baffle the regular physician." Scott, *B. of Lammermoor*, c. 31.

On-cairry = "carrying on," "celebration":

"They've been haein' a gey on-cairry doon at the Ward." W. Alexander, *Johnny Gibb*, c. 17.

192. *Oot-*, *out-*.

Ootwuth, **'utwʌθ**, is "further," "outlying":

"Nae the ootwuth nyeuk o' fat we ca' the Pardes park?" W. Alexander, *Johnny Gibb*, c. 45.

Out-cast is a quarrel:

"The twa best herds in a' the wast
* * *
Hae had a bitter black out-cast."

Burns, *The Twa Herds*.

Out, oot, **ut**, is used freely as a prefix:

Outbye, ootbye, **ut'bɑɪ**, is "outside," "out of doors":

"Did ye no' see hoo sweirt he wis to gang ootbye?" J. J. Bell, *Wee Macgreegor*, c. 8.

Outfields, ootfeedles (Abd.) are arable lands lying some distance from the farmstead:

"The grun offisher...cam' oure to lay aff a bit o' oor ootfeedles last year." W. Alexander, *Johnny Gibb*, c. 10.

"There was, besides, *out-field* land, from which it was thought possible to extract a crop now and then, after it was abandoned to the 'skyey influences,' until the exhausted powers of vegetation were restored." Scott, *Monastery*, c. 1.

Out an' in="constantly," "intensely"; said of great intimacy: "Duncan sighed baith out and in." Burns, *Duncan Gray.* "Out an' in neighbours." Watson, *Poems.* (W.)

193. *Ower-, owre-, o'er-.*

Owregae, **ʌur'ge:** = to "trespass" (pres. part. *owregyaun*, **ʌur'gja:n**):

"Gin we dinna tak' an order wi' them that's owregyaun the laws o' the land." W. Alexander, *Johnny Gibb*, c. 42.

O'ercome, **'ʌurkʌm** = "repetition" or "refrain":

"An' aye the o'ercome o' his sang
Was 'Wae's me for Prince Charlie.'"
Jacobite song usually attributed to WILLIAM GLEN.

O'erhie, **ʌur'hi:**; *o'erhigh, o'erhye*, **ʌur'haɪ** = "overtake"; *o'erturn* = "refrain" or "chorus of a song." "At last one of the best mounted overhighed the postilion." Crookshank, *Hist.* (1751), l. 395.

Ower and abune—"over and above":

"There will aye be some odd expenses ower and abune." Scott, *Guy Mannering*, c. 44.

Owre bye—(1) "over here":

"It's keerious no, that Dawvid sudna been owre bye ere this time." W. Alexander, *Johnny Gibb*, c. 36.

(2) "close at hand":

"She answered meekly, 'I was taking a dander to him owre-bye.'" G. Douglas, *H. with Green Shutters*, c. 4.

(3) "across the way":

"I saw the Lord Keeper's servants drinking and driving ower at Luckie Sma'trash's, owre-bye yonder." Scott, *B. of Lammermoor*, c. 13.

194. *Up-.*

Upgang, **'ʌpgaŋ** (an "ascent"); *upgive*, **ʌp'gi:** (to inform); *uppit*, **ʌp'pɪt** (to put up or lodge); *up-tak*, **'ʌptak** (catching-on or understanding):

"Maybe we will win there the night yet, God sain us; though our minnie here's ratherd riegh in the upgang (slow at ascent)." Scott, *Heart of Midlothian*, c. 28.

"I freely here upgive with thee." Child's Ballads, *Outlaw Murray*, p. 635.

"Whilk Francis, Yerl o' Bothwell, tenanted o' me for sax hale months, and then absconded, without payin' me a plack for his uppitting." Wilson, *Tales B.*, "The Fatal Secret."

"Hoot-toot-toot, ye're wrang i' the up-tak' (you take me up wrongly)." W. Alexander, *Johnny Gibb*, c. 10.

"The notary may be mair gleg i' the uptak' (quicker at grasping things) than ye're thinking." Wilson, *Tales B.*, "The Fatal Secret."

Up by, up bye—(1) "to the place up there," "in the place up there":

"This was lattin at me, ye ken, for inveetin the coachman an' the gamekeeper up bye." W. Alexander, *Johnny Gibb*, c. 19.

(2) Metaphorically,—"out of one's reach," "in a high position":

"Weel, weel, Thomas, we'll get that an' mony ither things redd up to us when we gang up by (to heaven)." D. Gilmour, *Pen Folk*, p. 57.

Up by cairts is a proverbial expression, traditionally traced to the eighteenth century. During a heavy snowfall at Aberdeen, a fool, Jamie Fleeman, tethered his mare to what he believed was the chimney or "lumhead" of a cottage. A thaw came during the night, and he found the mare dangling from the steeple of the tolbooth. "Ay, faith," said Jamie, "ye're up by cairts this mornin'." Wright's *Dialect Dictionary* (with W. Murison as authority). It implies "rising socially":

"It winna be in oor day that Willie McAul an' the lassie 'll be so far up b' cairts (well-to-do) as be needin' a castell to haud their braw company." W. Alexander, *Johnny Gibb*, c. 44.

Up-throu', **'ʌp'θrʌu** = "the upper part of the country":

"A visitor, a particular friend from 'up-throu,' an agriculturist like himself." W. Alexander, *Johnny Gibb*, c. 11.

BIBLIOGRAPHY

ALEXANDER, WILLIAM: *Johnny Gibb of Gushetneuk in the Parish of Pyketillim; with glimpses of the parish politics about* A.D. 1843. (Aberdeenshire and Banffshire.)

BARRIE, JAMES MATTHEW: *Auld Licht Idylls*, 1888; *A Window in Thrums*, 1889; *The Little Minister*, 1891. (Forfarshire.)

BELL, J. J.: *Wee Macgreegor*, 1903; *The Wanderer's Return* (*The W.'s R.*), 1909; *Oh Christina!*, 1910. (Glasgow and the Clyde.)

(BROWN), GEORGE DOUGLAS: *The House with the Green Shutters*, 1901. (South Ayrshire.)

CHEVIOT, ANDREW: *Proverbs, Proverbial Expressions and Popular Rhymes of Scotland*, 1896.

CROCKETT, S. R.: *The Stickit Minister and Some Common Men*, 1893. (Galloway.)

CROSS, WILLIAM: *The Disruption, a Tale of Trying Times*, 1844. 2nd ed. 1877. (Renfrewshire.)

FLOM, GEORGE TOBIAS: *Scandinavian Influence on Southern Lowland Scotch.* New York, 1900, The Columbia University Press.

GALT, JOHN: *The Annals of the Parish*, 1821 (*A. of P.*); *The Steamboat*, 1822 (*St.*); *Sir Andrew Wylie of That Ilk*, 1822; *The Provost*, 1822; *The Entail*, 1823. (Avrshire.)

GILMOUR, DAVID: *Reminiscences of the Pen' Folk, Paisley Weavers of Other Days*, 1889; *Gordon's Loan.* (Renfrewshire.)

Glasgow Herald: the leading paper in the West of Scotland.

HAMILTON, ELIZABETH: *The Cottagers of Glenburnie*, 1808. (West Coast.)

JAMIESON, JOHN: *Dictionary of the Scottish Language*, in which the words are explained in their different senses, authorized by the names of the writers by whom they are used, or the titles of the works in which they occur, and derived from their originals. New ed. revised and enlarged by John Longmuir, 1887.

MACDONALD, GEORGE: *David Elginbrod*, 1863; *Alec Forbes of Howglen*, 1865; *Robert Falconer*, 1868. (Aberdeenshire.)

MACLAINE, HEW: *My Frien' the Provost* (*M. F. the P.*), 1909. Paisley, A. Gardner. (Renfrewshire.)

MACLAREN, IAN (Rev. John Watson): *Beside the Bonnie Brier Bush*, 1895; *The Days of Auld Lang Syne*, 1895. (Perthshire and Stirling.)

MOIR, DAVID MACBETH: *The Life of Mansie Wauch, Tailor in Dalkeith*, 1828. Ed. 1855. (The Lothians.)

MURRAY, JAMES A. H.: *The Dialect of the Southern Counties of Scotland*, 1873. Originally published in the *Transactions of the Philological Society of London*, 1873.

RAMSAY, E. B. (Dean): *Reminiscences of Scottish Life and Character*, 1858. (East Coast.)

ROBERTSON, WILLIAM: *Auld Ayr*, 1901; *The Annals of Drumsmudden*, 1903. (Ayrshire.)

SALMOND, J. B.: *My Man Sandy* (*M.M.S.*), 1894. 3rd ed. London, Sands & Co., 1903. (Forfarshire.)

Saltcoats Herald: local Ayrshire journal.

SCOTT, SIR WALTER: *Waverley*, 1814; *Guy Mannering*, 1815; *The Antiquary*, 1816; *The Black Dwarf*, 1816; *Old Mortality*, 1816; *Rob Roy*, 1817; *The Heart of Midlothian*, 1818; *The Bride of Lammermoor*, 1819; *The Legend of Montrose*, 1819; *The Fortunes of Nigel*, 1822; *Redgauntlet*, 1824; *St Ronan's Well*, 1824.

Scotsman: the leading paper in Edinburgh and possibly in Scotland.

Scottish-American: a New York paper of standing, published weekly for the Scotch community in the U.S.A.; now (1920) in its sixty-fourth volume. A. M. Stewart, (late) editor.

Scottish Review: a weekly paper published in Edinburgh by the firm of Nelson during the years 1905—8; of excellent literary standing.

SMITH, G. GREGORY: *Specimens of Middle Scots*, 1902. Edinburgh, Blackwood.

SMITH, Rev. WILLIAM WYE: *The New Testament in Braid Scots*, 1894.

STEVENSON, ROBERT LOUIS: *David Balfour*, 1893; *Weir of Hermiston*, 1896. (The Lothians.)

WADDELL, Rev. P. HATELY: *The Psalms frae Hebrew intil Scottis*; ed. 1902. The first ed. appeared in 1871. (Glasgow.)

Whistle-Binkie: a nondescript miscellany, prose and poetry. Glasgow, 1853; ed. 1878. (Glasgow and the Clyde.)

WILSON, JOHN: *Tales of the Borders*, 1835—40. (Berwickshire and the Borders.)

WRIGHT, JOSEPH: *English Dialect Dictionary*. Oxford, 1905. (W.)

PART III

READER

INTRUSION OF ENGLISH INTO SCOTS

As Scots and Standard English are descended from the same original speech, they contain many words that are still similar and even identical in form. The further back we go in the history of each dialect, the greater we find this similarity to be. The spelling of Scots words is founded on the Midlothian dialect spoken at the Scottish Court prior to 1603, while that of Standard English represents roughly the London pronunciation of the fifteenth and sixteenth centuries. Each dialect is presented to the eye in an earlier stage of its history and therefore in a form in which the words are more alike. This partly explains the well-known fact that an Englishman finds it easier to *read* Scots than to understand the spoken dialect.

Before the Union of the Crowns in 1603, many Southern words and spellings had crept into our literary Scots, chiefly through the influence of our Scottish Chaucerians and of the religious writers of the sixteenth century. For nearly 100 years after 1603, Scots was used but rarely for literary purposes. When it was revived as a medium of poetic expression by Ramsay and his followers in the eighteenth century, much of the old Scottish vocabulary had been lost, or had been replaced by Southern words. English was also taking the place of Scots in the pulpit, in the school, on the public platform and in polite conversation. All classes heard the stately language of the Authorized Version every Sunday in the Scripture lesson, in the prayer and in the sermon. In many a humble home, too, the language of Holy Writ would be used in family worship, in the father's exhortation and prayer. Hence in the consciousness of the Scottish speaker, English was regarded as the language of serious and reasoned discourse and a dignified form of speech for strangers and superiors. In the best of our Scottish writers, it will be found that an approach to English or the complete substitution of English for Scots, corresponds to a subtle change in the mental attitude of the speaker, and is therefore as a rule artistically correct. Thus, in *Tam o' Shanter*, VII A, when Burns is moralising, he drops into English, as in the passage beginning "But pleasures are like poppies spread." In *The Cotter's Saturday Night*, the dedicatory verse is in English, so also are the verses in which the poet speaks about injured innocence and the verses that describe the family worship. In this poem it should be noted that Burns was using an English metre so that Scots did not come to him as readily as when he was handling an old Scottish stave. In the extract from *Johnny Gibb* XIV A, Sammy, the piper, makes a ludicrous attempt at English in order to impress his boisterous companions, "Seelance that shottin this moment or I'll not play anoder stroke for no man livin'." Again in the extract from *Rob Roy*, II A, Scott makes a subtle distinction between the language of the Highland Chieftain and that of his burgher relative, Bailie Nicol Jarvie. In the extract from *Mansie Wauch* X A, the narrative is couched in a kind of Anglified Scots while the conversation is in genuine dialect.

We must not suppose, however, that English spelling always means English pronunciation. Examples to the contrary may be found in rhymes, and the following are a few culled from our extracts:

Ext. VII A.	floods rhymes with woods.			
Sc. Ph.	flʌdz	„	„	wʌdz.
Ext. IX A.	begyle	„	„	toil.
Sc. Ph.	bɪˈgəil	„	„	təil.
	roun'	„	„	town.
Sc. Ph.	run	„	„	tun.
Ext. XV A.	trouble	„	„	nibble.
Sc. Ph.	trɪbl	„	„	nɪbl.
Ext. XVII B.	die	„	„	he, me.
Sc. Ph.	diː	„	„	hiː, miː.

On the other hand, numerous examples may be found in the rhymes, showing conclusively that English spelling can be interpreted only by English pronunciation, unless the rhyme is to be sacrificed.

Ext. VII A.	shoe rhymes with			fòu.
Sc. Ph.	ʃøː	,,	,,	fuː.
E. Ph.	ʃuː.			
Ext. IX A.	eye	,,	,,	kye.
Sc. Ph.	iː	,,	,,	kɑɪ.
E. Ph.	ɑɪ.			
Ext. IX B.	friend	,,	,,	attend.
Sc. Ph.	frin	,,	,,	ə'ten*d*.
E. Ph.	frɛnd.			
Ext. X B.	dwell	,,	,,	well (adv.).
Sc. Ph.	dwɑl	,,	,,	wil.
Ext. XIII B.	four	,,	,,	door.
Sc. Ph.	fʌuər	,,	,,	doːr.
E. Ph.	foːr.			
	day	,,	,,	away.
Sc. Ph.	deː	,,	,,	ə'wɑː.
E. Ph.				ə'weː.

Yet in this same Extract XIII B, *away* is made to rhyme correctly with **ɑː**, E. all.

It is evident, then, that the Scottish versifier often has recourse to English to eke out his rhymes, and this practice of borrowing from the sister dialect has been extended to the body of the verse and to prose. We have already seen (Intro. pp. xx, xxi) that Stevenson openly boasts of using English when his rhyme jibs. Allan Ramsay set the pernicious example of writing popular songs in Anglified Scots or Scottified English and he has had many imitators—no doubt because these abominations are well received in English music halls and command a high price. Now it must be admitted that there are districts in Scotland where the mixture of population has led to a curious amalgam of English and Scots, and that writers who seek local colour are perfectly entitled to use such a hybrid dialect, but it should not pass muster as Scots. Good Scots, notwithstanding the School Board, may still be heard in many parts of the country, particularly in Buchan, Caithness, Roxburgh, Forfar, Galloway;

and something should be done to foster it. Instead of weakly using an English equivalent our writers should strive to find the appropriate native word; and if they are to succeed, a thorough knowledge of a living dialect is absolutely essential. Scots writers, furthermore, ought to know something of the history of their language and of its grammar in so far as it differs from Standard English. They should be steeped in ancient and modern Scots literature, so that they can draw from the literary vocabulary as well as from their own local speech. To this end we ought to have a systematic study of our old national speech and literature in our schools and colleges. The Scottish Language can never be national in the same sense as it was before King Jamie left Auld Reekie for the delights of London town, but there are still some features of Scottish life and character that find their truest and most artistic expression in the Northern Lede. Burns and Scott and Barrie and many another writer are sufficient proof of this. Every Scotsman should take a pride in being bilingual and refuse to merge his individuality in the Englishman, however much he may glory in being a citizen of the British Empire.

I A. GLAUD AND SYMON

THE GENTLE SHEPHERD.

ALLAN RAMSAY (1686–1758).

ACT SECOND, SCENE I.

A snug thack-house, before the door a green;
Hens on the midden, ducks in dubs are seen.
On this side stands a barn, on that a byre;
A peat-stack joins, an' forms a rural square.
The house is Glaud's—there you may see him lean,
An' to his divot-seat invites his frien'.

Time—11 A.M.

Glaud. Good-morrow, neibour Symon—come, sit down,
An' gie's your cracks.—What's a' the news in town?
They tell me ye was in the ither day,
An' sald your crummock, an' her bassen'd quey.
I'll warrant ye've coft a pund o' cut an' dry;
Lug out your box, an' gie's a pipe to try.

Symon. Wi' a' my heart;—an' tent me now, auld boy,
I've gather'd news will kittle your heart wi' joy.
I cou'dna rest till I cam o'er the burn,
To tell ye things hae taken sic a turn,
Will gar our vile oppressors stend like flaes,
An' skulk in hidlings on the heather braes.

Glaud. Fy, blaw!—Ah, Symie! rattling chiels ne'er stand
To cleck an' spread the grossest lies aff-hand,
Whilk soon flies round, like wild-fire, far an' near;
But loose your poke, be't true or fause let's hear.

I A. GLAUD AND SYMON

THE GENTLE SHEPHERD.

ALLAN RAMSAY (1686–1758).

ACT SECOND, SCENE I.

ə snʌg ′θɑk′hus, bɪ′fo:r ðə do:r ə grin;
henz ɔn ðə ′mɪdn, [1]dʌks ɪ̣n dʌbz ər sin.
ɔn ðɪ̣s səid [2]stɑn*d*z ə bɑɹn, ɔn ðɑt ə [3]bɑɹr;
ə ′pitstɑk dʒəinz, ən fɔrmz ə ′ru:rəl skwɑ:r.
ðə hus ɪ̣z [4]glɑ:dz—ðe:r ju me si: hɪ̣m lin,
ən tə hɪ̣z ′dɪ̣vət[5]set ɪ̣n′vits ɪ̣z frin.

Time—11 A.M.

[4]glɑ:d. gyd′mɔrə, ′nibər ′simən—kʌm, sɪ̣t dun,
ən gi:z jər krɑks.—ʍɑts [4]ɑ: ðə nju:z ɪ̣n tun?
ðe tel mɪ ji wəz ɪ̣n ðə ′ɪðər de:,
ən [4]sɑ:l*d* jər ′krʌmək, ən ər bɑsnt kwe:.
əl wɑrn*t* jiv kɔft ə pʌn*d* o kʌt n̩ drɑɹ;
lʌg ut jər [6]bɔks, ən gi:z ə pəip tə trɑɹ.
′simən. wɪ̣ [4]ɑ: mə hert;—ən tent mi nu:, [4]ɑ:l*d* [7]bɔɪ,
əv ′geðərt nju:z [8]wɪ̣l kɪ̣tl jər hert wɪ̣ [7]dzɔɪ.
ə ′kʌdnə rest tɪ̣l ə kɑm ʌur ðə bʌrn,
tə tel jɪ θɪ̣ŋz he ′tɑkən sɪ̣k ə tʌrn,
[8]wɪ̣l [9]gɑ:r [10]ur vəil ə′presərz stend ləik fle:z,
ən skʌlk ɪ̣n ′hɪ̣dlɪ̣nz ɔn ðə ′heðər bre:z.
[4]glɑ:d. fɑɹ, [4]blɑ:!—ɑ:, ′sɪ̣mɪ̣! ′rɑtlən tʃilz ne:r [2]stɑn*d*
tə klek ən spred ðə ′grɔsəst li:z ɑf[2]′hɑn*d*
ʍʌlk [11]syn fli:z run*d*, ləik wʌl[3]fɑɹr, fɑ:r ən ni:r;
bʌt lʌuz jər pɔk, bi:t tru: ɔr [4]fɑ:s [12]lets hi:r.

---

[1] dʒuks [2] ɑ: [3] əi [4] ǫ: [5] ɪ [6] ɔ [7] oɪ [8] ʌ [9] ɛ [10] wʌr, wɪ̣r, wər
[11] ʃyn [12] ɑ, ə

Symon. Seeing's believing, Glaud ; an' I have seen
Hab, that abroad has wi' our master been ;
Our brave good master, wha right wisely fled,
An' left a fair estate to save his head :
Because, ye ken fu' weel, he bravely chose
To stand his Liege's friend wi' great Montrose.
Now Cromwell's gane to Nick ; and ane ca'd Monk
Has play'd the Rumple a right slee begunk,
Restor'd King Charles, an' ilka thing's in tune ;
An' Habby says, we'll see Sir William soon.

Glaud. That maks me blyth indeed !—but dinna flaw :
Tell o'er your news again ! and swear till't a'.
An' saw ye Hab ! an' what did Halbert say ?
They hae been e'en a dreary time away.
Now God be thanked that our laird's come hame ;
An' his estate, say, can he eithly claim ?

Symon. They that hag-rid us till our guts did grane,
Like greedy bears, daur nae mair do't again,
An' good Sir William sall enjoy his ain.

Glaud. An' may he lang ; for never did he stent
Us in our thriving, wi' a racket rent ;
Nor grumbled, if ane grew rich ; or shor'd to raise
Our mailens, when we pat on Sunday's claes.

Symon. Nor wad he lang, wi' senseless saucy air,
Allow our lyart noddles to be bare.
"Put on your bonnet, Symon—tak a seat.—
How's a' at hame ?—How's Elspa ?—How does Kate ?
How sells black cattle ?—What gies woo this year ?"—
And sic-like kindly questions wad he speer.

Glaud. Then wad he gar his butler bring bedeen
The nappy bottle ben, an' glasses clean,
Whilk in our breasts rais'd sic a blythsome flame,
As gart me mony a time gae dancing hame.
My heart's e'en raised !—Dear neibour, will ye stay

ˈsimən. ˈsiənz bɪˈliːvn, [1]glaːd; ən ɑ həv sin
hab, ðət əˈbrod həz wɪ̞ [2]ur ˈmestər bin;
[2]ur breːv gyd ˈmestər, [1]ʍɑː rɪ̞xt ˈwəislɪ̞ flɛd,
ən lɛft ə feːr ɪˈstet tə seːv ɪ̞z hɛd:
bɪˈkɑːz, jɪ kɛn fu wil, hi breːvlɪ̞ tʃoːz
tə [3]stand hɪ̞z ˈlidʒəz frind wɪ̞ gret mənˈtroːz.
nuː ˈkrɔmwəlz geːn tə nɪ̞k; ən [4]en [1]kɑːd mʌŋk
həz pleːd ðə rʌmpl ə rɪ̞xt sliː bɪˈgʌŋk,
rɪˈstoːrt kiŋ tʃɑrlz, ən ˈɪ̞lkə θɪ̞ŋz ɪ̞n tyn;
ən ˈhabɪ seːz, wil siː [5]sɪ̞r wilm [6]syn.
[1]glɑːd. ðɑt maks mi bləiθ ɪ̞nˈdid!—bət ˈdɪ̞nnə [1]flɑː:
tɛl ʌur jər njuːz əˈgen! ən swiːr tɪ̞lt [1]ɑː.
ən [1]sɑː jɪ hab! ən ʍat dɪ̞d ˈhabərt seː?
ðe heː bin iːn ə ˈdriːri təim əˈweː.
nu gɔd bi ˈθɑŋkət ðət [2]ur lerdz kʌm hem;
ən hɪ̞z ɪˈstet, seː, kən hi ˈiθlɪ̞ klem?
ˈsimən. ðeː ðət hagˈrɪ̞d ʌs tɪ̞l [2]ur gʌts dɪd gren,
ləik ˈgridi beːrz, [1]dɑːr neː meːr døːt əˈgen,
ən gyd [5]sɪ̞r wilm sal [7]ɪ̞nˈdʒɔɪ hɪ̞z eːn.
[1]glɑːd. ən meː hi lɑŋ; fɔr ˈnɪvər dɪ̞d hi stɛnt
ʌs ɪ̞n [2]ur ˈθrɑɪvən, wɪ̞ ə ˈrakət rɛnt;
nɔr grʌmlt, ɪ̞f [4]en gruː rɪ̞tʃ; ɔr ʃoːrd tə reːz
[2]ur ˈmelənz, ʍɑn wi pat ɔn ˈsʌndɪ̞z kleːz.
ˈsimən. nɔr [9]wəd hi lɑŋ, wɪ̞ ˈsɛnsləs [1]ˈsɑːsɪ̞ eːr,
əˈluː [2]ur ˈlɑɪərt [8]nɔdlz tə bi beːr.
"pɪ̞t ɔn jər ˈbɔnət, ˈsimən—tak ə set.—
huːz [1]ɑː ət hem?—huːz ˈɛlspə?—huː dɪ̞z ket?
huː sɛlz blak katl?—ʍat giːz wuː ðɪ̞s iːr?"—
ən sɪ̞kləik ˈkəindlɪ̞ ˈkwestənz [9]wəd hi spiːr.
[1]glɑːd. ðɑn [9]wəd hi [10]gɑːr hɪ̞z ˈbʌtlər brɪ̞ŋ bɪˈdin
ðə ˈnapɪ̞ [8]bɔtl bɛn, ən ˈglɛsəz klin,
ʍʌlk ɪ̞n [2]ur brists [11]reːzd sɪ̞k ə ˈbləiθsəm flem,
ən [10]gɑːrt mi [12]ˈmɔnɪ̞ ə təim geː ˈdɑnsən hem.
mə hɛrts iːn [11]reːzd!—diːr ˈnibər, wɪ̞l jɪ steː:

---

[1] ɐː [2] wʌr, wɪ̞r, wər [3] ɑː [4] jɪ̞n [5] ʌ [6] ʃyn [7] oɪ [8] o [9] ɪ̞, ʌ
[10] ɛ [11] rest [12] ɔ, ɑ, ʌ

An' tak your dinner here wi' me the day?
We'll send for Elspa too—an' upo' sight,
I'll whistle Pate an' Roger frae the height;
I'll yoke my sled, an' send to the neist town,
An' bring a draught o' ale baith stout an' brown;
An' gar our cottars a', man, wife, an' wean,
Drink till they tine the gate to stand their lane.

Symon. I wadna bauk my friend his blyth design,
Gif that it hadna first of a' been mine:
For ere yestreen I brew'd a bow o' maut,
Yestreen I slew twa wathers, prime an' fat;
A furlot o' guid cakes my Elspa beuk,
An' a large ham hangs reesting in the neuk;
I saw mysell, or I cam o'er the loan,
Our meikle pat, that scads the whey, put on,
A mutton bouk to boil, an' ane we'll roast;
An' on the haggies Elspa spares nae cost:
Sma' are they shorn, an' she can mix fu' nice
The gusty ingans wi' a curn o' spice:
Fat are the puddings—heads an' feet weel sung;
An' we've invited neibours auld an' young,
To pass this afternoon wi' glee an' game,
An' drink our master's health an' welcome hame.
Ye maunna then refuse to join the rest,
Since ye're my nearest friend that I like best:
Bring wi' you a' your family; an' then,
Whene'er you please, I'll rant wi' you again.

Glaud. Spoke like yoursell, auld birky, never fear,
But at your banquet I sall first appear:
Faith, we sall bend the bicker, an' look bauld,
Till we forget that we are fail'd or auld.
Auld, said I!—troth I'm younger be a score,
Wi' your guid news, than what I was before.
I'll dance or e'en! Hey, Madge, come forth; d'ye hear?

ən tak jər ′denər hiːr wɪ̢ mi ðə deː ?
wil send fɔr ′ɛlspə tøː—ən ə′po sɪ̢xt,
ɑl [1]ʌʌsl pet ən ′rodʒər fre ðə hɪ̢xt;
ɑl jok mə sled, ən send tə ðə nekst tun,
ən brɪ̢ŋ ə [2]drɑxt o [3]el beθ stut n̩ brun;
ən [4]gɑːr [5]ur kotərz [6]ɑː, mɑn, wəif, ən wen,
drɪ̢ŋk tɪ̢l ðe təin ðə get tə [2]stɑnd ðər len.
′simən, ə [7]′wədnə [6]bɑːk mə frind hɪ̢z bləiθ dɪ′zəin,
gɪ̢f ðət ɪ̢t ′hədnə [1]fʌrst o [6]ɑː bin məin :
fɔr ′eːr jə′strin ə bruːd ə bʌu o mɑːt,
jə′strin ə sluː [6]twɑː ′wɑðərz, prəim ən fɑt;
ə [1]′fʌrlət o gyd keks mɑɪ ′ɛlspə bjuk,
ən ə lerdʒ hɑm hɪ̢ŋz ′ristən ɪ̢n ðə njuk;
ə [6]sɑː mə′sɛl, ɔr ɑ kʌm ʌur ðə lon,
[5]ur mikl pɑt, ðət skɑːdz ðə ʌɑɪ, pɪ̢t ɔn,
ə mʌtn buk tə bəil, ən [8]en wil [9]rost;
ən ɔn ðə ′hɑgɪz, ′ɛlspə speːrz ne [9]kost :
[6]smɑː ər ðe [9]ʃorn, ən ʃi kən mɪ̢ks fu nəis
ðə ′gustɪ̢ ′ɪ̢ŋənz wɪ̢ ə kʌrn o spəis :
fɑt ər ðə pʌdnz—[10]hidz ən fit wil sʌŋ;
ən wiːv ɪ̢n′vitət ′nibərz [6]ɑːld ən jʌŋ,
tə pɑs ðɪ̢s ′ɛftərnyn wɪ̢ gliː ən gem,
ən drɪ̢ŋk [5]ur ′mestərz hɛlθ ən ′wɛlkəm hem.
ji ′mɑnnə ðɑn rɪ′fjøːz tə dʒəin ðə rest,
sɪ̢ns ji′ːr mə ′niːrəst frind ðət ə ləik best;
brɪ̢ŋ wɪ̢ jɪ [6]ɑː jər ′femɪlɪ̢; ən ðen,
ʌɑn′eːr jɪ pliːz, ɑl rɑnt wɪ̢ ju ə′gen.
[6]glɑːd. spok ləik jər′sel, [6]ɑːld ′bɪ̢rkɪ̢ ′nivər fiːr,
bət ət jər ′bɑŋkwət ɑ sɑl [1]fʌrst ə′piːr :
feθ, wi sɑl bend ðə [1]bɪ̢kər, ən ljuk [6]bɑːld,
tɪ̢l wi fər′get ðət wi ər felt ɔr [6]ɑːld.
[6]ɑːld, sed ɑ!—trɔθ əm jʌŋər bɪ̢ ə skoːr,
wɪ̢ jər gyd njuːz, ðən ʌɑt ə wəz bɪ′foːr.
ɑl dɑns ɔr iːn ! həi, mɑdʒ, kʌm forθ, djɪ hiːr ?

---

[1] ɪ̢ [2] ɑː [3] jɪl [4] ɛ [5] wɪ̢r, wər, wʌr [6] ǫː [7] ɪ̢, ʌ [8] jɪ̢n [9] ɔ [10] e

Enter MADGE.

Madge. The man's gane gyte!—Dear Symon, welcome here—
What wad ye, Glaud, wi' a' this haste an' din!
Ye never let a body sit to spin.
Glaud. Spin! snuff!—Gae break your wheel an' burn your tow,
An' set the meiklest peat-stack in a low;
Syne dance about the banefire till ye die,
Since now again we'll soon Sir William see.
Madge. Blyth news indeed! An' wha was't tald you o't?
Glaud. What's that to you?—Gae get my Sunday's coat;
Wale out the whitest o' my bobit bands,
My white-skin hose, an' mittans for my hands;
Syne frae their washing cry the bairns in haste,
An' mak yoursells as trig, head, feet, an' waist,
As ye were a' to get young lads or e'en,
For we're gaun o'er to dine wi' Sym bedeen.
Symon. Do, honest Madge—an', Glaud, I'll o'er the gate,
An' see that a' be done as I wad hae't. [*Exeunt.*

madʒ. ðə manz geːn gəit!—diːr ˈsimən, ˈwɛlkəm hiːr—
ʍat [1]wəd jɪ, [2]glaːd, wɪ̞ [2]ɑː ðɪ̞s hest n̩ dɪ̞n!
jɪ ˈnɪvər [3]let ə ˈbʌdɪ sɪ̞t tə spɪ̞n.

[2]glaːd. spɪ̞n! snʌf!—ge brɛk jər ʍil n̩ bʌrn jər tʌu,
ən sɛt ðə ˈmikləst ˈpitstak ɪ̞n ə lʌu;
səin dans əˈbut ðə ben[4]faɪr tɪ̞l jɪ diː,
sɪ̞ns nuː əˈgen wil [5]syn [6]sɪ̞r wilm siː.

madʒ. bləiθ njuːz ɪ̞nˈdid! ən [2]ʍɑː wəst [2]taːld jɪ ot?

[2]glaːd. ʍats ðat tə juː?—geː gɛt mə ˈsʌndɪ̞z kot;
wel ut ðə ˈʍəitəst o mə ˈbɔbrɪt [7]bandz,
mə ˈʍəitskɪ̞n hoːz, ən mɪ̞tnz fɔr mə [7]handz;
səin fre ðər ˈwaʃən kraɪ ðə [8]bernz ɪ̞n hest,
ən mak jərˈsɛlz əz trɪ̞g, [9]hid, fit, n̩ west,
əz ji wər [2]ɑː tə gɛt jʌŋ [7]ladz ɔr iːn,
fɔr wiːr [2]gaːn ʌur tə dəin wɪ̞ sɪm brˈdin.

ˈsimən. døː, ˈonəst madʒ—ən, [2]glaːd, al ʌur ðə gɛt,
ən siː ðət [2]ɑː bi dyn əz ə [1]wəd het.

---

[1] ɪ̞, ʌ [2] ǫː [3] ə, a [4] əi [5] ʃyn [6] ʌ [7] ɑː [8] ɛ [9] e

II A. THE FREEBOOTER AND THE BAILIE

ROB ROY.

SIR WALTER SCOTT (1771–1832).

CHAPTER XXIII.

Bailie Nicol Jarvie, a Glasgow magistrate, pays a visit to the Tolbooth of that city, to succour an unfortunate Englishman, the agent of a London commercial house, who had been imprisoned for the debts of his firm. The Bailie finds two visitors in the prisoner's cell. One of them is Rob Roy, a famous outlaw and a cousin of Jarvie's, and the other is a young English gentleman, Frank Osbaldistone, the son of the prisoner's employer. The conversation that follows brings out clearly the Bailie's Scottish caution, his respect for the law, and his keen anxiety, withal, for his kinsman's safety. These form a strong contrast to the reckless daring of the freebooter and his humorous appreciation of the magistrate's real character.

"Ah!—Eh!—O!" exclaimed the Bailie. "My conscience!—it's impossible—and yet—no!—Conscience, it canna be!—and yet again—Deil hae me! that I suld say sae—Ye robber—ye cateran—ye born deevil that ye are, to a' bad ends and nae gude ane—can this be you?"

"E'en as ye see, Bailie," was the laconic answer.

"Conscience! if I am na clean bumbaized—*you*, ye cheat-the-wuddy rogue, *you* here on your venture in the Tolbooth o' Glasgow?—What d'ye think's the value o' your head?"

"Umph!—why, fairly weighed, and Dutch weight, it might weigh down one provost's, four bailies', a town-clerk's, six deacons', besides stent-masters"——

"Ah, ye reiving villain!" interrupted Mr Jarvie. "But tell ower your sins, and prepare ye, for if I say the word"——

"True, Bailie," said he who was thus addressed, folding his hands behind him with the utmost nonchalance, "but ye will never say that word."

"And why suld I not, sir?" exclaimed the magistrate—"Why suld I not? Answer me that—why suld I not?"

"For three sufficient reasons, Bailie Jarvie.—First, for auld langsyne;—second, for the sake of the auld wife ayont the fire at Stuckavrallachan, that made some mixture of our bluids, to

II A. THE FREEBOOTER AND THE BAILIE

ROB ROY.

SIR WALTER SCOTT (1771–1832).

CHAPTER XXIII.

"ɑː!—eː!—oː!.........mɑ [1]konʃəns!—ɪ̨ts [1]ɪ̨m'posɪbl—ən jɛt—noː!—[1]'konʃəns, ɪ̨t 'kɑnnə biː!—ən jɛt ə'gen—dil heː mɪ! ðət ə sʌd seː se—jɪ [1]'robər—jɪ 'kɑtərən—jɪ [1]born diːvl ðət jɪ ɑːr, tə [2]ɑː bɑd ɛndz ənd neː gyd [3]en—kən ðɪ̨s bi juː?"

"iːn əz jɪ siː, [4]'bəili."

"[1]'konʃəns! ɪ̨f ɑ 'ɑmnə klin bʌm'beːzd—juː, jɪ [5]tʃit ðə 'wʌdɪ rog, juː hiːr on jər 'vɛntər ɪ̨n ðə 'tʌubyθ o 'glɛskə?—ʍɑt djɪ θɪ̨ŋks ðə 'veljə o jər [5]hid?"

"mm̥m!—ʍɑɪ, 'feːrlɪ̨ [6]wəit, ən dʌtʃ wɛxt, ɪ̨t mɪ̨xt [6]wəi dun wɑn 'provəsts, fʌur [4]'bəiliz, ə tun klɑrks, sɪ̨ks [8]'dikənz, bɪ'səidz 'stɛntmɛstərz"——

"ɑː, jɪ 'riːvən 'vɪ̨lən!...........bət tɛl ʌur jər sɪ̨nz, ən prɪ'peːr jɪ, fər ɪ̨f ɑ seː ðə wʌrd"——

"truː, [4]'bəili,...........bət jiː [7]wɪ̨l 'nɪvər seː ðɑt wʌrd."

"ən ʍɑɪ sʌd ə not, [7]sɪ̨r?...........ʍɑɪ sʌd ə not? 'ɑnsər mɪ ðɑt—ʍɑɪ sʌd ə not?"

"fər θriː sʌ'fiʃnt reːznz, [4]'bəili 'dʒɑrvɪ.—[7]fɪ̨rst, fər [2]ɑːld lɑŋsəin;—'sikənt, fər ðə sek o ðə [2]ɑːld wəif ə'jont ðə [8]fɑɪr ət stʌkə'vrɑləxən, ðət med sʌm 'mɪ̨kstər o [9]wər blydz, tə mə eːn

---

[1] ɔ [2] o̜ː [3] jɪ̨n [4] 'beljɪ̨ [5] e [6] ɑɪ, eː [7] ʌ [8] əi [9] wɪ̨r, wʌr

my own proper shame be it spoken! that has a cousin wi' accounts, and yarn winnles, and looms, and shuttles, like a mere mechanical person;—and lastly, Bailie, because if I saw a sign o' your betraying me, I would plaster that wa' with your harns ere the hand of man could rescue you!"

"Ye're a bauld desperate villain, sir," retorted the undaunted Bailie; "and ye ken that I ken ye to be sae, and that I wadna stand a moment for my ain risk."

"I ken weel," said the other, "ye hae gentle bluid in your veins, and I wad be laith to hurt my ain kinsman. But I'll gang out here as free as I came in, or the very wa's o' Glasgow tolbooth shall tell o't these ten years to come."

"Weel, weel," said Mr Jarvie, "bluid's thicker than water; and it liesna in kith, kin, and ally, to see motes in ilk other's een if other een see them no. It wad be sair news to the auld wife below the Ben of Stuckavrallachan that you, ye Hieland limmer, had knockit out my harns, or that I had kilted you up in a tow. But ye'll own, ye dour deevil, that were it no your very sell, I wad hae grippit the best man in the Hielands."

"Ye wad hae tried, cousin," answered my guide, "that I wot weel; but I doubt ye wad hae come aff wi' the short measure; for we gang-there-out Hieland bodies are an unchancy generation when you speak to us o' bondage. We downa bide the coercion of gude braid-claith about our hinderlans; let a be breeks o' freestone, and garters o' iron."

"Ye'll find the stane breeks and the airn garters, ay, and the hemp cravat, for a' that, neighbour," replied the Bailie. "Nae man in a civilized country ever played the pliskies ye hae done—but e'en pickle in your ain pockneuk—I hae gi'en ye warning."

"Well, cousin," said the other, "ye'll wear black at my burial?"

"Deil a black cloak will be there, Robin, but the corbies and the hoodie-craws, I'se gie ye my hand on that. But whar's the gude thousand pund Scots that I lent ye, man, and when am I to see it again?"

"Where it is," replied my guide, after the affectation of considering for a moment, "I cannot justly tell—probably where last year's snaw is."

ˈprɔpər ʃem bi ɪ̢t ˈspokən! ðət həz ə [1]kʌzn wɪ̢ əˈkunts, ən jern [2]wɪ̢nlz, ən lymz, ən ʃʌtlz, ləik ə mi:r məˈkanɪkl ˈpersən;—ən ˈlastlɪ̢, [3]ˈbəili, bɪˈka:z ɪ̢f ə [4]sa: ə səin o ju:r bɪˈtreən mɪ, ə wud ˈplestər ðat [4]wa: wɪ̢ jər harnz e:r ðə [5]han*d* o man kud ˈreskjə jɪ!"

"jɪr ə [4]ba:l*d* ˈdesprɪt ˈvɪ̢lən, [2]sɪ̢r,............ən ji: ken ðət a: ken jɪ tə bi: se:, ən ðət ə [6]ˈwədnə [5]stan*d* ə ˈmomənt fər mə e:n rɪ̢sk."

"ə ken wil,............jɪ he: dʒentl blyd ɪ̢n jər venz, ən a [6]wəd bi leθ tə hʌrt mə e:n ˈkɪ̢nzmən. bət əl gaŋ ut hi:r əz fri: əz ə kam ɪ̢n, ɔr ðə ˈverə [4]wa:z o ˈgleskə ˈtʌubyθ ʃəl tel ot ði:z ten i:rz tə kʌm."

"wil, wil,............blydz ˈθɪ̢kər ðən ˈwatər; ən ɪ̢t ˈlaɪznə ɪ̢n kɪ̢θ, kɪ̢n, ən ˈalɪ̢, tə si: mots ɪ̢n ɪ̢lk ˈɪðərz in ɪ̢f ˈɪðər in si: ðəm no:. ɪ̢t [6]wəd bi se:r nju:z tə ðə [4]a:l*d* wəif bɪˈlo: ðə ben o stʌkəˈvraləxən ðət ju:, ji ˈhilən*d* ˈlɪ̢mər, həd ˈnokət ut maɪ harnz, ɔr ðət a: həd ˈkɪ̢ltət ju: ʌp ɪ̢n ə tʌu. bət jil [7]o:n, jɪ̢ du:r di:vl, ðət wər ɪ̢t no: jər ˈverə sel, ə [6]wəd he ˈgrɪ̢pət ðə best man ɪ̢n ðə ˈhilən*dz*."

"jɪ [6]wəd he traɪt, [1]kʌzn,............ðat a wot wil; bət ə dut jɪ [6]wəd he kʌm af wɪ̢ ðə [8]ʃort [9]ˈme:zər; fər wi: ˈgaŋðerut ˈhilən*d* ˈbʌdɪz ər ən ʌnˈtʃansɪ̢ dʒenərˈeʃn ʌən jɪ spik tə ʌs o ˈbɔndədʒ. wi: ˈdʌunə bəid ðə koˈerʃn o gyd ˈbredˈkleθ əˈbut u:r ˈhɪ̢n*d*ərlənz; let əˈbi: briks o ˈfristen, ən ˈgertənz o əirn."

"jɪl fɪ̢n*d* ðə sten briks ən ðə eɪn ˈgertənz, aɪ, ən ðə hemp ˈgravət, fər [4]a: ðat, ˈnibər............ne: man ɪ̢n ə sivɪˈlist ˈkɪntrə ˈɪvər ple:d ðə ˈplɪ̢skɪ̢z ji: he dyn—bət i:n pɪ̢kl ɪ̢n jər e:n pokˈnjuk —a he gi:n jɪ ˈwarnən."

"wil, [1]kʌzn,............jɪl we:r blak ət ma ˈbø:rɪəl?"

"dil ə blak [8]klok ɪ bi: ðe:r, ˈrobɪ̢n, bət ðə [8]ˈkorbɪz ən ðə hydɪˈ[4]kra:z, əz gi: jɪ mə [5]han*d* ɔn ðat. bət [4]ʌa:rz ðə gyd ˈθu:zən*d* pʌn*d* skɔts ðət ə lent jɪ, mən, ən ʌan əm ə tə si: ɪ̢t əˈgen?"

"ʌe:r ɪ̢t ɪ̢z,............aɪ ˈkanət dʒʌstlɪ̢ tel—ˈprɔbəblɪ̢ ʌe:r last i:rz [4]sna: ɪ̢z."

---

[1] y, ø, ɪ [2] ʌ [3] ˈbeljɪ̢ [4] ǫ: [5] a: [6] ɪ̢, ʌ [7] ʌu [8] ɔ [9] i: and ʒ

"And that's on the tap of Schehallion, ye Hieland dog," said Mr Jarvie; "and I look for payment frae you where ye stand."

"Ay," replied the Highlander, "but I keep neither snaw nor dollars in my sporran. And as to when you'll see it—why, just when the king enjoys his ain again, as the auld sang says."

"Warst of a', Robin," retorted the Glaswegian,—"I mean, ye disloyal traitor—Warst of a'!—Wad ye bring popery in on us, and arbitrary power, and a foist and a warming-pan, and the set forms, and the curates, and the auld enormities o' surplices and cearments? Ye had better stick to your auld trade o' theft-boot, blackmail, spreaghs, and gillravaging—better stealing nowte than ruining nations."

"Hout, man, whisht wi' your whiggery," answered the Celt, "we hae kend ane anither mony a lang day. I'se take care your counting-room is no cleaned out when the Gillon-a-naillie come to redd up the Glasgow buiths, and clear them o' their auld shop-wares. And, unless it just fa' in the preceese way o' your duty, ye maunna see me oftener, Nicol, than I am disposed to be seen."

"Ye are a dauring villain, Rob," answered the Bailie; "and ye will be hanged, that will be seen and heard tell o'; but I'se ne'er be the ill bird and foul my nest, set apart strong necessity and the skriegh of duty, which no man should hear and be inobedient."

. . . .

Rob invites the Bailie and the young Englishman to visit his Highland home, and the Bailie finally consents to do so.

"If ye daur venture sae muckle as to eat a dish of Scotch collops, and a leg o' red-deer venison wi' me, come ye wi' this Sassenach gentleman as far as Drymen or Bucklivie,—or the Clachan of Aberfoil will be better than ony o' them,—and I'll hae somebody waiting to weise ye the gate to the place where I may be for the time—What say ye, man! There's my thumb, I'll ne'er beguile thee."

"Na, na, Robin," said the cautious burgher, "I seldom like to leave the Gorbals; I have nae freedom to gang amang your wild hills, Robin, and your kilted red-shanks—it disna become my place, man."

"ən ðɑts ɔn ðə tɑp o ʃi'hɑljən, jɪ 'hiləndd [1]dɔg,...........ən ɑ luk fər 'pəimənt fre jɪ ʍər jɪ [2]stɑnd."

"ɑɪ,...........bət ɑ kip [3]'neðər [4]snɑː nɔr 'dələrz ɪ̣n mə 'spɔrən. ən əz tə ʍɛn jɪl siː ɪ̣t—ʍɑɪ, dʒʌst ʍən ðə kiŋ ɪ̣n'dʒɔɪz hɪ̣z eːn ə'gen, əz ðə [4]ɑːld sɑŋ seːz."

"wɑːrst o [4]ɑː, 'robɪ̣n,...........ɑ min, ji dɪs'lɔɪəl 'tretər—wɑːrst o [4]ɑː!—[5]wəd jɪ brɪ̣ŋ 'popərɪ ɪ̣n ɔnz, ən 'ɛrbɪtrerɪ 'puər, ən ə fɔɪst ən ə 'wɑrmən'pɑn, ən ðə sɛt fɔrmz, ən ðə 'køːrəts, ən ðə [4]ɑːld ɪ̣'nɔrmɪtɪ̣z o 'sʌrplɪsəz ən 'siːrmənts? jɪ həd 'bɛtər stɪ̣k tə jər [4]ɑːld trɛd o 'θɛft'byt, 'blɑk'mel, sprexs, ən gɪ̣l'rɑvədʒən—'bɛtər 'stilən nʌut ðən 'ruɪ̣nən neʃnz."

"hut, mən, ʍiʃt wɪ̣ jər 'ʍɪ̣gərɪ̣,...........wi he kɛnt [6]en ə'nɪðər [7]'monɪ ə lɑŋ deː. ɑ z tɑk keːr juːr 'kuntənrum z noː klint ut ʍən ðə *kɪʎənə'ɲeːlɪ kʌm tə rɛd ʌp ðə 'glɛskə byθs, ən kliːr ðəm o ðər [4]ɑːld 'ʃop'weːrz. ən, ʌn'lɛs ɪ̣t dʒyst [4]fɑː ɪ̣n ðə prɪ'sis [8]wəi o jər 'djutɪ̣, jiː 'mɑnnə siː miː 'ɑfnər, nɪ̣kl, ðən ɑm dɪs'poːzd tə bi sin."

"jɪr ə [4]'dɑːrən 'vɪ̣lən, rɔb,...........ən jɪl bi hɑŋt, ðɑtl bi sin ən [9]hɑrd tɛl o; bət ɑz neːr bi ðə ɪ̣l bɪ̣rd ən ful mə nɛst, sɛt [9]ə'pert strɔŋ nɪ'sɛsɪtɪ̣ ən ðe skrix o 'djutɪ̣, ʍɪ̣tʃ noː mɑn ʃud hiːr ən bi ɪno'bidjənt."

. . . .

"ɪ̣f jɪ [4]dɑːr 'vɛntər seː mʌkl əz tə it ə dɪ̣ʃ o skɔtʃ 'kɔləps, ən ə lɛg o [10]'rid'diːr 'vɛnzən wɪ̣ miː, kʌm jɪ wɪ̣ ðɪ̣s 'sɑsənəx 'dʒɛntlmən əz [4]fɑːr əz 'drɑɪmən ɔr bʌk'lɑɪvɪ,—ɔr ðə 'klɑxən o ɑbər'fɔil [5]wɪ̣l bi 'bɛtər ðən [11]'onɪ̣ o ðəm,—ən ɑl he 'sʌmbʌdɪ [12]'wəitən tə [13]wɑɪz jɪ ðə get tə ðə ples ʍər ə me biː fər ðə təim—ʍɑt seː jɪ, mən? ðeːrz mə θum, ɑl neːr bɪ'gəil ði."

"nɑː, nɑː, 'robɪ̣n...........ə 'sɛldəm ləik tə liːv ðə 'gɔrbəlz; əv neː 'friːdəm tə gɑŋ ə'mɑŋ jər wəild hɪ̣lz, 'robɪ̣n, ən jər 'kɪ̣ltət [10]'rid'ʃɑŋks—ɪ̣t 'dɪznə bɪ'kʌm mə ples, mən."

---

[1] dʌg, dʌug [2] ɑː [3] eː [4] ọː [5] ɪ̣, ʌ [6] jɪ̣n [7] ɔ, ʌ, ɑ [8] ɑɪ [9] ɛ [10] ɛ, ə [11] ɔ [12] e [13] əi

* See Ph. §§ 56, 61. The n of gillon ends in breath.

"The devil damn your place and you baith!" reiterated Campbell. "The only drap o' gentle bluid that's in your body was our great grand-uncle's that was justified at Dumbarton, and you set yourself up to say ye wad derogate frae your place to visit me! Hark thee, man—I owe thee a day in hairst—I'll pay up your thousan pund Scots, plack and bawbee, gin ye'll be an honest fallow for anes, and just daiker up the gate wi' this Sassenach."

"Hout awa' wi' your gentility," replied the Bailie; "carry your gentle bluid to the Cross, and see what ye'll buy wi't. But, if I were to come, wad ye really and soothfastly pay me the siller?"

"I swear to ye," said the Highlander, "upon the halidome of him that sleeps beneath the grey stane at Inch-Cailleach."

"Say nae mair, Robin—say nae mair—We'll see what may be dune. But ye maunna expect me to gang ower the Highland line—I'll gae beyond the line at no rate. Ye maun meet me about Bucklivie or the Clachan of Aberfoil,—and dinna forget the needful."

"Nae fear—nae fear," said Campbell; "I'll be as true as the steel blade that never failed its master. But I must be budging, cousin, for the air o' Glasgow tolbooth is no that ower salutary to a Highlander's constitution."

"Troth," replied the merchant, "and if my duty were to be dune, ye couldna change your atmosphere, as the minister ca's it, this ae wee while—Ochon, that I sud ever be concerned in aiding and abetting an escape frae justice! it will be a shame and disgrace to me and mine, and my very father's memory, for ever."

"Hout tout, man! let that flee stick in the wa'," answered his kinsman; "when the dirt's dry it will rub out—. Your father, honest man, could look ower a friend's fault as weel as anither."

"Ye may be right, Robin," replied the Bailie, after a moment's reflection; "he was a considerate man the deacon; he ken'd we had a' our frailties, and he lo'ed his friends—Ye'll no hae forgotten him, Robin?" This question he put in a softened tone, conveying as much at least of the ludicrous as the pathetic.

"ðə di:vl dam jər ples ən ju: beθ!............ðə 'onlɪ̞ drap o dʒɛntl blyd ðəts ɪ̞n jər 'bodɪ wəz ur gret 'grand'ʌŋklz ðət wəz 'dʒʌstɪfit ət dʌm'bartn, ən ju: sɛt jər'sɛl ʌp tə se: ji: [1]wəd 'dɛroget fre ju:r ples tə 'vizɪ̞t mi:! hark ði, man—a o: ði ə de: ɪ̞n [2]herst:—əl pəi ʌp jər θu:zn pʌnd skɔts, plak ən 'ba:bi, gɪ̞n jɪl bi ən 'ɔnəst 'falə fər [3]ens, ən dʒyst 'dekər ʌp ðə get wɪ̞ ðɪ̞s 'sasənəx."

"hut [4]ə'wa: wɪ̞ jər dʒɛn'tilɪtɪ̞............[2]'kerɪ̞ jər dʒɛntl blyd tə ðə krɔs, ən si: ʍat jɪl baɪ wit. bʌt, ɪ̞f ə wɛr tə kʌm, [1]wəd jɪ 're:lɪ̞ ən 'syθfəstlɪ̞ pəi mi ðə 'sɪ̞lər?"

"a swe:r tə jɪ,............ə'pon ðə 'halɪdəm əv hɪ̞m ðət slips bɪ'niθ ðə gre: sten ət ɪnʃ'kaljəx."

"se ne: me:r, 'robɪ̞n—se ne: me:r—wil si: ʍat me bi dyn. bət jɪ 'mannə ɪ̞k'spɛk mi tə gaŋ ʌur ðə 'hilənd ləin—əl ge: bɪ'jɔnd ðə ləin ət no: ret. jɪ mən mit mi ə'but bʌk'laɪvɪ ɔr ðə 'klaxən o abər'fɔil,—ən 'dɪ̞nnə fər'gɛt ðə 'nidfə."

"ne: fi:r—ne: fi:r,............əl bi əz tru: əz ðə stil blɛd ðət 'nɪvər fɛld ɪ̞ts 'mɛstər. bət a mʌst bi 'bʌdʒən, [5]kʌzn, fər ðə e:r o 'glɛskə 'tʌubyθs no: ðat ʌur 'seljətərɪ̞ tə ə 'hiləndərz kɔnstɪ'tjuʃn."

"trɔθ,............ən ɪ̞f maɪ 'djutɪ̞ wər tə bi dyn, ji: 'kʌdnə [6]tʃəindʒ ju:r 'atmosfir, əz ðə 'mɪ̞nɪstər [4]ka:z ɪ̞t, ðɪ̞s je: wi: ʍəil—'ox'on, ðət a sʌd 'ɪvər bi [7]kən'sɛrnt ɪ̞n 'edən ən ə'bɛtən ən ɪ̞'skep fre 'dʒʌstɪs! ɪ̞t wɪ̞l bi ə ʃem ən dɪs'gres tə mi: ən məin, ən mə 'vɛrə [7]'fe:ðərz 'mɛmərɪ, fər 'ɪvər."

"hut tut, mən! lɛt ðat fli: stɪ̞k ɪ̞n ðə [4]wa:............ʍən ðə dɪ̞rts draɪ ɪ̞tl rʌb ut—. jər [7]'fe:ðər, 'ɔnəst man, kud ljuk ʌur ə frindz [4]fa:t əz wil əz ə'nɪðər."

"jɪ me: bi rɪ̞xt, 'robɪ̞n............hi wəz ə kən'sɪ̞dərɪ̞t man ðə [6]'dəikən; hi kɛnt wi had [4]a: ur 'frɛltɪ̞z, ən hi lu:d hɪ̞z frindz—jɪl no: he fər'gɔtn ɪ̞m, 'robɪ̞n?"...

---

[1] ɪ̞, ʌ [2] ɛ [3] jɪ̞ns [4] ǫ [5] ɪ, y, ø [6] i [7] e

"Forgotten him!" replied his kinsman—"what suld ail me to forget him? a wapping weaver he was, and wrought my first pair o' hose—But come awa', kinsman,

'Come fill up my cap, come fill up my cann,
Come saddle my horses, and call up my man;
Come open your gates, and let me gae free,
I daurna stay langer in bonny Dundee.'"

"Whisht, sir!" said the magistrate, in an authoritative tone—"lilting and singing sae near the latter end o' the Sabbath! This house may hear ye sing anither tune yet—Aweel, we hae a' back-slidings to answer for—[1] Stanchells, open the door."

[1] The jailor.

" fər'gɔtn ɪ̞m!............ʍət sʌd eːl mɪ tə fər'gɛt ɪ̞m ?—ə 'wɑpən [1]'wəivər hi wəz, ən [2]*w*roxt mə [3]fɪ̞rst peːr o hoːz—bət kʌm [4]ə'wɑː, 'kɪ̞nzmən,

'kʌm fɪ̞l ʌp mə kʌp, kʌm fɪ̞l ʌp mə kɑn,
kʌm [5]sɛdl mə 'hɔrsəz, ən [4]kɑː ʌp mə mɑn;
kʌm 'opən jər gets, ən [6]lɛt mi geː friː,
ɑ [4]'dɑːrnə [7]steː 'lɑŋər ɪ̞n [2]'bonɪ̞ dʌn'diː.' "

" ʍiʃt, [3]sɪ̞r............'lɪ̞ltən ən 'sɪ̞ŋən seː niːr ðə 'lɛtər ɛn*d* o ðə [4]'sɑːbəθ! ðɪ̞s hus me hiːr jɪ sɪ̞ŋ ə'niðər tyn jɛt—ə'wil, wi he [4]ɑː 'bɑk'sləidənz tə 'ɑnsər fɔr—'stɑnʃəlz, opm ðə doːr."

---

[1] iː [2] ɔ [3] ʌ [4] ǫː [5] e [6] ɑ, ə [7] əi

III A. DUMBIEDYKES AND JEANIE DEANS

THE HEART OF MIDLOTHIAN.

SIR WALTER SCOTT.

CHAPTER XXVI.

Effie Deans has been condemned to death at Edinburgh for the murder of her new-born child. Her sister, Jeanie, resolves to go to London to plead with the king for Effie's life. Before starting on her journey, Jeanie visits the house of the Laird of Dumbiedykes, to ask him for a loan of money to help her in her design. She is very badly received by the laird's housekeeper, Mrs Balchristie. The laird hears part of the conversation from his room and intervenes as follows:

"Hark ye," he exclaimed from the window, "ye auld limb o' Satan—wha the deil gies you commission to guide an honest man's daughter that gate."

Mrs Balchristie replies more humbly.

"She was but speaking for the house's credit, and she couldna think of disturbing his honour in the morning sae early, when the young woman might as weel wait or call again; and to be sure, she might make a mistake between the twa sisters, for ane o' them wasna sae creditable an acquaintance."

"Haud your peace, ye auld jade," said Dumbiedikes; "the warst quean e'er stude in their shoon may ca' you cousin, an a' be true that I have heard.—Jeanie, my woman, gang into the parlour—but stay, that winna be redd up yet—wait there a minute till I come doun to let ye in—Dinna mind what Jenny says to ye."

"Na, na," said Jenny, with a laugh of affected heartiness, "never mind me, lass—a' the warld kens my bark's waur than my bite—if ye had had an appointment wi' the Laird, ye might hae tauld me—I am nae uncivil person—gang your ways in by, hinny." And she opened the door of the house with a master-key.

"But I had no appointment wi' the Laird," said Jeanie, drawing back; "I want just to speak twa words to him, and I wad rather do it standing here, Mrs Balchristie."

III A. DUMBIEDYKES AND JEANIE DEANS

· THE HEART OF MIDLOTHIAN.

SIR WALTER SCOTT.

"hɑrk jɪ,...........jɪ [1]ɑːl*d* lɪ̞m o sɑtn—[1]ʍɑː ðə dil giːz juː kə'mɪ̞ʃn tə gəid ən 'ɔnəst mɑnz [2]'doxtər ðɑt get?"...

"ʃi wəz bət 'spikən fər ðə 'husəz 'krɛdɪ̞t, ən ʃi 'kʌdnə θɪ̞ŋk o dɪs'tʌrbən hɪ̞z 'ɔnər ɪ̞n ðə [2]'mornən se 'ɛrlɪ̞, ʍən ðə jʌŋ 'wʌmən mɪ̞xt əz wil [3]wet ɔr [1]kɑː ə'gen; ən tə bi ʃøːr, ʃi mɪ̞xt mɑk ə mɪs'tɑk bɪ'twin ðə [1]twɑː 'sɪ̞stərz, fər [4]en o ðəm 'wəznə se 'krɛdɪtəbl ən ə'kwɑntəns."

"hɑd jər [5]pis, jɪ [1]ɑːl*d* [1]dʒɑːd...........ðə wɑːrst kwin eːr styd ɪ̞n ðər ʃyn me [1]kɑː juː [6]køːzn, ən [1]ɑː bi truː ðət ɑ həv [7]hɑrd.—'dʒini, mə 'wʌmən, gɑŋ 'ɪ̞ntə ðə 'pɑrlər—bət [8]steː, ðɑt 'wɪ̞n*n*ə bi rɛd ʌp jɛt—[3]wet ðeːr ə 'minət tɪ̞l ə kʌm dun tə [8]lɛt jɪ ɪ̞n—'dɪ̞n*n*ə məin*d* ʍɑt 'dʒɛnɪ̞ sɛz tə jɪ."

"nɑː, nɑː,...........'nɪvər məin*d* miː, lɑs,—[1]ɑː ðə wɑrl*d* kɛnz mɑɪ bɑrks [1]wɑːr ðən mə bəit—ɪ̞f jɪd hɑd ən ə'pəintmənt wɪ̞ ðə lerd, jɪ mɪ̞xt he [1]tɑːl*d* mɪ—əm neː ʌn'siːvl 'pɛrsən—gɑŋ jər [9]wəiz ɪ̞n bɑɪ, 'hɪnɪ̞'"...

"bət ə hɑd noː ə'pəintmənt wɪ̞ ðə lerd...........ə [10]wɑnt dʒyst tə spik [1]twɑː wʌrdz tə hɪ̞m, ən ə [10]wəd [11]'reðər døː ɪ̞t [12]'stɑn*d*ən hiːr, 'mɪ̞strəs bɑ'krəisti."

---

[1] ǫː [2] ɔ [3] əi [4] jɪ̞n [5] e [6] ɪ, y, ʌ [7] ɛ [8] ɑ, ə [9] ɑɪ, ɑː
[10] ɪ̞, ʌ [11] eː [12] ɑː

"In the open courtyard?—Na, na, that wad never do, lass; we maunna guide ye that gate neither—And how's that douce honest man, your father?"

Jeanie was saved the pain of answering this hypocritical question by the appearance of the Laird himself.

"Gang in and get breakfast ready," said he to his housekeeper—"and, d'ye hear, breakfast wi' us yoursell—ye ken how to manage thae porringers of tea-water—and, hear ye, see abune a' that there's a gude fire.—Weel, Jeanie, my woman, gang in by—gang in by, and rest ye."

"Na, Laird," Jeanie replied, endeavouring as much as she could to express herself with composure, notwithstanding she still trembled, "I canna gang in—I have a lang day's darg afore me—I maun be twenty mile o' gate the night yet, if feet will carry me."

"Guide and deliver us!—twenty mile—twenty mile on your feet!" ejaculated Dumbiedikes, whose walks were of a very circumscribed diameter, "Ye maun never think o' that—come in by."

"I canna do that, Laird," replied Jeanie; "the twa words I hae to say to ye I can say here; forby that Mrs Balchristie—"

"The deil flee awa wi' Mrs Balchristie," said Dumbiedikes, "and he'll hae a heavy lading o' her! I tell ye, Jeanie Deans, I am a man of few words, but I am laird at hame, as weel as in the field; deil a brute or body about my house but I can manage when I like, except Rory Bean, my powny; but I can seldom be at the plague, an it binna when my bluid's up."

"I was wanting to say to ye, Laird," said Jeanie, who felt the necessity of entering upon her business, "that I was gaun a lang journey, outby of my father's knowledge."

"Outby his knowledge, Jeanie!—Is that right? Ye maun think o't again—it's no right," said Dumbiedikes, with a countenance of great concern.

"If I were anes at Lunnon," said Jeanie, in exculpation, "I am amaist sure I could get means to speak to the queen about my sister's life."

"Lunnon—and the queen—and her sister's life!" said Dumbiedikes, whistling for very amazement—"the lassie's demented."

“ ɪ̹n ðə opm ˈkurtjerd ?—nɑː, nɑː, ðɑt [1]wəd ˈnɪvər døː, lɑs ; wi ˈmɑn*n*ə gəid jɪ ðɑt get [2]ˈneðər—ən huːz ðɑt dus ˈɔnəst mɑn, jər [2]ˈfeðər ?”

. . . .

“ gɑŋ ɪ̹n ən get [3]ˈbrɛkfəst ˈrɛdɪ...........ən, djɪ hiːr, [3]ˈbrɛkfəst wɪ̹ ʌs ˈjərsɛl—jɪ ken huː·tə ˈmɑnədʒ ðeː ˈpɔrɪndʒərz o [2]ˈtiːwɑtər—ən, hiːr jɪ, siː əˈbyn [4]ɑː ðət ðərz ə gyd [5]fɑɪr.—wil, ˈdʒini, mə ˈwʌmən, gɑŋ ɪ̹n bɑɪ—gɑŋ ɪ̹n bɑɪ, ən rɛst jɪ.”

“ nɑː, lerd...........ə ˈkɑn*n*ə gɑŋ ɪ̹n—ə həv ə lɑŋ deːz dɑrg əˈfoːr mɪ—ə mən bi [6]ˈtwɪ̹ntɪ məil o get ðə nɪ̹xt jɛt, ɪ̹f fit [6]wɪ̹l [7]ˈkerɪ̹ mɪ.”

“ gəid n̩ dɪˈlɪ̹vərz !—[6]ˈtwɪ̹ntɪ məil—[6]ˈtwɪ̹ntɪ məil ɔn jər fit !... jɪ mən ˈnɪvər θɪ̹ŋk o ðɑt—kʌm ɪ̹n bɑɪ.”

“ ə ˈkɑn*n*ə døː ðɑt, lerd ;...........ðə [4]twɑː wʌrdz ə heː tə seː tə jɪ ə kən seː hiːr ; fɔrˈbɑɪ ðət ˈmɪ̹strəs bɑˈkrəisti—”

“ ðə dəil fli [4]əˈwɑː wɪ̹ ˈmɪ̹strəs bɑˈkrəisti...........ən hil heː ə ˈhɛvɪ ˈledən o ər ! ə tɛl jɪ, ˈdʒini dinz, əm ə mɑn o fjuː wʌrdz, bət əm lerd ət hem, əz wil əz ɪ̹n ðə fild ; dil ə bryt ɔr ˈbʌdɪ əˈbut mɑɪ hus bət ə kən ˈmɑnədʒ ʍən ə ləik, ɪ̹kˈsɛp ˈroːrɪ̹ bin, mə ˈpʌunɪ̹ ; bət ə kən ˈsɛldəm bi ət ðə pleg, ən ɪ̹t ˈbɪ̹n*n*ə ʍən mə blydz ʌp.”

“ ə wəz [1]ˈwɑntən tə seː tə jɪ, lerd...........ðət ə wəz [4]gɑːn ə lɑŋ ˈdʒʌrnɪ̹, utˈbɑɪ o mə [2]ˈfeðərz [8]ˈnɔlədʒ.”

“utˈbɑɪ hɪ̹z [8]ˈnɔlədʒ, ˈdʒini !—ɪ̹z ðɑt rɪ̹xt ? jɪ mɑn θɪ̹ŋk ot əˈgen —ɪ̹ts noː rɪ̹xt.”...

“ ɪ̹f ə wər [9]ens ət ˈlʌnən,...........əm əˈmest ʃøːr ə kʌd gɛt minz tə spik tə ðə kwin əˈbut mə ˈsɪ̹stərz ləif.”

“ ˈlʌnən—ən ðə kwin—ən ər ˈsɪ̹stərz ləif !...........ðə ˈlɑsɪ̹z dɪˈmentət.”

---

[1]ɪ̹, ʌ [2]eː [3]ɑ [4]ǫː [5]əi [6]ʌ [7]ɛ [8]o [9]jɪ̹ns

"I am no out o' my mind," said she, "and, sink or swim, I am determined to gang to Lunnon, if I suld beg my way frae door to door—and so I maun, unless ye wad lend me a small sum to pay my expenses—little thing will do it; and ye ken my father's a man of substance, and wad see nae man, far less you, Laird, come to loss by me."

Dumbiedikes, on comprehending the nature of this application, could scarce trust his ears—he made no answer whatever, but stood with his eyes riveted on the ground.

"I see ye are no for assisting me, Laird," said Jeanie; "sae fare ye weel—and gang and see my poor father as aften as ye can—he will be lonely eneugh now."

"Where is the silly bairn gaun?" said Dumbiedikes; and, laying hold of her hand, he led her into the house. "It's no that I didna think o't before," he said, "but it stack in my throat."

Thus speaking to himself, he led her into an old-fashioned parlour, shut the door behind them, and fastened it with a bolt. While Jeanie, surprised at this manœuvre, remained as near the door as possible, the Laird quitted her hand, and pressed upon a spring lock fixed in an oak panel in the wainscot, which instantly slipped aside. An iron strong-box was discovered in a recess of the wall; he opened this also, and, pulling out two or three drawers, showed that they were filled with leathern-bags, full of gold and silver coin.

"This is my bank, Jeanie lass," he said, looking first at her, and then at the treasure, with an air of great complacency,—"nane o' your goldsmith's bills for me,—they bring folk to ruin."

Then suddenly changing his tone, he resolutely said—"Jeanie, I will make ye Leddy Dumbiedikes afore the sun sets, and ye may ride to Lunnon in your ain coach, if ye like."

"Na, Laird," said Jeanie, "that can never be—my father's grief—my sister's situation—the discredit to you—"

"That's *my* business," said Dumbiedikes; "ye wad say naething about that if ye werena a fule—and yet I like ye the better for't—ae wise body's eneugh in the married state. But if your heart's ower fu', take what siller will serve ye, and let it be when ye come back again—as gude syne as sune."

"əm noː ut o mə məind...........ən, sɪŋk ɔr sum, əm dɪ'tɛrmɪnt tə gaŋ tə 'lʌnən, ɪf ə sʌd bɛg mə [1]waɪ fre doːr tə doːr—ən soː ə [2]maːn, ʌn'lɛs jɪ [3]wəd lɛnd mɪ ə [2]smaː sʌm tə pəi mə ɪk'spɛnsəz —lɪtl θɪŋ wɪl døː ɪt; ən jɪ kɛn mə [4]'feðərz ə man o 'sʌbstəns, ən [3]wəd siː neː man, [2]faːr lɛs juː, lerd, kʌm tə lɔs bɪ miː."

. . . .

"ə siː jɪr noː fər ə'sɪstən mɪ, lerd,...........se feːr jɪ wil—ən gaŋ ən siː mə pøːr [4]'feðər əz afn əz jɪ kan—hil bi 'lonlɪ [5]ə'njux nuː."

"[2]ʍaːr ɪz ðə 'sɪlɪ [6]bern [2]gaːn?...........ɪts noː ðət ə 'dɪdnə θɪŋk ot bɪ'foːr...........bət ɪt stak ɪn mə [7]θrot."

. . . .

"ðɪs ɪz mə baŋk, 'dʒini las,...........nen o jər 'goldsmɪθs bɪlz fər miː,—ðe brɪŋ [8]fʌuk tə 'ruɪn."...

"'dʒini, a [5]wɪl mak jɪ 'lɛdɪ 'dʌmbɪdəiks ə'foːr ðə [9]sʌn sɛts, ən jɪ me rəid tə 'lʌnən ɪn jər eːn kotʃ, ɪf jɪ ləik."

"naː, lerd,...ðat kən 'nɪvər biː—mə [4]'feðərz grif—mə 'sɪstərz [10]sɪtɪ'veʃn—ðə dɪs'krɛdɪt tə juː—"

"ðats maɪ 'bɪznəs,...........jɪ [3]wəd seː 'neθɪŋ ə'but ðat ɪf jɪ 'wərnə ə fyl—ən jɛt ə ləik jɪ ðə 'bɛtər fɔrt—jeː wəis 'bʌdɪz [5]ə'njux ɪn ðə [6]'merɪt stet. bət ɪf jər hɛrts 'ʌur fuː, tak ʍat 'sɪlər [5]wɪl seːr jɪ, ən [11]lɛt ɪt biː ʍən jɪ kʌm bak ə'gen—əz gyd səin əz [12]syn."

---

[1] əi [2] ɐː [3] ʌ, ɪ [4] eː [5] ʌ [6] ɛ [7] ɔ̇ [8] o [9] ɪ [10] sitɪ'veʃn
[11] a, ə [12] ʃyn

"But, Laird," said Jeanie, who felt the necessity of being explicit with so extraordinary a lover, "I like another man better than you, and I canna marry ye."

"Another man better than me, Jeanie?" said Dumbiedikes—"how is that possible?—It's no possible, woman—ye hae kend me sae lang."

"Ay but, Laird," said Jeanie, with persevering simplicity, "I hae kend him langer."

"Langer?—It's no possible!" exclaimed the poor Laird, "It canna be; ye were born on the land. O Jeanie, woman, ye haena lookit—ye haena seen the half o' the gear." He drew out another drawer—"A' gowd, Jeanie, and there's bands for siller lent—And the rental book, Jeanie—clear three hunder sterling—deil a wadset, heritable band, or burden—Ye haena lookit at them, woman—And then my mother's wardrobe, and my grandmother's forby—silk gowns wad stand on their ends, pearlin-lace as fine as spiders' webs, and rings and ear-rings to the boot of a' that—they are a' in the chamber of deas—Oh, Jeanie, gang up the stair and look at them!"

But Jeanie held fast her integrity, though beset with temptations, which perhaps the Laird of Dumbiedikes did not greatly err in supposing were those most affecting to her sex.

"It canna be, Laird—I have said it—and I canna break my word till him, if ye wad gie me the haill barony of Dalkeith, and Lugton into the bargain."

"Your word to *him*," said the Laird, somewhat pettishly; "but wha is he, Jeanie?—wha is he?—I haena heard his name yet—Come now, Jeanie, ye are but queering us—I am no trowing that there is sic a ane in the warld—ye are but making fashion—What is he?—wha is he?"

"Just Reuben Butler, that's schulemaster at Libberton," said Jeanie.

"Reuben Butler! Reuben Butler!" echoed the Laird of Dumbiedikes, pacing the apartment in high disdain,—"Reuben Butler, the dominie at Libberton—and a dominie depute too!—Reuben, the son of my cottar!—Very weel, Jeanie lass, wilfu' woman will hae her way—Reuben Butler! he hasna in his pouch the value o' the auld black coat he wears—but it disna "bət, lerd,............ə ləik ə'nɪðər mɑn 'bɛtər ðən juː, ən ə 'kɑn*n*ə [1]'merị jɪ."

"ə'nɪðər mɑn 'bɛtər ðən miː, 'dʒini?............huː ịz ðɑt [2]'pɔsɪbl?—ịts noː [2]'pɔsɪbl, 'wʌmən—jɪ he [3]kɛnd miː seː lɑŋ."

"ɑɪ bət, lerd............ə he [3]kɛnd hịm 'lɑŋər."

"'lɑŋər?—ịts noː [2]'pɔsɪbl!............ịt 'kɑn*n*ə biː, jɪ wər [2]bɔrn ɔn ðə [4]lɑn*d*. oː 'dʒini, 'wʌmən, jɪ 'henə 'lʝukət—jɪ 'henə sin ðə hɑːf o ðə giːr............[7]ɑː gʌud, 'dʒini, ən ðərz [4]bɑn*dz* fər 'sịlər lɛnt—ən ðə 'rɛntəl [5]byk, 'dʒini—kliːr θri 'hʌn*d*ər 'stɛrlən—dil ə 'wɑdsɛt, 'ɛrɪtəbl [4]bɑn*d*, ɔr 'bʌrdən—jɪ 'henə 'lʝukət ət ðəm, 'wʌmən—ən ðɑn mə 'mɪðərz 'wɑrdrob, ən mə 'grɑnmɪðərz fɔr'bɑɪ—sịlk gunz [6]wəd [4]stɑn*d* ɔn ðər ɛn*dz*, 'pɛrlịn les əz fəin əz 'spidərz wɑbz, ən rịŋz ən 'iːrịŋz tə ðə byt o [7]ɑː ðɑt—ðe ər [7]ɑː ịn ðə [7]tʃɑːmər o dis—oː, 'dʒini, gɑŋ ʌp ðə steːr ən lʝuk ət ðəm!"

. . . .

"ịt 'kɑn*n*ə biː, lerd—ɑ həv sɛd ịt—ən ɑ 'kɑn*n*ə brɛk mə wʌrd tịl hịm, ịf jɪ [6]wəd giː mɪ ðə hel 'bɑrənị o də'kiθ, ən 'lʌgtən 'ịntə ðə 'bɑrgən."

"jər wʌrd tə hịm,............bət [7]ʍɑː ịz hiː, 'dʒini?—[7]ʍɑː ịz hiː?—ə 'henə [1]hɑrd hịz nem jɛt—kʌm nuː, 'dʒini, jɪ ər bət 'kwiːrənz—əm noː 'trʌuən ðət ðər ịz sịk ə [8]en ịn ðə wɑrl*d*—jɪ ər bət 'mɑkən fɑʃn—ʍɑt ịz hi?—[7]ʍɑː ịz hi?"

"dʒyst 'rubən 'bʌtlər, ðəts 'skylmestər ət 'lịbərtən."...

"'rubən 'bʌtlər! 'rubən 'bʌtlər!............'rubən 'bʌtlər, ðə 'domɪnɪ ət 'lịbərtən—ən ə 'domɪnɪ dɪ'pjut tøː!—'rubən, ðə [9]sɪn o mə 'kɔtər!—'vɛrə wil, 'dʒini lɑs, [9]'wịlfə 'wʌmən [9]wịl heː hər [10]wɑɪ—'rubən 'bʌtler! hi 'həznə ịn hịz putʃ ðə 'veljə o ðə [7]ɑːl*d* blɑk kot hi [11]wiːrz—bət ịt 'dịznə 'sinjɪfi."...

. . . .

---

[1] ɛ [2] o [3] kent [4] ɑː [5] ju [6] ʌ, ị [7] ǫː [8] jịn [9] ʌ [10] əi [11] eː

signify." And, as he spoke, he shut successively, and with vehemence, the drawers of his treasury. "A fair offer, Jeanie, is nae cause of feud—Ae man may bring a horse to the water, but twenty wunna gar him drink—And as for wasting my substance on other folk's joes—"

There was something in the last hint that nettled Jeanie's honest pride. "I was begging nane frae your honour," she said; "least of a' on sic a score as ye pit it on.—Gude morning to ye, sir; ye hae been kind to my father, and it isna in my heart to think otherwise than kindly of you."

Jeanie leaves Dumbiedikes in hot indignation against the laird, but the latter soon overtakes her on the high road and the first words he utters are,—

"Jeanie, they say ane shouldna aye take a woman at her first word?"

"Ay, but ye maun tak me at mine, Laird," said Jeanie, looking on the ground, and walking on without a pause. "I hae but ae word to bestow on onybody, and that's aye a true ane."

"Then," said Dumbiedikes, "at least ye suldna aye take a man at *his* first word. Ye maunna gang this wilfu' gate sillerless, come o't what like."—He put a purse into her hand. "I wad gie you Rory too, but he's as wilfu' as yoursell and he's ower weel used to a gate that maybe he and I hae gaen ower aften, and he'll gang nae road else."

"But, Laird," said Jeanie, "though I ken my father will satisfy every penny of this siller, whatever there's o't, yet I wadna like to borrow it frae ane that maybe thinks of something mair than the paying o't back again."

"There's just twenty-five guineas o't," said Dumbiedikes, with a gentle sigh, "and whether your father pays or disna pay, I make ye free till't without another word. Gang where ye like—do what ye like—and marry a' the Butlers in the country, gin ye like—And sae, gude morning to you, Jeanie."

"And God bless you, Laird, wi mony a gude morning," said Jeanie, her heart more softened by the unwonted generosity of this uncouth character, than perhaps Butler might have approved, had he known her feelings at that moment; "and comfort, and the Lord's peace, and the peace of the world, be with you, if we suld never meet again!"

"ə feːr 'ɔfər, 'dʒini, ɪ̦z neː [1]kɑːz o fjud—*je*: mɑn me brɪ̦ŋ ə hɔrs tə ðə 'wɑtər, bət [2]twɪ̦ntɪ 'wʌn*n*ə [3]gɑːr ɪ̦m drɪ̦ŋk—ən əz fər 'westən mə 'sʌbstəns ɔn 'ɪðər [4]fʌuks dʒoːz—"

. . . .

"ə wəz 'bɛgən nen fre jər 'ɔnər,............list o [1]ɑː ɔn sɪ̦k ə skoːr əz jiː pɪ̦t ɪ̦t ɔn.—gyd [5]'mornən tə jɪ, [2]sɪ̦r; jɪ he bin kəin*d* tə mə [6]'feðər, ən ɪ̦t 'ɪ̦znə ɪ̦n mə hɛrt tə θɪ̦ŋk 'ɪðər[7]wɑɪz ðən 'kəin*d*lɪ̦ o juː."

. . . .

"'dʒini, ðe seː [8]en 'ʃudnə əi tɑk ə 'wʌmən ət ər [2]fɪ̦rst wʌrd?"

"ɑɪ, bət jɪ mən tɑk miː ət məin, lerd,............ɑ heː bət *je*: wʌrd tə bɪ'stoː ɔn [5]'onɪ̦bʌdɪ, ən ðɑts əi ə truː [8]en."

"ðɑn,............ət list jɪ 'sʌdnə əi tɑk ə mɑn ət hɪ̦z [2]fɪ̦rst wʌrd. jɪ 'mɑn*n*ə gɑŋ ðɪ̦s [2]'wɪ̦lfə get 'sɪ̦lərləs, kʌm ot ʍɑt ləik"............ə [9]wəd giː jɪ 'roːrɪ̦ tøː, bət hiz əz [2]'wɪ̦lfə əz jər'sɛl ən hiz ʌur wil jøst tə ə get ðət mebi [10]hi ən ɑɪ he [6]gen ʌur ɑfn, ən hil gɑŋ neː rod ɛls."

"bət, lerd,...........θo ə kɛn mə [6]'feðər [2]wɪ̦l 'setɪsfi 'ɪvrɪ̦ 'pɛnɪ̦ o ðɪ̦s 'sɪ̦lər, ʍɑt'ɪvər ðərz ot, jɛt ə [9]'wədnə ləik tə 'borə ɪ̦t fre [8]en ðət mebi θɪ̦ŋks o 'sʌmθɪ̦ŋ meːr ðən ðə 'pəiən ot bɑk ə'gen."

"ðərz dʒyst [2]twɪ̦ntɪ'fɑɪv 'giniz ot............ən [2]'ʍəðər jər [6]'feðər pəiz ɔr 'dɪ̦znə pəi, ɑ mɑk jɪ friː tɪ̦lt wɪ̦'θut ə'nɪðər wʌrd. gɑŋ ʍər jɪ ləik—døː ʍət jɪ ləik—ən [3]'merɪ̦ [1]ɑː ðə 'bʌtlərz ɪ̦n ðə 'kɪntrə, gɪ̦n jɪ̦ ləik—ən seː, gyd [5]'mornən tə jɪ, 'dʒini."

"ən gɔd blɪ̦s juː, lerd, wɪ̦ [11]'monɪ̦ ə gyd [5]'mornən,............ən 'kʌmfərt, ənd ðə loːrdz [12]pis, ənd ðə [12]pis o ðə wʌrld, biː wɪ̦θ juː, ɪ̦f wi sʌd 'nɛvər mit ə'gen!"

---

[1] ǫː [2] ʌ [3] ɛ [4] o [5] ɔ [6] eː [7] əi [8] jɪ̦n [9] ɪ̦, ʌ [10] *for* hɪm ən mi [11] ɔ, ɑ, ʌ [12] e

IV A. THE GABERLUNZIE

THE ANTIQUARY.

Sir Walter Scott.

Chapter XII.

In this novel, the scene is laid in or near the town of Arbroath, E. Forfarshire. The language, however, is Mid-Scottish and, unlike "My Man Sandy" (see Ext. XVII A), gives little evidence of local peculiarities. Edie Ochiltree, who appears in this extract, was one of those professional beggars who in former days were licensed to collect alms from the country-side and went by the name of blue-gowns or gaberlunzies. By his coolness and daring, Edie had helped to rescue Sir Arthur Wardour and his daughter from a terrible death. Miss Wardour, in her kindness of heart, asked the old man to spend the rest of his life in her father's castle or at least under his protection. The old man smiled and shook his head, and his answer shows the sturdy independence and pawky humour of the Scotsmen even of the humblest class.

"I wad be baith a grievance and a disgrace to your fine servants, my leddy, and I have never been a disgrace to ony body yet, that I ken of."

"Sir Arthur would give strict orders—"

"Ye're very kind—I doubtna, I doubtna; but there are some things a master can command, and some he canna—I daresay he would gar them keep hands aff me—(and troth, I think they wad hardly venture on that ony gate)—and he wad gar them gie me my soup parritch and bit meat.—But trow ye that Sir Arthur's command could forbid the gibe o' the tongue or the blink o' the ee, or gar them gie me my food wi' the look o' kindness that gars it digest sae weel, or that he could make them forbear a' the slights and taunts that hurt ane's spirit mair nor downright misca'ing?—Besides, I am the idlest auld carle that ever lived; I downa be bound down to hours o' eating and sleeping; and, to speak the honest truth, I wad be a very bad example in ony weel-regulated family."

"Well then, Edie, what do you think of a neat cottage and a garden, and a daily dole, and nothing to do but to dig a little in your garden when you pleased yourself?"

"And how often wad that be, trow ye, my leddy? maybe no ance atween Candlemas and Yule—and if a' thing were done to

IV A. THE GABERLUNZIE

THE ANTIQUARY.

SIR WALTER SCOTT.

CHAPTER XII.

"ə [1]wəd bi beθ ə ˈgriːvəns ən ə ˈdɪsˈgres tə jər fəin ˈsɛrvənz, mə ˈlɛdɪ, ən ə həv ˈnɪvər bin ə dɪsˈgres tə [2]ˈonɪbʌdɪ jɛt, ðət ə kɛn o."

. . . .

"jir ˈvɛrə kəind—əˈdutnə, əˈdutnə; bʌt ðər ər sʌm θɪŋz ə ˈmɛstər kɑn [3]kəˈmɑnd, ən sʌm hi ˈkɑnnə—ə ˈdɑrse hi [1]wəd [4]gɑːr ðəm kip [3]hɑndz ɑf mɪ—(ən trɔθ, ə θɪŋk ðe [1]wəd ˈhɑrdlɪ ˈvɛntər on ðɑt [2]ˈonɪget)—ən hi [1]wəd [4]gɑːr ðəm giː mɪ mə sup ˈpɑrɪtʃ ən bɪt met.—bʌt trʌu ji ðət [5]sɪr ˈɛrθərz [3]kəˈmɑnd kʌd fərˈbɪd ðə dʒəib o ðə tʌŋ or ðə blɪŋk o ðə iː, or [4]gɑːr ðəm giː mɪ mə fyd wɪ ðə ljuk o ˈkəindnəs ðət [4]gɑːrz ɪt dɪˈdʒist se wil, or ðɑt hi kʌd mɑk ðəm fərˈbeːr [6]ɑː ðə slɪxts n̩ [3]tɑ̃nts ðət hʌrt [8]enz ˈspirɪt meːr nor ˈdunrɪxt mɪsˈkɑən?—bɪˈsəidz, əm ðə ˈəidləst [6]ɑːld kɑrl ðət ˈɪvər [7]liːvt; ə ˈdʌunə bi bʌnd dun tə uːrz o itn ən ˈslipən; ən, tə spik ðə ˈɔnəst tryθ, ə [1]wəd bi ə ˈvɛrə bɑd ɪgˈzɛmpl ɪn [2]ˈonɪ wil ˈrɛgɪlətət ˈfemlɪ."

. . . .

"ən hu ɑfn [1]wəd ðɑt biː, trʌu ji, mə ˈlɛdi? ˈmebi no [9]ens əˈtwin [3]ˈkɑndlməs ən jyl—ən ɪf [6]ɑː θɪŋ wər dyn tə mə [3]hɑnd, əz

---

[1] ɪ, ʌ [2] ɔ [3] ɑː [4] ɛ [5] ʌ [6] ɑ̢ː [7] liːvd [8] jɪnz [9] jɪns

my hand, as if I was Sir Arthur himsell, I could never bide the staying still in ae place, and just seeing the same joists and couples aboon my head night after night.—And then I have a queer humour o' my ain, that sets a strolling beggar weel eneugh, whase word naebody minds—but ye ken Sir Arthur has odd sort o' ways—and I wad be jesting or scorning at them —and ye wad be angry, and then I wad be just fit to hang mysell."

"O, you are a licensed man," said Isabella; "we shall give you all reasonable scope: so you had better be ruled, and remember your age."

"But I am no that sair failed yet," replied the mendicant. "Od, ance I gat a wee soupled yestreen, I was as yauld as an eel.—And then what wad a' the country about do for want o' auld Edie Ochiltree, that brings news and country cracks frae ae farm-steading to anither, and gingerbread to the lasses, and helps the lads to mend their fiddles, and the gudewives to clout their pans, and plaits rush-swords and grenadier caps for the weans, and busks the laird's flees, and has skill o' cow-ills and horse-ills, and kens mair auld sangs and tales than a' the barony besides, and gars ilka body laugh wherever he comes?—troth, my leddy, I canna lay down my vocation; it would be a public loss."

"Well, Edie, if your idea of your importance is so strong as not to be shaken by the prospect of independence—"

"Na, na, Miss—it's because I am mair independent as I am," answered the old man; "I beg nae mair at ony single house than a meal o' meat, or maybe but a mouthfu o't—if it's refused at ae place, I get it at anither—sae I canna be said to depend on ony body in particular, but just on the country at large."

"Well, then, only promise me that you will let me know should you ever wish to settle as you turn old, and more incapable of making your usual rounds; and, in the meantime, take this."

"Na, na, my leddy; I downa take muckle siller at anes, it's against our rule—and—though it's maybe no civil to be ɪ̣f ə wəz [1]sɪ̣r ʹɛrθər hɪ̣mʹsɛl, ə kʌd ʹnɪvər bəid ðə [2]steən stɪ̣l ɪ̣n *je:* ples, ən dʒyst ʹsiən ðə sem [3]dʒɑɪsts ən kʌplz əʹbyn mə [4]hid nɪ̣xt ʹɛftər nɪ̣xt.—ən ðɑn ə həv ə kwi:r ʹjyɪmər o mə e:n, ðət sɛts ə ʹstrolən ʹbɛgər wil [1]əʹnjux, ʌez wʌrd ʹnebʌdɪ məin*dz*—bət jɪ kɛn [1]sɪ̣r ʹɛrθər həz od sort o [5]wəiz—ən ə [6]wəd bi ʹdʒɛstən ɔr ʹskɔrnən ət ðəm—ən ji: [6]wəd bi ʹɑŋrɪ̣, ən ðɑn ə [6]wəd bi dʒyst fɪ̣t tə hɑŋ məʹsɛl."

. . . .

"bət əm no: ðɑt se:r felt jɛt,............ɔd, [12]ens ə gɑt ə wi: suplt jəʹstrin, ə wəz əz [7]jɑ:l*d* əz ən il.—ən ðɑn ʌɑt [6]wəd [7]ɑ: ðə ʹkɪntrə əʹbut dø: fər [6]wɑnt o [7]ɑ:l*d* ʹɛdɪ ʹoxɪltri, ðət brɪ̣ŋz nju:z ən ʹkɪntrə krɑks fre *je:* [8]fermʹstɛdən tɪ̣l əʹnɪðər, ən ʹdʒɪ̣ndʒbrid tə ðə ʹlɑsəz, ən hɛlps ðə [9]lɑdz tə mɛn*d* ðər fɪ̣dlz, ən ðə gydʹwəivz tə klut ðər pɑnz, ən plets ʹrʌʃʹsu:rdz ən grɛnəʹdir kɛps fər ðə we:nz, ən bʌsks ðə lerdz fli:z, ən həz skil o ʹkuʹɪ̣lz ən ʹhɔrsʹɪ̣lz, ən kɛnz me:r [7]ɑ:l*d* sɑŋz ən telz ðən [7]ɑ: ðə ʹbɑrənɪ̣ bɪʹsəidz, ən [8]gɑ:rz ʹɪ̣lkə ʹbʌdɪ [9]lɑx ʌɑrʹɪvər hi kʌmz?—trɔθ, mə ʹlɛdɪ, ə ʹkɑn*n*ə le: dun mə voʹkeʃən; ɪ̣t [6]wəd bi ə ʹpʌblɪk lɔs."

. . . .

"nɑ:, nɑ:, mɪ̣s—ɪts bɪʹkɑ:z əm me:r ɪ̣ndɪʹpɛndənt əz ə ɑm, ...ə bɛg ne: me:r ət [10]ʹonɪ̣ sɪ̣ŋl hus ðən ə mel o met, ɔr ʹmebi bət ə ʹmu(θ)fə ot—ɪ̣f ɪ̣ts rɪʹf*jø*:zd ət *je:* ples, ə gɛt ɪ̣t ət əʹnɪðər—se ə ʹkɑn*n*ə bi sɛd tə dɪʹpɛn*d* ɔn [10]ʹonɪ̣bʌdɪ ɪ̣n pərʹtiklər, bət dʒyst ɔn ðə ʹkɪntrə ət lerdʒ."

. . . .

"nɑ:, nɑ:, mə ʹlɛdɪ; ə ʹdʌunə tɑk mʌkl ʹsɪ̣lər ət [12]ens, ɪ̣ts əʹgɛnst [11]ur ru:l—ən—θo ɪ̣ts ʹmebi no: si:vl tə bi rɪʹpitn ðə ləik o

---

[1] ʌ [2] əi [3] i, əi [4] e [5] ɑɪ [6] ʌ, ɪ̣ [7] ǫ: [8] ɛ [9] ɑ: [10] ɔ
[11] wər, wʌr, wɪ̣r [12] jɪ̣ns

repeating the like o' that—they say that siller is like to be scarce wi' Sir Arthur himsell, and that he's run himsell out o' thought wi' his houkings and minings for lead and copper yonder."

Isabella had some anxious anticipations to the same effect, but was shocked to hear that her father's embarrassments were such public talk; as if scandal ever failed to stoop upon so acceptable a quarry, as the failings of the good man, the decline of the powerful, or the decay of the prosperous. Miss Wardour sighed deeply—"Well, Edie, we have enough to pay our debts, let folks say what they will, and requiting you is one of the foremost—let me press this sum upon you."

"That I might be robbed and murdered some night between town and town? or, what's as bad, that I might live in constant apprehension o't?—I am no—(lowering his voice to a whisper, and looking keenly around him)—I am no that clean unprovided for neither; and though I should die at the back of a dike, they'll find as muckle quilted in this auld blue gown as will bury me like a Christian, and gie the lads and lasses a blithe lykewake too; sae there's the gaberlunzie's burial provided for, and I need nae mair. Were the like o' me ever to change a note, wha the deil d'ye think wad be sic fules as to gie me charity after that?—it wad flee through the country like wild-fire, that auld Edie suld hae done siccan a like thing, and then, I'se warrant I might grane my heart out or ony body wad gie me either a bane or a bodle."

"Is there nothing, then, that I can do for you?"

"Ou ay—I'll aye come for my awmous as usual—and whiles I wad be fain o' a pickle sneeshin, and ye maun speak to the constable and ground-officer just to owerlook me, and maybe ye'll gie a gude word for me to Sandie Netherstanes, the miller, that he may chain up his muckle dog—I wadna hae him to hurt the puir beast, for it just does its office in barking at a gaberlunzie like me.—And there's ae thing maybe mair, but ye'll think it's very bauld o' the like o' me to speak o't."

"What is it, Edie?—if it respects you it shall be done, if it is in my power."

ðɑt—ðe se: ðət 'sɨlər ɨz ləik tə bi skers wɨ [1]sɨr 'ɛrθər hɨm'sɛl, ən ðət hiz rʌn hɨm'sɛl ut o [2]θoxt wɨ hɨz 'hʌukənz ən 'məinənz fər led ən 'kopər 'jon*d*ər."

. . . .

"ðət ə mɨxt bi [2]'robət ən 'mʌrdərt sʌm nɨxt bɪ'twin tun ən tun? ɔr, ʍɑts əz bɑd, ðət ə mɨxt li:v ɨn 'konstənt ɑprɪ'hɛnʃən ot?—əm no:.........əm no: ðɑt klin ʌnpro'vəidət fɔr [3]'neðər; ən θo ə [4]ʃʌd di: ət ðə bɑk o ə dəik, ðel [1]fɨn*d* əz mʌkl 'kwʌltət ɨn ðɨs [5]ɑ:l*d* blu: gun əz [1]wɨl 'bø:rɪ mi ləik ə 'krɨstjən, ən gi: ðə [6]lɑdz ən 'lɑsəz ə bləiθ 'ləikwek tø:; se ðe:rz ðə gɑbər'lunjɪz 'bø:rɪəl prə'vəidət fɔr, ən ə nid ne: me:r. wər ðə ləik o mi: 'ɪvər tə [7]tʃəindʒ ə not, [5]ʍɑ: ðə dil djɪ θɨŋk [8]wəd bi sɨk fylz əz tə gi: mi: 'tʃɛrɪtɨ 'ɛftər ðɑt?—ɨt [8]wəd fli: θru ðə 'kɪntrə ləik 'wʌl[9]fəir, ðət [5]ɑ:l*d* 'ɛdɪ [4]ʃʌd he dyn 'sɨkən ə ləik θɨŋ, ən ðɑn, ɑz 'wɑrən ə mɨxt gren mə hɛrt ut ɔr [2]'onɨbʌdɪ [8]wəd gi: mɪ [3]'eðər ə ben ɔr ə [2]bodl."

. . . .

"u: ɑɪ—əl əi kʌm fər mə [5]ɑ:mz əz 'jø:zwəl—ən ʍəilz ə [8]wəd bi fe:n o ə pɨkl sniʃn, ən jɪ mən spik tə ðə 'konstəbl ən grʌn 'ofɪʃər dʒyst tə ʌur'ljuk mi:, ən 'mebi jɪl gi: ə gyd wʌrd fər mɪ tə 'sɑndɪ 'neðərstenz, ðə [1]mɨlər, ðət hi me [10]tʃəin ʌp ɨz mʌkl [11]dɔg—ə [8]'wədnə he hɨm tə hʌrt ðə pø:r best, fər ɨt dʒyst dɪz ɨts 'ofɪʃ ɨn 'bɑrkən ət ə gɑbər'lunjɪ ləik mi:.—ən ðərz *j*e: θɨŋ 'mebi me:r, bət jɪl θɨŋk ɨts 'vɛrə [5]bɑ:l*d* o ðə ləik o mi: tə spik ot."

. . . .

---

[1] ʌ [2] ɔ [3] e: [4] sʌd [5] ǫ: [6] ɑ: [7] i [8] ɨ, ʌ [9] ɑɪ [10] e [11] ʌ, ʌu

"It respects yoursell, and it is in your power, and I maun come out wi't.—Ye are a bonny young leddy, and a gude ane, and maybe a weel-tochered ane—but dinna ye sneer awa the lad Lovel, as ye did a while sinsyne on the walk beneath the Briery-bank, when I saw ye baith, and heard ye too, though ye saw nae me. Be canny wi' the lad, for he loes ye weel, and it's to him, and no to ony thing I could have done for you, that Sir Arthur and you wan ower yestreen."

"ɪ̞t rɪ′spɛks jər′sɛl, ən ɪ̞t ɪ̞z ɪ̞n jər puːr, ən ɑ [1]mɑːn kʌm ut wiːt.—ji ər ə [2]′bonɪ̞ jʌŋ ′lɛdɪ, ən ə gyd [5]en, ən ′mebi ə wil[2]′toxərt [5]en—bət ′dɪ̞n*n*ə jɪ sniːr [1]ə′wɑː ðə [3]lɑːd [2]′lʌvəl, əz jɪ dɪ̞d ə ʍəil sɪ̞n′s̩əin ɔn ðə [1]wɑːk brʹniθ ðə ′briərɪ bɑŋ̊k, ʍən ə [1]sɑː jɪ beθ, ən [3]hɛrd jɪ tøː, θo jɪ [1]sɑː nə miː. bi ′kɑn*n*ɪ̞ wɪ̞ ðə [3]lɑːd, fər i luːz jɪ wil, ən ɪ̞ts tə hɪ̞m, ən noː tə [2]′onɪ̞θɪ̞ŋ ɑː kʌd əv dyn fər juː, ðət [4]sɪ̞r ′ɛrθər ən juː wɑn ʌur jə′strin."

[1] o̜ː [2] ɔ [3] ɑ [4] ʌ [5] jɪ̞n

V A. BRAID CLAITH

ROBERT FERGUSSON (1750–1774).

Ye wha are fain to hae your name
Wrote in the bonny book of fame,
Let merit nae pretension claim
                    To laurel'd wreath,
But hap ye weel, baith back and wame,
                    In gude Braid Claith.

He that some ells o' this may fa',
An' slae black hat on pow like snaw,
Bids bauld to bear the gree awa',
                    Wi' a' this graith,
Whan bienly clad wi' shell fu braw
                    O' gude Braid Claith.

Waesuck for him wha has nae fek o't!
For he's a gowk they're sure to geck at,
A chiel that ne'er will be respekit
                    While he draws breath,
Till his four quarters are bedeckit
                    Wi' gude Braid Claith.

On Sabbath days the barber spark,
Whan he has done wi' scrapin wark,
Wi' siller broachie in his sark,
                    Gangs trigly, faith!
Or to the Meadows or the Park,
                    In gude Braid Claith.

Weel might ye trow, to see them there,
That they to shave your haffits bare,
Or curl and sleek a pickle hair,
                    Wud be right laith,
When pacing wi' a gawsy air
                    In gude Braid Claith.

V A. BRAID CLAITH.

ROBERT FERGUSSON (1750–1774).

ji [1]ʍɑː ər feːn tə heː jər nem
*w*rot ɪ̣n ðə [2]ˈbonɪ̣ [3]b*j*uk o fem,
[4]lɛt ˈmɛrɪt neː prɪˈtɛnʃn klem
tə [1]lɑːrld *w*reθ;
bət hɑp ji wil, beθ bɑk ən wem,
ɪ̣n gyd bred kleθ.

hi ðət sʌm ɛlz o ðɪ̣s me [1]fɑː,
ən sleː blɑk hɑt ɔn pʌu ləik [1]snɑː,
bɪ̣dz [1]bɑːl*d* tə beːr ðə griː [1]əˈwɑː,
wɪ̣ [1]ɑː ðɪ̣s greθ,
ʍɑn ˈbinlɪ̣ klɛd wɪ̣ ʃɛl fu [1]brɑː
o gyd bred kleθ.

ˈweːzək fər hɪ̣m [1]ʍɑː həz neː fɛk ot !
fər hiːz ə gʌuk ðer ʃøːr tə gɛk ət,
ə tʃil ðət neːr [5]wɪ̣l bi rɪˈspɛkət
ʍəil hi [1]drɑːz breθ,
tɪ̣l hɪ̣z ˈfʌuər ˈkwɑrtərz ər bɪˈdɛkət
wɪ̣ gyd bred kleθ.

ɔn ˈsɑːbəθ deːz ðə ˈbɑrbər spɑrk,
ʍən hi həz dyn wɪ̣ ˈskrɑːpən wɑrk,
wɪ̣ ˈsɪ̣lər ˈbrotʃɪ̣ ɪ̣n ɪ̣z sɑrk,
gɑŋz trɪ̣glɪ̣, feθ !
ɔr tə ðə ˈmɛdəz ɔr ðə pɑrk,
ɪ̣n gyd bred kleθ.

wil mɪ̣xt jɪ trʌu, tə siː ðəm ðeːr,
ðət ðeː tə ʃeːv jər ˈhɑfəts beːr,
ɔr kʌrl ən slik ə pɪ̣kl heːr,
wʌd bi rɪ̣xt leθ,
ʍən ˈpesən wɪ̣ ə [1]ˈgɑːsɪ̣ eːr
ɪ̣n gyd bred kleθ.

---

[1]ǫː [2]ɔ [3]y [4]ɑ, ə [5]ʌ

If ony mettled stirrah grien
For favour frae a lady's een,
He maunna care for being seen
Before he sheath
His body in a scabbard clean
O' gude Braid Claith.

For gin he comes wi' coat threadbare,
A feg for him she winna care,
But crook her bonny mou' fu' sair,
An' scald him baith.
Wooers should aye their travel spare
Without Braid Claith.

Braid Claith lends fowk an unco heese,
Maks mony kail-worms butterflies,
Gies mony a doctor his degrees
For little skaith;
In short, you may be what you please
Wi' gude Braid Claith.

For thof ye had as wise a snout on
As Shakespeare or Sir Isaac Newton,
Your judgment fowk would hae a doubt on,
I'll tak my aith,
Till they cou'd see ye wi a suit on
O' gude Braid Claith.

ɪ̣f [1]ˈonɪ̣ mɛtlt ˈstɪ̣rə grin
fər ˈfeːvər fre ə ˈlɛdɪz in,
hi ˈmɑn*n*ə keːr fər biən sin
bɪˈfoːr hi ʃeθ
hɪ̣z [1]bodɪ ɪ̣n ə ˈskɑbərd klin
o gyd brɛd kleθ.

fər gɪ̣n hi kʌmz wɪ̣ kot ˈθridˈbeːr,
ə fɛg fər hɪ̣m ʃi [2]wɪ̣n*n*ə keːr,
bət kruk hər [1]ˈbonɪ̣ muː fuː seːr,
ən [3]skɑːl*d* hɪ̣m beθ.
ˈwuərz [4]ʃud əi ðər treːvl speːr
wɪ̣ˈθut brɛd kleθ.

brɛd kleθ lɛn*dz* fʌuk ən ˈʌŋkə hiːz,
mɑks [5]ˈmonɪ̣ ˈkelwʌrmz ˈbʌtərˈfliːz,
giːz [5]ˈmonɪ̣ ə ˈdɔktər hɪ̣z dɪˈgriːz
fər lɪ̣tl skeθ;
ɪ̣n [1]ʃort, jɪ meː bi [3]ʍɑt jɪ pliːz
wɪ̣ gyd brɛd kleθ.

fər θɔf jɪ hɑd əz wəis ə snut ɔn
əz ˈʃekspir ɔr [2]sɪ̣r [6]ˈɑɪzək ˈnjutən,
jər [7]dʒʌdʒmənt fʌuk [8]wəd he ə dut ɔn,
əl tɑk mə eθ,
tɪ̣l ðe kʌd siː jɪ wɪ̣ ə sut ɔn
o gyd brɛd kleθ.

---

[1] ɔ [2] ʌ [3] o̜ː [4] sʌd [5] ɔ, ʌ, ɑ [6] əi [7] y [8] ɪ̣, ʌ

VI A. MAUDGE AND THE ORPHAN

JOHN GALT (1779-1839).

THE ENTAIL.

CHAPTERS I AND II.

Claud Walkinshaw was the sole surviving male heir of the Walkinshaws of Kittlestonheugh. The family estate had been lost in the Darien speculation and Claud had been left in the care of an old nurse, Maudge Dobbie. The old woman and her charge lived in Glasgow in the direst poverty. One afternoon, they had been walking in the suburbs of Glasgow, talking of the former glory of the family and viewing in the distance Claud's ancestral estate, when the Provost of Glasgow and his good lady appeared on the scene. This gives Maudge an opportunity of comparing their upstart grandeur with that of her master's family in days gone by. Then a conversation ensues between Maudge and the Provost and his wife. Maudge exhibits the same stubborn independence as the gaberlunzie in Ext. IV.

Claud was filled with wonder and awe at the sight of such splendid examples of Glasgow pomp and prosperity, but Maudge speedily rebuked his juvenile admiration.

"They're no worth the looking at," said she; "had ye but seen the last Leddy Kittlestonheugh, your ain muckle respekit grandmother, and her twa sisters, in their hench-hoops, with their fans in their han's—the three in a row would hae soopit the whole breadth o' the Trongate—ye would hae seen something. They were nane o' your new-made leddies, but come o' a pedigree. Foul would hae been the gait, and drooking the shower, that would hae gart them jook their heads intil the door o' ony sic thing as a Glasgow bailie—Na; Claudie, my lamb, thou maun lift thy een aboon the trash o' the town, and ay keep mind that the hills are standing yet that might hae been thy ain; and so may they yet be, an thou can but master the pride o' back and belly, and seek for something mair solid than the bravery o' sic a Solomon in all his glory as yon Provost Gorbals.—Heh, sirs, what a kyteful o' pride's yon'er! and yet I would be nane surprised the morn to hear that the Nebuchadnezzar was a' gane to pigs and whistles, and driven out wi' the divor's bill to the barren pastures of bankruptcy."

. . . .

VI A. MAUDGE AND THE ORPHAN

John Galt (1779–1839).

THE ENTAIL.

Chapters I and II.

"ðeːr noː wʌrθ ðə 'ljukən ɑt,............hədjɪ bət sin ðə lɑst 'lɛdɪ 'kɪtlstən[1]'hjux, jər eːn mʌkl rɪ'spɛkətl 'granmɪðər, ən hər [2]twɑː 'sɪstərz, ɪn ðər 'hɛnʃ'hups, wɪ ðər fɑnz ɪn ðər [3]hɑndz—ðə θriː ɪn ə [2]rɑː [4]wəd he 'supət ðə hel briθ o ðə 'trɔnget—jɪ [4]wəd he sin 'sʌmθɪŋ. ðeː wər nen o jər njuːmed 'lɛdɪz, bət kʌm o ə 'pɛdɪgri. ful [4]wəd he bin ðə get, ən 'drukən ðə 'ʃuər, ðət [4]wəd he [5]gɑːrt ðɛm dʒuk ðər [6]hidz 'ɪntɪl ðə doːr o [7]'onɪ sɪk θɪŋ əz ə 'glɛskə [8]'bəili—nɑː; [2]'klɑːdɪ, mə lɑːm, ðu mən lɪft ðɑɪ in ə'byn ðə trɑʃ o ðə tun, ən əi kip məin ðət ðə hɪlz ər [3]'stɑndən jɛt ðət mɪxt he bin ðɑɪ eːn; ən soː me ðe jɛt biː, ən ðu kən bət 'mestər ðə prəid o bɑk ən 'bɛlɪ, ən sik fɔr 'sʌmθɪŋ meːr 'sɔlɪd ðən ðə 'breːvrɪ o sɪk ə 'sɔləmən ɪn [2]ɑːl hɪz 'gloːrɪ əz jɔn 'provəst 'gɔrbəlz.—hex, [1]sɪrz, ʍɑt ə 'kəitfə o prəidz 'jɔnər! ən jɛt ə [4]'wədnə bi nen [9]sər'prɑɪzd ðə [7]morn tə hiːr ðət ðə nebʌxəd'nɛdzər wəz [2]ɑː geːn tə pɪgz ən ʍʌslz, ən drɪvn ut wɪ ðə 'dɑɪvərz bɪl tə ðə 'bɑrən 'pɑstjərz o 'bɑŋkrʌpsɪ."

---

[1] ʌ [2] ɡː [3] ɑː [4] ʌ, ɪ [5] ɛ [6] e [7] ɔ [8] 'belɟɪ [9] sər'prəist

After taking a stroll round the brow of the hill, Provost Gorbals and his lady approached the spot where Maudge and Claud were sitting. As they drew near, the old woman rose, for she recognized in Mrs Gorbals one of the former visitors at Kittlestonheugh. The figure of Maudge herself was so remarkable, that, seen once, it was seldom forgotten, and the worthy lady, almost at the same instant, said to the Provost,—

"Eh! Megsty, gudeman, if I dinna think yon's auld Kittlestonheugh's crookit bairnswoman. I won'er what's come o' the Laird, poor bodie, sin' he was rookit by the Darien. Eh! what an alteration it was to Mrs Walkinshaw, his gudedochter. She was a bonny bodie; but frae the time o' the sore news, she croynt awa, and her life gied out like the snuff o' a can'le. Hey, Magdalene Dobbie, come hither to me, I'm wanting to speak to thee."

Maudge, at this shrill obstreperous summons, leading Claud by the hand, went forward to the lady, who immediately said,—

"Ist t'ou ay in Kittlestonheugh's service, and what's come o' him, sin' his lan' was roupit?"

Maudge replied respectfully, and with the tear in her eye, that the Laird was dead.

"Dead!" exclaimed Mrs Gorbals, "that's very extraordinare. I doubt he was ill off at his latter end. Whar did he die, poor man?"

"We were obligated," said Maudge, somewhat comforted by the compassionate accent of the lady, "to come intil Glasgow, where he fell into a decay o' nature." And she added, with a sigh that was almost a sob, "'Deed, it's vera true, he died in a sare straitened circumstance, and left this helpless laddie upon my hands."

The Provost, who had in the meantime been still looking about in quest of a site for his intended mansion, on hearing this, turned round, and putting his hand in his pocket, said,—

"An' is this Kittlestonheugh's oe? I'm sure it's a vera pitiful thing o' you, lucky, to take compassion on the orphan; hae, my laddie, there's a saxpence."

"eː! 'megstɪ, gyd'man, ɪf ə 'dɪnnə θɪŋk jonz [3]aːld 'kɪtlstən[1]'hjuxs 'krukət [2]'bernzwʌmən. ə 'wʌnər ʍəts kʌm o ðə lerd, pøːr 'bʌdɪ, sɪn i wəz 'rukət bɪ ðə 'derɪən. eː! ʍɑt ən ɑltər'eʃn ɪt wəz tə 'mɪsɪz [3]'wɑːkɪnʃɑ, hɪz gyd[4]'doxtər. ʃi wʌz ə [4]'bonɪ 'bʌdɪ; bət fre ðə təim o ðə soːr njuːz, ʃi [5]krɔɪnt [3]ə'wɑː ən hər ləif gɪd ut ləik ðə snʌf o ə [36]kɑnl. həi, 'mɑgdəlin 'dobɪ, kʌm 'hɪðər tə mi, əm [7]'wɑntən tə spik tə ðɪ."

. . . .

"'ɪst [8]tu əi ɪn 'kɪtlstən[1]'hjuxs 'sɛrvɪs, ən ʍɑts kʌm o hɪm, sɪn ɪz [6]lɑn wəz 'rʌupət?"

. . . .

"'did!............ðɑts 'vɛrə ɪkstrə'ordɪnər. ə dut hi wəz ɪl ɔf ət ɪz 'lɑtər ɛnd. [3]ʍɑːr dɪd hi diː, pøːr mɑn?"

"wi wər ɔblɪ'getət............tə kʌm 'ɪntɪl 'glɛskə, ʍər i fɛl 'ɪntə ə dɪ'keː o 'netər............did, ɪts 'vɛrə truː, hi diːd ɪn ə seːr stretnt [1]'sɪrkʌmstəns, ən lɛft ðɪs 'hɛlpləs 'lɑdɪ ɔ'pɔn mɑɪ [6]hɑnz."

. . . .

"ən ɪz ðɪs 'kɪtlstən[1]'hjuxs oː? əm ʃøːr ɪts ə 'vɛrə 'pitɪfə θɪŋ o juː, 'lʌkɪ, tə tɑk kəm'pɑʃn ɔn ðə 'ɔrfən; heː, mə 'lɑdɪ, ðeːrz ə 'sɑkspəns."

---

[1] ʌ [2] ɛ [3] ǫː [4] ɔ [5] əi [6] ɑː [7] ɪ, ʌ [8] See Ph. § 217 (*d*)

"Saxpence, gudeman!" exclaimed the Provost's lady, "ye'll ne'er even your han' wi' a saxpence to the like of Kittleston-heugh, for sae we're bound in nature to call him, landless though his lairdship now be; poor bairn, I'm wae for't. Ye ken his mother was sib to mine by the father's side, and blood's thicker than water ony day."

Generosity is in some degree one of the necessary qualifications of a Glasgow magistrate, and Provost Gorbals being as well endowed with it as any of his successors have been since, was not displeased with the benevolent warmth of his wife, especially when he understood that Claud was of their own kin. On the contrary, he said affectionately,—

"Really it was vera thoughtless o' me, Liezy, my dear; but ye ken I have na an instinct to make me acquaint wi' the particulars of folk, before hearing about them. I'm sure no living soul can have a greater compassion than mysel' for gentle blood come to needcessity."

Mrs Gorbals, however, instead of replying to this remark—indeed, what could she say, for experience had taught her that it was perfectly just—addressed herself again to Maudge.

"And whar dost t'ou live? and what hast t'ou to live upon?"

"I hae but the mercy of Providence," was the humble answer of honest Maudge, "and a garret-room in John Sinclair's lan'. I ettle as weel as I can for a morsel, by working stockings; but Claud's a rumbling laddie, and needs mair than I hae to gi'e him: a young appetite's a growing evil in the poor's aught."

The Provost and his wife looked kindly at each other, and the latter added,—

"Gudeman, ye maun do something for them. It'll no fare the waur wi' our basket and our store."

And Maudge was in consequence requested to bring Claud with her that evening to the Provost's House in the Bridgegate. "I think," added Mrs Gorbals, "that our Hughoc's auld claes will just do for him; and Maudge, keep a good heart, we'll no let thee want. I won'er t'ou did na think of making an application to us afore."

"'sakspəns, gyd'man !............jɪl neːr iːvn jər [1]han wɪ̢ ə 'sakspəns tə ðə ləik o 'kɪtlstən[2]'hjux, fər seː wir bʌund ɪ̢n 'netər tə [3]kaː hɪ̢m, 'lanləs θo hɪ̢z 'lerdʃɪp nuː biː; pøːr [4]bern, əm weː fərt. jɪ ken hɪ̢z 'mɪðər wəz sɪ̢b tə məin bɪ̢ ðə [5]'feðərz səid, ən blydz 'θɪ̢kər ðən 'watər [6]'onɪ̢ deː."

. . . .

"reːlɪ̢ ɪ̢t wəz 'verə [6]'θoxtləs o mɪ, liːzi, mə diːr; bət jɪ kɛn ə 'həvnə ən 'ɪ̢nstɪ̢ŋk tə mak mɪ ə'kwant wɪ̢ ðə pər'tiklərz o [7]fʌuk, bɪ'foːr 'hiːrən ə'but ðəm. əm ʃøːr noː 'liːvən sol kən hav ə 'gretər kəm'paʃn ðən mə'sel fər dʒɛntl blyd kʌm tə nid'sɛsɪtɪ̢."

. . . .

"ən [3]ʍaːr dʌst [8]tu liːv? ən ʍat hast [8]tu tə liːv ə'pon?"

"ə heː bət ðə 'mɛrsɪ̢ o 'provɪdəns,............ən ə 'garətrum ɪ̢n [6]dʒon 'sɪ̢ŋklərz [1]*land*. ə ɛtl əz wil əz ə kan fər ə 'morsəl, bɪ̢ 'wʌrkən 'stokənz; bət [3]klaːdz ə 'rʌmlən [1]'ladɪ, ən nidz meːr ðən a heː tə giː hɪ̢m: ə jʌŋ 'apətits ə 'grʌuən iːvl ɪ̢n ðə pøːrz aːxt."

. . . .

"gyd'man, jɪ maːn døː 'sʌmθɪ̢ŋ fər ðəm. ɪ̢tl noː feːr ðə [3]waːr wɪ̢ uːr 'baskət ən uːr stoːr."

. . . .

"ə θɪ̢ŋk............ðət uːr 'hjuəks [3]aːl*d* kleːz wɪ̢l dʒyst døː fər hɪ̢m; ən [3]maːdʒ, kip ə gyd hɛrt, wil noː [9]lɛt ði [10]want. ə 'wʌnər [8]tu 'dɪ̢dnə θɪ̢ŋk o 'makən ən aplɪ'keʃn tə ʌs ə'foːr."

. . . .

---

[1] aː [2] ʌ [3] ǫː [4] ɛ [5] eː [6] ɔ [7] o [8] See Ph. § 217 (*d*) and Gr. § 22
[9] a, ə [10] ɪ̢, ʌ

"No," replied the old woman, "I could ne'er do that—I would hae been in an unco strait before I would hae begget on my own account; and how could I think o' disgracing the family? Any help that the Lord may dispose your hearts to gi'e, I'll accept wi' great thankfulness, but an almous is what I hope He'll ne'er put it upon me to seek; and though Claud be for the present a weight and burden, yet, an he's sparet, he'll be able belyve to do something for himsel'."

Both the Provost and Mrs Gorbals commended her spirit; and, from this interview, the situation of Maudge was considerably improved by their constant kindness.

"noː,...........ə kʌd neːr dǿː ðɑ̊t—ə [1]wəd e bin ɪ̧n ən'ʌŋkə stret bɪ'foːr ə [1]wəd he 'begət on mɑɪ oːn ə'kunt; ən huː kʌd ə θɪ̧ŋk o dɪ̧s'gresən ðə 'femlɪ̧? 'ɛnɪ̧ help ðət ðə loːrd me dɪs'poːz jər herts tə giː, əl ək'sep wɪ̧ gret 'θɑŋkfəlnəs, bət ən [2]'ɑːməs ɪ̧z ʌət ə hʌup hil neːr pɪ̧t ə'pon mɪ tə sik; ən θo [2]klɑːd biː fər ðə prɛznt ə wɛxt ən 'bʌrdən, jɛt, ən hiz speːrt, hil bi ebl bɪ'lɑɪv tə dǿː 'sʌmθɪ̧ŋ fər hɪ̧m'sɛl."...

---

[1] ɪ̧, ʌ [2] ɑ̧ː

VII A. TAM O' SHANTER

ROBERT BURNS (1759–1796).

Ayrshire Dialect.

In this, as in all the other poems of Burns, printed in this work, the text is taken from the Centenary Edition of Robert Burns by Henley and Henderson.

In Burns' dialect all the ɛ sounds are very broad, almost equal to ȩ. ɑ: is generally represented by ǫ: and ɔ by o. The glottal catch is heard before t, p, k, and both medially and finally in familiar speech may take the place of the consonant.

When chapman billies leave the street,
And drouthy neebors, neebors meet;
As market-days are wearing late,
An' folk begin to tak the gate;
While we sit bousing at the nappy,
An' getting fou and unco happy,
We think na on the lang Scots miles,
The mosses, waters, slaps, and stiles,
That lie between us and our hame,
Whare sits our sulky, sullen dame,
Gathering her brows like gathering storm,
Nursing her wrath to keep it warm.

This truth fand honest Tam o' Shanter,
As he frae Ayr ae night did canter,
(Auld Ayr, wham ne'er a town surpasses,
For honest men and bonie lasses.)
O Tam, had'st thou but been sae wise,
As taen thy ain wife Kate's advice!
She tauld thee weel thou was a skellum,
A blethering, blustering, drunken blellum;
That frae November till October,
Ae market-day thou was nae sober;
That ilka melder wi' the miller,
Thou sat as lang as thou had siller;

VII A. TAM O' SHANTER

ROBERT BURNS (1759–1796).

ʍən ˈtʃɑpmən ˈbɪlịz liːv ðə strit,
ən ˈdruθɪ ˈnibərz, ˈnibərz mit;
əz ˈmɑrkət deːz ər ˈwiːrən let,
ən fok bɪˈgịn tə tɑk ðə get;
ʍəil wi sịt ˈbuːzən ət ðə ˈnɑpị,
ən gɛtn fuː ən ˈʌŋkə ˈhɑpị,
wi θịŋk nə on ðə lɑŋ skots məilz,
ðə ˈmosəz, ˈwɑtərz, slɑps, ən stəilz,
ðət lɑɪ bɪˈtwin ʌs ən [1]ur hem,
ʍər sịts ur ˈsʌlkị, ˈsʌlən dem,
ˈgeðrən ər bruːz ləik ˈgeðrən storm,
ˈnʌrsən ər rɑθ tə kip ịt wɑrm.

ðịs tryθ fɑn*d* ˈonɛst tɑm o ˈʃɑntər,
əz hiː frɛ eːr jeː nịxt dịd ˈkɑntər,
(ǫːl*d* eːr, ʍəm niːr ə tun sʌrˈpɑsəz,
fər ˈonɛst mẹn ən ˈbọnị ˈlɑsəz.)
oː tɑm, hɑdst ðuː bʌt bin se wəis,
əz teːn ðɑɪ eːn wəif kets ədˈvəis!
ʃi tɑːl*d* ði wil ðu wʌz ə ˈskẹləm,
ə ˈblẹðrən, ˈblʌstrən, drʌkŋ ˈblẹləm;
ðət frɛ nəˈvẹmbər tịl ɔkˈtobər,
jeː ˈmɑrkətˈdeː ðu ˈwʌznə ˈsobər;
ðət ịlkə ˈmẹldər wị ðə ˈmịlər,
ðu sɑt əz lɑŋ əz ðu hɑd ˈsịlər;

That ev'ry naig was ca'd a shoe on,
The smith and thee gat roaring fou on;
That at the Lord's house, even on Sunday,
Thou drank wi' Kirkton Jean till Monday.
She prophesied, that, late or soon,
Thou would be found deep drowned in Doon;
Or catch'd wi' warlocks in the mirk,
By Alloway's auld, haunted kirk.
Ah! gentle dames, it gars me greet,
To think how monie counsels sweet,
How monie lengthen'd sage advices,
The husband frae the wife despises!

But to our tale:—Ae market-night,
Tam had got planted unco right,
Fast by an ingle, bleezing finely,
Wi' reaming swats, that drank divinely;
And at his elbow, Souter Johnie,
His ancient, trusty, drouthy cronie:
Tam lo'ed him like a vera brither;
They had been fou for weeks thegither.
The night drave on wi' sangs and clatter;
And aye the ale was growing better:
The landlady and Tam grew gracious,
Wi' secret favours, sweet, and precious:
The souter tauld his queerest stories;
The landlord's laugh was ready chorus:
The storm without might rair and rustle,
Tam did na mind the storm a whistle.
Care, mad to see a man sae happy,
E'en drown'd himsel amang the nappy.
As bees flee hame wi' lades o' treasure,
The minutes wing'd their way wi' pleasure;
Kings may be blest, but Tam was glorious,
O'er a' the ills o' life victorious!

. . . .

ðət 'ɛvrɪ neg wəz kǫːd ə ʃuː on,
ðə smɪ̨θ ən ði gɑt 'roːrən fuː on;
ðət ət ðə loːrdz hus, iːn on 'sʌnde,
ðu draŋk wɪ̨ 'kertən dʒin tɪ̨l 'mʌnde.
ʃi [1]'profəsit, ðət, let ər [2]sun,
ðu wəd bi fʌn dip drund ɪ̨n [3]dun;
ər kɑtʃt wɪ̨ 'wǫːrləks ɪ̨n ðə mɪ̨rk,
bɪ̨ 'ɑlowəz ǫːld, 'hɑntət kɪ̨rk.
ɑː! dʒęntl demz, ɪ̨t gɑrz mi grit,
tə θɪ̨ŋk huː 'mʌnɪ̨ kunslz swit,
huː 'mʌnɪ̨ 'lęnθənt sedʒ əd'vəisəz,
ðə 'hʌzbənd fre ðə wəif dɪs'pəizəz!

bət tø [4]ur tel:—jeː 'markət'nɪ̨xt,
tɑm həd got 'plɑntət 'ʌŋkə rɪ̨xt,
fɑst bɑɪ ən ɪ̨ŋl, 'bliːzən 'fəinlɪ̨,
wɪ̨ 'rimən swɑts, ðət draŋk dɪ'vəinlɪ̨;
ən ət ɪz 'ęlbə, 'sutər 'dʒonɪ̨,
hɪ̨z 'ɑnʃənt, 'trʌstɪ̨, 'druθɪ 'kronɪ̨:
tɑm luːd ɪ̨m ləik ə 'vęrə 'brɪðər;
ðe həd bin fuː fər wiks ðə'gɪðər.
ðə nɪ̨xt dreːv on wɪ̨ sɑŋz ən 'klętər;
ən əi ðə jel wəz 'grʌuən 'bętər:
ðə 'lɑndlɛdɪ ən tɑm gruː 'greʃəs,
wɪ̨ 'sikrət 'feːvərz, swit, ən 'preʃəsː:
ðə 'sutər tǫːld ɪ̨z 'kwiːrɛst 'stoːrɪ̨z;
ðə 'lɑndlərdz lɑx wəz 'rɛdɪ 'koːrəs:
ðə storm wɪ̨'θut mɪ̨xt reːr ən rʌsl,
tɑm 'dɪ̨dnə məind ðə storm ə ᴍʌsl.
keːr, mɑd tə siː ə mɑn seː 'hɑpɪ̨,
iːn drunt ɪ̨m'sęl ə'mɑŋ ðə 'nɑpɪ̨.
əz biːz fliː hem wɪ̨ ledz o 'tręːʒər,
ðə 'minɪts wɪ̨ŋt ðər wəi wɪ̨ 'plęːʒər;
kiŋz meː bi blɛst, bət tɑm wəz 'gloːrɪəs,
ʌur ǫː ðə ɪ̨lz o ləif vɪ̨k'toːrɪəs!

[1] 'profɛsɑɪd [2] ʃyn [3] dyn [4] wər

Nae man can tether time or tide;
The hour approaches Tam maun ride:
That hour, o' night's black arch the key-stane,
That dreary hour Tam mounts his beast in;
And sic a night he taks the road in,
As ne'er poor sinner was abroad in.
The wind blew as 'twad blawn its last;
The rattlin' showers rose on the blast;
The speedy gleams the darkness swallow'd;
Loud, deep, and lang the thunder bellow'd;
That night, a child might understand,
The deil had business on his hand.

Weel mounted on his gray mare Meg,
A better never lifted leg,
Tam skelpit on thro' dub and mire,
Despising wind, and rain, and fire;
Whiles holding fast his guid blue bonnet;
Whiles crooning o'er some auld Scots sonnet;
Whiles glow'ring round wi' prudent cares,
Lest bogles catch him unawares:
Kirk-Alloway was drawing nigh,
Whare ghaists and houlets nightly cry.

By this time he was cross the ford,
Whare in the snaw the chapman smoor'd;
And past the birks and meikle stane,
Whare drunken Charlie brak's neck-bane;
And thro' the whins, and by the cairn,
Whare hunters fand the murder'd bairn;
And near the thorn, aboon the well,
Whare Mungo's mither hang'd hersel.
Before him Doon pours all his floods;
The doubling storm roars thro' the woods!
The lightnings flash from pole to pole;
Near and more near the thunders roll;
When, glimmering thro' the groaning trees,
Kirk-Alloway seem'd in a bleeze;

neː man kən ˈtḙðər təim ər təid;
ðə uːr əˈprotʃɛz tam mən rəid:
ðat uːr, o nḭxts blak ertʃ ðə ˈkiːsten,
ðat ˈdriːrɪ uːr tam mʌnts ḭz bist ḭn;
ən sḭk ə nḭxt hi taks ðə rod ḭn,
əz niːr pøːr ˈsḭnər wəz əˈbrod ḭn.
ðə wʌn bluː əz twəd blǫːn ḭts last;
ðə ˈratlən ʃuːrz roːz on ðə blast;
ðə ˈspidɪ glimz ðə ˈdarknəs ˈswǫlət;
lud, dip, ən laŋ ðə ˈθʌndər ˈbɛlət;
ðat nḭxt, ə tʃəild mḭxt ʌndərstǫnd,
ðə dil had ˈbḭznɛs on ḭz hǫnd.

wil mʌntət on ḭz greː miːr mḙg,
ə ˈbḙtər ˈnɛvər ˈlḭftət lḙg,
tam ˈskḙlpət on θru dʌb ən maːr,
dɪˈspaɪzən wʌn, ən ren, ən faːr;
ʌəilz ˈhǫdən fast hḭz gyd bluː ˈbonət;
ʌəilz ˈkrunən ʌur ən ǫːld skots ˈsonət;
ʌəilz ˈglʌurən rund wḭ ˈprudənt keːrz,
lɛst boglz katʃ hḭm ʌnəˈweːrz:
kḭrk ˈalowə wəz ˈdrǫən naɪ,
ʌər gests ən ˈhuləts ˈnḭxtlḭ kraɪ.

bḭ ðḭs təim hi wəz kros ðə føːrd,
ʌər ḭn ðə snǫː ðə ˈtʃapmən smøːrd;
ən past ðə bḭrks ən mɪkl sten,
ʌər drʌkŋ ˈtʃeːrlḭ braks nḙkben;
ən θru ðə ʌʌnz, ən baɪ ðə keːrn,
ʌər ˈhʌntərz fand ðə ˈmʌrdərt beːrn;
ən niːr ðə θorn, əˈbyn ðə wḙl,
ʌər ˈmʌŋgoz ˈmɪðər haŋt ərˈsḙl.
bɪˈfoːr hḭm dun puːrz ǫː hḭz flʌdz;
ðə ˈdʌblən storm roːrz θru ðə wʌdz!
ðə ˈlɛxtnənz flaʃ fre pol tə pol;
niːr ən moːr niːr ðə ˈθʌndərz rol;
ʌən, ˈglḭmrən θru ðə ˈgroːnən triːz,
kḭrk ˈalowə simd ḭn ə bliːz;

Thro' ilka bore the beams were glancing,
And loud resounded mirth and dancing.

Inspiring bold John Barleycorn,
What dangers thou canst make us scorn!
Wi' tippenny, we fear nae evil;
Wi' usqubae, we'll face the Devil!
The swats sae ream'd in Tammie's noddle,
Fair play, he car'd na de'ils a boddle.
But Maggie stood, right sair astonish'd,
Till, by the heel and hand admonish'd,
She ventur'd forward on the light;
And, vow! Tam saw an unco sight!
Warlocks and witches in a dance:
Nae cotillion, brent new frae France,
But hornpipes, jigs, strathspeys, and reels,
Put life and mettle in their heels.
A winnock-bunker in the east,
There sat Auld Nick, in shape o' beast;
A tousie tyke, black, grim, and large,
To give them music was his charge:
He screw'd the pipes and gart them skirl,
Till roof and rafters a' did dirl.
Coffins stood round, like open presses,
That shaw'd the dead in their last dresses;
And, by some devilish cantraip sleight,
Each in his cauld hand held a light:
By which heroic Tam was able
To note upon the haly table,
A murderer's banes in gibbet-airns;
Twa span-lang, wee, unchristen'd bairns;
A thief new-cutted frae a rape—
Wi' his last gasp his gab did gape;
Five tomahawks, wi' bluid red-rusted;
Five scymitars, wi' murder crusted;
A garter which a babe had strangled;

θru 'ɪ̞lkə boːr ðə bimz wər 'glansən,
ən lud rɪ'sundət mɪ̞rθ ən 'dansən.

ɪn'spaɪrən bǫːld dʒon 'barlɪ̞korn,
ʍət 'dendʒərz ðuː kanst mak ʌs skorn!
wɪ̞ 'tɪpənɪ̞, wi fiːr ne iːvl;
wɪ̞ 'ʌskwəbe, wil fes ðə diːvl!
ðə swats seː rimd ɪ̞n 'tamɪ̞z nodl,
feːr pleː, hi 'keːrdnə dilz ə bodl.
bət 'magɪ styd, rɪ̞xt seːr ə'stonɪ̞ʃt,
tɪ̞l, bɪ̞ ðə hil ən hǫːnd əd'monɪ̞ʃt,
ʃi 'vɛntərt 'forət on ðə lɪ̞xt;
ən, wʌu! tam sǫː ən 'ʌŋkə sɪ̞xt!
'wǫːrləks ən 'wʌtʃəz ɪ̞n ə dans:
neː 'kotɪljon, brȩnt njuː frɛ frans,
bət 'hornpəips, dʒɪ̞gz, straθ'spəiz, ən rilz,
pʌt ləif ən mȩtl ɪ̞n ðər hilz.
ə 'wʌnək'bʌŋkər ɪ̞n ðə ist,
ðeːr sat ǫːld nɪ̞k, ɪ̞n ʃep o bist;
ə 'tuːzɪ təik, blak, grɪ̞m, ən lerdʒ,
tə giː ðəm 'møːzɪk wəz ɪ̞z tʃerdʒ:
hi skruːt ðə pəips ən gart ðəm skɪ̞rl,
tɪ̞l ryf ən 'raftərz ǫː dɪ̞d dɪ̞rl.
'kofɪ̞nz styd run, ləik opm 'prɛsəz,
ðət ʃǫːd ðə did ɪ̞n ðer last 'drɛsəz;
ən, baɪ sʌm 'diːvlɪʃ 'kantrɪp slɪ̞xt,
itʃ ɪ̞n ɪ̞ts kǫːld hǫnd hild ə lɪ̞xt:
bɪ̞ ʍʌtʃ hi'roɪk tam wəz ebl
tə not ə'pɔn ðə 'helɪ̞ tebl,
ə 'mʌrdrərz benz ɪ̞n 'dʒɪ̞bət'eːrnz;
[1]twǫː 'spanlaŋ, wiː, ʌn'kɪ̞rsənt beːrnz;
ə θif njuː'kʌtət fre ə rep—
wɪ̞ hɪ̞z last gasp ɪ̞z gab dɪ̞d gep;
faɪv tomə'hǫːks, wɪ̞ blyd rid'rʌstət;
faɪv 'sɪ̞mɪ̞tərz, wɪ̞ 'mʌrdər 'krʌstət;
ə 'gertər ʍʌtʃ ə beb həd straŋlt;

[1] eː

A knife a father's throat had mangled—
Whom his ain son o' life bereft—
The grey-hairs yet stack to the heft;
Wi' mair of horrible and awefu',
Which even to name wad be unlawfu'.

As Tammie glower'd, amaz'd and curious,
The mirth and fun grew fast and furious;
The piper loud and louder blew,
The dancers quick and quicker flew;
They reel'd, they set, they cross'd, they cleekit,
Till ilka carlin swat and reekit,
And coost her duddies to the wark,
And linket at it in her sark!

Now Tam, O Tam! had thae been queans,
A' plump and strapping, in their teens!
Their sarks, instead o' creeshie flannen,
Been snaw-white seventeen hunder linen!—
Thir breeks o' mine, my only pair,
That once were plush, o' guid blue hair,
I wad hae gi'en them aff my hurdies,
For ae blink o' the bonie burdies!

But wither'd beldams, auld and droll,
Rigwoodie hags wad spean a foal,
Lowping and flinging on a crummock,
I wonder didna turn thy stomack,

But Tam kend what was what fu' brawlie:
There was ae winsome wench and wawlie
That night enlisted in the core,
Lang after kend on Carrick shore
(For monie a beast to dead she shot,
And perish'd monie a bonie boat,
And shook baith meikle corn and bear,
And kept the country-side in fear.)
Her cutty sark, o' Paisley harn,

ə nəif ə 'feðərz θrot həd maŋlt—
ʍam hɪ̜z eːn sʌn o ləif brˈrȩft—
ðə 'greːheːrz jɛt stak tə ðə hȩft;
wɪ̜ meːr o 'horɪbl ən 'ǫːfə,
ʍʌtʃ iːn tə nem wəd bi ʌn'lǫːfə.

əz 'tamɪ glʌurt, ə'meːzd ən 'kjøːrɪəs,
ðə mɪ̜rθ ən fʌn gruː fast ən fjøːrɪəs;
ðə 'pəipər lud n̩ 'ludər bluː,
ðə 'dansərz kwɪ̜k ən 'kwɪ̜kər fluː;
ðe rilt, ðe sɛt, ðe krost, ðe 'klikət,
tɪ̜l 'ɪ̜lkə 'kerlɪ̜n swat ən 'rikət,
ən kyst ər 'dʌdɪz tə ðə wark,
ən 'lɪ̜ŋkət ət ɪ̜t ɪ̜n ər sark!

nuː tam, oː tam! həd ðe bin kwinz,
ǫː plʌmp ən 'strapən, ɪ̜n ðər tinz!
ðər serks, ɪ̜n'stid o 'kriʃɪ [1]'flanən,
bin 'snǫːʍəit 'sivntin 'hʌnər 'lɪ̜nən!—
ðɪ̜r briks o məin, ma 'onlɪ̜ peːr,
ðət jɪ̜ns wər plʌʃ, o gyd bluː heːr,
ə wəd ə gin ðəm af mə 'hʌrdɪz,
fər jeː blɪ̜ŋk o ðə 'bonɪ̜ 'bʌrdɪz!

bət 'wɪ̜ðərt 'bȩldemz, ǫːld ən drol,
rɪ̜g'wʌdɪ hagz wəd spen ə fol,
'lʌupən ən 'flɪ̜ŋən on ə 'krʌmək,
ə 'wʌndər 'dɪ̜dnə tʌrn ðaɪ 'stʌmək,

bət tam kȩnt ʍat wəz ʍat fuː 'brǫːlɪ̜:
ðər wəz jeː 'wʌnsəm wȩnʃ ən wǫːlɪ̜
ðat nɪ̜xt ɪ̜n'lɪ̜stət ɪ̜n ðə koːr,
laŋ 'ȩftər kȩnt on 'karɪ̜k ʃoːr
(fər 'mʌnɪ ə bist tə did ʃi ʃot,
ən 'pȩrɪʃt 'mʌnɪ ə 'bonɪ̜ bot,
ən ʃyk beθ mikl korn ən biːr,
ən kȩpt ðə 'kʌntrəsəid ɪ̜n fiːr.)
hər 'kʌtɪ̜ serk, o 'peslɪ̜ harn,

[1] Another reading is *flainen* = 'flɛnən which would make a good half-rhyme to *linen*.

That while a lassie she had worn,
In longitude tho' sorely scanty,
It was her best, and she was vauntie......
Ah! little kend thy reverend grannie,
That sark she coft for her wee Nannie,
Wi' twa pund Scots ('twas a' her riches),
Wad ever grac'd a dance o' witches!

But here my Muse her wing maun cour,
Sic flights are far beyond her power:
To sing how Nannie lap and flang,
(A souple jad she was and strang),
And how Tam stood like ane bewitch'd,
And thought his very een enrich'd:
Even Satan glowr'd, and fidg'd fu' fain,
And hotch'd and blew wi' might and main;
Till first ae caper, syne anither,
Tam tint his reason a'thegither.
And roars out: "Weel done, Cutty-sark!"
And in an instant all was dark:
And scarcely had he Maggie rallied,
When out the hellish legion sallied.

As bees bizz out wi' angry fyke,
When plundering herds assail their byke;
As open pussie's mortal foes
When, pop! she starts before their nose;
As eager runs the market-crowd,
When "Catch the thief!" resounds aloud;
So Maggie runs, the witches follow,
Wi' monie an eldritch scriech and hollo.

Ah, Tam! Ah, Tam! thou'll get thy farin!
In hell they'll roast thee like a herrin!
In vain thy Kate awaits thy comin!
Kate soon will be a wofu' woman!

ðət ʍəil ə 'lasɪ̞ ʃi həd worn,
ɪ̞n 'londʒɪtjud θo seːrlɪ̞ 'skantɪ,
ɪ̞t wəz ər bɛ̞st, ən ʃi wəz 'vantɪ......
aː! lɪ̞tl kɛ̞nt ðaɪ 'revrənt 'granɪ̞,
ðat serk ʃi koft fər hər wiː 'nanɪ̞,
wɪ̞ [1]twǫː pʌnd skots (twəz ǫː hər 'rɪ̞tʃəz),
wəd 'ɛvər grest ə dans o 'wɪ̞tʃəz!

bət hiːr mə møːz hər wɪ̞ŋ mən kuːr,
sɪ̞k flɪ̞xts ər fǫːr bɪ'jont hər puːr:
tə sɪ̞ŋ huː 'nanɪ̞ lap ən flaŋ,
(ə supl dʒǫːd ʃi wəz ən straŋ),
ən huː tam styd ləik jɛn bɪ'wɪ̞tʃt,
ən θoxt ɪ̞z 'vɛ̞rə in ɪ̞nrɪ̞tʃt:
iːn sǫːtn glʌurt, ən fɪ̞dʒd fu feːn,
ən hotʃt ən bluː wɪ̞ mɪ̞xt ən meːn;
tɪ̞l fʌrst jeː 'kepər, səin ə'nɪðər,
tam tɪnt ɪ̞z riːzn ǫː ðə'gɪðər.
ən roːrz ut: "wil dyn, 'kʌtɪ̞'sark!"
ən ɪ̞n ən 'ɪ̞nstənt ǫː wəz dark:
ən 'skerslɪ̞ həd hi 'magɪ 'ralɪ̞t,
ʍən ut ðə 'hɛ̞lɪ̞ʃ 'lidʒən 'salɪ̞t.

əz biːz bɪz ut wɪ̞ 'aŋrɪ fəik,
ʍən 'plʌndrən herdz ə'sel ðər bəik;
əz opm 'pusɪz 'mortəl foːz
ʍən, pop! ʃi sterts bɪ'foːr ðər noːz;
əz 'igər rɪnz ðə 'markət'krud,
wən "katʃ ðə θif!" rɪ'sundz ə'lud;
soː 'magɪ rɪnz, ðə 'wʌtʃəz 'folo,
wɪ̞ 'mʌnɪ ən [2]ɛldrɪ̞tʃ skrix ən 'holo.

aː, tam! aː, tam! ðuːl gɛt ðaɪ feːrɪn!
ɪ̞n hɛ̞l ðel rost ði ləik ə 'heːrɪn!
ɪ̞n ven ðaɪ ket ə'wets ðaɪ 'kʌmən!
ket syn wɪ̞l bi ə 'weːfə 'wʌmən!

[1] eː [2] 'ɛldrɪ̞x

Now, do thy speedy utmost, Meg,
And win the key-stane of the brig;
There, at them thou thy tail may toss,
A running stream they dare na cross!
But ere the key-stane she could make,
The fient a tail she had to shake!
For Nannie, far before the rest,
Hard upon noble Maggie prest,
And flew at Tam wi' furious ettle;
But little wist she Maggie's mettle!
Ae spring brought aff her master hale,
But left behind her ain grey tail:
The carlin claught her by the rump,
And left poor Maggie scarce a stump!

Now, wha this tale o' truth shall read,
Ilk man and mother's son, take heed:
Whene'er to drink you are inclin'd,
Or cutty sarks run in your mind,
Think! ye may buy the joys o'er dear:
Remember Tam o' Shanter's mare.

nuː, døː ðaɪ ˈspidɪ ˈʌtməst, mɛ̧g,
ən wʌn ðə ˈkiːsten o ðə brɪ̧g;
ðeːr, at ðəm ðuː ðaɪ tel me tos,
ə ˈrɪnən strim ðe ˈdǫːrnə kros!
bət eːr ðə ˈkiːsten ʃi kəd mak,
ðə fint ə tel ʃi had tə ʃak!
fər ˈnanɪ̧, fǫːr bɪˈfoːr ðə rɛ̧st,
hard əˈpo nobl ˈmagɪ prɛ̧st,
ən fluː ət tam wɪ̧ ˈfjøːrɪəs ɛ̧tl;
bət lɪ̧tl wʌst ʃi ˈmagɪz mɛ̧tl!
jeː sprɪ̧ŋ broxt af hər ˈmestər hel,
bət left bɪˈhɪ̧nt ər eːn greː tel:
ðə ˈkerlɪ̧n klǫːxt ər bɪ̧ ðə rʌmp,
ən lɛ̧ft pøːr ˈmagɪ skers ə stʌmp!

nuː, [1]ʍǫː ðɪ̧s tel o tryθ ʃəl rid,
ɪ̧lk man ən ˈmɪðərz sʌn, tak hid:
ʍəniːr tə drɪŋk ji ar ɪ̧nˈkləind,
ən ˈkʌtɪ̧ serks rɪn ɪ̧n jər məind,
θɪ̧ŋk! ji me baɪ ðə dʒoɪz ʌur diːr:
rɪˈmɛ̧mbər tam o ˈʃantərz miːr.

---

[1] eː

VIII A. MARRIAGE

SUSAN FERRIER (1782–1854).

CHAPTER XXXIV.

By her spelling, the authoress gives a fair indication of the pronunciation of Mrs Macshake, so that we do not require to note variants to the same extent as in the other extracts.

"An wha thought o' seein ye enow," said she, in a quick gabbling voice; "what's brought you to the toon? are ye come to spend your honest faither's siller, e'er he's weel cauld in his grave, puir man?"

Mr Douglas explained, that it was upon account of his niece's health.

"Health!" repeated she, with a sardonic smile, "it wad mak an ool laugh to hear the wark that's made aboot young fowk's health noo-a-days. I wonder what ye're aw made o'," grasping Mary's arm in her great bony hand—"a wheen puir feckless windlestraes—ye maun awa to Ingland for yere healths. Set ye up! I wunder what cam o' the lasses i' my time, that bute to bide at hame? And whilk o' ye, I sude like to ken, 'll ere leive to see ninety-sax, like me—Health! he, he!"

Mary, glad of a pretence to indulge the mirth the old lady's manner and appearance had excited, joined most heartily in the laugh.

"Tak aff yere bannet, bairn, an let me see yere face; wha can tell what like ye are wi' that snule o' a thing on yere head." Then after taking an accurate survey of her face, she pushed aside her pelisse—"Weel, it's ae mercy, I see ye hae neither the red heed, nor the muckle cuits o' the Douglases. I ken nae whuther ye're faither had them or no. I ne'er set een on him: neither him, nor his braw leddie, thought it worth their while to speer after me; but I was at nae loss, by aw accounts."

"You have not asked after any of your Glenfern friends," said Mr Douglas, hoping to touch a more sympathetic chord.

VIII A. MARRIAGE

Susan Ferrier (1782–1854).

Chapter XXXIV.

"ən [1]ʍɑː [2]θoxt o ʼsiən jɪ eʼnu ;............ʍəts [2]broxt jɪ tə ðə tun ? ər jɪ kʌm tə spɛn*d* jər ʼɔnəst [3]ʼfeðərz ʼsɪ̣lər, eːr hiz wil [1]kɑːl*d* ɪ̣n hɪ̣z greːv, pøːr mɑn ?"

. . . .

"hɛlθ !............ɪ̣t wəd mɑk ən ul [4]lɑx tə hiːr ðə wɑrk ðəts med əʼbu̇t jʌŋ fʌuks hɛlθ ʼnu ə deːz. ə ʼwʌn*d*ər ʍət jir [1]ɑː med o............ə ʍin pøːr ʼfɛkləs ʼwɪ̣n*d*lstreːz—jɪ mən [1]əʼwɑː tə ʼɪ̣ŋlən*d* fər jər hɛlθs. sɛt jɪ ʌp ! ə ʼwʌn*d*ər ʍət kɑm o ðə ʼlɑsəz ɪ̣ mɑː təim, ðət byt tə bəid ət hem ? ən ʍɪ̣lk o jɪ, ə syd ləik tə kɛn, ɪ̣ eːr liːv tə siː ʼnəintɪ sɑks, ləik miː—hɛlθ ! he, he !"

. . . .

"tɑk ɑf jər ʼbɑnət, [5]bern, ən [6]lɛt mɪ siː jər fes ; [1]ʍɑː kən tɛl ʍɑt ləik jɪ ɑr wɪ̣ ðɑt snyl o ə θɪ̣ŋ ɔn jər hid............ wil, ɪ̣ts *j*eː ʼmɛrsɪ̣, ə siː jɪ he [3]ʼneðər ðə rɛd hid, nɔr ðə mʌkl kyts o ðə ʼduɡləsəz. ə kɛn ne ʼʍʌðər jər [3]ʼfeðər həd ðəm ɔr noː. ɑ neːr sɛt in ɔn ɪ̣m : [3]ʼneðər hɪ̣m, nɔr ɪ̣z [1]brɑː ʼlɛdɪ, [2]θoxt ɪ̣t wʌrθ ðər ʍəil tə spiːr ʼɛftər miː ; bət ə wəz ət neː lɔs, bɪ̣ [1]ɑː əʼkunts."

. . . .

---

[1] ǫː [2] ɔ [3] eː [4] ɑː [5] ɛ [6] ɑ, ə

"Time eneugh—wull ye let me draw my breath, man?—fowk canna say aw thing at ance.—An ye bute to hae an Inglish wife tu, a Scotch lass wad nae serr ye.—An yere wean, I'se warran', it's ane o' the warld's wonders—it's been unca lang o' cummin—he, he!"

"He has begun life under very melancholy auspices, poor fellow!" said Mr Douglas, in allusion to his father's death.

"An wha's faut was that?—I ne'er heard tell the like o't, to hae the bairn kirsened an' its grandfather deein'!—But fowk are neither born, nor kirsened, nor do they wad or dee as they used to dae—aw thing's changed."

"You must, indeed, have witnessed many changes," observed Mr Douglas, rather at a loss how to utter anything of a conciliatory nature.

"Changes! weel a waat, I sometimes wunder if it's the same waurld, an if it's my ain heed that's upon my shoothers."

"But with these changes, you must also have seen many improvements?" said Mary, in a tone of diffidence.

"Impruvements!" turning sharply round upon her, "what ken ye about impruvements, bairn? A bonny impruvement or ens no, to see tyleyors and sclaters leavin whar I mind Jewks and Yerls.—An that great glowrin new toon there," pointing out of her windows, "whar I used to sit an luck oot at bonny green parks, and see the coos milket, and the bits o' bairnies rowin an' tummlin, an the lasses tramplin i' their tubs.—What see I noo, but stane an lime, an stoor an dirt, an idle cheels, an dinket-oot madams prancin'. Impruvements indeed!"

Mary found she was not likely to advance her uncle's fortune by the judiciousness of her remarks, therefore prudently resolved to hazard no more. Mr Douglas, who was more *au fait* to the prejudices of old age, and who was always amused with her bitter remarks, when they did not touch himself, encouraged her to continue the conversation by some observation on the prevailing manners.

"Mainers!" repeated she, with a contemptuous laugh, "what caw ye mainers noo, for I dinna ken; ilk ane gangs bang in till their neebor's hoose, and bang oot o't as it war a chynge hoose; an as for the maister o't, he's no' o' sae muckle vaalu as the "təim [1]ə'njux—wʌl jɪ [2]lɛt mi [3]drɑː mə breθ, mən?—fʌuk 'kɑnnə seː [3]'ɑːθɪŋ ət [9]ens.—ən jiː byt tə heː ən 'ɪŋlɪʃ wəif tøː, ə skɔtʃ lɑs wɑd ne sɛːr jɪ.—ən jər weːn, ɑz 'wɑrən, ɪts [4]en o ðə wɑrldz wʌndərz—ɪts bin 'ʌnkə lɑŋ o 'kʌmən—heː, heː!"

. . . .

"ən [3]ʍɑːz [3]fɑːt wəz ðɑt?—ə neːr hɛrd tɛl ðə ləik ot, tə heː ðə bern 'kɪrsənd ən ɪts 'grɑnfeðər 'diən!—bət fʌuk ər [5]'neðər bɔrn, nɔr 'kɪrsənd, nɔr dø ðe wɑd ɔr diː əz ðe [6]jøːzd tə deː—[3]'ɑːθɪŋz [7]tʃendʒd."

. . . .

"'tʃendʒəz! 'wilə'wɑt, ə 'sʌmtəimz 'wʌndər ɪf ɪts ðə sem [8]wɑrld, ən ɪf ɪts mə eːn hid ðəts ə'pɔn mə 'ʃuðərz."

. . . .

"ɪm'prʌvmənts!...........ʍɑt kɛn jiː ə'but ɪm'prʌvmənts, [8]bern? ə 'bɔnɪ ɪm'prʌvmənt ɔr ens noː, tə siː 'təiljərz ən 'skletərz 'liːvən [3]ʍɑːr ɑ məind dʒuks ən jɛrlz.—ən ðɑt gret 'glʌuərən njuː tun ðeːr...........ʍər ə [6]jøːzd tə sɪt n̩ lʌk ut ət 'bɔnɪ grin pɑrks, ən siː ðə kuːz 'mɪlkət, ən ðə bɪts o [8]'bernɪz 'rʌuən n̩ 'tʌmlən, ən ðə 'lɑsəz 'trɑmplən ɪ ðər tʌbz.—ʍɑt siː ə nuː, bət sten n̩ ləim, ən stuːr ən dɪrt, ən əidl tʃilz, ən 'dɪŋkət ut 'mɑdəmz 'prɑnsən. ɪm'prʌvmənts ɪndid!"

. . . .

"[8]'menərz!...........ʍɑt [3]kɑː jɪ [8]'menərz nuː, fər ɑɪ 'dɪnnə kɛn; 'ɪlk[4]en gɑŋz bɑŋ ɪn tɪl ðər 'nibərz hus, ən bɑŋ ut ot əz ɪt wər ə tʃəindʒ hus; ən əz fɔr ðə 'mestər ot, hiːz noː o se

[1] ʌ [2] ɑ, ə [3] ɔː [4] jɪn [5] eː [6] jøst [7] Note English form, see pp. 200—203 [8] ɛ [9] jɪns

flunky ahint his chyre. I' my grandfather's time, as I hae heard him tell, ilka maister o' a faamily had his ain sate in his ane hoose aye, an sat wi' his hat on his heed afore the best o' the land, an had his ain dish, an was aye helpit first, an keepit up his owthority as a man sude dae. Paurents war paurents then—bairns dardna set up their gabs afore them than as they dae noo. They ne'er presumed to say their heeds war their ain i' thae days—wife an servants—reteeners an' childer, aw trummelt i' the presence o' their heed."

Here a long pinch of snuff caused a pause in the old lady's harangue; but after having duly wiped her nose with her coloured handkerchief, and shook off all the particles that might be presumed to have lodged upon her cardinal, she resumed—

"An nae word o' any o' your sisters gawn to get husbands yet? They tell me they're but coorse lasses; an' wha'll tak ill-farred tocherless queans, when there's walth o' bonny faces an lang purses i' the market—he, he!" Then resuming her scrutiny of Mary—"An' I'se warren ye'll be lucken for an Inglish sweetheart tae; that'll be what's takin' ye awa to Ingland."

"On the contrary," said Mr Douglas, seeing Mary was too much frightened to answer for herself, "on the contrary, Mary declares she will never marry any but a true Highlander; one who wears the dirk and plaid, and has the second-sight. And the nuptials are to be celebrated with all the pomp of feudal times; with bagpipes, and bonfires, and gatherings of clans, and roasted sheep, and barrels of whisky, and——"

"Weel a wat an' she's i' the right there," interrupted Mrs Macshake, with more complacency than she had yet shown. "They may caw them what they like, but there's nae waddins noo. Wha's the better o' them but innkeepers and chise-drivers? I wud nae count mysel married i' the hiddlins way they gang aboot it noo."

"I daresay you remember these things done in a very different style?" said Mr Douglas.

"I dinna mind them when they war at the best; but I hae heard my mither tell what a bonny ploy was at her waddin. I canna tell ye hoo mony was at her waddin. I canna tell ye hoo mony was at it; mair nor the room wad haud, ye may be mʌkl 'vɑːljə əz ðə 'flʌŋkɪ ə'hɪnt hɪz tʃəir. ɪ mə 'granfeðərz təim, əz ɑ he hɛrd ɪm tɛl, 'ɪlkə 'mɛstər o ə 'fɑːmlɪ həd ɪz eːn set ɪn ɪz eːn hus əi, ən sɑt wɪ hɪz hɑt ɔn ɪz hid ə'for ðə best o ðə [1]land, ən həd ɪz eːn dɪʃ, ən wəz əi 'hɛlpət fɪrst, ən 'kipət ʌp hɪz ʌu'θɔrɪtɪ əz ə mɑn syd deː. 'pɑːrənts wər 'pɑːrənts ðɛn—[2]bernz [3]'dɑːrdnə sɛt ʌp ðər gɑbz ə'foːr ðəm ðɑn əz ðe deː nuː. ðe neːr prɪ'sumt tə seː ðər hidz wər ðər eːn ɪ ðeː deːz—wəif ən 'sɛrvənz —rɪ'tinərz ən tʃɪldər, [3]ɑː trʌmlt ɪ ðə 'prezənz o ðər hid."

. . . .

"ən neː wʌrd o 'ɛnɪ o jər 'sɪstərz [3]gɑːn tə gɛt 'hʌzbəndz jɛt? ðe tɛl mɪ ðer bət kurs 'lɑsəz; ən [3]ʍɑːl tɑk [3]'ɪl'fɑːrd 'toxərləs kwinz, ʍən ðərz wɑlθ o 'bɔnɪ 'fesəz ən lɑŋ 'pʌrsəz ɪ ðə 'mɛrkət—heː, heː!............ən əz 'wɑrən jil bi 'lʌkən fər ən 'ɪŋlɪʃ 'swithɛrt teː; ðɑtl bi ʍɑts 'tɑkən jɪ [3]ə'wɑː tə 'ɪŋlənd."

. . . .

"wil ə'wɑt ən ʃiz ɪ ðə rɪxt ðeːr,............ðe me [3]kɑː ðəm ʍɑt ðe ləik, bʌt ðərz neː 'wɑdənz nuː. [3]ʍɑːz ðə 'bɛtər o ðəm bʌt 'ɪnkipərz ənd 'tʃəis'drɑɪvərz? ə 'wʌdne kunt mə'sɛl [2]merɪt ɪ ðə 'hɪdlɪnz [4]weː ðe gɑŋ ə'but ɪt nuː."

. . . .

"ɑ 'dɪnnə məind ðəm ʍɛn ðe wər ət ðə bɛst; bʌt ə he hɛrd mə 'mɪðər tɛl ʍət ə 'bɔnɪ plɔɪ wəz ət hər 'wɑdən. ə 'kɑnnə tɛl jɪ hu 'mɔnɪ wəz ət hər 'wɑdən. ə 'kɑnnə tɛl jɪ hu 'mɔnɪ wəz ɑt ɪt; meːr nər ðə rum wəd [1]hɑd, jɪ me bi ʃøːr, fər 'ɪvrɪ rɪ'leʃn ən

---

[1] ɑː [2] ɛ [3] ǫː [4] əi

sure, for every relation an' freend o' baith sides war there, as well they sude; an' aw in full dress; the leddies in their hoops round them, an' some o' them had sutten up aw night till hae their heads drest, for they hadna thae pooket-like taps ye hae noo," looking with contempt at Mary's Grecian contour. "An' the bride's goon was aw shewed ow'r wi' favours, frae the tap doon to the tail, an' aw roond the neck, an' aboot the sleeves; and, as soon as the ceremony was ow'r, ilk ane ran till her an' rugget an' rave at her for the favours, till they hardly left the claise upon her back. Than they did nae run awa as they dae noo, but sax an' thretty o' them sat doon till a graund denner, and there was a ball at night, an' ilka night till Sabbath cam roond; an' than the bride an' the bridegroom drest in their waddin suits, and aw their freends in theirs, walkit in procession till the kirk. An' was nae that something like a waddin? It was worth while to be married i' thae days—he, he!"

Mr Douglas, who was now rather tired of the old lady's reminiscences, availed himself of the opportunity of a fresh pinch, to rise and take leave.

"Oo, what's takin ye awa, Archie, in sic a hurry? Sit doon there," laying her hand upon his arm, "an' rest ye, an' tak a glass o' wine, an' a bit breed; or may be," turning to Mary, "ye wad rather hae a drap broth to warm ye. What gars ye luck sae blae, bairn? I'm sure it's no cauld; but ye're juste like the lave: ye gang aw skiltin aboot the streets half naked, an' than ye maun sit an' birsle yoursels afore the fire at hame."

She had now shuffled along to the further end of the room, and opening a press, took out wine, and a plateful of various-shaped articles of bread, which she handed to Mary.

"Hae, bairn, take a cookie, tak it up—what are you fear'd for? It'll no bite. Here's t'ye, Glenfern, an' your wife, an' your wean, puir tead, it's no had a very chancy ootset weel a wat."

The wine being drank, and the cookies discussed, Mr Douglas made another attempt to withdraw, but in vain.

"Canna ye sit still a wee, man, an' let me spear after my auld freens at Glenfern. Hoo's Grizzy, an' Jacky, and Nicky?—aye workin awa at the pills an' the drogs—he, he! I ne'er frin*d* o beθ səidz wər ðeːr, əz wil ðe syd ; ən [1]ɑː ɪ̞n fʌl drɛs ; ðə ˈlɛdɪz ɪ̞n ðər hups run*d* ðəm, ən sʌm o ðəm həd sʌtn ʌp [1]ɑː nɪ̞xt tɪ̞l heː ðər hidz drɛst, fər ðe ˈhədnə ðeː ˈpukətləik tɑps jɪ heː nuː............ən ðə brəidz gun wəz [1]ɑː ʃuːd ʌur̩ wɪ̞ feːvərz, fre ðə tɑp dun tə ðə tel, ən [1]ɑː run*d* ðə nɛk, ən əˈbut ðə sliːvz ; ən, əz syn əz ðə ˈsɛrəmonɪ̞ wəz ʌur, ɪ̞lk [5]en rɑn tɪ̞l ər ən ˈrʌgət ən reːv ɑt ər fər ðə ˈfeːvərz, tɪ̞l ðe ˈhɑr*d*lɪ̞ lɛft ðə kleːz əˈpon ər bɑk. ðɑn ðe ˈdɪ̞dne rɪn [1]əˈwɑː əz ðe deː nuː, bət sɑks ən ˈθrɛtɪ̞ o ðəm sɑ́t dun tɪ̞l ə grɑn*d* ˈdɛnər, ən ðər wəz ə [1]bɑːl ət nɪ̞xt, ən ˈɪ̞lkə nɪ̞xt tɪ̞l [1]ˈsɑːbəθ kɑm run*d* ; ən ðɑn ðə brəid ən ðə brəidˈgrym drɛst ɪ̞n ðər ˈwɑdən syts, ən [1]ɑː ðər frin*d*z ɪ̞n ðeːrz, [1]ˈwɑːkət ɪ̞n proˈsɛʃn tɪ̞l ðə kɪ̞rk. ən ˈwəznə ðɑt ˈsʌmθɪ̞ŋ ləik ə ˈwɑdən ? ɪ̞t wəz wʌrθ ʍəil tə bi [3]ˈmerɪ̞t ɪ̞ ðeː deːz—heː, heː ! "

. . . .

"uː, ʍɑts ˈtɑkənˈ jɪ [1]əˈwɑː, ˈertʃɪ̞, ɪ̞n sɪ̞k ə ˈhʌrɪ̞ ? sɪ̞t dun ðeːr............ən rɛst jɪ, ən tɑk ə glɛs o wəin, ən ə bɪ̞t brid ; ɔr ˈmebi,............jɪ wəd [2]reðər he ə drɑp brɔθ tə wɑrm jɪ. ʍɑt gɑːrz jɪ lʌk se bleː, [3]bern ? əm ʃøːr ɪ̞ts noː [1]kɑːl*d* ; bət jɪr dʒyst ləik ðə leːv : jɪ gɑŋ [1]ɑː ˈskɪ̞ltən əˈbut ðə strits [1]hɑːf ˈnɑːkət, ən ðɑn jɪ mən sɪ̞t ṇ bɪ̞rsl jərˈsɛlz əˈfoːr ðə [4]fɑɪr ət hem."

. . . .

"heː, [3]bern, tɑk ə ˈkukɪ, tɑk ɪ̞t ʌp—ʍɑt ər jɪ fiːrt fɔr ? ɪ̞tl noː bəit. hiːrz tjɪ, glɛnˈfɛrn, ən jər wəif, ən jər weːn, pøːr tɛd, ɪ̞ts noː həd ə ˈvɛrə ˈtʃɑnsɪ̞ ˈutsɛt ˈwiləˈwɑt."

. . . .

"ˈkɑn*n*ə jɪ sɪ̞t stɪ̞l ə wiː, mən, ən lɛt mi spiːr ˈɛftər mə [1]ɑːld frinz ət glɛnˈfɛrn. huːz ˈgrɪ̞zɪ, ən ˈdʒɑkɪ̞, ən ˈnɪ̞kɪ̞ ? əi ˈwʌrkən [1]əˈwɑː ət ðə pilz ən ðə drɔgz—heː, heː ! ɑː neːr ˈswɑlət ə pil, nɔr

---

[1] ǫː [2] eː [3] ɛ [4] əi [5] jɪ̞n

swallowed a pill, nor gied a doit for drogs aw my days, an' see an ony of them'll rin a race wi' me whan they're naur five score."

Mr Douglas here paid her some compliments upon her appearance, which were pretty graciously received; and added that he was the bearer of a letter from his aunt Grizzy, which he would send along with a roebuck and brace of moor-game.

"Gin your roebuck's nae better than your last, atweel it's no worth the sendin'. Poor dry fisinless dirt, no worth the chowing; weel a wat, I begrudged my teeth on't. Your muir-fowl was na that ill, but they're no worth the carryin; they're dong cheap i' the market enoo, so it's nae great compliment. Gin ye had brought me a leg o' gude mutton, or a cauler sawmont, there would hae been some sense in't; but ye're ane o' the fowk that'll ne'er harry yoursel wi' your presents; it's but the pickle poother they cost you, an' I'se warran ye're thinkin mair o' your ain diversion than o' my stamick, when ye're at the shootin' o' them, puir beasts."

Mr Douglas had borne the various indignities levelled against himself and his family with a philosophy that had no parallel in his life before; but to this attack upon his game, he was not proof. His colour rose, his eyes flashed fire, and something resembling an oath burst from his lips, as he strode indignantly towards the door.

His friend, however, was too nimble for him. She stepped before him, and, breaking into a discordant laugh, as she patted him on the back, "So I see ye're just the auld man, Archie,—aye ready to tak the strums, an' ye dinna get a' thing ye're ain wye. Mony a time I had to fleech ye oot o' the dorts whan ye was a callant. Div ye mind hoo ye was affronted because I set ye doon to a cauld pigeon-pie, and a tanker o' tippenny, ae night to ye're fowerhoors, afore some leddies—he, he, he! Weel a wat, ye're wife maun hae her ain adoos to manage ye, for ye're a cumstairy chield, Archie."

Mr Douglas still looked as if he was irresolute whether to laugh or be angry.

"Come, come, sit ye doon there till I speak to this bairn," said she, as she pulled Mary into an adjoining bedchamber, giːd ə dəit fɔr drɔgz [1]ɑː mə deːz, ən siː ən 'ɔnɪ̣ o ðəm ḷ rɪn ə res wɪ̣ mi ʍən ðeːr nɑːr fɑɪv skoːr."

. . . .

"gɪ̣n jər 'robʌks neː 'betər ðən jər lɑst, ət'wil ɪ̣ts noː wʌrθ ðə 'sendən. pøːr drɑɪ 'fɪsənləs dɪ̣rt, noː wʌrθ ðə 'tʃʌuən; 'wilə'wɑt, ə bɪ'grʌdʒt mə tiθ ɔnt. jər 'møːrful wəz ne ðɑt ɪ̣l, bət ðer noː wʌrθ ðə 'kerɪən; ðer dɔŋ tʃip ɪ̣ ðə 'merkət e'nuː, so ɪ̣ts neː gret 'kɔmplɪmənt. gɪ̣n jɪ həd brɔxt mɪ ə leg o gyd mʌtn, ɔr o 'kɑlər [1]sɑːmənt, ðər wʌd he bin sʌm sens ɪ̣nt; bət jiːr [3]en o ðə fʌŭk ðət ḷ neːr [2]'herɪ̣ jər'sel wɪ̣ jər 'prezənts; ɪ̣ts bʌt ðə pɪ̣kl 'puðər ðe kost jɪ, ən əz 'wɑrən jɪr 'θɪ̣ŋkən meːr o jər eːn dɪ'verʃn ðən o mɑɪ 'stɑmɪk, ʍən jɪr ət ðə 'ʃytən o ðəm, pøːr bists."

. . . .

"so ə siː jɪr dʒyst ðə [1]ɑːl*d* mɑn, 'ertʃɪ̣,—əi 'redɪ tə tɑk ðə strʌmz, ən jɪ 'dɪ̣n*n*ə get [1]'ɑː θɪ̣ŋ jər eːn wəi. 'monɪ̣ ə təim ə həd tə flitʃ jɪ ut o ðə dorts ʍən jɪ wəz ə 'kɑlənt. dɪ̣v jɪ məin*d* huː jɪ wəz ə'frʌntət bɪ'kɑːz ə set jɪ dun tə ə [1]kɑːl*d* 'pɪ̣dʒən'pɑɪ, ən ə 'tɑŋkər o 'tɪ̣pnɪ̣, *j*eː nɪxt tə jər 'fʌuruːrz, ə'foːr sʌm 'ledɪz—heː, heː, heː! 'wilə'wɑt, jər wəif mɑn heː hər eːn ə'døːz tə 'mɑnɪdʒ jɪ, fɔr jir ə kʌm'steːrɪ tʃil, 'ertʃɪ̣."

. . . .

"kʌm, kʌm, sɪ̣t jɪ dun ðeːr tɪ̣l ə spɪk tə ðɪ̣s [2]bern."......

---

[1] ɔ̤ː [2] ɛ [3] jɪ̣n

which wore the same aspect of chilly neatness as the one they had quitted. Then pulling a huge bunch of keys from her pocket, she opened a drawer, out of which she took a pair of diamond ear-rings. "Hae, bairn," said she, as she stuffed them into Mary's hand; "they belanged to your faither's grand-mother. She was a gude woman, an' had four-an'-twenty sons and dochters, an' I wiss ye nae war fortin than just to hae as mony. But mind ye," with a shake of her bony finger, "they maun a' be Scots. Gin I thought ye wad mairry ony pock-puddin', fient haed wad ye hae gotten frae me. Noo haud ye're tongue, and dinna deive me wi' thanks," almost pushing her into the parlour again; "an' sin ye're gawn awa' the morn, I'll see nae mair o' ye enoo; so fare ye weel. But, Archie, ye maun come an' tak your breakfast wi' me. I hae muckle to say to you; but ye maunna be sae hard upon my baps as ye used to be," with a facetious grin to her mollified favourite, as they shook hands and parted.

"he:, [1]bern,...........ðe br'laŋt tə jər 'feðərz 'granmɪðər. ʃi wəz ə gyd 'wʌmən, ən həd fʌur n̩ 'twɪ̨ntɪ sʌnz ən 'doxtərz, ən ə wɪ̨s jɪ ne: [2]wɑ:r 'fɔrtɪ̨n ðən dʒyst tə he: əz 'monɪ̨. bət mein jɪ,...........ðe man [2]ɑ: bi skɔts. gɪ̨n ə θoxt jɪ wəd [1]'merɪ 'onɪ̨ 'pok'pʌdɪ̨n, [3]fɪ̨nt hed wəd jɪ he gɔtn fre mi:. nu: had jər tʌŋ, ən 'dɪ̨nnə di:v mɪ wɪ̨ θaŋks, ən sɪ̨n jɪr [2]gɑ:n [2]ə'wɑ: ðə morn, əl si: ne me:r o jɪ e'nu:; so fe:r jɪ wil. bət, 'ertʃɪ̨, ji mən kʌm ən tak jər 'brakfəst wɪ̨ mi. ə he mʌkl tə se: tə jɪ; bət jɪ 'mannə bi se hard ə'pɔn mə baps əz jɪ [4]jø:zd tə bi."

---

[1] ɛ [2] ǫ: [3] i [4] jøst

IX A. THE COTTER'S SATURDAY NIGHT

ROBERT BURNS.

November chill blaws loud wi' angry sugh;
The short'ning winter-day is near a close;
The miry beasts retreating frae the pleugh;
The black'ning trains o' craws to their repose:
The toil-worn Cotter frae his labor goes—
This night his weekly moil is at an end,
Collects his spades, his mattocks, and his hoes,
Hoping the morn in ease and rest to spend,
And weary, o'er the moor his course does hameward bend.

At length his lonely cot appears in view,
Beneath the shelter of an aged tree;
Th' expectant wee-things, toddlin, stacher through
To meet their dad, wi' flichterin' noise an' glee.
His wee bit ingle, blinkin bonilie,
His clean hearth-stane, his thrifty wifie's smile,
The lisping infant, prattling on his knee,
Does a' his weary kiaugh and care beguile,
And makes him quite forget his labor and his toil.

Belyve, the elder bairns come drapping in,
At service out, amang the farmers roun',
Some ca' the pleugh, some herd, some tentie rin
A cannie errand to a neebor town:
Their eldest hope, their Jenny, woman grown,
In youthfu' bloom, love sparkling in her e'e,
Comes hame; perhaps, to show a braw new gown,
Or deposite her sair-won penny-fee,
To help her parents dear, if they in hardship be.

IX A. THE COTTER'S SATURDAY NIGHT

ROBERT BURNS.

nə'vɛmbər tʃɪ̡l [1]blɑːz lud wɪ̡ 'ɑŋrɪ̡ [2]sux ;
ðə [3]'ʃortnən 'wɪ̡ntər'deː ɪ̡z niːr ə kloːz ;
ðə [4]'mɑɪrɪ̡ [5]bists ri'tritən fre ðə [2]plʝux ;
ðə 'blɑknən trenz o [1]krɑːz tə ðer rɪ'poːz :
ðə 'təil[3]worn 'kɔtər fre hɪ̡z 'lebər goːz—
ðɪ̡s nɪ̡xt hɪ̡z 'wiklɪ̡ mɔɪl ɪ̡z ət ən ɛn*d*,
kə'lɛks hɪ̡z spɑːdz, hɪ̡z 'mɑtəks, ən ɪ̡z hoːz,
'hʌupən ðə [3]morn ɪ̡n iːz ən rɛst tə spɛn*d*,
ən 'wiːri, ʌur ðə møːr hɪ̡z kurs dəz 'hemwərd bɛn*d*.

ət lɛnθ hɪ̡z 'lonlɪ̡ kɔt ə'piːrz ɪ̡n vjuː,
bɪ'niθ ðə 'ʃɛltər əv ən 'edʒəd triː ;
ðə ɪ̡k'spɛktənt 'wiːθɪ̡ŋz, [3]'todlən, 'stɑxər θruː
tə mit ðər dɑd, wɪ̡ 'flɪ̡xtrən [6]nɔɪz ən gliː.
hɪ̡z wiː bɪ̡t ɪ̡ŋl, 'blɪ̡ŋkən [3]'bonɪlɪ̡,
hɪ̡z klin hɛrθ'sten, hɪ̡z 'θrɪ̡ftɪ̡ 'wəifiz sməil,
ðə 'lɪ̡spən 'ɪ̡nfən, 'prɑtlən ɔn ɪ̡z *k*niː,
dəz [1]ɑː hɪ̡z 'wiːri kjɑːx ən keːr bɪ'gəil,
ən mɑks hɪm kwəit fər'gɛt hɪ̡z 'lebər ən hɪ̡z təil.

bɪ'lɑɪv, ðə [1]'ɑːl*d*ər [7]bernz kʌm 'drɑpən ɪ̡n,
ət 'sɛrvɪs ut, ə'mɑŋ ðə [7]'fermərz run,
sʌm [1]kɑː ðə [2]plʝux, sʌm hɛrd, sʌm 'tɛntɪ̡ rɪ̡n
ə 'kɑnɪ̡ [8]'iːrən*d* tə ə 'nibər tun :
ðər 'ɛldəst hʌup, ðər 'dʒɛnɪ̡, 'wʌmən grʌun,
ɪ̡n 'jyθfə blym, lʌv 'spɑrklən ɪ̡n hər iː,
kʌmz hem ; pər'hɑps, tə ʃoː ə [1]brɑː njuː gun,
ɔr 'dɪpozɪt hər 'seːr'wʌn 'pɛnɪ̡'fiː,
tə hɛlp hər 'perənts diːr, ɪ̡f ðeː ɪ̡n 'hɑrdʃɪ̡p biː.

[1]ǫː [2]ʌ [3]ɔ [4]əi [5]e [6]oɪ [7]ɛ [8]eː

With joy unfeign'd brothers and sisters meet,
And each for other's weelfare kindly spiers:
The social hours, swift-winged, unnotic'd fleet;
Each tells the uncos that he sees or hears.
The parents partial eye their hopeful years;
Anticipation forward points the view;
The mother, wi' her needle and her shears,
Gars auld claes look amaist as weel's the new;
The father mixes a' wi' admonition due.

Their master's and their mistress's command,
The younkers a' are warned to obey;
And mind their labors wi' an eydent hand,
An' ne'er, tho' out o' sight, to jauk or play:
"And O! be sure to fear the Lord alway,
And mind your duty, duly, morn and night;
Lest in temptation's path ye gang astray,
Implore His counsel and assisting might·
They never sought in vain that sought the Lord aright."

But hark! a rap comes gently to the door;
Jenny, wha kens the meaning o' the same,
Tells how a neebor lad came o'er the moor,
To do some errands, and convoy her hame.
The wily mother sees the conscious flame
Sparkle in Jenny's e'e, and flush her cheek;
With heart-struck anxious care, enquires his name,
While Jenny hafflins is afraid to speak;
Weel pleased the mother hears its nae wild, worthless rake.

With kindly welcome Jenny brings him ben;
A strappin' youth; he takes the mother's eye;
Blithe Jenny sees the visit's no ill taen;
The father cracks of horses, pleughs, and kye:
The youngster's artless heart o'erflows wi' joy,

wɪ̧ [1]dʒɔɪ ʌn'feːnd 'brɪðərz ən 'sɪ̧stərz mit,
ən itʃ fɔr 'ɪðərz 'wilfer kəin*d*lɪ̧ spiːrz:
ðə 'soʃəl uːrz, swɪ̧ft'wɪ̧ŋd, ʌn'notɪ̧st flit;
itʃ tɛlz ðə 'ʌŋkəz ðət hi siːz ɔr hiːrz.
ðə 'perənts 'parʃəl aɪ ðər 'hʌupfəl iːrz;
antɪ̧sɪ̧'peʃən 'fɔrwərd pəints ðə vjuː.
ðə 'mɪðər, wɪ̧ hər nidl ən hər ʃiːrz,
gaːrz [2]aːl*d* kleːz lj̧uk ə'mest əz wilz ðə njuː;
ðə [3]'feðər 'mɪ̧ksəz [2]aː wɪ̧ admo'nɪʃən djuː.

ðər 'mestərz ən ðər 'mɪ̧strəsəz [4]kə'man*d*,
ðə 'jʌŋkərz [2]aː ər 'warnət tə o'beː;
ən məin*d* ðər 'lebərz wɪ̧ ən 'əidənt [4]han*d*,
ən neːr, θo ut o sɪ̧xt, tə [2]dʒaːk ɔr pleː:
"ən oː! bi ʃøːr tə fiːr də loːrd al'weː,
ən məin*d* jər 'djutɪ̧, 'djulɪ̧, [5]morn ən nɪ̧xt;
lest ɪ̧n tɛm'teʃənz peθ ji gaŋ ə'streː,
ɪ̧m'ploːr hɪ̧z 'kunsəl ən ə'sɪ̧stən mɪ̧xt:
ðeː 'nɪvər [5]soxt ɪ̧n veːn ðət [5]soxt ðə loːrd ə'rɪ̧xt."

bət hark! ə rap kʌmz 'dʒɛntlɪ̧ tə ðə [6]doːr;
'dʒɛnɪ̧, [2]ʍaː kenz ðə 'minən o ðə sem,
tɛlz hu ə 'nibər [4]lad kam ʌur ðə [6]moːr,
tə døː sʌm [7]'iːrən*d*z, ən [8]kən'vɔɪ hər hem.
ðə 'wəili 'mɪðər siːz ðə [9]'konʃəs flem
sparkl ɪ̧n 'dʒɛnɪ̧z iː, ən flʌʃ hər tʃik;
wɪ̧ 'hɛrtstrʌk 'aŋʃəs keːr, [10]ɪ̧n'kwaɪrz hɪ̧z nem,
ʍəil 'dʒɛnɪ̧ 'haflɪ̧nz ɪ̧z ə'fred tə spikː;
wil pliːzd də 'mɪðər hiːrz ɪ̧ts neː wəild, 'wʌrθləs rek.

wɪ̧ 'kəin*d*lɪ̧ 'wɛlkʌm 'dʒɛnɪ̧ brɪ̧ŋz hɪ̧m bɛn;
ə 'strapən jyθ; hi taks ðə 'mɪðərz aɪ;
bləiθ 'dʒɛnɪ̧ siːz ðə 'viːzɪ̧ts noː ɪ̧l ten;
ðə [3]'feðər kraks o 'hɔrsəz, [11]plj̧uxs, ən kaɪ:
ðə 'jʌŋstərz 'ɛrtləs hɛrt ʌur'floːz wɪ̧ [12]dʒɔ̈ɪ,

---

[1] ɔɪ [2] o̤ː [3] eː [4] aː [5] ɔ [6] door, moor are possible 18th century rhymes [7] e [8] kən'vəi [9] o [10] əɪ [11] ʌ [12] all the rhymes in ɔɪ, aɪ, might be pronounced with ʌɪ, see Ph. §§ 200, 205.

But blate and laithfu', scarce can weel behave;
The mother, wi' a woman's wiles, can spy
What makes the youth sae bashfu' and sae grave;
Weel-pleas'd to think her bairn's respected like the lave.

. . . .

But now the supper crowns their simple board,
The halesome parritch, chief o' Scotia's food;
The soupe their only hawkie does afford,
That 'yont the hallan snugly chows her cood:
The dame brings forth in complimental mood,
To grace the lad, her weel-hain'd kebbuck, fell,
And aft he's prest, and aft he ca's it guid;
The frugal wifie, garrulous, will tell
How 'twas a towmond auld, sin' lint was i' the bell.

The chearfu' supper done, wi' serious face,
They round the ingle form a circle wide;
The sire turns o'er, wi' patriarchal grace,
The big ha'-Bible, ance his father's pride:
His bonnet rev'rently is laid aside,
His lyart haffets wearing thin an' bare;
Those strains that once did sweet in Zion glide,
He wales a portion with judicious care;
And "Let us worship God!" he says, with solemn air.

bət blet ən 'leθfə, skers kən wil bɪ'heːv;
ðə 'mɪðər, wɪ̞ ə 'wʌmənz wəilz, kən spɑɪ
ʌɑt mɑks ðə jyθ se 'bɑʃfə ən se greːv;
wil'plist tə θiŋk hər [1]bernz rɪ'spɛkət ləik ðə leːv.

. . . .

bət nuː ðə 'sɪpər kruɪz ðər sɪ̞mpl bøːrd,
ðə 'helsəm 'pɑrɪtʃ, tʃif o 'skoʃəz fyd;
ðə sup dər 'onlɪ̞ [2]'hɑːkɪ̞ dəz ə'føːrd,
dət jont ðə 'hɑlən 'snʌɡlɪ̞ tʃʌuz hər kyd:
ðə dem brɪ̞ŋz forθ ɪ̞n kəmplɪ'mɛntəl myd,
tə gres ðə lɑd, hər 'wilheːnd 'kɛbək, fɛl,
ən ɑft hiz prɛst, ən ɑft hi [2]kɑːz ɪ̞t gyd;
ðə 'frugəl 'wəifi, 'gɑrələs, wɪ̞l tɛl
huː twəz ə 'tʌumənd [2]ɑːld, sɪ̞n lɪ̞nt wəz ɪ̞ ðə bɛl.

ðə 'tʃiːrfə 'sɪpər dyn, wɪ̞ 'siːrɪəs fes,
ðe rund ðə ɪ̞ŋl fɔrm ə sɪ̞rkl wəid;
ðə sɑɪr tʌrnz 'ʌur, wɪ̞ petrɪ'ɑrkl gres,
ðə bɪ̞g [2]hɑː [3]bɑɪbl, [4]ens hɪ̞z [5]'feðərz prəid:
hɪ̞z 'bonət 'rɛvrəntlɪ̞ ɪ̞z leːd ə'səid,
hɪ̞z 'lɑɪərt 'hɑfəts 'wiːrən θɪ̞n ən beːr;
ðoːz strenz ðət [4]ens dɪ̞d swit ɪ̞n 'zɑɪən gləid,
hi welz ə 'porʃən wɪ̞ dʒu'diʃəs keːr;
ənd "lɛt ʌs 'wʌrʃɪ̞p gɔd!" hi sɛz, wɪθ 'sɔləm eːr.

[1] ɛ [2] ǫː [3] əi [4] jɪ̞ns [5] eː

X A. THE RESURRECTIONERS

LIFE OF MANSIE WAUCH.

DAVID M. MOIR ("DELTA") (1798–1851).

CHAPTER X.

Then up and spak the red-headed laddie: "It's no fair; anither should hae come by this time. I wad rin awa hame, only I am frighted to gang out my lane. Do ye think the doup of that candle wad carry i' my cap?"

"Na, na, lad; we maun bide here, as we are here now. Leave me alane? Lord safe us! and the yett lockit, and the bethrel sleeping with the key in his breek pouches! We canna win out now though we would," answered I, trying to look brave, though half frightened out of my seven senses: "Sit down, sit down; I've baith whisky and porter wi' me. Hae, man, there's a cawker to keep your heart warm; and set down that bottle," quoth I, wiping the sawdust affin't with my hand, "to get a toast; I'se warrant it for Deacon Jaffrey's best brown stout."

The wind blew higher, and like a hurricane; the rain began to fall in perfect spouts; the auld kirk rumbled and rowed, and made a sad soughing; and the branches of the bourtree behind the house, where auld Cockburn that cut his throat was buried, creaked and crazed in a frightful manner; but as to the roaring of the troubled waters, and the bumming in the lum-head, they were past all power of description. To make bad worse, just in the heart of the brattle, the grating sound of the yett turning on its rusty hinges was but too plainly heard. What was to be done? I thought of our both running away; and then of our locking ourselves in, and firing through the door; but who was to pull the trigger?

Gudeness watch over us! I tremble yet when I think on it. We were perfectly between the de'il and the deep sea—either to stand still and fire our gun, or run and be shot at. It was really a hang choice. As I stood swithering and shaking, the laddie flew to the door, and, thrawing round the key, clapped

X A. THE RESURRECTIONERS

LIFE OF MANSIE WAUCH.

DAVID M. MOIR ("DELTA") (1798–1851).

CHAPTER X.

ðɑn ʌp ən spɑk ðə [1]rɛd[2]hedət ˈlɑdɪ: "ɪ̣ts noː feːr; əˈnɪðər [3]ʃud he kʌm bɪ̣ ðɪ̣s təim. ə wəd rɪn [4]əˈwɑː hem, ˈonlɪ əm ˈfrɪ̣xtət tə gɑŋ ut mə len. djɪ θɪ̣ŋk də dʌup o ðɑt [5]kɑn*d*l wəd [6]ˈkerɪ ɪ̣ mə kɛp?"

"nɑː, nɑː, [5]lɑd; wi mən bəid hiːr, əz wi ər hiːr nuː. liːv miː əˈlen? loːrd sef əs! ən ðə jɛt ˈlɔkət, ən ðə ˈbɛθrəl ˈslipən wɪ̣ ðə [7]kiː ɪ̣n ɪ̣z brik ˈputʃəz! wi ˈkɑn*n*ə [8]wɪ̣n ut nuː θo wi wʌd," ˈɑnsərt ɑɪ, ˈtrɑɪən tə luk breːv, θo [4]hɑːf frɪ̣x*t*nt ut o mə [9]sivn ˈsɛnsəz: "sɪ̣t dun, sɪ̣t dun; əv beθ ˈʍʌskɪ̣ ən ˈportər wɪ̣ mɪ. heː, mɑn, ðeːrz ə [4]ˈkɑːkər tə kip jər hɛrt wɑrm; ən sɛt dun ðɑt bɔtl," k*w*o ɑi, ˈwəipən ðə [4]ˈsɑːdʌst afnt wɪ̣ mə [5]hɑn*d*, "tə gɛt ə tost; ɑz ˈwɑrən*t* ɪ̣t fər [7]ˈdikən ˈdʒɑfreż bɛst brun stut."

. . . .

ˈgydnəs wɑtʃ ʌur ʌs! ə trɪml jɛt wən ə θɪ̣ŋk ɔnt. wi wər ˈpɛrfɪ̣klɪ̣ bɪˈtwin ðə dil ən ðə dip siː—[10]ˈeðər tə [5]stɑn*d* stɪ̣l ən [7]fɑɪr [11]ur gʌn, ɔr rɪn ən bi ʃɔt ɑt. ɪ̣t wəz ˈreːlɪ̣ ə hɑŋ tʃəis. əz ə styd ˈswɪ̣ðrən ən ˈʃɑkən, ðə ˈlɑdɪ fluː tə ðə doːr, ən, [4]ˈθrɑən run*d* ðə [7]kiː,

---

[1]i, ə [2]i [3]sʌd [4]o̜ː [5]ɑː [6]ɛ [7]əi [8]ʌ [9]e [10]eː [11]wər, wɪ̣r, wʌr

his back to it. Oh! how I looked at him, as he stood for a gliff, like a magpie hearkening with his lug cocked up, or rather like a terrier watching a rotten. "They're coming! they're coming!" he cried out; "cock the piece, ye sumph"; while the red hair rose up from his pow like feathers; "they're coming, I hear them tramping on the gravel!" Out he stretched his arms against the wall, and brizzed his back against the door like mad; as if he had been Samson pushing over the pillars in the house of Dagon. "For the Lord's sake, prime the gun," he cried out, "or our throats will be cut frae lug to lug before we can cry Jack Robison! See that there's priming in the pan."

I did the best I could; but my whole strength could hardly lift up the piece, which waggled to and fro like a cock's tail on a rainy day; my knees knocked against one another, and though I was resigned to die—I trust I was resigned to die—'od, but it was a frightful thing to be out of one's bed, and to be murdered in an old session-house, at the dead hour of night, by unearthly resurrection men, or rather let me call them deevils incarnate, wrapt up in dreadnoughts, with blacked faces, pistols, big sticks, and other deadly weapons.

A snuff-snuffing was heard; and, through below the door, I saw a pair of glancing black een. 'Od, but my heart nearly louped off the bit—a snouff, and a gur-gurring, and over all the plain tramp of a man's heavy tackets and cuddy-heels among the gravel. Then came a great slap like thunder on the wall; and the laddie, quitting his grip, fell down, crying, "Fire, fire!—murder! holy murder!"

"Wha's there?" growled a deep rough voice; "open,—I'm a freend."

I tried to speak, but could not; something like a halfpenny roll was sticking in my throat, so I tried to cough it up, but it would not come. "Gie the pass-word then," said the laddie, staring as if his eyes would loup out; "gie the password!"

First came a loud whistle, and then "Copmahagen," answered the voice. Oh! what a relief! The laddie started up, like one crazy with joy. "Ou! ou!" cried he, thrawing round the key, and rubbing his hands; "by jingo, it's the bethrel—it's the bethrel—it's auld Isaac himsell."

klapt ɪ̞z bɑk tə ɪ̞t. oː! huː ə 'ljukət ət ɪ̞m, əz i styd fər ə glɪ̞f, ləik ə 'mɑgpɑɪ 'hɑrknən wɪ̞ hɪ̞z lʌg kɔkt ʌp, or [1]'reðər ləik ə 'tɛrɪər 'wɑtʃən ə rɔtn. "ðer 'kʌmən! ðer 'kʌmən!" hi krɑɪt ut; "kɔk ðə pis, jɪ sʌmf"; ʍəil ðə [2]rɛd heːr reːz ʌp fre hɪ̞z pʌu ləik 'fɛðərz; "ðer 'kʌmən, ə hiːr ðəm 'trɑmpən ɔn ðə greːvl!" ut hi strɛtʃt hɪ̞z [3]ermz ə'gɛnst ðə [4]wɑː, ən brɪ̞zd ɪ̞z bɑk ə'gɛnst ðə doːr ləik mɑd; əz ɪ̞f hid bin 'sɑmsən 'pʌʃən ʌur ðə 'pɪ̞lərz ɪ̞n ðə hus o 'dɑgən. "fər ðə loːrdz sek, prəim ðə gʌn," hi krɑɪt ut, "ɔr [5]ur θrɔts wɪ̞l bi kʌt fre lʌg tə lʌg bɪ'foːr wi kən krɑɪ dʒɛk 'robɪsən! siː ðət ðərz 'prəimən ɪ̞n ðə pɑn."

. . . .

"[4]ʍɑːz ðeːr?" grʌult ə dip rɔx vəis; "opm,—əm ə frind."

. . . .

"giː ðə 'pɑswʌrd ðɑn," sed ðə 'lɑdɪ, 'steːrən əz ɪ̞f ɪ̞z ɑɪ̞z wəd lʌup ut; "giː ðə 'pɑswʌrd!"

[6]fʌrst kɑm ə lud [6]ʍʌsl, ən ðɑn "'kɔpmə'hegən," 'ɑnsərt ðə vəis. oː! ʍɑt ə rɪ'lif! ðə 'lɑdɪ 'stɛrtət ʌp, ləik [7]ɛn 'kreːzɪ̞ wɪ̞ [8]dʒɔɪ. "uː! uː!" krɑɪt hi, [4]'θrɑən rund ðə [9]kiː, ən 'rʌbən ɪ̞z [10]hɑndz; "bɑɪ 'dʒɪ̞ŋgo, ɪ̞ts ðə 'bɛðrəl—ɪ̞ts ðə 'bɛðrəl—ɪ̞ts [4]ɑːld [9]'ɑɪzək hɪ̞m'sɛl."

. . . .

---

[1] eː [2] i, ə [3] ɛ [4] o̜ː [5] wər, wɪ̞r, wʌr [6] ɪ̞ [7] jɪ̞n [8] oɪ [9] əi
[10] ɑː

First rushed in the dog, and then Isaac, with his glazed hat slouched over his brow, and his horn bowet glimmering by his knee. "Has the French landed, do ye think? Losh keep us a'," said he, with a smile on his half-idiot face (for he was a kind of a sort of a natural, with an infirmity in his leg), "'od sauf us, man, put by your gun. Ye dinna mean to shoot me, do ye? What are ye about here with the door lockit? I just keppit four resurrectioners louping ower the wa'."

"Gude guide us!" I said, taking a long breath to drive the blood from my heart, and something relieved by Isaac's company—"Come now, Isaac, ye're just gieing us a fright. Isn't that true, Isaac?"

"Yes, I'm joking—and what for no?—but they might have been, for onything ye wad hae hindered them to the contrair, I'm thinking. Na, na, ye maunna lock the door: that's no fair play."

When the door was put ajee, and the furm set fornent the fire, I gave Isaac a dram to keep his heart up on such a cold stormy night. 'Od, but he was a droll fellow, Isaac. He sung and leuch as if he had been boozing in Luckie Tamson's, with some of his drucken cronies. Feint a hair cared he about auld kirks, or kirkyards, or vouts, or throughstanes, or dead folk in their winding-sheets, with the wet grass growing over them; and at last I began to brighten up a wee myself; so when he had gone over a good few funny stories, I said to him, quoth I, "Mony folk, I daresay, mak' mair noise about their sitting up in a kirkyard than it's a' worth. There's naething here to harm us?"

"I beg to differ wi' ye there," answered Isaac, taking out his horn mull from his coat pouch, and tapping on the lid in a queer style—"I could gie anither version of that story. Did ye no ken of three young doctors—Eirish students—alang with some resurrectioners, as waff and wild as themsells, firing shottie for shottie with the guard at Kirkmabreck, and lodging three slugs in ane of their backs, forbye firing a ramrod through anither ane's hat?"

This was a wee alarming—"No," quoth I; "no, Isaac, man; I never heard of it."

"həz ðə frenʃ 'lɑndət, djɪ θɪ̜ŋk? [1]loʃ kip ʌs [2]ɑː,"........... "ɔd sɑːf ʌs, mən, [3]pɪ̜t bɑɪ jər gʌn. jɪ 'dɪn*n*ə min tə ʃyt miː, døː jɪ? ʍɑt ər jɪ ə'but hiːr wɪ̜ ðə doːr 'lɔkət? ə dʒyst 'kɛpət fʌur rɛsʌr'ɛkʃənərz 'lʌupən ʌur ðə [2]wɑː."

"gyd gəid ʌs!"..........."kʌm nuː, [4]'ɑɪzək, jɪr dʒyst 'giən ʌs ə frɪ̜xt. ɪ̜znt ðɑt truː, [4]'ɑɪzək?"

"jɛs, əm 'dʒokən—ən ʍɑt fɔr noː?—bʌt ðe mɪ̜xt ə bin, fɔr [1]'onɪ̜θɪ̜ŋ jiː wəd he 'hɪ̜n*d*ərt ðəm tə ðə 'kɔntrər, əm 'θɪ̜ŋkən. nɑː, nɑː, jɪ 'mɑn*n*ə lɔk ðə doːr: ðɑts noː feːr pleː."

ʍən ðə doːr wəz [3]pɪ̜t ə'dʒiː, ən ðə fʌrm sɛt fər'nɛnt ðə [5]fɑɪr, ə geːv [4]'ɑɪzək ə drɑm tə kip ɪ̜z hɛrt ʌp ɔn sɪ̜k ə [2]kɑːl*d* [6]'stɔrmɪ̜ nɪ̜xt. ɔd, bʌt i wəz ə drol 'fɛlə, [4]'ɑɪzək. hi sʌŋ n̩ ljux əz ɪ̜f hid bin 'buːzən ɪ̜n 'lʌkɪ̜ tɑmsnz, wɪ̜ sʌm o hɪ̜z drʌkŋ 'kronɪ̜z. fint ə heːr keːrd hi ə'but [2]ɑːl*d* kɪ̜rks, ɔr kɪ̜rk'jerdz, ɔr vʌuts, ɔr 'θruxstenz, ɔr did fʌuk ɪ̜n ðər 'wəindən'ʃits, wɪ̜ ðə wɛt grɛs 'grʌuən ʌur ðəm; ən ət lɑst ə bɪ'gɑn tə [12]brɪ̜xŋ ʌp ə wiː mə'sɛl; soː ʍən i həd geːn ʌur ə gyd fjuː 'fʌnɪ̜ stoːrɪ̜z, ə sɛd tə hɪ̜m, k*w*oː ɑɪ, "[7]'monɪ̜ [6]fʌuk, ə 'dɑrse, mɑk meːr [8]nɔɪz ə'but ðər 'sɪ̜tən ʌp ɪ̜n ə kɪ̜rk'jerd ðən ɪ̜ts [2]ɑː wʌɪθ. ðərż 'neθɪ̜ŋ hiːr tə [9]hɛrmz?"

"ə bɛg tə 'dɪ̜fər wɪ̜ jɪ ðeːr," 'ɑnsərt [4]'ɑɪzək, 'tɑkən ut ɪ̜z [6]hɔrn mʌɫ fre hɪ̜z [6]kɔt putʃ, ən 'tɑpən ɔn ðə lɪ̜d ɪ̜n ə kwiːr stəil—"ɑ kʌd giː ə'nɪðər 'vɛrʃən o ðɑt 'stoːrɪ̜. dɪ̜d jɪ noː kɛn o θriː jʌŋ 'dɔktərz—'əirɪʃ 'stjudənts—ə'lɑŋ wɪ̜ sʌm rɛsʌ'rɛkʃənərz, əz wɑf ən wəild əz ðəm'sɛlz, [4]'fɑɪrən ʃotɪ̜ fɔr 'ʃotɪ̜ wɪ̜ ðə geːrd ət kɪ̜rkm̩ə'brɛk, ən 'lʌdʒən θriː slʌgz ɪ̜n [10]en o ðər bɑks, fər'bɑɪ [4]fɑɪrən ə 'rɑmrɔd θru ə'nɪðər [10]enz hɑt?"

ðɪ̜s wəz ə wiː [9]ə'lɛrmən—"noː," k*w*o ɑɪ; "noː, [4]'ɑɪzək, mɑn; ə 'nɪvər [11]hɛrd ot."

---

[1] ɔ [2] o̧ː [3] ʌ [4] əi [5] ɑː [6] o [7] ɔ, ɑ, ʌ [8] oɪ [9] e [10] jɪ̜n [11] ɑ
[12] 'brɪ̜xtən

"But, let alane resurrectioners, do ye no think there is sic a thing as ghaists? Guide ye, man, my grannie could hae telled as muckle about them as would have filled a minister's sermons from June to January."

"Kay—kay—that's all buff," I said. "Are there nae cutty-stool businesses—are there nae marriages going on just now, Isaac?" for I was keen to change the subject.

"Ye may kay—kay, as ye like, though; I can just tell ye this:—Ye'll mind auld Armstrong with the leather breeks, and the brown three-story wig—him that was the gravedigger? Weel, he saw a ghaist wi' his leeving een—ay, and what's better, in this very kirkyard too. It was a cauld spring morning, and daylight just coming in, whan he cam' to the yett yonder, thinking to meet his man—paidling Jock—but Jock had sleepit in, and wasna there. Weel, to the wast corner ower yonder he gaed, and throwing his coat ower a headstane, and his hat on the tap o't, he dug away with his spade, casting out the mools, and the coffin handles, and the green banes and sic like, till he stoppit a wee to take breath. What! are ye whistling to yoursell?" quoth Isaac to me, "and no hearing what's God's truth?"

"Ou ay," said I; "but ye didna tell me if onybody was cried last Sunday?"—I would have given every farthing I had made by the needle, to have been at that blessed time in my bed with my wife and wean. Ay, how I was gruing! I mostly chacked off my tongue in chittering. But all would not do.

"Weel, speaking of ghaists—when he was resting on his spade he looked up to the steeple, to see what o'clock it was, wondering what way Jock hadna come, when lo and behold! in the lang diced window of the kirk yonder, he saw a lady a' in white, with her hands clasped thegither, looking out to the kirkyard at him.

"He couldna believe his een, so he rubbit them with his sark sleeve, but she was still there bodily; and, keeping ae ee on her, and anither on his road to the yett, he drew his coat and hat to him below his arm, and aff like mad, throwing the shool half a mile ahint him. Jock fand that; for he was coming singing in at the yett, when his maister ran clean ower the tap o' him, and capsized him like a toom barrel; never stopping till "bʌt, [1]lɛt ə'len rɛsʌ'rɛkʃənərz, djɪ no: θɪŋk ðərz sɪk ə θɪŋ əz gests? gəid jɪ, mən, mə 'granɪ kʌd he tɛlt əz mʌkl ə'but ðɛm əz [2]wʌd əv fʌlt ə 'mɪnɪstərz 'sɛrmənz fre dʒun tə 'dʒanwərɪ."

"ke:—ke:—ðats [3]ɑ: bʌf," ə sɛd. "ər ðər ne: 'kʌtɪ'styl 'bɪznəsəz—ər ðər ne: 'mɛrɪdʒəz 'goən ɔn dʒyst nu:, [4]'aɪzək?" fɔr ə wəz kin tə [4]tʃendʒ ðə 'sʌbdʒɪk.

"jɪ me ke:—ke:, əz jɪ ləik, θo:; ə kən dʒyst tɛl jɪ ðɪs:—jɪl məind [3]ɑ:ld 'ermstrɔŋ wɪ ðə 'lɛðər briks, ən ðə brun 'θri'sto:rɪ wɪg—hɪm ðət wəz ðə 'gre:vdɪgər? wil, hi [3]sɑ: ə gest wɪ hɪz 'li:vən in—aɪ, ən ʍɑts 'bɛtər, ɪn ðɪs 'vɛrə kɪrk'jerd tø:. ɪt wəz ə [3]kɑ:ld sprɪŋ [5]'mɔrnən, ən 'de:lɪxt dʒyst 'kʌmən ɪn, ʍən i kam tə ðə jɛt 'jɔndər, 'θɪŋkən tə mit ɪz man—'pedlən dʒɔk—bət dʒɔk həd 'slipət ɪn, ən 'wəznə ðe:r. wil, tə ðə wast 'kɔrnər ʌur 'jɔndər hi ge:d, ən 'θroən ɪz [5]kot ʌur ə [6]'hedsten, ən ɪz hat ɔn ðə tap ot, hi dʌg [3]ə'wɑ: wɪ hɪz spɑ:d, 'kastən ut ðə mulz, ən ðə [5]'kofən [7]handlz, ən ðə grin benz ən sɪk ləik, tɪl hi 'stɔpət ə wi: tə tak breθ. ʍat! ər jɪ [2]ʍʌsln tə jər'sel?" kwo: [4]'aɪzək tə mi:, "ən no: 'hi:rən ʍɑts gɔdz tryθ?"

"u: aɪ," sɛd aɪ; "bət jɪ 'dɪdnə tɛl mi ɪf [5]'ɔnɪbʌdɪ wəz kraɪt last 'sʌndɪ?"—ə [2]wʌd əv gi:n 'ɪvrɪ 'fardən ə həd med bɪ ðə nidl, tə həv bin ət ðat 'blɪsəd təim ɪn mə bɛd wɪ mə wəif ən we:n. aɪ, hu: ə wəz 'gruən! ə 'mestlɪ 'tʃakət af mə tʌŋ ɪn 'tʃɪtrən. bət [3]ɑ: [2]'wʌdnə dø:.

"wil, 'spikən o gests—ʍən hi wəz 'rɛstən ɔn hɪz spɑ:d hi lʲukt ʌp tə ðə stipl, tə si: ʍat o klɔk ɪt wəz, 'wʌndrən ʍət wəi dʒɔk 'hədnə kʌm, ʍən lo: ən bɪ'hold! ɪn ðə laŋ dəist 'wɪndə o ðə kɪrk 'jɔndər, hi [3]sɑ: ə 'lɛdɪ [3]ɑ: ɪn ʍəit, wɪ hər [7]handz 'klaspət ðə'gɪðər, 'lʲukən ut tə ðə kɪrk'jerd at ɪm.

"hi 'kʌdnə bɪ'li:v ɪz in, so hi 'rʌbət ðəm wɪ hɪz sark sli:v, bət ʃi wəz stɪl ðe:r [8]'bodɪlɪ; ən, 'kipən je: i: ɔn hər, ən ə'nɪðər ɔn ɪz [8]rod to ðə jɛt, hi dru: hɪz [5]kot n̩ hat tə hɪm bɪ'lo: hɪz [9]'erm, ən af ləik mad, 'θroən ðə ʃul [3]hɑ:f ə məil ə'hɪnt ɪm. dʒɔk [7]fand ðat; fər i wəz 'kʌmən 'sɪŋən ɪn ət ðə jɛt, ʍən hɪz 'mestər ran klin ʌur ðə tap o hɪm, ən kap'saɪst ɪm ləik ə tym barl; 'nɪvər

---

[1]ɑ, ə [2]ə, ɪ [3]ɔ: [4]əi [5]o [6]i [7]ɑ: [8]ɔ [9]ɛ

he was in at his ain house, and the door baith bolted and barred at his tail.

"Did ye ever hear the like of that, Mansie? Weel, man, I'll explain the hail history of it to ye. Ye see—'Od! how sound that callant's sleeping," continued Isaac; "he's snoring like a nine-year-auld!"

I was glad he had stopped, for I was like to sink through the ground with fear; but no, it would not do.

"Dinna ye ken—sauf us! what a fearsome night this is! The trees will be all broken. What a noise in the lum! I daresay there's some auld hag of a witch-wife gaun to come rumble doun't. It's no the first time, I'll swear. Hae ye a silver sixpence? Wad ye like that?" he bawled up the chimney. "Ye'll hae heard," said he, "lang ago, that a wee murdered wean was buried—didna ye hear a voice?—was buried below that corner—the hearthstane there, where the laddie's lying on?"

I had now lost my breath, so that I could not stop him.

"Ye never heard tell o't, didna ye? Weel, I'se tell't ye—Sauf us, what swurls of smoke coming doun the chimley—I could swear something no canny's stopping up the lum-head—Gang out and see!"

At that moment a clap like thunder was heard—the candle was driven over—the sleeping laddie roared "Help!" and "Murder!" and "Thieves!" and as the furm on which we were sitting played flee backwards, cripple Isaac bellowed out, "I'm dead!—I'm killed—shot through the head!—Oh! oh! oh!"

Surely I had fainted away; for when I came to myself I found my red comforter loosed, my face all wet—Isaac rubbing down his waistcoat with his sleeve—the laddie swigging ale out of a bicker—and the brisk brown stout, which, by casting its cork, had caused all the alarm, whizz—whizz—whizzing in the chimley lug.

'stopən tḭl i wəz ḭn ət ḭz eːn hus, ən ðə doːr beθ 'boltət ən bɑːrt ət ḭz tel.

"dḭd jɪ 'ɪvər hiːr ðə ləik o ðɑt, 'mɑnsɪ? wil, mən, əl ḭk'splen ðə hel 'hḭstrḭ ot tə jɪ. jɪ siː—əd! huː sund ðɑt 'kɑlənts 'slipən," kən'tɪnjəd [1]'ɑɪzək; "hiz 'snoːrən ləik ə nəin iːr [2]ɑːld!"

ə wəz gled hi həd stopt, fər ə wəz ləik tə sḭŋk θruː ðə grʌn wḭ fiːr; bət noː, ḭt [3]'wʌdnə døː.

"'dḭnnə jɪ ken—sɑːf ʌs! ʍɑt ə 'fiːrsəm nḭxt ðḭs ḭz! ðə triːz l̩ bi [2]ɑː brokŋ. ʍɑt ə [4]noɪz ḭn ðə lʌm! ə 'dɑrse ðərz sʌm [2]ɑːld hɑg o ə [5]'wʌtʃwəif [2]gɑːn tə kʌm 'rʌmblən dunt. ḭts noː ðə [5]fʌrst təim, əl swiːr. heː jɪ ə 'sḭlər 'sɑkspəns? [3]wʌd jɪ ləik ðɑt?" hi [2]bɑːld ʌp ðə 'tʃḭmnḭ. "jɪl he [6]herd," sed hi, "lɑŋ ə'goː, ðət ə wiː 'mʌrdərt weːn wəz 'biːrɪt—'dḭdnə jɪ hiːr ə vəis?—wəz 'biːrɪt brɪ'loː ðɑt 'kornər—ðə 'herθsten ðeːr, ʍər ðə 'lɑdɪz 'lɑɪən on?"

ə həd nuː lost mə breθ, so ðət ə 'kʌdnə stop ḭm.

"jɪ 'nɪvər [6]herd tel ot, 'dḭdnə jɪ? wil, ɑz telt ji—sɑːf ʌs, ʍɑt swʌrlz o smok 'kʌmən dun ðə tʃḭmlḭ—ə kʌd swiːr 'sʌmθḭŋ noː 'kɑnḭz 'stopən ʌp ðə lʌm[7]hed—gɑŋ ut n̩ siː!"

. . . .

"help!" "mʌrdər!" "θifs!"..........."əm [7]ded!—əm kḭlt—ʃot θru ðə [7]hed!—oː! oː! oː!"

---

[1]əi [2]ɑ̜ː [3]ə, ḭ [4]oɪ [5]ḭ [6]ɑ [7]i

XI A. THE AULD FARMER'S NEW-YEAR MORNING SALUTATION TO HIS AULD MARE, MAGGIE

ROBERT BURNS.

A Guid New-Year I wish thee, Maggie!
Hae, there's a ripp to thy auld baggie:
Tho' thou's howe-backit now, an' knaggie,
 I've seen the day
Thou could hae gaen like onie staggie
 Out-owre the lay.

Tho' now thou's dowie, stiff, an' crazy,
An' thy auld hide's as white's a daisie,
I've seen thee dappl't, sleek, an' glaizie,
 A bonie gray:
He should been tight that dau'rt to raize thee
 Ance in a day.

Thou ance was i' the foremost rank,
A filly buirdly, steeve, an' swank,
An' set weel down a shapely shank
 As e'er tread yird;
An' could ha'e flown out-owre a stank
 Like onie bird.

It's now some nine-an'-twenty year
Sin' thou was my guid-father's meere;
He gied me thee, o' tocher clear,
 An' fifty mark.
Tho' it was sma', 'twas weel-won gear,
 An' thou was stark.

XI A. THE AULD FARMER'S NEW-YEAR MORNING SALUTATION TO HIS AULD MARE, MAGGIE

ROBERT BURNS.

ə gyd nju 'iːr ə [1]wɪʃ ði, 'magɪ!
heː, 'ðeːrz ə rɪp tə ðaɪ [2]'aːld 'bagɪ:
θo ðuːz hʌu'bakət nuː, ən *k*'nagɪ,
    əv sin ðə deː
ðu kʌd he geːn ləik [3]'onɪ 'stagɪ
    ut'ʌur ðə leː.

θo nuː ðuz 'dʌuɪ, stɪf, ən 'kreːzɪ,
ən ðaɪ [2]aːld həidz əz ʍəits ə 'deːzɪ,
av sin ðiː daplt, slik, ən 'gleːzɪ,
    ə [3]'bonɪ gre:
hi [4]sʌd bin tɪxt ðət [2]daːrt tə reːz ði
    [5]ens ɪn ə deː.

ðu [5]ens wəz ɪ ðə 'foːrməst raŋk,
ə 'fɪlɪ 'bøːrdlɪ, stiːv, ən swaŋk,
ən set wil dun ə 'ʃeplɪ ʃaŋk
    əz eːr trɛd jɪrd;
ən kʌd he flʌun ut'ʌur ə staŋk
    ləik [3]'onɪ bɪrd.

ɪts nuː sʌm 'nəinn'twɪntɪ iːr
sɪn ðu wəz maɪ gyd[6]'feðərz miːr;
hi giːd mi ðiː, o [3]'toxər kliːr,
    ən 'fɪftɪ mark.
θo ɪt wəz [2]smaː, twəz 'wilwʌn giːr,
    ən ðuː wəz stark.

[1] ʌ [2] ɑː [3] ɔ [4] ɪ, ə [5] jɪns [6] eː

When first I gaed to woo my Jenny,
Ye then was trottin' wi' your minnie:
Tho' ye was trickie, slee, an' funnie,
Ye ne'er was donsie;
But hamely, tawie, quiet, an' cannie,
An' unco sonsie.

That day, ye pranc'd wi' muckle pride,
When ye bure hame my bonie bride:
An' sweet an' gracefu' she did ride,
Wi' maiden air!
Kyle-Stewart I could bragged wide,
For sic a pair.

Tho' now ye dow but hoyte and hobble,
An' wintle like a saumont coble,
That day, ye was a jinker noble,
For heels an' win'!
An' ran them till they a' did wauble,
Far, far behin'.

When thou an' I were young and skiegh,
An' stable-meals at fairs were driegh,
How thou wad prance, an' snore, an' skriegh,
An' tak' the road!
Town's-bodies ran, an' stood abiegh,
An' ca't thee mad.

When thou was corn't, an' I was mellow,
We took the road ay like a swallow:
At brooses thou had ne'er a fellow
For pith and speed;
But ev'ry tail thou pay't them hollow,
Whare'er thou gaed.

The sma', droop-rumpl't, hunter cattle
Might aiblins waur't thee for a brattle;

ʍən [1]fɪ̜rst ə geːd tə wuː mə ˈdʒɪ̜nɪ̜,
ji ðɑn wəz ˈtrɔtən wɪ̜ jər ˈmɪ̜nɪ̜:
θo jɪ wəz ˈtrɪ̜kɪ̜, sliː, ən ˈfʌnɪ̜,
jɪ neːr wəz ˈdɔnsɪ̜;
bʌt ˈhemlɪ̜, [2]ˈtɑːɪ̜, kweːt, ən ˈkɑnɪ̜,
ən ˈʌŋkə ˈsɔnsɪ̜.

ðɑt deː, jɪ prɑnst wɪ̜ mʌkl prəid,
ʍən jɪ bøːr hem mə [3]ˈbɔnɪ̜ brəid:
ən swit ən ˈgresfə ʃi dɪ̜d rəid,
wɪ̜ medn eːr!
ˈkəilˈstjuərt ɑ kʌd ˈbrɑgət wəid,
fər sɪ̜k ə peːr.

θo nuː ji dʌu bʌt hɔrt n̩ [3]hobl,
ən [1]wɪ̜ntl ləik ə [2]sɑːmənt [3]kobl,
ðɑt deː, ji wəz ə ˈdʒɪ̜ŋkər [3]nobl,
fər hilz ən wɪ̜n!
ən rɑn ðəm tɪ̜l ðe [2]ɑː dɪ̜d [3]wobl,
[2]fɑːr, [2]fɑːr brˈhɪ̜n.

ʍən [4]ðuː ən ɑɪ wər jʌŋ ən skix,
ən ˈstebl̩ˈmelz ət feːrz wər drix,
huː ðu [5]wəd prɑns, ən snoːr, ən skrix,
ən tɑk ðə [3]rod!
tunz[1]bodɪz rɑn, ən styd əˈbix,
ən [2]kɑːt ði mɑd.

ʍən ðuː wəz [3]kornt, ən [2]ɑː wəz ˈmelə,
wi tuk ðə [3]rod əi ləik ə ˈswɑlə:
ət brøːzəz ðu hɑd neːr ə ˈfɑlə
fər pɪ̜θ ən spid;
bʌt ˈɪvrɪ̜ tel ðu peːt ðəm ˈhɑlə,
ʍərˈeːr ðu gid.

ðə [2]smɑː, drupˈrʌmplt, ˈhʌntər kɑtl
mɪ̜xt ˈeblɪ̜nz [2]wɑːrt ði fər ə brɑtl;

---

[1] ʌ [2] ǫː [3] ɔ [4] the genuine dialect form would be ðiː ən miː *or* jiː ən mi [5] ɪ̜, ʌ

But sax Scotch miles thou try't their mettle,
An' gar't them whaizle.
Nae whip nor spur, but just a wattle
O' saugh or hazle.

Thou was a noble fittie-lan',
As e'er in tug or tow was drawn!
Aft thee an' I, in aught hours' gaun,
On guid March-weather,
Hae turned sax rood beside our han',
For days thegither.

Thou never braing't, an fetch't an' fliskit,
But thy auld tail thou wad hae whiskit,
An' spread abreed thy well-fill'd brisket,
Wi' pith an' pow'r,
Till sprittie knowes wad rair't and riskit,
An' slypet owre.

When frosts lay lang, an' snaws were deep,
An' threaten'd labour back to keep,
I gied thy cog a wee bit heap
Aboon the timmer;
I ken'd my Maggie wad na sleep
For that, or simmer.

In cart or car thou never reestit;
The steyest brae thou wad hae fac't it;
Thou never lap, an' sten't, an' breastit,
Then stood to blaw;
But just thy step a wee thing hastit,
Thou snoov't awa'.

My pleugh is now thy bairntime a';
Four gallant brutes as e'er did draw;
Forbye sax mae, I've sell't awa,
That thou hast nurst;
They drew me thretteen pund an' twa,
The vera warst.

bʌt sɑks skots məilz ðu trɑɪt ðər mɛtl,
ən [1]gɑːrt ðəm ʍeːzl.
neː ʍʌp nɔr spʌr, bʌt dʒyst ə wɑtl
o [2]sɑːx ər heːzl.

ðu wəz ə nobl 'fɪ̣tɪ̣[2]'lɑːn,
əz eːr ɪ̣n tʌg ɔr tʌu wəz [2]drɑːn!
ɑft [3]ðiː ən ɑɪ, ɪ̣n [4]ɑxt uːrz [2]gɑːn,
ɔn gyd mɛrtʃ'wɛðər,
he tʌrnt sɑks ryd bɪ'səid [5]ur [2]hɑːn,
fər deːz ðə'gɪðər.

ðu 'nɪvər brɛndʒd, ən fɛtʃt ən 'fɪ̣skɪ̣t,
bʌt ðɑɪ [2]ɑːl*d* tel ðu [6]wəd he ʍɪ̣skɪ̣t,
ən sprɛd ə'brid ðɑɪ 'wilfɪ̣lt 'brɪ̣skɪ̣t,
wɪ̣ pɪ̣θ ən pʌur,
tɪ̣l 'sprɪ̣tɪ̣ *k*nʌuz [6]wəd reːrt ən 'rɪ̣skɪ̣t,
ən 'sləipət ʌur.

ʍən [7]frosts leː lɑŋ, ən [2]snɑːz wər dip,
ən θrɛtnt 'lebər bɑk tə kip,
ə giːd ðɑɪ kog ə wiː bɪ̣t hip
ə'byn ðə 'tɪ̣mər;
ə kɛnt mɑɪ 'mɑgɪ [6]'wədnə slip
fər ðɑt, ɔr 'sɪ̣mər.

ɪ̣n kɛrt ɔr [2]kɑːr ðu 'nɪvər 'ristət;
ðə 'stəi̯əst breː ðu [6]wəd he fɛst ɪ̣t;
ðu 'nɪvər lɑp, ən stɛnt, ən 'bristət,
ðɑn styd tə [2]blɑː;
bʌt dʒyst ðɑɪ stɛp ə wiː θɪ̣ŋ 'histət,
ðu snuːvt [2]ə'wɑː.

mɑɪ [8]plʲux ɪ̣z nuː ðɑɪ [1]'bɛrntəim [2]ɑː;
fʌur 'gɑlənt bryts əz eːr dɪ̣d [2]drɑː;
fər'bɑɪ sɑks meː, əv sɛlt [2]ə'wɑː,
ðət ðu hɑst nʌrst;
ðe druː mi 'θrɛtin pʌn*d* ən [2]twɑː,
ðə 'vɛrə wʌrst.

---

[1] ɛ [2] ǫː [3] genuine dialect ðiː ən miː [4] ɑː [5] wɪ̣r, wər, wʌr
[6] ɪ̣, ʌ [7] ɔ [8] ʌ

Monie a sair darg we twa hae wrought,
An' wi' the weary warl' fought!
An' monie an anxious day I thought
We wad be beat!
Yet here to crazy age we're brought,
Wi' something yet.

An' think na, my auld trusty servan',
That now perhaps thou's less deservin',
An' thy auld days may end in starvin',
For my last fow,
A heapit stimpart, I'll reserve ane
Laid by for you.

We've worn to crazy years thegither;
We'll toyte about wi' ane anither;
Wi' tentie care I'll flit thy tether
To some hain'd rig,
Whare ye may nobly rax your leather,
Wi' sma' fatigue.

[1]'monɪ̞ ə se:r [2]darg wi [3]twɑ: he [4]*w*roxt,
ən wɪ̞ ðə 'wi:ri [2]wɑrl [4]foxt!
ən [1]'monɪ̞ ən 'ɑŋʃəs de: ə [4]θoxt
wi [5]wəd bi bɛt!
jɛt hi:r tə 'kre:zɪ edʒ wir [4]broxt,
wɪ̞ 'sʌmθɪ̞ŋ jɛt.

ən 'θɪ̞ŋk nə, mɑɪ [3]ɑ:l*d* 'trʌstɪ̞ 'sɛrvən,
ðət nu: pər'hɑps ðuz lɛs dɪ'zɛrvən,
ən ðɑɪ [3]ɑ:l*d* de:z me ɛn*d* ɪ̞n 'stɛrvən,
fər mɑɪ lɑst fʌu,
ə 'hipət 'stɪ̞mpərt, ɑl rɪ̞'zɛrv [6]en
le:d bɑɪ fər ju:.

wiv [4]worn tə 'kre:zɪ i:rz ðə'gɪðər;
wil tɔɪt ə'but wɪ̞ [6]en ə'nɪðər;
wɪ̞ 'tɛntɪ̞ ke:r əl flɪ̞t ðɑɪ 'tɛðər
tə sʌm he:nd rɪ̞g,
ʍər ji me 'noblɪ̞ rɑks jər 'lɛðər,
wɪ̞ [3]smɑ: fə'tɪ̞g.

---

[1] ʌ, ɑ, ɔ̇ [2] ɑ: [3] ǫ: [4] ɔ [5] ʌ, ɪ̞ [6] jɪ̞n

XII A. BLIN' TIBBIE

ALEC FORBES OF HOWGLEN.

George Macdonald (1824–1905).

Chapter XLIV.

The scene of *Alec Forbes* is the village and neighbourhood of Huntly in W. Abd. Macdonald makes his characters use the "Lingua Scottica" and not the local dialect, no doubt because he wished to be easily intelligible to all Scottish speakers. Thus he uses the ordinary Scottish spellings *guid* or *gude, wha, whan, hoo, auld, wrang, frae,* which his characters would have pro-

---

In the course of her study of Milton, Annie had come upon Samson's lamentation over his blindness; and had found, soon after, the passage in which Milton, in his own person, bewails the loss of light. The thought that she would read them to Tibbie Dyster was a natural one. She borrowed the volumes from Mrs Forbes; and, the next evening, made her way to Tibbie's cottage, where she was welcomed as usual by her gruff voice of gratefulness.

"Ye're a gude bairn to come a' this gait through the snaw to see an auld blin' body like me. It's dingin' on (*snawing* or *raining*)—is na 't, bairn?"

"Ay is't. Hoo do ye ken, Tibbie?"

"I dinna ken hoo I ken. I was na sure. The snaw maks unco little din, ye see. It comes doon like the speerit himsel' upo' quaiet herts."

"Did ye ever see, Tibbie?" asked Annie, after a pause.

"Na; nae that I min' upo'. I was but twa year auld, my mither used to tell fowk, whan I had the pock, an' it jist closed up my een for ever—i' this warl, ye ken. I s' see some day as weel's ony o' ye, lass."

"Do ye ken what licht is, Tibbie?" said Annie, whom Milton had set meditating on Tibbie's physical in relation to her mental condition.

XII A. BLIN' TIBBIE

ALEC FORBES OF HOWGLEN.

George Macdonald (1824–1905).

Chapter XLIV.

nounced **gwid**, **fa:**, **fan**, **hu:**, **a:l**, **vraŋ**, **fe:**. Other indications of local pronunciations and usages in his works are:

speikin	**'spəikən**	cwid	**kwɪd**
trowth	**trʌuθ**	ohn bein' angry	See Gr. § 51, Notes 1, 2
chop	**tʃop**	ook	**uk**
saiven	**səivn**	greit	**grəit**

"jɪr ə gyd [1]bern tə kʌm aː ðɪs get θruː ðə snaː tə siː ən aːl*d* blɪn 'bʌdɪ ləik miː. ɪts 'dɪŋən on—'ɪznət, [1]bern?"

"aɪ ɪst. huː dɪ jɪ ken, 'tɪbɪ?"

"ə 'dɪnn*ə* ken huː ə ken. ə 'wəznə ʃøːr. ðə snaː maks 'ʌŋkə lɪtl dɪn, jɪ siː. ɪt kʌmz dun ləik ðə 'spirɪt hɪm'sel ə'po kweːt herts."

"dɪd jɪ 'ɪvər siː, 'tɪbɪ?" ....

"naː; neː ðat ə məin ə'po. ə wəz bət twaː iːr aːl*d*, mə 'mɪðər jøst tə tel fʌuk, ʍan ə həd ðə pok, ən ɪt dʒyst klost ʌp mə in fər 'ɪvər—ɪ ðɪs [2]warl, jɪ ken. aɪs siː sʌm deː əz wilz [3]onɪ o jɪ, las."

"dɪ jɪ ken ʍat lɪxt ɪz, 'tɪbɪ?" ....

. . . .

---

[1] ɛ [2] aː [3] ɔ

"Ay, weel eneuch," answered Tibbie, with a touch of indignation at the imputed ignorance. "What for no? What gars ye spier?"

"Ow! I jist wanted to ken."

"Hoo could I no ken? Disna the Saviour say: 'I am the licht o' the warl'?—He that walketh in Him maun ken what licht is, lassie. Syne ye hae the licht in yersel—in yer ain hert; an' ye maun ken what it is. Ye canna mistak' it."

Annie was neither able nor willing to enter into an argument on the matter, although she was not satisfied. She would rather think than dispute about it. So she changed the subject in a measure.

"Did ye ever hear o' John Milton, Tibbie?" she asked.

"Ow! ay. He was blin' like mysel', wasna he?"

"Ay, was he. I hae been readin' a heap o' his poetry."

"Eh! I wad richt weel like to hear a bittie o' 't."

"Weel, here's a bit 'at he made as gin Samson was sayin' o' 't, till himsel' like, efter they had pitten oot's een—the Phillisteens, ye ken."

"Ay, I ken weel eneuch. Read it."

Annie read the well-known passage. Tibbie listened to the end, without word of remark or question, her face turned towards the reader, and her sightless balls rolling under their closed lids. When Annie's voice ceased, she said, after a little reflection:

"Ay! ay! It's bonnie, an' verra true. And, puir man! it was waur for him nor for me and Milton; for it was a' his ain wyte; and it was no to be expecket he cud be sae quaiet as anither. But he had no richt to queston the ways o' the Maker. But it's bonnie, rael bonnie."

"Noo, I'll jist read to ye what Milton says aboot his ain blin'ness. But it's some ill to unnerstan'."

"Maybe I'll unnerstan' 't better nor you, bairn. Read awa'."

So admonished, Annie read. Tibbie fidgeted about on her seat. It was impossible either should understand it. And the proper names were a great puzzle to them.

"Tammy Riss!" said Tibbie; "I ken naething about *him.*"

"Na, neither do I," said Annie; and beginning the line again, she blundered over "*blind Maeonides.*"

"ɑɪ, wil [5]ə'njux............ʍɑt fɔr noː? ʍɑt [2]gɑːrz jɪ spiːr?"

"uː! ə dʒɪst [1]'wɑntət tə ken."

"huː kʌd ə noː ken? 'dɪ̣znə ðə 'sevjər seː: 'ɑɪ əm ðə lɪ̣xt o ðə [3]wɑrl'?—hiː ðət 'wɑːkəθ ɪ̣n hɪ̣m mɑːn ken ʍɑt lɪ̣xt ɪ̣z, 'lɑsɪ̣. səin jɪ he ðə lɪ̣xt ɪ̣n jər'sɛl—ɪ̣n jər eːn hert; ən jɪ mɑːn ken ʍɑt ɪ̣t ɪ̣z. jɪ 'kɑnnə mɪ̣s'tɑk ɪ̣t."

. . . .

"dɪ̣d jɪ 'ɪvər hiːr o [4]dʒon 'mɪ̣ltən, 'tɪ̣bɪ?"...........

"uː! ɑɪ. hi wəz blɪ̣n ləik mə'sɛl, 'wəznə hi?"

"ɑɪ, wəz i. ə he bin 'ridən ə hip o ɪ̣z 'potrɪ̣."

"eː! ə [1]wəd rɪ̣xt wil ləik tə hiːr ə 'bɪ̣tɪ̣ ot."

"wil, hiːrz ə bɪ̣t ət hi med əz gɪ̣n 'sɑmsən wəz 'seən ot, tɪ̣l ɪ̣m'sɛl ləik, 'ɛftər ðe həd pɪ̣tn uts in—ðə 'fɪ̣lɪ̣stinz, jɪ ken."

"ɑɪ, ə ken wil [5]ə'njux. rid ɪ̣t."

. . . .

"ɑɪ! ɑɪ! ɪ̣ts [4]'bonɪ̣, ən 'vɛrə truː. ən, pøːr mɑn! ɪ̣t wəz wɑːr fər hɪ̣m nor fər miː ən 'mɪ̣ltən; fər ɪ̣t wəz ɑː hɪ̣z eːn wəit; ən ɪ̣t wəz noː tə bi ɪ̣k'spɛkət hi kʌd bi se kweːt əz ə'nɪðər. bət hi həd noː rɪ̣xt tə kwɛstn ðə [6]wəiz o ðə 'mekər. bət ɪ̣ts [4]'bonɪ̣, reːl [4]'bonɪ̣."

"nuː, əl dʒɪst rid tə jɪ ʍɑt 'mɪ̣ltən seːz' ə'but ɪ̣z eːn 'blɪ̣nnəs. bət ɪ̣ts sʌm ɪ̣l tə [3]ʌnər'stɑnd."

"mebi ɑl [3]ʌnər'stɑnt 'bɛtər nor juː, [2]bern. rid ə'wɑː."

. . . .

"'tɑmɪ̣ rɪ̣s!...........ə ken 'neθɪ̣ŋ ə'but hɪ̣m."

"nɑː, [7]'neðər dɪ ɑɪ"...........

. . . .

[1] ʌ, ɪ̣ [2] ɛ [3] ɑː [4] ɔ [5] ʌ [6] ɑɪ [7] eː

"Ye're readin' 't wrang, bairn. It sud be '*nae ony days*,' for there's nae days or nichts either to the blin'. They dinna ken the differ, ye see."

"I'm readin' 't as I hae't," answered Annie. "It's a muckle M."

"I ken naething aboot yer muckle or yer little Ms," retorted Tibbie, with indignation. "Gin that binna what it means, it's ayont me. Read awa'. Maybe we'll come to something better."

"Ay will we?" said Annie, and resumed.

With the words, "*Thus with the year seasons return*," Tibbie's attention grew fixed; and when the reader came to the passage,

> "So much the rather thou, Celestial Light,
> Shine inward,"

her attention rose into rapture.

"Ay, ay, lassie! That man kent a' aboot it! He wad never hae speired gin a blin' crater like me kent what the licht was. He kent what it was weel. Ay did he!"

"But, ye see, he was a gey auld man afore he tint his eesicht," Annie ventured to interpose.

"Sae muckle the better! He kent baith kinds. And he kent that the sicht without the een is better nor the sicht o' the een. Fowk nae doobt has baith; but I think whiles 'at the Lord gies a grainy mair o' the inside licht to mak' up for the loss o' the ootside; and weel I wat it doesna want muckle to do that."

"But ye dinna ken what it is," objected Annie, with unnecessary persistence in the truth.

"Do ye tell me that again?" returned Tibbie, harshly. "Ye'll anger me, bairn. Gin ye kent hoo I lie awauk at nicht, no able to sleep for thinkin' 'at the day *will* come whan I'll see—wi' my ain open een—the verra face o' him that bore oor griefs an' carried oor sorrows, till I jist lie and greit, for verra wissin', ye wadna say 'at I dinna ken what the sicht o' a body's een is. Sae nae mair o' that! I beg o' ye, or I'll jist need to gang to my prayers to haud me ohn been angry wi' ane o' the Lord's bairns; for that ye *are*, I do believe, Annie Anderson. Ye canna ken what blin'ness is; but I doobt ye ken what the licht is, lassie; and, for the lave (*rest*), jist ye lippen (*trust*) to John Milton and me."

"jɪr 'ridənt *w*raŋ, [1]bern. ɪ̜t sʌd biː 'neː [2]'onɪ̜ deːz,' fər ðərz neː deːz ɔr nɪ̜xts [3]'eðər tə ðə blɪ̜n. ðe 'dɪ̜n*n*ə ken ðə 'dɪ̜fər, jɪ siː."

"əm ridnt əz ə heːt...........ɪ̜ts ə mʌkl ɛm."

"ə ken 'neθɪ̜ŋ ə'but jər mʌkl ɔr jər lɪ̜tl ɛmz...........gɪ̜n ðat 'bɪ̜n*n*ə ʍat ɪ̜t minz, ɪ̜ts ə'jɔnt miː. rid ə'waː. 'mebi wil kʌm tə 'sʌmθɪ̜ŋ 'bɛtər."

"aɪ, wɪ̜l wi?"...........

. . . .

"aɪ, aɪ, 'lasɪ̜! ðat man kent aː ə'but ɪ̜t! hiː [4]wəd 'nɪvər he spiːrt gɪ̜n ə blɪ̜n 'kretər ləik miː kent ʍat ðə lɪ̜xt wəz. hi kent ʍat ɪ̜t waz wil. aɪ dɪ̜d i!"

"bət, jɪ siː, hi wəz ə gəi aːl*d* man ə'foːr hi tɪ̜nt hɪ̜z 'iːsɪ̜xt."...

"seː mʌkl ðə 'bɛtər! hi kent beθ kəinz. ən i kent ðət ðə sɪ̜xt wɪ̜'θut ðə in ɪ̜z 'bɛtər nɔr ðə sɪ̜xt o ðə in. fʌuk neː dut həz beθ; bət ə θɪ̜ŋk ʍəilz ət ðə loːrd giːz ə 'grenɪ̜ meːr o ðə 'ɪ̜nsəid lɪ̜xt tə mak ʌp fər ðə los o ðə 'utsəid; ən wil ə wat ɪ̜t 'dɪ̜znə [4]want mʌkl tə døː ðat."

"bət jɪ 'dɪ̜n*n*ə ken ʍat ɪ̜t ɪ̜z."...........

"dɪ jɪ tel mi ðat ə'gen?...........jɪl 'aŋər mɪ, [1]bern. gɪ̜n jɪ kent hu ə laɪ ə'waːk ət nɪ̜xt, no ebl tə slip fər 'θɪ̜ŋkən ət ðə deː wɪ̜l kʌm ʍən al siː—wɪ̜ mə eːn 'opən in—ðə 'verə fes o hɪ̜m ðət boːr ur grifs ən [1]'kerɪ̜t ur 'sɔrəz, tɪ̜l ə dʒɪst laɪ ən grit, fər 'verə 'wɪ̜sən, jɪ [4]'wədnə se ət a 'dɪ̜n*n*ə ken ʍat ðə sɪ̜xt o ə 'bʌdɪz in ɪ̜z. se neː meːr o ðat! ə beg o jɪ, ɔr əl dʒɪst nid tə gaŋ tə mə 'preərz tə [5]had mɪ [6]on bin 'aŋrɪ̜ wɪ̜ en o ðə loːrdz [1]bernz; fər ðat ji ar, ə du bɪ'liːv, 'anɪ̜ 'anərsən. jiː 'kan*n*ə ken ʍat 'blɪ̜nnəs ɪ̜z; bət ə dut jɪ ken ʍat ðə lɪ̜xt ɪ̜z, 'lasɪ̜; ən, fər ðə leːv, dʒɪst ji 'lɪ̜pən tə [2]dʒon 'mɪ̜ltən ən miː."

. . . .

---

[1] ɛ [2] ọ [3] eː [4] ɪ̜, ʌ [5] aː [6] see Gr. § 51

Annie dared not say another word. She sat silent—perhaps rebuked. But Tibbie resumed:

"Ye maunna think, hooever, 'cause sic longin' thouchts come ower me, that I gang aboot the hoose girnin' and compleenin' that I canna open the door and win oot. Na, na. I could jist despise the licht, whiles, that ye mak' sic a wark aboot, and sing and shout, as the Psalmist says; for I'm jist that glaid, that I dinna ken hoo to haud it in. For the Lord's my frien'. I can jist tell him a' that comes into my puir blin' heid. Ye see there's ither ways for things to come intil a body's heid. There's mair doors nor the een. There's back doors, whiles, that lat ye oot to the bonnie gairden, and that's better nor the road-side. And the smell o' the braw flooers comes in at the back winnocks, ye ken.—Whilk o' the bonnie flooers do ye think likest *Him*, Annie Anderson?"

"Eh! I dinna ken, Tibbie. I'm thinkin' they maun be a' like him."

"Ay, ay, nae doobt. But some o' them may be liker him nor ithers."

"Weel, whilk do *ye* think likest him, Tibbie?"

"I think it maun be the minnonette—sae clean and sae fine and sae weel content."

"Ay, ye're speiken by the smell, Tibbie. But gin ye saw the rose—"

"Hoots! I hae seen the rose mony a time. Nae doobt it's bonnier to luik at—" and here her fingers went moving about as if they were feeling the full-blown sphere of a rose—"but I think, for my pairt, that the minnonette's likest Him."

"May be," was all Annie's reply, and Tibbie went on.

"There maun be faces liker him nor ithers. Come here, Annie, and lat me fin (*feel*) whether ye be like him or no."

"Hoo can ye ken that?—ye never saw him."

"Never saw him! I hae seen him ower and ower again. I see him whan I like. Come here, I say."

Annie went and knelt down beside her, and the blind woman passed her questioning fingers in solemn silence over and over the features of the child. At length, with her hands still resting upon Annie's head, she uttered her judgment.

"jɪ ˈmɑnnə θɪ̣ŋk, huˈɪvər, kəz sɪ̣k ˈlɔŋən [1]θoxts kʌm ʌur mɪ, ðət ə gɑŋ əˈbut ðə hus ˈgɪ̣rnən ən kəmˈplinən ðət ə ˈkɑnnə opm ðə doːr ən wɪ̣n ut. nɑː, nɑː. ə kʌd dʒɪst [2]dɪˈspɑɪz ðə lɪ̣xt, ʍəilz, ðət jɪ mɑk sɪ̣k ə wɑrk əˈbut, ən sɪ̣ŋ ən ʃut, əz ðə ˈsɑːməst seːz; fər əm dʒɪst ðɑt glɛd, ðət ə ˈdɪ̣nnə kɛn huː tə [3]hɑd ɪ̣t ɪ̣n. fər ðə loːrdz mə frin. ə kən dʒɪst tɛl hɪ̣m ɑː ðət kʌmz ˈɪ̣ntə mə pøːr blɪ̣n [4]hid. jɪ siː ðərz ˈɪðər [5]wəiz fər θɪ̣ŋz tə kʌm ɪ̣ntɪ̣l ə ˈbʌdiz [4]hid. ðərz meːr doːrz nor ðə in. ðərz bɑk doːrz, ʍəilz, ðət lɑt jɪ ut tə ðə [1]ˈbonɪ̣ ˈgerdən, ən ðɑts ˈbɛtər nor ðə ˈrɔdˈsəid. ən ðə smɛl o ðə brɑː fluːrz kʌmz ɪ̣n ət ðə bɑk [6]ˈwɪ̣nəks, jɪ kɛn.—[6]ʍɪ̣lk o ðə [1]ˈbonɪ̣ fluːrz djɪ θɪ̣ŋk ˈləikəst hɪ̣m, ˈɑnɪ̣ ˈɑnərsən?"

"eː! ə ˈdɪ̣nnə kɛn, ˈtɪ̣bɪ. əm ˈθɪ̣ŋkən ðe mən bi ɑː ləik hɪ̣m."

"ɑɪ, ɑɪ, neː dut. bət sʌm o ðəm me bi ˈləikər hɪ̣m nor ˈɪðərz."

"wil, [6]ʍɪ̣lk dɪ jiː θɪ̣ŋk ˈləikəst hɪ̣m, ˈtɪ̣bɪ?"

"ɑ θɪ̣ŋk ɪ̣t mən bi ðə mɪnoˈnɛt—se klin ən se fəin ən se wil kənˈtɛnt."

"ɑɪ, jɪr ˈspəikən bɪ̣ ðə smɛl, ˈtɪ̣bɪ. bət gɪ̣n jɪ sɑː ðə roːz—"

"huts! ə he sin ðə roːz [7]ˈmonɪ̣ ə təim. neː dut ɪ̣ts [1]ˈbonɪər tə ljuk ɑt...........bət ə θɪ̣ŋk, fər mɑ [8]pert, ðət ðə mɪnoˈnɛts ˈləikəst hɪ̣m."

"me bi"...........

"ðər mən bi ˈfesəz ˈləikər hɪ̣m nor ˈɪðərz. kʌm iːr, ˈɑnɪ̣, ən lɑt mɪ fɪ̣n [6]ˈʍəðər ji bi ləik hɪ̣m ɔr noː."

"hu kən jiː kɛn ðɑt?—jɪ ˈnɪvər sɑː hɪ̣m."

"ˈnɪvər sɑː hɪ̣m! ə he sin hɪ̣m ʌur n̩ ʌur əˈgen. ə siː hɪ̣m ʍən ə ləik. kʌm iːr, ə seː."

. . . .

---

[1]ɔ [2]əi [3]ɑː [4]e [5]ɑɪ [6]ʌ [7]ʌ, ɑ, ɔ [8]ɛ

"Ay. Some like him, nae doot. But she'll be a heap liker him whan she sees him as he is."

When a Christian proceeds to determine the rightness of his neighbour by his approximation to his fluctuating ideal, it were well if the judgment were tempered by such love as guided the hands of blind Tibbie over the face of Annie in their attempt to discover whether or not she was like the Christ of her visions.

"Do ye think *ye*'re like him, Tibbie?" said Annie with a smile, which Tibbie at once detected in the tone.

"Hoots, bairn! I had the pock dreidfu', ye ken."

"Weel, maybe we a' hae had something or ither that hauds us ohn been sae bonny as we micht hae been. For ae thing, there's the guilt o' Adam's first sin, ye ken."

"Verra richt, bairn. Nae doot that's blaudit mony a face—'the want o' original richteousness, and the corruption o' our whole natur'.' The wonner is that we're like him at a'. But we maun be like him, for he was a man born o' a wumman. Think o' that, lass!"

At this moment the latch of the door was lifted, and in walked Robert Bruce. He gave a stare when he saw Annie, for he had thought her out of the way at Howglen, and said in a tone of asperity,

"Ye're a' gait at ance, Annie Anderson. A doonricht rintheroot!"

"Lat the bairn be, Master Bruce," said Tibbie. "She's doin' the Lord's will, whether ye may think it or no. She's visitin' them 'at's i' the prison-hoose o' the dark. She's ministerin' to them 'at hae mony preeviledges nae doot, but hae room for mair."

"I'm no saying naething," said Bruce.

"Ye are sayin'. Ye're offendin' ane o' his little anes. Tak ye tent o' the millstane."

"Hoot toot! Tibbie. I was only wissin 'at she wad keep a sma' part o' her ministrations for her ain hame and her ain fowk 'at has the ministerin' to her. There's the mistress and me jist mairtyrs to that chop! And there's the bit infant in want o' some *ministration* noo and than, gin that be what ye ca' 't."

A grim compression of the mouth was all Tibbie's reply. She did not choose to tell Robert Bruce that although she was "ɑɪ. sʌm ləik hɪ̣m, neː dut. bət ʃil bi ə hip 'ləikər hɪ̣m ʍən ʃi siːz hɪ̣m əz hi ɪ̣z."

. . . .

"djɪ θɪ̣ŋk jiːr ləik hɪ̣m, 'tɪ̣bɪ?"...........

"huts, [1]bern! ə həd ðə pok 'dridfə, jɪ ken."

"wil, 'mebi wi ɑː he həd 'sʌmθɪ̣ŋ or 'ɪðər ðət [2]hɑdz ʌs [3]on 'bin se [4]'bonɪ̣ əz wi mɪ̣xt he bin. fər eː θɪ̣ŋ, ðərz ðə gɪ̣lt o 'ɑdəmz [5]fɪ̣rst sɪ̣n, jɪ ken."

"'verə rɪ̣xt, [1]bern. neː dut ðɑts 'blɑːdət [6]'monɪ̣ ə fes—'ðə wɑnt o o'ridʒɪnəl 'rəitjəsnəs, ənd ðə ko'rʌpʃn o ur hol 'netər.' ðə 'wʌnər ɪ̣z ðət wir ləik hɪ̣m ət ɑː. bət wi mɑːn bi ləik hɪ̣m, fər hi wəz ə mɑn [7]born o ə 'wʌmən. θɪ̣ŋk o ðɑt, lɑs!"

. . . .

"jir ɑː get ət ens, 'ɑnɪ̣ 'ɑnərsən. ə 'dunrɪ̣xt 'rɪnðər'ut!"

"lɑt ðə [1]bern biː, 'mestər [8]brus,............ʃiz 'døən ðə loːrdz [5]wɪ̣l, [5]'ʍɪ̣ðər ji me θɪ̣ŋk ɪ̣t or noː. ʃiz 'viːzɪ̣tən ðem əts ɪ̣n ðə 'prɪ̣zən hus o ðə dɑrk. ʃiz 'mɪ̣nɪ̣strən tə ðem ət he [9]'monɪ̣ 'privɪlədʒəz ne dut, bət he rum fər meːr."

"əm noː 'seən 'neθɪ̣ŋ"...........

"ji ɑr 'seən. jir o'fendən en o hɪ̣z lɪ̣tl enz. tɑk ji tent o ðə [5]'mɪ̣lsten."

"hut tut! 'tɪ̣bɪ. ə wəz 'onlɪ̣ 'wɪ̣sən ət ʃi [10]wəd kip ə smɑː [1]pert o ər mɪ̣nɪ̣s'treʃnz fər ər eːn hem ən hər eːn fʌuk ət həz ðə 'mɪ̣nɪ̣strən tə hər. ðərz ðə 'mɪ̣strəs ən miː dʒɪst 'mertərz tə ðɑt tʃop! ən ðərz ðə bɪ̣t 'ɪ̣nfənt ɪ̣n [10]wɑnt o sʌm mɪ̣nɪ̣s'treʃn nu ən ðɑn, gɪ̣n ðɑt bi ʍɑt ji kɑːt."

. . . .

---

[1] ɛ [2] ɑː [3] See Gr. § 51, Notes 1, 2 [4] ɔ [5] ʌ [6] ɑ, ʌ [7] o̜
[8] old, **bris.** [9] ʌ, ɑ, ɔ [10] ɪ̣, ʌ

blind—and probably *because* she was blind—she heard rather more gossip than anybody else in Glamerton, and that consequently his appeal to her sympathy had no effect upon her. Finding she made no other answer, Bruce turned to Annie.

"Noo, Annie," said he, "ye're nae wantit here ony langer. I hae a word or twa to say to Tibbie. Gang hame and learn yer lessons for the morn."

"It's Setterday nicht," answered Annie.

"But ye hae yer lessons to learn for the Mononday."

"Ow ay! But I hae a buik or twa to tak' hame to Mistress Forbes. And I daursay I'll bide, and come to the kirk wi' her i' the mornin'."

Now, although all that Bruce wanted was to get rid of her, he went on to oppose her; for common-minded people always feel that they give the enemy an advantage if they show themselves content.

"It's no safe to rin aboot i' the mirk (*dark*). It's dingin' on forbye. Ye'll be a' wat, and maybe fa' into the dam. Ye couldna see yer han' afore yer face—ance oot o' the toon."

"I ken the road to Mistress Forbes's as weel's the road up your garret-stairs, Mr Bruce."

"Ow nae doobt!" he answered, with a sneering acerbity peculiar to him, in which his voice seemed sharpened and concentrated to a point by the contraction of his lips. "And there's tykes aboot," he added, remembering Annie's fear of dogs.

But by this time Annie, gentle as she was, had got a little angry.

"The Lord'll tak care o' me frae the dark and the tykes, and the lave o' ye, Mr Bruce," she said.

And bidding Tibbie good-night, she took up her books, and departed, to wade through the dark and the snow, trembling lest some unseen *tyke* should lay hold of her as she went.

As soon as she was gone, Bruce proceeded to make himself agreeable to Tibbie by retailing all the bits of gossip he could think of. While thus engaged, he kept peering earnestly about the room from door to chimney, turning his head on every side, and surveying as he turned it. Even Tibbie perceived, from the changes in the sound of his voice, that he was thus occupied.

"nuː, 'ɑnɪ...........jir neː [1]'wɑntət hiːr [2]'onɪ 'lɑŋər. ə he ə wʌrd ɔr twɑː tə se tə 'tɪbɪ. gɑŋ hem ən lɛrn jər lɛsnz fɔr ðə [2]morn."

"ɪts 'sɛtərdɪ nɪxt"...........

"bət ji he jər lɛsnz tə lɛrn fɔr ðə 'mʌnəndɪ."

"uː ɑɪ! bət ə he ə bjuk ər twɑː tə tɑk hem tə 'mɪstrəs 'fɔrbɪs. ən ə 'dɑrse əl bəid, ən kʌm tə ðə kɪrk wɪ hər ɪ ðə [2]'mornən."

. . . .

"ɪts noː sef tə rɪn ə'but ɪ ðə mɪrk. ɪts 'dɪŋən ɔn fər'bɑɪ. jil bi ɑː wɑt, ən 'mebɪ fɑː 'ɪnṯə ðə dɑm. ji 'kʌdnə siː jər [4]hɑn ə'foːr jər fes—ens ut o ðə tun."

"ə kɛn ðə [3]rɔd tə mɪstrəs 'fɔrbɪsəz əz wilz ðə [3]rɔd ʌp juːr 'gɑrət'steːrz, 'mestər brus."

"uː ne dut!...........ən ðərz təiks ə'but"...........

. . . .

"ðə loːrd l̩ tɑk keːr o mi freː ðə dɑrk ən ðə təiks, ən ðə leːv o jɪ, 'mestər brus"...........

. . . .

---

[1] ɪ, ʌ [2] ɔ [3] o [4] ɑː

"Sae your auld landlord's deid, Tibbie!" he said at last.

"Ay, honest man! He had aye a kin' word for a poor body."

"Ay, ay, nae doobt. But what wad ye say gin I tell't ye that I had boucht the bit hoosie, and was yer new landlord, Tibbie?"

"I wad say that the door-sill wants men'in', to haud the snaw oot; an' the bit hoosie's sair in want o' new thack. The verra cupples'll be rottit awa' or lang."

"Weel that's verra rizzonable, nae doobt, gin a' be as ye say."

"Be as I say, Robert Bruce?"

"Ay, ay; ye see ye're nae a'thegither like ither fowk. I dinna mean ony offence, ye ken, Tibbie: but ye haena the sicht o' yer een."

"Maybe I haena the feelin' o' my auld banes, aither, Maister Bruce! Maybe I'm ower blin' to hae the rheumatize; or to smell the auld weet thack whan there's been a scatterin' o' snaw or a drappy o' rain o' the riggin'!"

"I didna want to anger ye, Tibbie. A' that ye say deserves attention. It would be a shame to lat an auld body like you—"

"No that auld, Maister Bruce, gin ye kent the trowth!"

"Weel, ye're no ower young to need to be ta'en guid care o'—are ye, Tibbie?"

Tibbie grunted.

"Weel, to come to the pint. There's nae doobt the hoose wants a hantle o' doctorin'."

"'Deed does't," interposed Tibbie. "It'll want a new door. For forbye 'at the door's maist as wide as twa ordinar doors, it was ance in twa halves like a chop-door. And they're ill jined thegither, and the win' comes throu like a knife, and maist cuts a body in twa. Ye see the bit hoosie was ance the dyer's dryin' hoose, afore he gaed further doon the watter."

"Nae doobt ye're richt, Tibbie. But seein' that I maun lay oot sae muckle, I'll be compelled to pit anither thrippence on to the rent."

"Ither thrippence, Robert Bruce! That's three thrippences i' the ook in place o' twa. That's an unco rise! Ye canna mean what ye say! It's a' that I'm able to do to pay my saxpence.

"se jər ɑːld 'landlordz did, 'tʻɪbɪ!"...........

"ɑɪ, 'onəst mɑn! hi həd əi ə kəin wʌrd fər ə pøːr 'bʌdɪ."

"ɑɪ, ɑɪ, neː dut. bət ʍɑt [1]wəd jɪ seː gɪn ə tɛlt jɪ ðət ɑɪ həd [2]boxt ðə bɪt 'husɪ, ən wəz jər njuː 'lɑndlord, 'tɪbɪ?"

"ə [1]wəd seː ðət ðə 'doːr'sɪl [1]wɑnts 'mɛnən, tə hɑːd ðə snɑː ut; ən ðə bɪt 'husɪ z̧ seːr ɪn [1]wɑnt o ə njuː θɑk. ðə 'vɛrə kʌplz l̩ bi 'rɔtət ə'wɑː ɔr lɑŋ."

"wil ðɑts 'vɛrə 'rɪzənəbl, neː dut, gɪn ɑː bi əz jɪ seː."

"bi əz ə seː, 'robərt brus?"

"ɑɪ, ɑɪ; jɪ siː jɪr ne 'ɑːðəgɪðər ləik 'ɪðər fʌuk. ə 'dɪnnə min [2]'onɪ ə'fɛns, jɪ kɛn, 'tɪbɪ; bət jɪ 'hennə ðə sɪxt o jər in."

"'me bi ə 'hennə ðə 'filən o mə ɑːld benz, [3]'eðər, 'mestər brus! 'mebi əm ʌur blɪn tə heː ðə 'rumətɪz; ɔr tə smɛl ðə ɑːld wit θɑk ʍən ðərz bin ə 'skɑtrən o snɑː ɔr ə 'drɑpɪ o ren o ðə 'rɪgən!"

"ə 'dɪdnə [1]wɑnt tə 'ɑŋər jɪ, 'tɪbɪ. ɑː ðət jɪ seː dɪ'zɛrvz ə'tɛnʃn. ɪt [1]wəd bi ə ʃem tə lɑt ən ɑːld 'bʌdɪ ləik juː—"

"noː ðɑt ɑːld, 'mestər brus, gɪn jɪ kɛnt ðə trʌuθ!"

"wil, jir noː ʌur jʌŋ tə nid tə bi teːn gyd keːr o—ɑr jɪ, 'tɪbɪ?"

. . . .

"wil, tə kʌm tə ðə pəint. ðərz neː dut ðə hus [1]wɑnts ə hɑntl o 'dɔktərən."

"did dʌst,...........ɪtl [1]wɑnt ə njuː doːr. fər fər'bɑɪ ət ðə doːrz mest əz wəid əz twɑː 'ɔrdɪnər doːrz, ɪt wəz ens ɪn twɑː hɑːvz ləik ə tʃop doːr. ən ðeːr ɪl dʒəint ðə'gɪðər, ən ðə wʌn kʌmz θrʌu ləik ə knəif, ən mest kʌts ə 'bʌdɪ ɪn twɑː. jɪ siː ðə bɪt 'husɪ wəz ens ðə 'dɑɪərz 'drɑɪən hus, ə'foːr hi geːd 'fʌrðər dun ðə 'wɑtər."

"neː dut jir rɪxt, 'tɪbɪ. bət 'siən ðət ə mən leː ut seː mʌkl, əl bi kəm'pɛlt tə pɪt ə'nɪðər 'θrɪpəns ɔn tə ðə rɛnt."

"'ɪðər 'θrɪpəns, 'robərt brus! ðɑts θriː 'θrɪpənsəz ɪ ðə uk ɪn plɛs o twɑː. ðɑts ən 'ʌŋkə [4]rəiz! jɪ 'kɑnnə min ʍɑt jɪ seː! ɪts ɑː ðɑt əm ebl tə døː tə pəi mə 'sɑkspəns. ən ɑːld blɪn 'bʌdɪ

---

[1] ɪ, ʌ [2] o [3] eː [4] ɑɪ

An auld blin' body like me disna fa' in wi' saxpences whan she gangs luikin aboot wi' her lang fingers for a pirn or a prin that she's looten fa'."

"But ye do a heap o' spinnin', Tibbie, wi' thae lang fingers. There's naebody in Glamerton spins like ye."

"Maybe ay and maybe no. It's no muckle that that comes till. I wadna spin sae weel gin it warna that the Almichty pat some sicht into the pints o' my fingers, 'cause there was nane left i' my een. An' gin ye mak ither thrippence a week oot o' that, ye'll be turnin' the wather that He sent to ca my mill into your dam; an' I doot it'll play ill water wi' your wheels."

"Hoot, hoot! Tibbie, woman! It gangs sair against me to appear to be hard-hertit."

"I hae nae doobt. Ye dinna want to *appear* sae. But do ye ken that I mak sae little by the spinnin' ye mak sae muckle o', that the kirk alloos me a shillin' i' the week to mak up wi'? And gin it warna for kin' frien's, it's ill livin' I wad hae in dour weather like this. Dinna ye imaigine, Mr Bruce, that I hae a pose o' my ain. I hae naething ava, excep' sevenpence in a stockin'-fit. And it wad hae to come aff o' my tay or something ither 'at I wad ill miss."

"Weel, that may be a' verra true," rejoined Bruce; "but a body maun hae their ain for a' that. Wadna the kirk gie ye the ither thrippence?"

"Do ye think I wad tak frae the kirk to pit into your till?"

"Weel, say saivenpence, than, and we'll be quits."

"I tell ye what, Robert Bruce: raither nor pay ye one bawbee more nor the saxpence, I'll turn oot i' the snaw, and lat the Lord luik efter me."

Robert Bruce went away, and did not purchase the cottage, which was in the market at a low price. He had intended Tibbie to believe, as she did, that he had already bought it; and if she had agreed to pay even the sevenpence, he would have gone from her to secure it.

ləik mi 'dɪ̞znə fɑː ɪ̞n wɪ̞ 'sɑkspənsəz ʍən ʃi gɑŋz 'ljukən ə'but wɪ̞ hər lɑŋ 'fɪ̞ŋərz fər ə [1]pɪ̞rn ər ə prin ðət ʃiz lutn fɑ':."

"bʌt jɪ dø: ə hip o 'spɪ̞nən, 'tɪ̞bɪ, wɪ̞ ðeː lɑŋ 'fɪ̞ŋərz. ðərz 'neːbʌdɪ ɪ̞n 'glɑmərtən spɪ̞nz ləik ji."

"'mebi ɑɪ ən 'mebi noː. ɪts noː mʌkl ət ðɑt kʌmz tɪ̞l. ə [2]wədnə spɪ̞n se wil gɪ̞n ɪ̞t 'wɑrnə ðət ðə ɑl'mɪ̞xtɪ̞ pɑt sʌm sɪ̞xt 'ɪ̞ntə ðə pəints o mə 'fɪ̞ŋərz, kəz ðər wəz nen lɛft ɪ̞ mə in. ən gɪ̞n jɪ mɑk 'ɪðər 'θrɪ̞pəns ə wik ut o ðɑt, jɪl bi 'tʌrnən ðə 'wɑðər ðət hi sɛnt tə kɑː mɑɪ [1]mɪ̞l 'ɪ̞ntə juːr dɑm ; ən ə dut ɪ̞tl pleː ɪ̞l 'wɑtər wɪ̞ juːr ʍilz."

"hut, hut! 'tɪ̞bɪ, w'ʌmən! ɪ̞t gɑŋz seːr ə'gɛnst mi te ə'piːr tə bi 'hɑrd'hɛrtət."

"ə heː neː dut. jɪ dɪ̞nnə [2]wɑnt tə ə'piːr seː. bət dø ji kɛn ðət ə mɑk seː lɪ̞tl bɪ̞ ðə 'spɪ̞nən' jɪ mɑk se mʌkl o, ðət ðə kɪ̞rk ə'luːz mi ə 'ʃɪ̞lən ɪ̞ ðə wik tə mɑk ʌp wɪ̞? ən gɪ̞n ɪ̞t 'wərnə fər kəin frinz, ɪ̞ts ɪ̞l 'liːvən ə [2]wəd heː ɪ̞n duːr 'wɛðər lək ðis. 'dɪ̞nnə ji ɪ'medʒɪn, 'mestər brus, ðət ə heː ə poːz o mə eːn. ə heː 'neðɪŋ ə'vɑː, ɛk'sɛp [3]'səivnpəns ɪ̞n ə 'stokən'fɪ̞t. ən ɪ̞t [2]wəd heː tə kʌm ɑf o mə teː ər 'sʌmθɪŋ 'ɪðər ət ə [2]wəd ɪ̞l mɪ̞s."

"wil, ðɑt meː bi ɑː 'vɛrə tru,............bət ə 'bʌdɪ mɑn heː ðər eːn fər ɑː ðɑt. [2]'wədnə ðə kɪ̞rk giː jɪ ðə 'ɪðər 'θrɪ̞pəns?"

"djɪ θɪ̞ŋk ə [2]wəd tɑk fre ðə kɪ̞rk tə pɪ̞t 'ɪntə juːr tɪ̞l?"

"wil, se [3]səivnpəns, ðɑn, ən wil bi kwɪ̞ts."

"ə tɛl jɪ ʍɑt, 'robərt brus: [3]'reðər nər pəi ji wʌn 'bɑːbi moːr nər ðə 'sɑkspəns, əl tʌrn ut ɪ̞ ðə snɑː, ən lɑt ðə loːrd ljuk 'ɛftər mɪ."

. . . .

---

[1] ʌ [2] ɪ̞, ʌ [3] eː

XIII A. THE WHISTLE

CHARLES MURRAY.

Charles Murray, one of the very best of our modern Scots poets, comes from the "North Countree." He does not in this poem introduce the characteristic pronunciations of his Aberdeenshire Doric. The only exception worth noting is *futtrat* for *whutrit*, i.e. weasel. We find *when, whistle, porridge, nose, from,* which in N.E. Sc. would be **fɑn** or **fɪn**, **ʍʌsl**, **pɔrɪtʃ** or **pɔtɪtʃ**, **nɪz**, **fe**. "Dool" and "school" do not rhyme in N.E. Sc., being **dul** and **skwil**, although they rhyme in St. Eng. **dul**, **skul**, or in Mid Sc. **dyl**, **skyl**.

Some of Murray's other poems smack more distinctly of the North-East, e.g. Winter:

He cut a sappy sucker from the muckle rodden-tree,
He trimmed it, an' he wet it, an' he thumped it on his knee;
He never heard the teuchat when the harrow broke her eggs,
He missed the craggit heron nabbin' puddocks in the seggs,
He forgot to hound the collie at the cattle when they strayed,
But you should hae seen the whistle that the wee herd made!

He wheepled on't at mornin' an' he tweetled on't at nicht,
He puffed his freckled cheeks until his nose sank oot o' sicht,
The kye were late for milkin' when he piped them up the closs,
The kitlins got his supper syne, an' he was beddit boss;
But he cared na doit nor docken what they did or thocht or said,
There was comfort in the whistle that the wee herd made.

For lyin' lang o' mornin's he had clawed the caup for weeks,
But noo he had his bonnet on afore the lave had breeks;
He was whistlin' to the porridge that were hott'rin' on the fire,
He was whistlin' ower the travise to the baillie in the byre;
Nae a blackbird nor a mavis, that hae pipin' for their trade,
Was a marrow for the whistle that the wee herd made.

XIII A. THE WHISTLE

CHARLES MURRAY.

"The Ingle's heaped wi' bleezin peats
An bits o' splutt'rin firry reets
Which shortly thow the ploughman's beets;
An peels appear
That trickle oot aneth their seats
A' ower the fleer.

Here "peats," *reets* (roots), *beets* (boots), "seats" all rhyme with the Aberdeensh. pronunciation **i**. *Fleer* for "floor," Mid Sc. *flure*, rhymes with "appear," i.e. **fli:r, ə'pi:r**. The spelling *peels* (pools) also clearly indicates the N.E. pronunciation of this word.

---

hi kʌt ə ˈsɑpɪ̢ ˈsʌkər fre ðə mʌkl ˈrɔdnˈtri:,
hi trɪ̢mt ɪ̢t, ən hi wɑt ɪt, ən hi θʌmpt ɪ̢t ɔn hɪ̢z *k*ni: ;
hi ˈnɪvər [1]hɛrd ðə ˈtjuxət ʍən ðə ˈhɑrə ˈbruk ər ɛgz,
hi mɪ̢st ðə ˈkrɑgət ˈhɛrən ˈnɑbən ˈpʌdəks ɪ̢n ðə sɛgz,
hi fərˈgɔt tə hʌun*d* ðə ˈkɔlɪ̢ ət ðə kɑtl ʍən ðe stre:d,
bʌt jɪ [2]ʃud he sin ðə [3]ʍʌsl ðət ðə wi: hɛrd med !

hi ʍiplt ɔnt ət [4]ˈmɔrnən ən hi twitlt ɔnt ət nɪ̢xt,
hi pʌft hɪ̢z frɛklt tʃiks ʌntɪ̢l hɪ̢z no:z sɑŋk ut o sɪ̢xt,
ðə kɑɪ wər let fɔr ˈmɪ̢lkən ʍən hi pəipt ðəm ʌp ðə klɔs,
ðə ˈkɪ̢tlənz gɔt ɪ̢z [5]ˈsʌpər səin, ən hi: wəz ˈbɛdət bɔs ;
bʌt hi ˈke:rd nə dəit nɔr ˈdɔkən ʍɑt ðə dɪ̢d ɔr [4]θoxt ɔr sed,
ðər wəz ˈkʌmfərt ɪ̢n ðə [3]ʍʌsl ðət ðə wi: hɛrd med.

fər ˈlɑɪən lɑŋ o [4]ˈmɔrnənz hi həd klɑ:d ðə kɑ:p fər wiks,
bət nu: hi həd hɪ̢z ˈbɔnət ɔn əˈfo:r ðə le:v həd briks ;
hi wəz [3]ˈʍʌslən tə ðə ˈpɔrɪtʃ ðət wər ˈhɔtrən ɔn ðə [6]fɑɪr,
hi wəz [3]ˈʍʌslən ʌur ðə [7]ˈtrevɪ̢s tə ðə [8]ˈbəili ɪ̢n ðə [6]bɑɪr ;
ne: ə ˈblɑkbɪ̢rd nɔr ə ˈme:vɪ̢s, ðət he: ˈpəipən fər ðər tred,
wəz ə ˈmɑrə tə ðə [3]ʍʌsl ðət ðə wi: hɛrd med.

---

[1] ɑ [2] sʌd, sɪ̢d [3] ɪ̢ [4] ɔ [5] ɪ [6] əi [7] ɛ [8] ˈbeljɪ̢

He played a march to battle, it cam' dirlin' through the mist,
Till the halflin' squared his shou'ders an' made up his mind to 'list;
He tried a spring for wooers, though he wistna what it meant,
But the kitchen-lass was lauchin' an' he thocht she maybe kent;
He got ream an' buttered bannocks for the lovin' lilt he played.
Wasna that a cheery whistle that the wee herd made?

He blew them rants sae lively, schottishes, reels, an' jigs,
The foalie flang his muckle legs an' capered ower the rigs,
The grey-tailed futt'rat bobbit oot to hear his ain strathspey,
The bawd cam' loupin' through the corn to "Clean Pease Strae";
The feet o' ilka man an' beast gat youkie when he played—
Hae ye ever heard o' whistle like the wee herd made?

But the snaw it stopped the herdin' an' the winter brocht him dool,
When in spite o' hacks an' chilblains he was shod again for school;
He couldna sough the catechis nor pipe the rule o' three,
He was keepit in an' lickit when the ither loons got free;
But he aften played the truant—'twas the only thing he played,
For the maister brunt the whistle that the wee herd made!

hi ple:d ə mɛrtʃ tə batl, ɪt kam 'dɪrlən θru: ðə mɪst,
tɪl ðə 'ha:flən skwa:rt ɪz 'ʃudərz ən med ʌp hɪz məin tə lɪst;
hi traɪt ə sprɪŋ fər 'wuərz, θo hi [1]'wɪstnə ʍat ɪt mɛnt,
bət ðə 'kɪtʃɪ'las wəz [2]'laxən ən hi [3]θoxt ʃi: 'mebi kɛnt;
hi gɔt rim ən 'bʌtərt 'banəks fər ðə 'lʌvən lɪlt i ple:d.
'wəznə ðat ə 'tʃi:ri [4]ʍʌsl ðət ðə wi: hɛrd med?

hi blu: ðəm rants se 'laɪvlɪ, ʃə'tiʃəz, rilz, ən dʒɪgz,
ðə 'fo:lɪ flaŋ ɪz mʌkl lɛgz ən 'kepərt ʌur ðə rɪgz,
ðə 'gretelt 'fʌtrət 'bɔbət ut tə hi:r hɪz e:n straθ'spe:,
ðə ba:d kam 'lʌupən θru: ðə [3]korn tə "klin pi:z stre:";
ðə fit o 'ɪlkə man ən bist gat 'jukɪ ʍən hi ple:d—
he ji 'ɪvər [2]herd o [4]'ʍʌsl ləik ðə wi: herd med?

bʌt ðə sna: ɪt stɔpt ðə 'hɛrdən ən ðə [4]'wʌntər [3]broxt ɪm [5]dul,
ʍən ɪn spəit o haks ən 'tʃɪlblɪnz hi wəz ʃɔd ə'gen fər [5]skul;
hi 'kʌdnə sux ðə 'katɪkəz nɔr pəip ðə ru:l o θri:,
hi wəz 'kipət ɪn ən 'lɪkət ʍən ðə 'ɪðər lunz gɔt fri:;
bʌt hi 'afn ple:d ðə 'truənt—twəz ðə 'onlɪ θɪŋ hi ple:d,
fər ðə 'mestər brʌnt ðə [4]'ʍʌsl ðət ðə wi: herd med!

---

[1] ʌ [2] a: [3] ɔ [4] ɪ [5] y

XIV A. THE "NEWS" OF THE MARRIAGE

JOHNNY GIBB OF GUSHETNEUK.

DR WILLIAM ALEXANDER (1826–1894).

CHAPTER XL.

The scene of "Johnny Gibb" is supposed to be the neighbourhood of Culsalmond, Central Abd., and the dialect used is that of the N.E. The spelling attempts to represent the local pronunciation and with a large measure of success.

N.E. Scots extends from Deeside to Caithness. Its most marked phonetic distinction is its treatment of O.E. and Scan. *ō*, Fr. *u*, which generally become **i**, e.g. "done, moon, roose (praise), music, assure" are *deen, meen, reeze, meesic, asseer*, **din**, **min**, **ri:z**, **'mi:zɪk**, **ə'si:r**. When the vowel *is followed* by a back consonant, **ju** is the modern development; thus "took, cook, nook," are *tyeuk, kyeuk, nyeuk*, **tjuk**, **kjuk**, **njuk**. When a back consonant *precedes* the vowel a **w** is developed, e.g. "good, cool" become *gweed* (Mid Sc. *gude* or *guid*), *cweel*, **gwid**, **kwil**.

From Arbroath in Forfarsh. all along the coast to the Spey, O.E. *ā* before *n* appears as **i**; thus "one, bone" are pronounced **in**, **bin**. In Central Bnff., however, the pronunciation is *ane, bane*, **en**, **ben**. In this Extract we find *aleen* and *neen* alongside of *ane, banes, stanes*, which variation may be the result of the influence of literary Scots, or perhaps be due to the fact that the writer lived on the borders of two sub-dialects.

"Ou ay, Hairry, man! This is a bonny wye o' gyaun on! Dinna ye gar me troo 't ye wasna dancin' the heilan' walloch the streen. Fa wud 'a thocht 't ye wud 'a been needin' a file o' an aul' day to rest yer banes aifter the mairriage?"

Such was the form of salutation adopted by Meg Raffan as she entered the dwelling of Hairry Muggart early in the afternoon of the day after Patie's wedding, and found Hairry stretched at full length on the deece.

"Deed, an' ye may jist say 't, Hennie," answered Hairry Muggart's wife. "Come awa' ben an' lean ye doon. Fat time, think ye, came he hame, noo?"

XIV A. THE "NEWS" OF THE MARRIAGE

JOHNNY GIBB OF GUSHETNEUK.

DR WILLIAM ALEXANDER (1826–1894).

CHAPTER XL.

There are some curious diphthongs in this dialect, e.g. *fyow, byowtifu'*, **fjʌu, 'bjʌutɪfə** for "few, beautiful," *wyte, gryte, seyvn, speyke,* **wəit, grəit, səivn, spəik** for "wait, great, seven, speak."

Among the consonantal peculiarities we find **f** = **ʍ** over the N.E. area. Thus "who, what, why, whisky" are **fɑː, fɑt, fuː, 'fʌskɪ̞**. This distinction extends as far south as Arbroath, but south of the Dee valley tends to limit its action to the pronominals.

θ is used as a substitute for **xt** as in "daughter, might," *dother, mith,* **'doθər, mɪ̞θ,** and **w** is often replaced by **v**, e.g. "wrong, lawyer, sow, snow," *vrang, lavyer, schaave, snyaave,* **vrɑŋ, lɑvjər, ʃɑːv, snjɑːv.**

This and *that* are used both as Singular and Plural. *Thir,* **ðɪ̞r** = these or those is unknown. *On* = **on** or **un**, meaning "without," is employed with the Past Part. or Gerund (see Gr. §§ 49, 51, notes 1, 2); example in Extract *on lee't* = "without lying."

The above are a few of the characteristics of this most interesting of Scottish Dialects which has, moreover, preserved a large number of old words now obsolete in other parts of Scotland.

"uː ɑɪ, 'herɪ̞, mɪ̞n! ðɪ̞z ɪ̞z ə 'bɔnɪ wɑɪ o [1]gjɑːn ɔn! 'dɪ̞nə jɪ gɑr mɪ truː tjɪ 'wɪ̞znə 'dɑnsəu ðə 'hilən 'wɑləx ðə strin. fɑː wʌd ə θɔxt tjɪ wʌd ə bin nidn ə fəil o ən ɑːl deː tə rest jɪr benz [2]'ɛftər ðə 'mɛrɪ̞dʒ?"

. . . .

"did, ən jɪ me dʒɪ̞st seːt, 'hɛnɪ̞, ...kʌm ə'wɑː bɛn ən lɛn jɪ dun. fɑt təim, θɪ̞ŋk jɪ, kɑm hi hem, nuː?"

---

[1] ɟɑːn, see Ph. § 32   [2] in some parts of Aberdeensh. the termination *er* is sounded ɪ̞r or ɪ̞̈r

"Weel, but it's a lang road atween this an' the Broch, min' ye," said Hairry. "An' ye cudna expeck fowk hame fae a mairriage afore it war weel gloam't."

"Weel gloam't!" exclaimed Mrs Muggart. "I 'se jist haud my tongue, than. Better to ye speak o' grey daylicht i' the mornin'."

"Hoot, fye!" answered Hairry. "The souter's lamp wasna oot at Smiddyward fan I cam' in'o sicht o' 't fae the toll road."

"Ou, weel-a-wat, ye've deen won'erfu', Hairry," said the henwife. "Ye hed been hame ere cock-craw at ony rate. An' nae doot it wud be throu' the aifterneen afore ye gat them made siccar an' wan awa' fae the Kir'ton."

"Ay, an' dennerin an' ae thing or ither."

"Hoot, noo; aw mith 'a min'et upo' that. An' coorse the like o' young Peter Birse wudna pit 's fowk aff wi' naething shabby. Hed they a set denner, said ye?"

"Weel, an they hedna, I 'se haud my tongue. Aw b'lieve Samie's wife was fell sweir to fash wi' the kyeukin o' 't. Jist fan they war i' the deid thraw aboot it the tither day, I chanc't to luik in. 'Weel, I 'se pit it to you, Hairry,' says she. 'Fan Samie an' me wus mairriet there was a byowtifu' brakfist set doon—sax-an'-therty blue-lippet plates (as mony plates as mony fowk) naetly full't o' milk pottage wi' a braw dossie o' gweed broon sugar i' the middle o' ilka dish, an' as protty horn speens as ever Caird Young turn't oot o' 's caums lyin' aside the plates, ready for the fowk to fa' tee. Eh, but it was a bonny sicht; I min' 't as weel 's gin it hed been fernyear. An' the denner! fan my lucky deddy fell't a heilan' sheep, an' ilka ane o' the bucks cam' there wi' 's knife in 's pouch to cut an' ha'ver the roast an' boil't, an' han' 't roun' amo' the pairty. *He* was a walthy up-throu' fairmer, but fat need the like o' that young loon gae sic len'ths?' says she. 'Ou, never ye min', Mrs Pikshule,' says I, 'gin there be a sheep a-gyaun, it 'll be hard gin ye dinna get a shank o' 't—It 'll only be the borrowin' o' a muckle kail pot to gae o' the tither en' o' yer rantletree.'"

"Na, but there wud be a richt denner—Nelly Pikshule wasna far wrang, it wudna be easy gettin' knives an' forks for sic a multiteed."

"wil, bɪ̣t ɪ̣ts ə lɑŋ rɔd ə'twin ðɪ̣s n̩ ðə brɔx, məin jɪ,........... ən jɪ 'kʌdnə ɪ̣k'spɛk fʌuk hem fe ə 'mɛrɪ̣dʒ ə'foːr ɪ̣t wɑr wil glomt."

"wil glomt !...........:ɑz dʒɪ̣st hɑːd mə tʌŋ, ðɑn. 'bɛtər tə jɪ spəik o greː 'deːlɪ̣xt ɪ̣ ðə 'mɔrnən."

"hut, fɑɪ !...........ðə 'sutərz lɑmp 'wɪ̣znə ut ət 'smɪ̣dɪ'wɑrd fən ə kɑm ɪ̣n o sɪ̣xt o ðə 'tɔl 'rɔd."

"u, 'wilə'wɑt, jiv din 'wʌnərfə, 'hɛrɪ̣,............jɪ hɛd bin hem eːr 'kɔk'krɑː ət 'ɔnɪ rɛt. ən neː dut ɪt wʌd bi θrʌu ðə ɛftər'nin ə'foːr jɪ gɑt ðəm mɛd 'sɪkər ən wɑn ə'wɑː fe ðə 'kɪ̣rtən."

"ɑɪ, ən 'dɛnərən ən eː θɪ̣ŋ ɔr 'ɪðər."

"hut, nuː; ə ɪnɪ̣θ ə 'məinət ə'po ðɑt. ən kurs ðə ləik o jʌŋ 'pitər bɪ̣rs 'wʌdnə pɪ̣ts fʌuk ɑf wɪ̣ 'neθɪ̣ŋ 'ʃɑbi. hɛd ðe ə sɛt 'dɛnər, sɛd jɪ?"

"wil, ən ðe 'hɛdnə, ɑːz [1]hɑːd mə tʌŋ. ə bliːv 'sɑmɪ̣z wəif wɪ̣z fɛl swiːr tə fɑʃ wɪ̣ ðə 'kjukən ot. dʒɪ̣st [2]fən ðe wɑr ɪ̣ ðə did θrɑː ə'but ɪ̣t ðə 'ɪðər deː, ə tʃɑnst tə ljuk ɪ̣n. 'wil, ɑz pɪ̣t ɪ̣t tə ju, 'hɛrɪ̣,' sɛz ʃi. '[2]fən 'sɑmɪ̣ ən miː wɪ̣z 'mɛrɪ̣t ðər wɪ̣z ə 'bjʌutɪfə 'brɑkfəst sɛt dun—sɑksn̩'θɛrtɪ̣ blu'lɪ̣pət plɛts (əz 'mɔnɪ̣ plɛts əz 'mɔnɪ fʌuk) 'nɛtlɪ̣ fʌlt o [3]mɪ̣lk 'pɔtɪtʃ wɪ̣ ə brɑː 'dɔsɪ̣ o gwid brun 'ʃugər ɪ̣ ðə mɪ̣dl o 'ɪ̣lkə dɪ̣ʃ, ən əz 'prɔtɪ̣ hɔrn spinz əz 'ɪvər kjɑːrd jʌŋ tʌrnt ut oz kɑːmz 'lɑɪən ə'səid ðə plɛts, 'rɛdi fər ðə fʌuk tə fɑː tiː. eː, bɪ̣t ɪ̣t wɪ̣z ə 'bɔnɪ̣ sɪ̣xt; ə məint əz wilz gɪ̣n ɪ̣t hɛd bin 'fɛrniːr. ən ðə 'dɛnər! [2]fən mə 'lʌkɪ̣ 'dɛdi fɛlt ə 'hilən ʃip, ən 'ɪ̣lkə en o ðə bʌks kɑm ðeːr wiz knəif ɪ̣nz putʃ tə kʌt n̩ 'hɑːvər ðə rɔst n̩ bəilt, ən [4]hɑnt run ə'mo ðə 'pɛrtɪ̣. hiː wɪ̣z ə 'wɑlθɪ̣ 'ʌp'θrʌu 'fɛrmər, bɪ̣t fɑt nid ðə ləik o ðɑt jʌŋ lun geː sɪ̣k lɛnθs?' sɛz ʃi. 'u, 'nɪvər ji məin, 'mɪ̣strəs 'pɪ̣kʃul,' sɛz ɑɪ, 'gɪ̣n ðər bi ə ʃip [5]ə'gjɑːn, ɪ̣tl bi hɑːrd gɪ̣n jiː 'dɪ̣nə gɛt ə ʃɑŋk ot—ɪ̣tl 'ɔnlɪ̣ bi ðə 'bɔroən o ə mʌkl kel pɔt tə ge o ðə 'tɪðər ɛn o jɪr 'rɑntl-tri!"

"nɑ, bɪ̣t ðər wʌd bi ə rɪ̣xt 'dɛnər—'nɛlɪ̣ 'pɪ̣kʃul 'wɪ̣znə fɑːr vrɑŋ, ɪ̣t 'wʌdnə bi 'iːzi gɛtn knəifs n̩ fɔrks fər sɪ̣k ə 'mʌltɪtid."

---

[1] ɑ [2] ɪ̣, ɪ̣̈ [3] ʌ [4] ɑː [5] əɟɑːn

"N—, weel, ye see, puckles o' the young fowk wudna kent sair foo to mak' eese o' them, though they hed hed them. Samie 'imsel' cuttit feckly, bit aifter bit, on a muckle ashet, wi' 's fir gullie, 't I pat an edge on till 'im for the vera purpose; ithers o' 's han't it roun'; an' they cam' a braw speed, weel-a-wat, twa three o' them files at the same plate, an' feint a flee but their fingers—a tatie i' the tae han', an' something to kitchie 't wi' i' the tither."

"Eh, wasnin 't a pity that the bridegreem's mither an' 's sister wusna there to see the enterteenment," said Meg, rather wickedly. "Weel, ye wud start for the Broch syne?"

"Aifter we hed gotten a dram; an' wuss't them luck. But jist as we wus settin' to the road, sic a reerie 's gat up ye heard never i' yer born days! Aw 'm seer an' there was ane sheetin' there was a score—wi' pistills an' guns o' a' kin kin'. The young men hed been oot gi'ein draps o' drams; an' *they* hed their pistills, an' severals forbye; an' the tae side was sheetin, an' the tither sheetin back upo' them, till it was for a' the earth like a vera battle; an' syne they begood fungin' an' throwin' aul' sheen, ding dang, like a shoo'er o' hailstanes."

"Na, sirs; but ye hed been merry. Sic a pity that ye hedna meesic. Gin ye hed hed Piper Huljets at the heid o' ye, ye wud 'a been fairly in order."

"Hoot, Meg; fat are ye speakin' aboot? Isna Samie Pikshule 'imsel' jist a prencipal han' at the pipes fan he likes? Aweel, it was arreeng't that Samie sud ride upon 's bit grey shaltie, an' play the pipes a' the road, a wee bittie afore—he's ill at gyaun, ye ken, an' eeswally rides upon a bit timmer kin' o' a saiddlie wi' an aul' saick in aneth 't. But aul' an' crazy though the beastie be, I 'se asseer ye it was aweers o' foalin' Samie i' the gutters, pipes an' a', fan a chap fires his pistill—crack!—roon' the nyeuk o' the hoose—a gryte, blunt shot, fair afore the shaltie's niz! Samie hed jist begun to blaw, an' ye cud 'a heard the drones gruntin' awa', fan the shaltie gya a swarve to the tae side, the 'blower' skytit oot o' Samie's mou', an' he hed muckle adee to keep fae coupin owre 'imsel'."

"Na; but that wusna canny!" exclaimed both Hairry's auditors simultaneously.

"ŋ̣—, wil, jɪ si:, pʌklz o ðə jʌŋ fʌuks 'wʌdnə kɛnt se:r fu: tə mɑk is o ðəm, θo ðe hɛd həd ðəm. 'sɑmį įm'sɛl 'kʌtət 'fɛklį, bįt 'ɛftər bįt, ən ə mʌkl 'ɑʃət, wi:z fįr 'gʌlį, ət ə pɑt ən ɛdʒ ən tįl įm fər ðə 'vɛrə 'pʌrpəs; 'ɪðərz o:z [1]hɑnt įt run; ən ðe kɑm ə brɑ: spid, 'wilə'wɑt, 'twɑθrɪ o ðəm fəilz ət ðə sem plɛt, ən fįnt ə fli: bįt ðər 'fįŋərz—ə 'tɑ:tį į ðə te: [1]hɑn, ən 'sʌmθįŋ tə 'kįtʃį įt wį į ðə 'tɪðər."

"e:, 'wįznɪnt ə 'piti ðət ðə 'brəidgrimz 'mɪðər əns 'sįstər 'wʌznə ðe:r tə si: ðə ɛntər'tinmənt,...........wil, jɪ wʌd stɑrt fər ðə brɔx səin?"

"'ɛftər wi hɛd gətn ə drɑm; ən wʌst ðəm lʌk. bįt dʒįst əz wi wʌz sɛtn tə ðə rɔd, sįk ə 'ri:ri gɑt ʌp jɪ [1]hɛrd 'nɪvər į jɪr bərn de:z! ɑm si:r ən ðər wįz en ʃitn ðər wįz ə sko:r—wį pįstlz ŋ̣ gʌnz o ɑ: kįn kəin. ðə jʌŋ mɛn hɛd bin ut 'giən drɑps o drɑmz; ən ðe: hɛd ðər pįstlz, ən 'sɛvrəlz fər'bɑɪ; ən ðə te: səid wįz ʃitn, ən ðə 'tɪðər ʃitn bɑk ə'po ðəm, tįl įt wįz fər ɑ: ðə ɛrθ ləik ə 'vɛrə bɑtl; ən səin ðe brįgud 'fʌŋən ən 'θroən ɑ:l ʃin, dįŋ dɑŋ, ləik ə 'ʃuər o 'hɛlstenz."

"nɑ:, sįrz; bįt jɪ hɛd bin 'mɛrį. sįk ə 'piti ðət jɪ 'hɛdnə 'mi:zik. gįn jɪ həd hɛd 'pəipər 'hʌldʒəts ət ðə hid o jɪ, jɪ wʌd ə bin 'fɛrlį įn 'ɔrdər."

"hut, mɛg; fɑt ər jɪ 'spəikən ə'but? 'įznə 'sɑmį 'pįkʃul įm'sɛl dʒįst ə 'prɛnsɪpl [1]hɑn ət ðə pəips [2]fən i ləiks? ə'wil, įt wəz ə'rindʒt ðət 'sɑmį sʌd rəid ə'pɔnz bįt gre: 'ʃɑltɪ, ən ple: ðə pəips ɑ: ðə rɔd, ə wi: 'bįtį ə'fo:r—hiz įl ət [3]gjɑ:n, jɪ kɛn, ən 'i:zwəlį rəidz ə'pɔn ə bįt 'tįmər kəin o ə 'sɛdlį wį ən ɑ:l sɛk įn ə'nɛθt. bįt ɑ:l ŋ̣ 'kre:zi θo ðə 'bisti bi:, ɑz ə'si:r jɪ įt wįz ə'wi:rz o 'folən 'sɑmį į ðə 'gʌtərz, pəips ən ɑ:, [2]fən ə tʃɑp fəirz įz pįstl—krɑk!—run ðə njuk o ðə hus—ə grəit, blʌnt ʃɔt, fe:r ə'fo:r ðə 'ʃɑltɪz nįz! 'sɑmį hɛd dʒįst brįgʌn tə blɑ:, ən jɪ 'kʌd ə [1]hɛrd ðə dronz 'grʌntən ə'wɑ:, [2]fən ðə 'ʃɑltɪ gjɑ: ə swɑrv tə ðə te: səid, ðə 'bloər 'skəitət ut o 'sɑmįz mu:, ən i hɛd mʌkl ə'di: tə kip fe 'kʌupən ʌur įm'sɛl."

"nɑ:, bįt ðɑt 'wʌznə 'kɑnį!"...........

---

[1]ɑ: [2]ɪ, ɪ̈ [3]ɟɑ:n

"Samie was fell ill-pleas't, I can tell ye," continued Hairry Muggart. "'Seelence that shottin this moment!' says he, 'or I'll not play anoder stroke for no man livin'.'"

"Eh, but it wusna mowse," said Mrs Muggart.

"Awat Samie was on 's maijesty. 'Ye seerly don't know the danger o' fat ye're aboot,' says he. "It's the merest chance i' the wordle that that shot didna rive my chanter wi' the reboon o' 't.' An' wi' that he thooms the chanter a' up an' doon, an' luiks at it wi' 's heid to the tae side. 'Ye dinna seem to be awaar o' fat ye're aboot. I once got as gweed a stan' o' pipes as ony man ever tyeuk in 's oxter clean connacht the vera same gate,' says Samie."

"Weel?" queried Meg.

"Hoot! Fa sud hin'er Samie to hae the pipes a' fine muntit wi' red an' blue ribbons. An' ov coorse it was naitral that he sud like to be ta'en some notice o'. Nae fear o' rivin the chanter. Weel, awa' we gaes wi' Samie o' the shaltie, noddle-noddlin aneth 'im, 's feet naar doon at the grun, an' the pipes scraichin like onything. For a wee filie the chaps keepit fell weel in order; jist gi'ein a bit 'hooch,' an' a caper o' a dance ahin Samie 's they cud win at it for their pairtners; for ye see the muckle feck o' the young chaps hed lasses, an' wus gyaun airm-in-airm. But aw b'lieve ere we wan to the fit o' the Kirktoon rigs they war brakin' oot an' at the sheetin again. Mains's chiels wus lowst gin that time, an' we wus nae seener clear o' the Kir'ton nor they war at it bleezin awa'; an' forbye guns, fat hed the nickums deen but pitten naar a pun' o' blastin' pooder in'o the bush o' an aul' cairt wheel, syne culf't it, an' laid it doon aneth the briggie at the fit o' the Clinkstyle road, wi' a match at it. Owre the briggie we gaes wi' Samie's pipes skirlin' at the heid o' 's, an' pistills crackin' awa' hyne back ahin, fan the terriblest platoon gaes aff, garrin the vera road shak' aneth oor feet!"

"Keep 's an' guide 's!" said Meg. "Aw houp there wasna naebody hurtit."

"Ou, feint ane: only Samie's shaltie snappert an' pat 'im in a byous ill teen again. But I'm seer ye mitha heard the noise o' 's sheetin an' pipin', lat aleen the blast, naar three mile awa'."

"'sɑmɪ̞ wɪ̞z fɛl ɪ̞l plist, ə kən tɛl jɪ…………''siləns ðɑt ʃotn ðɪ̞s 'moṃənt!' sɛz hi, 'ɔr əl nɔt ple: ə'nɔdər strok fər no: ɹɑn 'livən.'"

"e:, bɪ̞t ɪ̞t 'wʌznə mʌuz,"…………

"ə'wɑt 'sɑmɪ̞ wɪ̞z ɔnz 'medʒəsti. 'jɪ 'si:rlɪ̞ dɔnt no: ðə 'dendʒər o fɑt jɪr ə'but,' sɛz hi:. 'ɪ̞ts ðə 'mi:rəst tʃɑns ɪ̞ ðə wɔrdl ðət ðɑt ʃɔt 'dɪ̞dnə rɑɪv mə 'tʃɑntər wɪ̞ ðə rɪ'bun ot.' ən wɪ̞ ðɑt hi θuɪnz ðə 'tʃɑntər ɑ: ʌp ən dun, ən ljuks ət ɪ̞t wiz hid tə ðə te: səid. 'jɪ 'dɪ̞nə sim tə bi ə'wɑr o fɑt jir ə'but. ɑɪ wʌns gɔt əz gwid ə stɑn o pəips əz 'ɔnɪ̞ mɑn 'ɪvər tjuk ɪ̞nz 'ɔkstər klin 'kɔnəxt ðə 'vɛrə sem get,' sɛz 'sɑmɪ̞."

"wil?"…………

"hut! fɑ: sʌd 'hɪ̞nər 'sɑmɪ̞ tə he: ðə pəips ɑ: fəin 'mʌntət wɪ̞ rid ən blu: 'rɪ̞bənz. ən əv kurs ɪ̞t wɪ̞z 'netrəl ðət hi sʌd ləik tə bi te:n sʌm 'nɔtɪs o. ne: fi:r o 'rɑɪvən ðə tʃɑntər. wil, ə'wɑ: wi ge:z wɪ̞ 'sɑmɪ̞ ɔ ðə 'ʃɑltɪ, 'nɔdl'nɔdlən ə'nɛθ ɪ̞m, ɪ̞z fit nɑ:r dun ət ðə grʌn, ən ðə pəips 'skrexən ləik 'ɔnɪ̞θɪ̞ŋ. fər ə wi 'fəili ðə tʃɑps 'kipət fɛl wil ɪ̞n 'ɔrdər; dʒɪ̞st 'giən ə bɪ̞t hux, ən ə 'kepər o ə dɑns 'əhɪ̞n 'sɑmɪ̞ ɀ ðe kʌd wɪ̞n ət ɪ̞t fər ðər 'pɛrtnərz; fər jɪ si: ðə mʌkl fɛk o ðə jʌŋ tʃɑps hɛd 'lɑsəz, ən wɪ̞z [1]gjɑ:n ɛrm ɪ̞n ɛrm. bɪ̞t ə bli:v e:r wi wɑn tə ðə fɪ̞t o ðə 'kɪ̞rtən rɪ̞gz ðe wɑr 'brɑkən ut ən ət ðə ʃitn ə'gen. menz tʃilz wʌz lʌust gɪ̞n ðɑt təim, ən wi wʌz ne: 'sinər kli:r o ðə 'kɪ̞rtən nɔr ðe wɑr ət ɪ̞t 'bli:zən ə'wɑ:; ən fɔr'bɑɪ gʌnz, fɑt hɛd ðə 'nɪ̞kəmz din bɪ̞t pɪ̞tn nɑ:r ə pʌn o 'blɑstən 'pudər ɪ̞n o ðə bʌʃ o ən ɑ:l kɛrt ʍil, səin kʌlft ɪ̞t, ən le:d ɪ̞t dun ə'nɛθ ðə 'brɪ̞gi ət ðə fɪ̞t o ðə klɪ̞ŋk'stəil rɔd, wɪ̞ ə mɑtʃ ət ɪ̞t. ʌur ðə 'brɪ̞gi wi ge:z wɪ̞ 'sɑmɪ̞z pəips 'skɪ̞rlən ət ðə hid·oz, ən pɪ̞stlz 'krɑkən ə'wɑ̣: həin bɑk ə'hɪ̞n, [2]fən ðə 'tɛrɪbləst plə'tun ge:z ɑf, 'gɑrən ðə 'vɛrə rɔd ʃɑk ə'nɛθ wɪr fit!"

"kips ən gəidz!…………ə hʌup ðər 'wɪ̞znə 'ne:bʌdi 'hʌrtət."

"u:, fɪ̞nt en: 'ɔnlɪ̞ 'sɑmɪ̞z 'ʃɑltɪ 'snɑpərt ən pɑt ɪ̞m ɪ̞n ə 'bɑɪəs ɪ̞l tin ə'gen. bɪ̞t əm si:r jɪ mɪ̞θ ə [3]hɛrd ðə nɔɪz oz ʃitn ən 'pəipən, lɑt ə'lin ðə blɑst, nɑ:r θri: məil ə'wɑ:."

---

[1] ɟɑ:n [2] ɪ̞, ɪ̞̈ [3] ɑ:

"Weel, aw was jist comin' up i' the early gloamin, fae lockin' my bits o' doories, an' seein' that neen o' the creaturs wasna reestin the furth, fan aw heard a feerious lood rum'le—an't had been Whitsunday as it 's Mairti'mas aw wud 'a raelly said it was thunner. But wi' that there comes up o' the win' a squallachin o' fowk by ordinar', an' the skirl o' the pipes abeen a'. *That* was the mairriage—Heard you! Aw wat, aw heard ye!"

"Oh, but fan they wan geylies oot o' kent boun's they war vera quate—only it disna dee nae to be cheery at a mairriage, ye ken."

"An' fat time wan ye there?"

"Weel, it was gyaun upo' seyven o'clock."

"An' ye wud a' be yap eneuch gin than!"

"Nyod, I was freely hungry, ony wye. But aw wat there was a gran' tae wytin 's. An aunt o' the bride's was there to welcome the fowk; a richt jellie wife in a close mutch, but unco braid spoken; aw 'm thinkin' she maun be fae the coast side, i' the Collieston wan, or some wye. The tables wus jist heapit at ony rate; an' as mony yalla fish set doon as wud 'a full't a box barrow, onlee't."

"An' was Peter 'imsel' ony hearty, noo?"

"Wusnin 'e jist! Aw wuss ye hed seen 'im; an' Rob his breeder tee, fan the dancin' begood. It wudna dee to say 't ye ken, but Robbie hed been tastin' draps, as weel 's some o' the lave, an' nae doot the gless o' punch 't they gat o' the back o' their tae hed ta'en o' the loon; but an *he* didna tak' it oot o' twa three o' the lasses, forbye the aul' fishwife, 't was bobbin awa' anent 'im b' wye o' pairtner, wi' 'er han's in 'er sides an' the strings o' 'er mutch fleein lowse. It's but a little placie, a kin' o' a but an' a ben, an' it wusna lang till it grew feerious het. I'se asseer ye, dancin' wasna jeestie to them that try't it."

"Weel, Mistress Muggart, isna yer man a feel aul' breet to be cairryin on that gate amon' a puckle daft young fowk?"

"Deed is 'e, Hennie; but as the sayin' is, 'there's nae feel like an aul' feel.'"

"Ou, but ye wud 'a baith been blythe to be there, noo," said Hairry, "an' wud 'a danc't brawly gin ye hed been bidden."

"An' Samie ga'e ye the meesic?"

“wil, ə wɪ̞z dʒɪ̞st ′kʌmən ʌp ɪ̞ ðə ′ɛrlɪ̞ ′glomən, fe ′lɔkən mə bɪ̞ts o ′doːrɪ̞z, ən ′siən ðət nin o ðə ′kretərz ′wɪ̞znə ′ristən ðə fʌrθ, [1]fən ə [3]herd ə ′fiːrɪəs lud rʌml—ənt həd bin ′ʍɪ̞tsn̩dɪ̞ əz ɪ̞ts ′mɛrtɪməs ə ′wʌd ə ′reːlɪ̞ sɛd ɪ̞t wɪ̞z ′θʌnər. bɪ̞t wɪ̞ ðɑt ðər kʌmz ʌp o ðə wɪ̞n ə ′skwɑləxən o fʌuk bɑɪ ′ɔrdnər, ən ðə skɪ̞rl o ðə pəips ə′bin ɑː. ðɑt wɪ̞z ðə ′mɛrɪ̞dʒ—[3]herd juː! ə wɑt, ə [3]herd jɪ!”

“oː, bɪ̞t [1]fən ðe wɑn ′gəiliz ut o kɛnt bunz ðe wɑr ′vɛrə kweːt—′ɔnlɪ̞ ɪ̞t ′dɪ̞znə diː neː tə bi ′tʃiːri ət ə ′mɛrɪ̞dʒ, jɪ kɛn.”

“ən fɑt təim wɑn jɪ ðeːr?”

“wil, ɪ̞t wɪ̞z [2]gjɑːn ə′po ′səivən o′klɔk.”

“ən jɪ wʌd ɑː bi jɑp ə′njux gɪ̞n ðɑn!”

“ɲɔd, ə wɪ̞z ′friːlɪ̞ ′hʌŋrɪ̞, ′ɔnɪ̞ wɑɪ. bɪ̞t ə′wɑt ðər wɪ̞z ə grɑn teː ′wəitənz. ən ɑnt o̩ ðə brəidz wɪ̞z ðeːr tə ′wɛlkʌm ðə fʌuk; ə rɪ̞xt ′dʒɛlɪ̞ wəif ɪ̞n ə klos mʌtʃ, bɪ̞t ′ʌŋkə brɛd spokŋ; əm ′θɪ̞ŋkən ʃi ɪmən bi fe ðə kɔst səid, ɪ̞ ðə ′kɔlɪ̞stən wɑn, ɔr sʌm wɑɪ. ðə teblz wʌz dʒɪ̞st ′hipət ət ′ɔnɪ̞ ret; ən əz ′mɔnɪ̞ ′jɑlə fɪ̞ʃ sɛt dun əz wʌd ə fʌlt ə bɔks ′bɑrə, onliːt.”

“ən wɪ̞z ′pitər ɪ̞m′sɛl ′ɔnɪ̞ ′hɛrtɪ̞, nuː?”

“′wʌznɪm i dʒɪ̞st! ə wʌs jɪ hɛd sin ɪ̞m; ən rɔb hɪ̞z ′bridər tiː, [1]fən ðə ′dɑnsən br′gud. ɪ̞t ′wʌdnə diː tə seːt jɪ kɛn, bɪ̞t ′rɔbi hɛd bin ′tɛstən drɑps, əz wilz sʌm o ðə leːv, ən neː dut ðə glɛs o pʌnʃ ət ðe gɑt o ðə bɑk o ðər teː hɛd teːn o ðə lun; bɪ̞t ən hiː ′dɪ̞dnə tɑk ɪ̞t ut o ′twɑ θri o ðə ′lɑsəz, fɔr′bɑɪ ðə ɑːl ′fɪ̞ʃwəif, ət wɪ̞z ′bɔbən ə′wɑː ə′nɛnt ɪ̞m bə wɑɪ o ′pɛrtnər, wɪ̞ ɔr [3]hɑnz ɪ̞n ər səidz ən ðə strɪ̞ŋz o ər mʌtʃ ′fliən lʌus. ɪ̞ts bɪ̞t ə lɪ̞tl ′plesɪ̞, ə kɛin o ə bʌt ən ə bɛn, ən ɪ̞t ′wʌznə lɑŋ tɪ̞l ɪ̞t gruː ′fiːrɪəs hɛt. ɑz ə′siːr jɪ, ′dɑnsən ′wɪ̞znə ′dʒisti tə ðɛm ðət trɑɪt ɪ̞t.”

“wil, ′mɪ̞strəs ′mʌgərt, ′ɪ̞znə jɪr mɑn ə fil ɑːl brit tə bi ′kɛrɪən ɔn ðɑt get ə′mɔn ə pʌkl dɑft jʌŋ fʌuk?”

“did ɪ̞z i, ′hɛnɪ̞; bɪ̞t əz ðə ′seən ɪ̞z, ‘ðərz neː fil ləik ən ɑːl fil.’”

“uː, bɪ̞t jɪ wʌd ə beθ bin bləiθ tə bi ðeːr, nuː,............ən wʌd ə dɑnst ′brɑːlɪ̞ gɪ̞n jɪ hɛd bin bɪ̞dn.”

“ən ′sɑmɪ̞ geː jɪ ðə ′miːzɪk?”

---

[1] ɪ̞, ï [2] ɟɑːn [3] ɑː

"Maist pairt. They got a haud o' a fiddle—there was a cheelie there 't cud play some—but the treble string brak, so that wudna dee. An' files, fan they war takin' a kin' o' breathin', he wud sowff a spring to twa three o' them; or bess till 'imsel' singin', wi' the fiddle, siclike as it was. Only Samie eeswally sat i' the tither en' to be oot o' their road, an' mak' mair room for the dancers, an' dirl't up the pipes, wi' a fyou o' 's that wusna carein' aboot the steer takin' a smoke aside 'im."

"Na, but ye hed been makin' yersel's richt comfortable. Hedna ye the sweetie wives?"

"Hoot ay; hoot ay; till they war forc't to gi'e them maet an' drink an' get them packit awa'—that was aboot ten o'clock. An' gin than," continued Hairry, "I was beginnin' to min' 't I hed a bit traivel afore me. Aw kent there was nae eese o' wytin for the young fowk to be company till 's, for they wud be seer to dance on for a file, an' than there wud lickly be a ploy i' the hin'eren' at the beddin' o' the new-marriet fowk; so Tam Meerison an' me forgathered an' crap awa' oot, sin'ry like, aifter sayin' good nicht to the bride in a quate wye—Peter was gey noisy gin that time, so we loot him be. We made 's gin we hed been wuntin a gluff o' the caller air; but wi' that, fan ance we wus thereoot, we tyeuk the road hame thegither like gweed billies."

" mest pert. ðe gɔt ə hɑːd o ə fɪ̣dl—ðər wɪ̣z ə 'tʃili ðeːr ət kʌd pleː sʌm—bɪ̣t ðə trɛbl strɪ̣ŋ brɑk, so ðɑt 'wʌdnə diː. ən fəilz, [1]fən ðe wɑr 'tɑkən ə kəin o 'breːðən, hi wʌd sʌuf ə sprɪ̣ŋ tə 'twɑθri o ðəm; ɔr bɛs tɪ̣l ɪ̣m'sɛl 'sɪ̣ŋən, wɪ̣ ðə fɪ̣dl, sɪ̣k'ləik əz ɪ̣t wɪ̣z. 'ɔnlɪ̣ 'sɑmɪ̣ 'iːzwəlɪ̣ sɑt ɪ̣ ðə 'tɪðər ɛn tə bi ut o ðər rɔd, ən mɑk meːr rum fər ðə 'dɑnsərz, ən dɪ̣rlt ʌp ðə pəips, wɪ̣ ə fjʌu oz ðət 'wʌznə 'keːrən ə'but ðə stiːr 'tɑkən ə smɔk ə'səid ɪ̣m."

"nɑː, bɪ̣t jɪ hɛd bin 'mɑkən jɪr'sɛlz rɪ̣xt 'kɔmfərtəbl. 'hɛdnə jɪ ðə 'switi 'wəifs?"

"hut ɑɪ; hut ɑɪ; tɪ̣l ðe wɑr forst tə giː ðəm met ən drɪ̣ŋk ən gɛt ðəm 'pɑkət ə'wɑː—ðɑt wɪ̣z ə'but tɛn o'klɔk. ən gɪ̣n ðɑn, ...ə wɪ̣z bɪ'gɪ̣nən tə məin ət ə hɛd ə bɪ̣t treːvl ə'foːr mɪ. ə kɛnt ðər wɪ̣z neː iːs o 'wəitən fər ðə jʌŋ fʌuk tə bi 'kʌmpənɪ tɪ̣lz, fər ðe wʌd bi siːr tə dɑns ɔn fər ə fəil, ən ðɑn ðər wʌd 'lɪ̣klɪ̣ bi ə plɔɪ ɪ̣ ðə 'hɪ̣nər'ɛn ət ðə 'bɛdən o ðə njuː'mɛrɪ̣t fʌuk; so tɑm 'miːrɪsən ən mi fər'gɛðərt ən krɑp ə'wɑː ut, 'sɪ̣nrɪ̣ ləik, 'ɛftər 'seən gud nɪ̣xt tə ðə brəid ɪ̣n ə kwet wɑɪ—'pitər wɪ̣z gəi 'nɔɪzɪ̣ gɪ̣n ðɑt təim, so wi lut hɪ̣m biː. wi medz gɪ̣n wi hɛd bin 'wʌntən ə glʌf o ðə 'kɑlər eːr; bɪ̣t wɪ̣ ðɑt, [1]fən ens wi wʌz ðe'rut, wi tjuk ðə rɔd hem ðə'grɪðər ləik gwid 'bɪ̣lɪ̣z."

---

[1] ʟ̣ ɪ̈

XV A. TO A MOUSE

ROBERT BURNS.

Wee, sleekit, cowrin, tim'rous beastie,
O, what a panic's in thy breastie!
Thou needna start awa' sae hasty,
Wi' bickering brattle!
I wad be laith to rin and chase thee,
Wi' murdering pattle!

I'm truly sorry man's dominion
Has broken nature's social union,
An' justifies that ill opinion
Which makes thee startle
At me, thy poor earth-born companion,
And fellow-mortal!

I doubt na, whyles, but thou may thieve;
What then? poor beastie, thou maun live!
A daimen icker in a thrave
's a sma' request:
I'll get a blessin wi' the lave,
An' never miss't!

Thy wee bit housie, too, in ruin!
Its silly wa's the win's are strewin'!
An' naething now to big a new ane
O' foggage green!
An' bleak December's winds ensuin',
Baith snell an' keen!

Thou saw the fields laid bare an' waste,
An' weary winter comin' fast,
An' cozie here, beneath the blast,
Thou thought to dwell,
Till crash! the cruel coulter past
Out thro' thy cell.

XV A. TO A MOUSE

ROBERT BURNS.

wiː, ˈslikət, ˈkuːrən, ˈtɪ̞mrəs ˈbestɪ̞,
oː, ʍɑt ə ˈpanɪ̞ks ɪ̞n ðaɪ ˈbrestɪ̞!
ðuː ˈnidnə stɛrt [1]əˈwɑː se ˈhestɪ̞,
  wɪ̞ ˈbɪ̞krən brɑtl!
ɑː [2]wəd bi leθ tə rɪn ən tʃes [3]tɪ,
  wɪ̞ ˈmʌrdrən pɑtl!

əm ˈtrulɪ̞ ˈsorɪ̞ mɑnz dəˈmɪnjən
həz ˈbrokən ˈnetərz ˈsoʃəl [4]jɪnjən,
ən ˈdʒʌstɪfiːz ðɑt ɪ̞l əˈpɪnjən
  ʍɪ̞tʃ mɑks ði stɑrtl
ət miː, ðaɪ pøːr ɛrθ[5]born kəmˈpenjən,
  ən ˈfɛloˈmortl!

ə ˈdutnə, ʍəilz, bət ðuː me θiːv;
ʍɑt ðɑn? pøːr [6]ˈbestɪ̞, ðu mən liːv!
ə ˈdemən ˈɪ̞kər ɪ̞n ə [7]θreːv
  zə [1]smɑː rɪˈkwɛst:
əl gɛt ə ˈblɪ̞sən wɪ̞ ðə leːv,
  ən ˈnɪvər mɪ̞st!

ðaɪ wiː bɪ̞t ˈhusɪ, tøː, ɪ̞n ˈruɪ̞n!
ɪ̞ts ˈsɪ̞lɪ̞ [1]wɑːz ðə [8]wʌnz ər ˈstruɪ̞n!
ən ˈneθɪ̞ŋ nuː tə bɪ̞g ə njuː jɪ̞n
  o ˈfɔgɪ̞dʒ grin!
ən blik dɪˈsɛmbərz [8]wʌnz ɪ̞nˈʃuɪ̞n,
  beθ snɛl n̩ kin!

ðu [1]sɑː ðə fildz leːd beːr ən west,
ən ˈwiːri [8]ˈwʌntər ˈkʌmən [9]fest,
ən ˈkoːzɪ hiːr, [10]bɪˈniθ ðə blɑst,
  ðu [11]θoxt tə dwɛl,
tɪ̞l krɑʃ! ðə kruəl ˈkutər pɑst
  ut θruː ðaɪ sɛl.

---

[1] ǫː [2] ʌ, ɪ̞ [3] See Ph. § 217 (*d*) [4] See Ph. § 151 [5] o [6] bisti
[7] iː [8] ɪ̞ [9] ɑ [10] e [11] ɔ

That wee bit heap o' leaves and stibble
Has cost thee monie a weary nibble!
Now thou's turned out for a' thy trouble,
    But house or hauld,
To thole the winter's sleety dribble,
    And cranreuch cauld!

But, Mousie, thou art no thy lane
In proving foresight may be vain!
The best-laid schemes o' mice an' men
    Gang aft agley,
An' lea'e us nought but grief an' pain
    For promis'd joy!

Still thou art blest, compared wi' me!
The present only toucheth thee:
But och! I backward cast my e'e
    On prospects drear!
An' forward, tho' I canna see,
    I guess an' fear.

ðat wi bɪ̢t hip o lifs ən stɪbl
həz [1]kost ði [2]'monɪ̢ ə 'wiːri nɪbl!
nuː ðuz tʌrnt ut fər [3]ɑː ðɑɪ trɪbl,
    bʌt hus ər [3]hɑːld,
tə θol ðə [4]'wɪntərz 'sliti drɪbl,
    ən [5]kranjux [3]kɑːld!

bʌt, 'musɪ, ðu ərt noː ðɑɪ len
ɪ̢n 'prøːvən 'forsɪ̢xt meː bi ven!
ðə 'bɛst'leːd skimz o məis ən mɛn
    gɑŋ ɑft [6]ə'gləi,
ənd liː ʌs [1]noxt bʌt grif ən pen
    fər 'promɪst [6]dʒəi!

stɪ̢l ðu ərt blɛst, kəm'peːrt wɪ̢ miː!
ðə 'prɛzənt 'onlɪ̢ 'tʌtʃəθ ðiː:
bʌt [1]ox! ɑ 'bɑkwərd kɑst mə iː
    ɔn 'prospəks driːr!
ən 'fɔrwərd, θo ə 'kɑnnə siː,
    ɑ gɛs ən fiːr.

---

[1] ɔ [2] ɔ, ʌ, ɑ [3] ǫː [4] ɪ̢, ʌ [5] 'kranjʌx [6] ʌi

XVI A. THE SAVING OF ANNIE

BESIDE THE BONNIE BRIER BUSH.

IAN MACLAREN (1850–1907).

Doctor MacLure did not lead a solemn procession from the sick-bed to the dining-room, and give his opinion from the hearth-rug with an air of wisdom bordering on the supernatural, because neither the Drumtochty houses nor his manners were on that large scale. He was accustomed to deliver himself in the yard, and to conclude his directions with one foot in the stirrup; but when he left the room where the life of Annie Mitchell was ebbing slowly away, our doctor said not one word, and at the sight of his face her husband's heart was troubled.

He was a dull man, Tammas, who could not read the meaning of a sign, and laboured under a perpetual disability of speech; but love was eyes to him that day, and a mouth.

"Is't as bad as yir lookin', doctor? Tell's the truth; wull Annie no come through?" and Tammas looked MacLure straight in the face, who never flinched his duty or said smooth things.

"A' wud gie onything tae say Annie hes a chance, but a' daurna; a' doot yir gaein' tae lose her, Tammas."

MacLure was in the saddle, and as he gave his judgment, he laid his hand on Tammas's shoulder with one of the rare caresses that pass between men.

"It's a sair business, but ye 'ill play the man and no vex Annie; she 'ill dae her best, a'll warrant."

"An' a'll dae mine"; and Tammas gave MacLure's hand a grip that would have crushed the bones of a weakling. Drumtochty felt in such moments the brotherliness of this rough-looking man, and loved him.

Tammas hid his face in Jess's mane, who looked round with sorrow in her beautiful eyes, for she had seen many tragedies, and in this silent sympathy the stricken man drank his cup, drop by drop.

XVI A. THE SAVING OF ANNIE

BESIDE THE BONNIE BRIER BUSH.

IAN MACLAREN (1850–1907).

"ɪ̣st əz bɑd əz jɪr 'lukən, 'dɔktər? tɛlz ðə tryθ; wʌl 'ɑnɪ̣ no: kʌm θru:?"...........

"ə wʌd gi: [1]'onɪθɪ̣ŋ tə se: 'ɑnɪ̣ hɛz ə ṭʃɑns, bʌt ə 'dɑ:rnə; ə dut jɪr 'geən tə lɔs hər, 'tɑməs."

. . . .

"ɪ̣ts ə se:r 'bɪ̣znəs, bət jil ple: ðə mɑn ən no: vɛks 'ɑnɪ̣; ʃil de: hər bɛst, ɑl 'wɑrən*t*."

"ən ɑ:l de: məin."

. . . .

[1] ɔ

"A' wesna prepared for this, for a' aye thocht she wud live the langest....She's younger than me by ten years, and never wes ill....We've been mairit twal year laist Martinmas, but it's juist like a year the day....A' was never worthy o' her, the bonniest, snoddest, kindliest lass in the Glen....A' never cud mak oot hoo she ever lookit at me, 'at hesna hed ae word tae say aboot her till it's ower late....She didna cuist up tae me that a' wesna worthy o' her, no her, but aye she said, 'Yir ma ain gudeman, and nane cud be kinder tae me.'...An' a' wes minded tae be kind, but a' see noo mony little trokes a' micht hae dune for her, and noo the time is bye....Naebody kens hoo patient she wes wi' me, an' aye made the best o' me, an' never pit me tae shame afore the fouk....An' we never hed ae cross word, no ane in twal year....We were mair nor man and wife, we were sweethearts a' the time....Oh, ma bonnie lass, what 'ill the bairnies an' me dae withoot ye, Annie?"

The winter night was falling fast, the snow lay deep upon the ground, and the merciless north wind moaned through the close as Tammas wrestled with his sorrow dry-eyed, for tears were denied Drumtochty men. Neither the doctor nor Jess moved hand or foot, but their hearts were with their fellow-creature, and at length the doctor made a sign to Marget Howe, who had come out in search of Tammas, and now stood by his side.

"Dinna mourn tae the brakin' o' yir hert, Tammas," she said, "as if Annie an' you hed never luved. Neither death nor time can pairt them that luve; there's naethin' in a' the warld sae strong as luve. If Annie gaes frae the sicht o' yir een she 'ill come the nearer tae yir hert. She wants tae see ye, and tae hear ye say that ye 'ill never forget her nicht nor day till ye meet in the land where there's nae pairtin'. Oh, a' ken what a'm sayin', for it's five year noo sin' George gaed awa, an' he's mair wi' me noo than when he wes in Edinburgh and I wes in Drumtochty.'

"Thank ye kindly, Marget; thae are gude words and true, an' ye hev the richt tae say them; but a' canna dae without seein' Annie comin' tae meet me in the gloamin', an' gaein' in an' oot the hoose, an' hearin' her ca' me by ma name, an' a'll no can tell her that a' luve her when there's nae Annie in the hoose.

"ə 'wɛznə prɪ'peːrt fər ðɪ̞s, fər ə əi [1]'θoxt ʃi wʌd liːv ðə 'lɑŋəst....ʃiz 'jʌŋər ðən miː bɪ̞ tɛn iːrz, ən 'nɪvər wɛz ɪ̞l....wiv bin [2]'merɪ̞t twɑl iːr lest 'mɛrtɪnməs, bət ɪ̞ts dʒyst ləik ə iːr ðə deː.... ə wɛz 'nɪvər 'wʌrðɪ o hər, ðə [1]'bonɪəst, 'snɔdəst, 'kəin*d*lɪəst lɑs ɪ̞n ðə glɛn....ə 'nɪvər kʌd mɑk ut huː ʃi 'ɪvər 'lukət ət miː, ət 'hɛznə hɛd eː wʌrd tə seː ə'but ər tɪ̞l ɪ̞ts 'ʌuər let....ʃi 'dɪ̞dnə kyst ʌp tə mɪ ðət ə 'wɛznə 'wʌrðɪ o ər, noː hər, bət əi ʃi sɛd, 'jɪr mə eːn gyd'mɑn, ən nen kʌd bi 'kəin*d*ər tə mɪ.'...ən ə wɛz 'məindət tə bi kəin*d*, bət ə siː nuː [3]'monɪ̞ lɪ̞tl troks ə mɪ̞xt he dyn fər hər, ən nuː ðə təim ɪ̞z bɑɪ....'nebʌdɪ kɛnz huː 'peʃənt ʃi wɛz wɪ̞ mɪ, ən əi med ðə bɛst o mɪ, ən 'nɪvər pɪ̞t mɪ tə ʃem ə'foːr ðə fʌuk....ən wi 'nɪvər hɛd eː [4]krɔs wʌrd, noː en ɪ̞n twɑl iːr....wi wər meːr nɔr mɑn ən wəif, wi wər 'switherts ɑː ðə təim....o, mə [1]'bonɪ̞ lɑs, ʍɑtl ðə [2]bernɪ̞z ən miː deː wɪ̞'θut jɪ, 'ɑnɪ̞?"

. . . .

"'dɪ̞n*n*ə mʌrn tə ðə 'brɑkən o jɪr hɛrt, 'tɑməs,...........əz ɪ̞f 'ɑnɪ̞ ən juː hɛd 'nɪvər [8]lʌvd. [5]'neðər dɛθ nɔr təim kən [2]pert ðɛm ðət [8]lʌv; ðərz 'neðɪ̞n ɪ̞n ɑː ðə wɑrl*d* seː strɔŋ əz [8]lʌv. ɪ̞f 'ɑnɪ̞ geːz fre ðə sɪ̞xt o jɪr in ʃil kʌm ðə 'niːrər tə jɪr hɛrt. ʃi [6]wɑnts tə siː jɪ, ən tə hiːr jɪ seː ðət jil 'nɪvər fər'gɛt hər nɪ̞xt nɔr deː tɪ̞l jɪ mit ɪ̞n ðə [7]lɑn*d* ʍər ðərz neː [2]'pertən. oː, ə kɛn ʍət əm 'seən, fər ɪ̞ts fɑɪv iːr nuː sɪ̞n dʒordʒ geːd ə'wɑː, ən hiz meːr wɪ̞ mɪ nuː ðən ʍən hiː wɛz ɪ̞n 'ɛdnbʌrə ən ɑɪ wɛz ɪ̞n drʌm'tɔxtɪ̞."

"θɑŋk jɪ 'kəin*d*lɪ̞, 'mɑrgɪ̞t; ðeː ər gyd wʌrdz ən truː, ən ji hɛv ðə rɪ̞xt tə seː ðəm; bət ə 'kɑn*n*ə deː wɪ̞'θut 'siən 'ɑnɪ̞ 'kʌmən tə mit mɪ ɪ̞n ðə 'glomən, ən 'geən ɪ̞n ən ut ðə hus, ən 'hiːrən ər kɑː mɪ bɪ̞ mə nem, ən əl noː kən tɛl hər ðət ə [8]lʌv hər ʍən ðərz neː 'ɑnɪ ɪ̞n ðə hus.

---

[1] ɔ [2] ɛ [3] ɑ, ʌ, ɔ [4] o [5] eː [6] ʌ, ɪ̞ [7] ɑː [8] øː

"Can naethin' be dune, doctor? Ye savit Flora Cammil, and young Burnbrae, an' yon shepherd's wife Dunleith wy, an' we were a' sae prood o' ye, an' pleased tae think that ye hed keepit deith frae anither hame. Can ye no think o' somethin' tae help Annie, and gie her back tae her man and bairnies?" and Tammas searched the doctor's face in the cold, weird light.

"There's nae pooer in heaven or airth like luve," Marget said to me afterwards; "it maks the weak strong and the dumb tae speak. Oor herts were as water afore Tammas's words, an' a' saw the doctor shake in his saddle. A' never kent till that meenut hoo he hed a share in a'body's grief, an' carried the heaviest wecht o' a' the Glen. A' peetied him wi' Tammas lookin' at him sae wistfully, as if he hed the keys o' life an' deith in his hands. But he wes honest, and wudna hold oot a false houp tae deceive a sore hert or win escape for himsel'."

"Ye needna plead wi' me, Tammas, to dae the best a' can for yir wife. Man, a' kent her lang afore ye ever luved her; a' brocht her intae the warld, and a' saw her through the fever when she wes a bit lassikie; a' closed her mither's een, and it wes me hed tae tell her she wes an orphan, an' nae man wes better pleased when she got a gude husband, and a' helpit her wi' her fower bairns. A've naither wife nor bairns o' ma own, an' a' coont a' the fouk o' the Glen ma family. Div ye think a' wudna save Annie if I cud? If there wes a man in Muirtown 'at cud dae mair for her, a'd have him this verra nicht, but a' the doctors in Perthshire are helpless for this tribble.

"Tammas, ma puir fallow, if it could avail, a' tell ye a' wud lay doon this auld worn-oot ruckle o' a body o' mine juist tae see ye baith sittin' at the fireside, an' the bairns roond ye, couthy an' canty again; but it's no tae be, Tammas; it's no tae be."

"When a' lookit at the doctor's face," Marget said, "a' thocht him the winsomest man a' ever saw. He wes transfigured that nicht, for a'm judging there's nae transfiguration like luve."

"It's God's wull an' maun be borne, but it's a sair wull for me, an' a'm no ungratefu' tae you, doctor, for a' ye've dune and what ye said the nicht"; and Tammas went back to sit with Annie for the last time.

Jess picked her way through the deep snow to the main road

"kən 'neθɪ̢n bi dyn, 'dɔktər? jɪ 'se:vɪ̢t 'flo:rə kɑml, ən jʌŋ bʌrn'bre:, ən jɔn 'ʃɛpərdz wəif dʌn'liθ wəi, ən wi wər ɑ: se: prud o jɪ, ən pli:zd tə θɪ̢ŋk ðət jɪ hɛd 'kipət [1]diθ fre ə'nɪðər hem. kən jɪ no: θɪ̢ŋk o 'sʌmθɪ̢n tə hɛlp 'ɑnɪ̢, ən gi: hər bɑk tə hər mɑn ən [2]bernɪ̢z?"............

"ðərz ne: 'puər ɪ̢n hɛvn ɔr erθ ləik [8]lʌv,............ɪ̢t mɑks ðə wek strɔŋ ən ðə dʌm tə spik. ur hɛrts wər əz 'wɑtər ə'fo:r 'tɑməsəz wʌrdz, ən ə sɑ: ðə 'dɔktər [1]ʃɑk ɪ̢n ɪ̢z [2]sedl. ə 'nɪvər kɛnt tɪ̢l ðɑt 'minət hu: hi hɛd ə ʃe:r ɪ̢n 'ɑ:bʌdɪz grif, ən [2]'kerɪ̢t ðə 'hɛvɪəst wɛxt o ɑ: ðə glɛn. ə 'pitid hɪ̢m wɪ̢ 'tɑməs 'lukən ɑt ɪ̢m se: 'wɪ̢stfəlɪ̢, əz ɪ̢f hi hɛd ðə [3]ki:z o ləif ən [1]diθ ɪ̢n ɪ̢z [4]hɑn*dz*. bət hi wɛz 'ɔnəst, ən 'wʌdnə [4]hɑd ut ə fɑ:s hʌup tə dɪ'si:v ə so:r hɛrt ɔr wɪ̢n ɪ̢'skep fɔr ɪ̢m'sɛl."

"jɪ 'nidnə plid wɪ̢ mi:, 'tɑməs, tə de: ðə bɛst ə kɑn fər jɪr wəif. mɑn, ə kɛnt ər lɑŋ ə'fo:r ji: 'ɪvər [8]lʌvd ər; ə [5]brɔxt ər 'ɪntə ðə [4]wɑrl*d*, ən ə sɑ: ər θru: ðə 'fɪvər ʍən ʃi wɛz ə bɪ̢t 'lɑsɪkɪ̢; ə klo:zd ər 'mɪðərz in, ən ɪ̢t wɛz mi: hɛd tə tɛl ər ʃi wɛz ən 'ɔrfən, ən ne: mɑn wɛz 'bɛtər pli:zd ʍən ʃi gɔt ə gyd 'hʌzbən*d*, ən ə 'hɛlpət ər wɪ̢ ər fʌur [2]bernz. əv [6]'neðər wəif nɔr [2]bernz o mə [7]on, ən ə kunt ɑ: ðə fʌuk o ðə glɛn mə 'femlɪ̢. dɪ̢v jɪ θɪ̢ŋk ə 'wʌdnə se:v 'ɑnɪ̢ ɪ̢f ə kʌd? ɪ̢f ðər wɛz ə mɑn ɪ̢n 'mø:rtən ət kʌd de: me:r fɔr ər, əd həv ɪ̢m ðɪ̢s 'vɛrə nɪ̢xt, bət ɑ: ðə 'dɔktərz ɪ̢n 'pɛrθ[3]ʃɑɪr ər 'hɛlpləs fər ðɪ̢s trɪbl.

"'tɑməs, mə pø:r 'fɑlə, ɪ̢f ɪ̢t kʌd ə'vel, ə tɛl jɪ ə wʌd le: dun ðɪ̢s ɑ:l*d* 'worn'ut rʌkl o ə [5]'bodɪ o məin dʒyst tə si: jɪ beθ 'sɪ̢tən ət ðə [3]'fɑɪrsəid, ən ðə [2]bernz run*d* jɪ, 'kuθɪ ən 'kɑntɪ ə'gen; bət ɪ̢ts no: tə bi:, 'tɑməs; ɪ̢ts no: tə bi:."

"ʍən ə 'lukət ət ðə 'dɔktərz fes...........ə [5]θoxt hɪ̢m ðə 'wɪ̢nsəməst mɑn ə 'ɪvər sɑ:. hi wɛz trɑns'fɪ̢gərt ðɑt nɪ̢xt, fɔr əm 'dʒʌdʒən ðərz ne: trɑnsfɪ̢gər'eʃn ləik [8]lʌv."

"ɪ̢ts gɔdz wʌl ən mɑ:n bi born, bət ɪ̢ts ə se:r wʌl fər mi:, ən əm no: ʌn'gretfə tə ju:, 'dɔktər, fɔr ɑ: ji:v dyn ən ʍɑt jɪ sɛd ðə nɪ̢xt."

. . . .

---

[1]e [2]ɛ [3]əi [4]ɑ: [5]ɔ [6]e: [7]ʌu [8]ø:

with a skill that came of long experience, and the doctor held converse with her according to his wont.

"Eh, Jess wumman, yon wes the hardest wark a' hae tae face, and a' wud raither hae ta'en ma chance o' anither row in a Glen Urtach drift than tell Tammas Mitchell his wife wes deein'.

"A' said she cudna be cured, and it wes true, for there's juist ae man in the land for't, and they micht as weel try tae get the mune oot o' heaven. Sae a' said naethin' tae vex Tammas's hert, for it's heavy eneuch withoot regrets.

"But it's hard, Jess, that money wull buy life after a', an' if Annie wes a duchess her man wudna lose her; but bein' only a puir cottar's wife, she maun dee afore the week's oot.

"Gin we hed him the morn there's little doot she wud be saved, for he hesna lost mair than five per cent. o' his cases, and they'll be puir toon's craturs, no strappin' women like Annie.

"It's oot o' the question, Jess, sae hurry up, lass, for we've hed a heavy day. But it wud be the grandest thing that was ever dune in the Glen in oor time if it cud be managed by hook or crook.

"We 'ill gang and see Drumsheugh, Jess; he's anither man sin' Geordie Hoo's deith, and he wes aye kinder than fouk kent"; and the doctor passed at a gallop through the village, whose lights shone across the white, frost-bound road.

"Come in by, doctor; a' heard ye on the road. Ye'll hae been at Tammas Mitchell's; hoo's the gudewife? A doot she's sober."

"Annie's deein', Drumsheugh, an' Tammas is like tae brak his hert."

"That's no lichtsome, doctor, no lichtsome ava, for a' dinna ken ony man in Drumtochty sae bund up in his wife as Tammas, an' there's no a bonnier wumman o' her age crosses oor kirk door than Annie, nor a cleverer at her wark. Man, ye 'ill need tae pit yir brains in steep. Is she clean beyond ye?"

"Beyond me and every ither in the land but ane, and it wud cost a hundred guineas tae bring him tae Drumtochty."

"Certes, he's no blate; it's a fell chairge for a short day's work; but hundred or no hundred we 'ill hae him, an' no let Annie gang, and her no half her years."

"e:, dʒɛs 'wʌmən, jɔn wɛz ðə 'hɑrdəst wɑrk ə he: tə fes, ən ə wʌd [1]'reðər he te:n mə tʃɑns o ə'nɪðər rʌu ɪ̣n ə glɛn 'ʌrtəx drɪ̣ft ðən tɛl 'tɑməs 'mɪ̣tʃəl hɪ̣z wəif wɛz 'diən."

"ə sɛd ʃi 'kʌdnə bi *kjø*:rd, ən ɪ̣t wɛz tru:, fər ðərz dʒyst e: mɑn ɪ̣n ðə [2]lɑn*d* fɔrt, ən ðe mɪ̣xt əz wil trɑɪ tə gɛt ðə myn ut o hɛvn. se ə sɛd 'neθɪ̣n tə vɛks 'tɑməsɪ̣z hɛrt, fər ɪ̣ts 'hɛvɪ [3]ə'njux wɪ̣'θut rɪ'grɛts.

"bət ɪ̣ts hɑrd, dʒɛs, ðət 'mʌnɪ̣ wʌl bɑɪ ləif 'ɛftər ɑ:, ən ɪ̣f 'ɑnɪ̣ wɛz ə 'dʌtʃɛs hər mɑn 'wʌdnə [4]lu:z ər; bət 'biən [5]'onlɪ̣ ə pø:r 'kɔtərz wəif, ʃi mən di: ə'fo:r ðə wiks ut.

"gɪ̣n wi hɛd hɪ̣m ðə [5]morn ðərz lɪ̣tl dut ʃi wʌd bi se:vt, fɔr hi 'hɛznə lɔst me:r ðən fɑɪv pər sɛnt o hɪ̣z 'kesəz, ən ðe:l bi pø:r tunz 'kretərz, no: 'strɑpən 'wimən ləik 'ɑnɪ̣.

"ɪ̣ts ut o ðə 'kwɛstən, dʒɛs, se 'hʌrɪ̣ ʌp, lɑs, fər wiv hɛd ə 'hɛvɪ de:. bət ɪ̣t wʌd bi ðə 'grɑndəst θɪ̣ŋ ðət wɛz 'ɪvər dyn ɪ̣n ðə glɛn ɪ̣n u:r təim ɪ̣f ɪ̣t kʌd bi 'mɑnɪ̣dʒd bə huk ɔr kruk.

"wil gɑŋ ən si: drʌmz[3]'hjux, dʒɛs; hiz ə'nɪðər mɑn sɪ̣n 'dʒordɪ hu:z [6]diθ, ən hi wɛz əi 'kəin*d*ər ðən fʌuk kɛnt."...........

"kʌm ɪ̣n bɑɪ, 'dɔktər; ə [7]hɛrd jɪ ɔn ðə rod. jil he bin ət 'tɑməs 'mɪ̣tʃəlz; hu:z ðə gyd'wəif? ə dut ʃiz 'sobər."

"'ɑnɪ̣z 'diən, drʌmz[3]'hjux, ən 'tɑməs ɪ̣z ləik tə brɑk ɪ̣z hɛrt."

"ðɑts no: 'lɪ̣xtsəm, 'dɔktər, no: 'lɪ̣xtsəm ə'vɑ:, fɔr ə 'dɪ̣n*n*ə kɛn [5]'onɪ̣ mɑn ɪ̣n drʌm'tɔxtɪ̣ se: bʌn*d* ʌp ɪ̣n ɪ̣z wəif əz 'tɑməz, ən ðərz no: ə [5]'bonɪər 'wʌmən o hər ɛdʒ [5]'krosəz u:r kɪ̣rk do:r ðən 'ɑnɪ̣, nor ə 'klɪvərər ət ər wɑrk. mɑn, jɪl nid tə pɪ̣t jər bre:nz ɪ̣n stip, ɪ̣z ʃi klin brɪ'jond jɪ?"

"brɪ'jond mi: ən 'ɪvrɪ̣ 'ɪðər ɪ̣n ðə [2]lɑn*d* bət ɛn, ən ɪ̣t wʌd [5]kost ə hʌn*d*ər 'giniz tə brɪ̣ŋ hɪ̣m tə drʌm'tɔxtɪ̣."

"'sɛrtɪ̣z, hiz no: blɛt; ɪ̣ts ə fɛl tʃɛrdʒ fər ə [5]ʃort de:z wɑrk; bət 'hʌn*d*ər ɔr no: 'hʌn*d*ər wil he: hɪ̣m, ən no: [8]lɛt 'ɑnɪ̣ gɑŋ, ən hər no: hɑ:f hər i:rz."

---

[1] e: [2] ɑ: [3] ʌ [4] lɔs [5] ɔ [6] e [7] ɑ [8] ɑ, ə

"Are ye meanin' it, Drumsheugh?" and MacLure turned white below the tan.

"William MacLure," said Drumsheugh, in one of the few confidences that ever broke the Drumtochty reserve, "a'm a lonely man, wi' naebody o' ma ain blude tae care for me livin', or tae lift me intae ma coffin when a'm deid.

"A' fecht awa at Muirtown market for an extra pund on a beast, or a shillin' on the quarter o' barley, an' what's the gude o't? Burnbrae gaes aff tae get a goon for his wife or a buke for his college laddie, an' Lachlan Campbell 'll no leave the place noo withoot a ribbon for Flora.

"Ilka man in the Kildrummie train has some bit fairin' in his pooch for the fouk at hame that he's bocht wi' the siller he won.

"But there's naebody tae be lookin' oot for me, an' comin' doon the road tae meet me, and daffin' wi' me aboot their fairing, or feeling ma pockets. Ou ay, a've seen it a' at ither hooses, though they tried tae hide it frae me for fear a' wud lauch at them. Me lauch, wi' my cauld, empty hame!

"Yir the only man kens, Weelum, that I aince luved the noblest wumman in the Glen or onywhere, an' a' luve her still, but wi' anither luve noo.

"She hed given her hert tae anither, or a've thocht a' micht hae won her, though nae man be worthy o' sic a gift. Ma hert turned tae bitterness, but that passed awa beside the brier bush whar George Hoo lay yon sad simmer-time. Some day a'll tell ye ma story, Weelum, for you an' me are auld freends, and will be till we dee."

MacLure felt beneath the table for Drumsheugh's hand, but neither man looked at the other.

"Weel, a' we can dae noo, Weelum, gin we haena mickle brichtness in oor ain hames, is tae keep the licht frae gaein' oot in anither hoose. Write the telegram, man, and Sandy 'ill send it aff frae Kildrummie this verra nicht, and ye 'ill hae yir man the morn."

"Yir the man a' coonted ye, Drumsheugh, but ye 'll grant me ae favour. Ye 'ill lat me pay the half, bit by bit—a' ken yir wullin' tae dae't a'—but a' haena mony pleesures, an' a' wud like tae hae ma ain share in savin' Annie's life."

"ər jɪ 'minən ɪ̜t, drʌmz[4]'hjux?"...........

"wɪ̜lm mə'klu:r,...........əm ə 'lonlɪ̜ mɑn, wɪ̜ 'nebʌdɪ o mə e:n blyd tə ke:r fər mɪ 'li:vən, ər tə lɪ̜ft mɪ 'ɪntə mə 'kofən ʌən əm did.

"ə fɛxt ə'wɑ: ət 'mø:rtən 'mɛrkət fər ən 'ɛkstrə pʌund ən ə bist, ər ə 'ʃɪ̜lən ən ə 'kwɑrtər o 'bɑrlɪ̜, ən ʌɑts ðə gyd ot? bʌrn'bre: ge:z ɑf tə gɛt ə gun fər ɪ̜z wəif ər ə byk fər ɪ̜z 'kolədʒ 'lɑdɪ, ən 'lɑxlən 'kɑməl ɭ no: li:v ðə ples nu: wɪ̜'θut ə 'rɪ̜bən fər 'flo:rə.

"'ɪ̜lkə mɑn ɪ̜n ðə kɪ̜l'drʌmɪ̜ tre:n hɛz sʌm bɪ̜t 'fe:rən ɪ̜n ɪ̜z putʃ fər ðə fʌuk ət hem ðət hiz [1]boxt wɪ̜ ðə 'sɪ̜lər hi wʌn.

"bət ðərz 'ne:bʌdɪ tə bi 'lukən ut fər mi:, ən 'kʌmən dun ðə rod tə mit mi:, ən 'dɑfən wɪ̜ mi: ə'but ðər 'fe:rən, ər 'filən mə 'pokəts. u: ɑɪ, əv sin ɪ̜t ɑ: ət 'ɪðər 'husəz, θo ðe trɑɪt tə həid ɪ̜t fre mi: fər fi:r ə wʌd [2]lɑx ət ðəm. mi: [2]lɑx, wɪ̜ mə kɑ:ld, 'ɛmtɪ̜ hem!

"jɪr ðə [1]'onlɪ̜ mɑn kɛnz, wilm, ðət ə ens [7]lʌvd ðə 'nobləst 'wʌmən ɪ̜n ðə glɛn ər [1]'onɪ̜ʌɑr, ən ə [7]lʌv ər stɪ̜l, bət wɪ̜ ə'nɪ̜ðər [7]lʌv nu:.

"ʃi hɛd gin hər hɛrt tə ə'nɪðər, ər əv [1]θoxt ə mɪ̜xt he wʌn ər, θo ne: mɑn bi 'wʌrðɪ o sɪ̜k ə gɪ̜ft. mə hɛrt tʌrnt tə 'bɪ̜tərnəs, bət ðɑt pɑst ə'wɑ: bɪ'səid ðə 'briər bʌs ʌər dʒordʒ hu: le: jon sɑd 'ɪmərtəim. sʌm de: əl tɛl jɪ mə 'storɪ̜, wilm, fər ju ən mi ər ɑ:ld frindz, ən wɪ̜l bi tɪ̜l wi di:."

. . . .

"wil, ɑ: wi kən de: nu:, wilm, gɪ̜n wi 'henə mɪ̜kl 'brɪ̜xtnəs ɪ̜n [3]ur e:n hemz, ɪ̜z tə kip ðə lɪ̜xt fre 'geən ut ɪ̜n ə'nɪðər hus. rəit ðə 'tɛləgrəm, mən, ən 'sɑndɪ ɭ send ɪ̜t ɑf fre kɪl'drʌmɪ̜ ðɪ̜s 'verə nɪ̜xt, ən jɪl he jər mɑn ðə [1]morn."

"jɪr ðə mɑn ə 'kuntət jɪ, drʌmz[4]'hjux, bət jɪl grɑnt mi e: 'fevər. jil lɑt mi: pəi ðə hɑ:f, bɪ̜t bɪ̜ bɪ̜t—ə ken jɪr 'wʌlən tə de:t ɑ:—bət ə 'henə [5]monɪ̜ [6]pli:zərz, ən ə wʌd ləik tə he mə e:n ʃe:r ɪ̜n 'se:vən 'ɑnɪ̜z ləif.

---

[1] ɔ [2] ɑ: [3] wɪ̜r, wʌr, wər [4] ʌ [5] ɑ, ɔ, ʌ [6] ʒ [7] ø:

Next morning a figure received Sir George on the Kildrummie platform whom that famous surgeon took for a gillie, but who introduced himself as "MacLure of Drumtochty." It seemed as if the East had come to meet the West when these two stood together, the one in travelling furs, handsome and distinguished, with his strong, cultured face and carriage of authority, a characteristic type of his profession; and the other more marvellously dressed than ever, for Drumsheugh's topcoat had been forced upon him for the occasion, his face and neck one redness with the bitter cold; rough and ungainly, yet not without some signs of power in his eye and voice, the most heroic type of his noble profession. MacLure compassed the precious arrival with observances till he was securely seated in Drumsheugh's dogcart—a vehicle that lent itself to history—with two full-sized plaids added to his equipment—Drumsheugh and Hillocks had both been requisitioned—and MacLure wrapped another plaid round a leather case, which was placed below the seat with such reverence as might be given to the Queen's regalia. Peter attended their departure full of interest, and as soon as they were in the fir-woods MacLure explained that it would be an eventful journey.

"It's a' richt in here, for the wind disna get at the snaw, but the drifts are deep in the Glen, and th'ill be some engineerin' afore we get tae oor destination."

Four times they left the road, and took their way over fields; twice they forced a passage through a slap in a dyke; thrice they used gaps in the paling which MacLure had made on his downward journey.

"A' seleckit the road this mornin', an' a' ken the depth tae an inch; we 'ill get through this steadin' here tae the main road, but oor worst job 'ill be crossin' the Tochty.

"Ye see the bridge hes been shakin' wi' this winter's flood, and we daurna venture on it, sae we hev tae ford, and the snaw's been melting up Urtach way. There's nae doot the water's gey big, an' it's threatenin' tae rise, but we'll win through wi' a warstle.

"It micht be safer tae lift the instruments oot o' reach o' the water; wud ye mind haddin' them on yir knee till we're ower? An' keep firm in yir seat in case we come on a stane in the bed o' the river."

"ɪ̣ts ɑː rɪ̣xt ɪ̣n hiːr, fər ðə wɪ̣n*d* 'dɪ̣znə gɛt ət ðə snɑː, bət ðə drɪ̣fts ər dip ɪ̣n ðə glɛn, ən ðɪ̣l biː sʌm ɪ̣ndʒɪ̣'niːrən ə'foːr wi gɛt tə ur dɛstr'neʃn."

. . . .

"ə sr'lɛkət ðə rod ðɪ̣s [1]'mornən, ən ə kɛn ðə dɛpθ tə ən ɪ̣nʃ; wil gɛt θruː ðɪ̣s 'stɛdən hiːr tə ðə men rod, bət ur wʌrst dʒɔb ɪ̣ bi [1]'krosən ðə 'tɔxtɪ̣.

"jɪ siː ðə brɪ̣g hɛz bin 'ʃɑkən wɪ̣ ðɪ̣s 'wɪ̣ntərz flʌd, ən wi 'dɑːrnə vɛntər ɔnt, seː wi hɛv tə føːrd, ən ðə snɑːz bin 'mɛltən ʌp 'ʌrtɑx wəi. ðərz neː dut ðə 'wɑtərz gəi bɪ̣g, ən ɪ̣ts 'θritnən tə [2]rɑɪz, bət wil wɪ̣n θruː wɪ̣ ə wɑrsl.

"ɪ̣t mɪ̣xt bi 'sefər tə lɪ̣ft ðə 'ɪ̣nstruments ut o ritʃ o ðə 'wɑtər; wʌd jɪ məin*d* 'hɑdən ðəm ɔn jɪr niː tɪ̣l wir ʌur? ən kip fɪ̣rm ɪ̣n jɪr set ɪ̣n kes wi kʌm ɔn ə sten ɪ̣n ðə bɛd o ðə 'rɪvər."

[1] ɔ [2] rəiz

By this time they had come to the edge, and it was not a cheering sight. The Tochty had spread out over the meadows, and while they waited they could see it cover another two inches on the trunk of a tree. There are summer floods, when the water is brown and flecked with foam, but this was a winter flood, which is black and sullen, and runs in the centre with a strong, fierce, silent current. Upon the opposite side Hillocks stood to give directions by word and hand, as the ford was on his land, and none knew the Tochty better in all its ways.

They passed through the shallow water without mishap, save when the wheel struck a hidden stone or fell suddenly into a rut; but when they neared the body of the river MacLure halted, to give Jess a minute's breathing.

"It'll tak ye a' yir time, lass, an' a' wud raither be on yir back; but ye never failed me yet, and a wumman's life is hangin' on the crossin'."

With the first plunge into the bed of the stream the water rose to the axles, and then it crept up to the shafts, so that the surgeon could feel it lapping in about his feet, while the dogcart began to quiver, and it seemed as if it were to be carried away. Sir George was as brave as most men, but he had never forded a Highland river in flood, and the mass of black water racing past beneath, before, behind him, affected his imagination and shook his nerves. He rose from his seat and ordered MacLure to turn back, declaring that he would be condemned utterly and eternally if he allowed himself to be drowned for any person.

"Sit doon," thundered MacLure; "condemned ye will be suner or later gin ye shirk yir duty, but through the water ye gang the day."

Both men spoke much more strongly and shortly, but this is what they intended to say, and it was MacLure that prevailed.

Jess trailed her feet along the ground with cunning art, and held her shoulder against the stream; MacLure leant forward in his seat, a rein in each hand, and his eyes fixed on Hillocks, who was now standing up to the waist in the water, shouting directions and cheering on horse and driver.

"Haud tae the richt, doctor; there's a hole yonder. Keep oot o't for ony sake. That's it; yir daein' fine. Steady, man, steady.

"ɪ̢tl tɑk jɪ ɑː jɪr təim, lɑs, ən ə wʌd [1]reðər bi ɔn jɪr bɑk; bət jɪ 'nɪvər felt mɪ jɛt, ən ə 'wʌmənz ləif ɪ̢z 'hɑŋən ɔn ðə [2]'krosən."

. . . .

"sɪ̢t dun," 'θʌndərd mə'kluːr; "kɔn'dɛmt jɪ wɪ̢l bi 'synər ɔr 'letər gɪ̢n jɪ ʃɪ̢rk jɪr 'djutɪ̢, bət θruː ðə 'wɑtər jɪ gɑŋ ðə deː."

. . . . , . .

"[3]hɑd tə ðə rɪ̢xt, 'dɔktər; ðərz ə hol 'jɔndər. kip ut ot fɔr [2]'onɪ̢ sek. ðɑts ɪ̢t; jɪr 'deən fəin. 'stɛdɪ, mən, 'stɛdɪ. jɪr ət ðə

[1] eː [2] ɔ [3] ɑː

Yir at the deepest; sit heavy in yir seats. Up the channel noo, an' ye'll be oot o' the swirl. Weel dune, Jess, weel dune, auld mare! Mak straicht for me, doctor, an' a'll gie ye the road oot. Ma word, ye've dune yir best, baith o' ye, this mornin'," cried Hillocks, splashing up to the dogcart, now in the shallows.

"Sall, it wes titch an' go for a meenut in the middle; a Hielan' ford is a kittle road in the snaw time, but ye're safe noo.

"Gude luck tae ye up at Westerton, sir; nane but a richt-hearted man wud hae riskit the Tochty in flood. Ye're boond tae succeed aifter sic a graund beginnin'"; for it had spread already that a famous surgeon had come to do his best for Annie, Tammas Mitchell's wife.

Two hours later MacLure came out from Annie's room and laid hold of Tammas, a heap of speechless misery by the kitchen fire, and carried him off to the barn, and spread some corn on the threshing-floor and thrust a flail into his hands.

"Noo we've tae begin, an' we 'ill no be dune for an' oor, and ye've tae lay on withoot stoppin' till a' come for ye; an' a'll shut the door tae haud in the noise, an' keep yir dog beside ye, for there maunna be a cheep aboot the hoose for Annie's sake."

"A'll dae onything ye want me, but if—if"——

"A'll come for ye, Tammas, gin there be danger; but what are ye feared for wi' the Queen's ain surgeon here?"

Fifty minutes did the flail rise and fall, save twice, when Tammas crept to the door and listened, the dog lifting his head and whining.

It seemed twelve hours instead of one when the door swung back, and MacLure filled the doorway, preceded by a great burst of light, for the sun had arisen on the snow.

His face was as tidings of great joy, and Elspeth told me that there was nothing like it to be seen that afternoon for glory, save the sun itself in the heavens.

"A' never saw the marrow o't, Tammas, an' a'll never see the like again; it's a' ower, man, withoot a hitch frae beginnin' tae end, and she's fa'in' asleep as fine as ye like."

"Dis he think Annie...'ill live?"

"Of coorse he dis, and be aboot the hoose inside a month; that's the gude o' bein' a clean-bluided, weel-livin'——

ˈdipəst; sɪ̞t ˈhɛvɪ̞ ɪ̞n jɪr sets. ʌp ðə tʃɑnl nuː, ən jil bi ut o ðə [1]swɪ̞rl. wil dyn, dʒɛs, wil dyn, ɑːld miːr! mɑk strext fər mi, ˈdɔktər, ən ɑl giː jɪ ðə rod ut. mɑ wʌrd, jɪv dyn jɪr bɛst, beθ o jɪ, ðɪ̞s [2]ˈmɔrnən,"...........

"sɑl, ɪ̞t wɛz tɪtʃ ən goː fər ə ˈminət ɪ̞n ðə mɪ̞dl; ə ˈhilənd føːrd ɪ̞z ə kɪ̞tl rod ɪ̞n ðə ˈsnɑːtəim, bət jɪr sef nuː.

"gyd lʌk tə jɪ ʌp ət ˈwɑstərtən, [1]sɪ̞r; nen bət ə ˈrɪ̞xtˈhɛrtət mɑn wʌd he ˈrɪ̞skət ðə ˈtɔxtɪ̞ ɪ̞n flyd. jɪr bʌnd tə sʌkˈsid ˈɛftər sɪ̞k ə [3]grɑnd brˈgɪ̞nən."

. . . .

"nuː wiv tə brˈgɪ̞n, ən wil noː bi dyn fər ən uːr, ən jɪv tə leː ɔn wɪ̞ˈθut ˈstɔpən tɪ̞l ə kʌm fɔr jɪ; ən əl ʃʌt ðə doːr tə [3]hɑd ɪ̞n ðə nɔɪz, ən kip jɪr [4]dɔg bɪˈsəid jɪ, fər ðər ˈmɑnnə bi ə tʃip əˈbut ðə hus fər ˈɑnɪ̞z sek."

"əl deː [5]ˈɔnɪ̞θɪ̞ŋ jɪ [6]wɑnt mɪ̞, bət ɪ̞f—ɪ̞f"——

"əl kʌm fɔr jɪ, ˈtɑməs, gɪ̞n ðər bi ˈdendʒər; bət ʍɑt ər jɪ feːrt fɔr wɪ̞ ðə kwinz eːn ˈsʌrdʒən hiːr?"

. . . .

"ə ˈnɪvər sɑː ðə ˈmɑrə ot, ˈtɑməs, ən əl ˈnɪvər siː ðə ləik əˈgen; ɪ̞ts ɑː ʌur, mən, wɪ̞ˈθut ə hɪ̞tʃ fre brˈgɪ̞nən tə ɛnd, ən ʃiz ˈfɑən əˈslip əz fəin əz jɪ ləik."

"dɪ̞z hi θɪ̞ŋk ˈɑnɪ̞...l̩ liːv?"

"əv kurs hi dɪ̞z, ən bi əˈbut ðə hus ɪ̞nˈsəid ə mʌnθ; ðɑts ðə gyd o ˈbiən ə ˈklinˈblydət, ˈwilˈliːvən——

---

[1] ʌ [2] o [3] ɑː [4] ʌ, ʌu [5] ɔ [6] ʌ, ɪ̞

"Preserve ye, man, what's wrang wi' ye? It's a mercy a' keppit ye, or we wud hev hed anither job for Sir George.

"Ye're a' richt noo; sit doon on the strae. A'll come back in a whilie, an' ye 'ill see Annie juist for a meenut, but ye maunna say a word."

Marget took him in and let him kneel by Annie's bedside.

He said nothing then or afterwards, for speech came only once in his lifetime to Tammas, but Annie whispered, "Ma ain dear man."

When the doctor placed the precious bag beside Sir George in our solitary first next morning, he laid a cheque beside it and was about to leave.

"No, no," said the great man. "Mrs Macfadyen and I were on the gossip last night, and I know the whole story about you and your friend.

"You have some right to call me a coward, but I'll never let you count me a mean, miserly rascal"; and the cheque with Drumsheugh's painful writing fell in fifty pieces on the floor.

As the train began to move, a voice from the first called so that all in the station heard.

"Give's another shake of your hand, MacLure; I'm proud to have met you; you are an honour to our profession. Mind the antiseptic dressings."

It was market-day, but only Jamie Soutar and Hillocks had ventured down.

"Did ye hear yon, Hillocks? Hoo dae ye feel? A'll no deny a'm lifted."

Half-way to the Junction Hillocks had recovered, and began to grasp the situation.

"Tell's what he said. A' wud like to hae it exact for Drumsheugh."

"Thae's the eedentical words, an' they're true; there's no a man in Drumtochty disna ken that, except ane."

"An' wha's that, Jamie?"

"It's Weelum MacLure himsel'. Man, a've often girned that he sud fecht awa for us a', and maybe dee before he kent that he hed githered mair luve than ony man in the glen.

"'A'm prood tae hae met ye,' says Sir George, an' him the greatest doctor in the land. 'Yir an honour tae oor profession.'

"Hillocks, a' wudna hae missed it for twenty notes," said James Soutar, cynic-in-ordinary to the parish of Drumtochty.

"prɪ'zerv jɪ, man, ʍats *wraŋ* wɪ̞ jɪ? ɪ̞ts ə 'mersɪ̞ ə 'kepət jɪ, ɔr wi wʌd əv hɛd ə'nɪðər dʒɔb fɔr 'sɪ̞r dʒɔrdʒ.

"jɪr ɑ: rɪ̞xt nu:; sɪ̞t dun ɔn ðə stre:. əl kʌm bak ɪ̞n ə 'ʍəili, ən jɪl si: 'ɑnɪ̞ dʒyst fər ə 'minət, bət jɪ 'man*n*ə se: ə wʌrd."

. . . .

"mə e:n di:r man."

. . . .

. . . .

"dɪ̞d jɪ hi:r jɔn, 'hɪ̞ləks? hu: de: ji: fil? əl no: dɪ'nɑɪ ɑ:m 'lɪ̞ftət."

. . . .

"tɛlz ʍat i sɛd. ə wʌd ləik tə he ɪ̞t ɪ̞g'zak fɔr drʌmz[1]hjux."

"ðe:z ðə i'dɛntɪkl wʌrdz, ən ðer tru:; ðərz no: ə man ɪ̞n drʌm'tɔxtɪ̞ 'dɪ̞znə ken ðat, ɪk'sep en."

"ən ʍɑ:z ðat, 'dʒimi?"

"ɪ̞ts wilm mə'klu:r hɪ̞m'sel. man, əv ɔfn gɪ̞rnt ðət hi sʌd fɛxt ə'wɑ: fər ʌs ɑ:, ən 'mɪ̞bɪ̞ di: bɪ'fo:r i kent ðət hi hɛd 'gɪ̞ðərt me:r lʌv ðən [2]'onɪ̞ man ɪ̞n ðə glɛn.

"'əm prud tə he mɛt jɪ,' sɛz [1]sɪ̞r dʒɔrdʒ, ən hɪ̞m ðə 'gretəst 'dɔktər ɪ̞n ðə [3]lan*d*. 'jɪr ən 'ɔnər tə ur pro'fɛʃn.'

"'hɪ̞ləks, ə 'wʌdnə he mɪ̞st ɪ̞t fər [1]twɪ̞ntɪ nɔts," sɛd dʒemz 'sutər.

---

[1] ʌ [2] ɔ [3] ɑ:

XVII A. THE NEW BUITS

MY MAN SANDY.

J. B. Salmond.

The scene of Mr Salmond's sketches is the town of Arbroath in E. Forfar. The author writes generally in Mid Sc. but he introduces a good many local words and pronunciations.

The Arbroath dialect exhibits at least two features found in N.E. Sc.;

(1) **f** = **ʍ** mostly in pronominal words, e.g. **fɑː** = Mid Sc. ʍɑː, ʍǫː = "who" (interrogative); in our extract "what" and "when" are written with ordinary English spelling.

(2) O.E. *ā* + *n* turns up as **i**; thus O.E. *stān, ān, bān, nān* become *steen, een, been, neen* phonetically **stin**, **in**, **bin**, **nin**;

There's twa things Sandy Bowden's haen sin' ever I got acquant wi' him—an' that's no' the day nor yesterday—that's fairntickles an' cheepin' buits. I never kent Sandy bein' withoot a pair o' 'lastic-sided buits that gaed squakin' to the kirk like twa croakin' hens. I've seen the fowk sometimes turn roond-aboot in their seats, when Sandy cam' creakin' up the passage, as gin they thocht it was a brass-band comin' in. But Sandy appears to think there's something reverint an' Sabbath-like in cheepin' buits, an' he sticks to them, rissen be't or neen. I can tell ye, it's a blissin' there's no' mony mair like him, or we'd hae gey streets on Sabbath. The noise the maitter o' twenty chields like Sandy cud mak' wi' their buit soles wud fair deave a hale neeperhude.

Hooever, it wasna Sandy's buits I was to tell you aboot; it was my nain. But afore I say onything aboot them, I maun tell you aboot the fairntickles. As I was sayin', Sandy's terriple fairntickled aboot the neck an' the sides o' the nose, an' oor lest holiday made him a hankle waur than uswal. He's a gey prood mannie too, mind ye, although he winna haud wi't. But I can tell you it's no a bawbee-wirth o' hair oil that sairs Sandy i' the week. But that's nether here nor there.

XVII A. THE NEW BUITS

MY MAN SANDY.

J. B. SALMOND.

Mid Sc. *stane, ane, bane, nane. neen* is the only example of this localism in our text.

On the other hand, the Arbroath dialect agrees with Mid Sc. in rendering O.E. ō or Fr. *u* by **y** or **ø**, the ordinary spelling being *u + consonant* as in *gude*, or *ui* as in *buits*.

It rejects **ǫ** as a substitute for **ɑː** as in **ɑːl***d* = *old*. The glottal catch is rare.

A curious unvoicing is heard in the suffixes *age, ble,* e.g. *manish,* **ˈmɑnɪʃ** = "manage," *terriple,* **ˈtɛrɪpl** = terrible.

Lastly kn becomes tn (see Ph. § 21) as in our text *tnet,* **tnɛt** = "knit," *knock,* **tnok** = clock (timepiece).

ðərz twɑː θɪ̢ŋz ˈsɑndɪ ˈbʌudənz heːn sɪ̢n ˈɪvər ɑː gɔt əˈkwɑnt wɪ̢ ɪ̢m—ən ðɑts noː ðə deː nɔr ˈjɪ̢stərdɪ̢—ðɑts ˈferntɪ̢klz ən ˈtʃipən byts. ə ˈnɪvər kɛnt ˈsɑndɪ ˈbiən wɪˈθut ə peːr o ˈlɑstɪkˈsəidət byts ðət geːd ˈskwɑːkən tə ðə kɪ̢rk ləik twɑː ˈkrokən hɛnz. əv sin ðə fʌuk ˈsʌmtəimz tʌrn ˈrun*d*ˈəˈbut ɪ̢n ðər sets, ʍən ˈsɑndɪ kɑm ˈkrikən ʌp ðə ˈpɑsədʒ, əz gɪ̢n ðe [1]θoxt ɪ̢t wəz ə ˈbrɛs[2]ˈbɑn*d* ˈkʌmən ɪ̢n. bət ˈsɑndɪ əˈpiːrz tə θɪ̢ŋk ðərz ˈsʌmθɪ̢ŋ ˈrɛvrɪnt ɪ̢n ˈsɑːbəθ ləik ɪ̢n ˈtʃipən byts, ən hi stɪ̢ks tə ðəm, rɪ̢zn biːt ɔr nin. ə kɛn tɛl jɪ, ɪ̢ts ə ˈblɪ̢sən ðərz noː [3]ˈmonɪ̢ meːr ləik hɪ̢m, ɔr wid heː gəi strits ɔn ˈsɑːbəθ. ðə [4]nɔɪz ðə ˈmetər o ˈtwɪ̢ntɪ tʃilz ləik ˈsɑndɪ kʌd mɑk wɪ̢ ðər byt solz wʌd feːr diːv ə hel ˈnipərhyd.

huˈɪvər, ɪ̢t ˈwəznə ˈsɑndɪz byts ə wəz tə tɛl jɪ əˈbut; ɪ̢t wəz mə [5]neːn. bət əˈfoːr ə seː [1]ˈonɪ̢θɪ̢ŋ əˈbut ðəm, ə mən tɛl jɪ əˈbut ðə ˈferntɪ̢klz. əz ə wəz ˈseən, ˈsɑndɪz ˈtɛripl ˈferntɪ̢klt əˈbut ðə nɛk ən ðə səidz o ðə noːz, ən [6]ɪur lɛst ˈhɔlidɪ̢ med ɪ̢m ə hɑŋkl wɑːr ðən ˈjøːzwəl. hiz ə gəi prud ˈmɑnɪ̢ tøː, məin*d* jɪ, əlˈθoː hi ˈwɪ̢n*n*ə hɑːd wit. bət ə kən tɛl jɪ ɪ̢ts noː ə ˈbɑːbiˈwɪ̢rθ o heːrˈəil ðət seːrz ˈsɑndɪ ɪ̢ ðə wik. bət ðɑts [7]ˈneðər hiːr nər ðeːr.

---

[1] ɔ [2] ɑː [3] ɔ, ɑ, ʌ [4] oɪ [5] See Ph. § 217 (*e*) [6] wɪ̢r, wər, wʌr [7] eː

Weel, Sandy had been speakin' aboot his fairntickles to Saunders Robb. Saunders, in my opinion, is juist a haiverin' auld ass. He's a hoddel-dochlin', hungert-lookin' wisgan o' a cratur; an', I'm shure, he has a mind to match his body. There's naethin' he disna ken aboot—an', the fac' is, he kens naething. He's aye i' the wey o' improvin' ither fowk's wark. There's naethin' Saunders disna think he could improve, excep' himsel' mibby. I canna be bathered wi' the chatterin', fykie, kyowowin' little wratch. He's aye throwin' oot suggestions an' hints aboot this and that. He's naething but a suggestion himsel', an' I'm shure I cud of'en throw him oot, wi' richt gude will.

Weel, he'd gien Sandy some cure for his fairntickles, an' Sandy, unbekent to me, had gotten something frae the druggie an' mixed it up wi' a guid three-bawbee's wirth o' cream that I had in the upstairs press. He had rubbit it on his face an' neck afore he gaed till his bed; but he wasna an 'oor beddit when he had to rise. An' sik a sicht as he was! His face an' neck were as yellow's mairyguilds, an' yallower; an' though I've taen washin' soda, an' pooder, an' the very scrubbin' brush till't, Sandy's gaen aboot yet juist like's he was noo oot o' the yallow fivver an' the jaundice thegither.

"Ye'll better speer at Saunders what'll tak' it aff," says I till him the ither mornin'.

"If I had a grip o' Saunders, I'll tak' mair than the fairntickles aff him," says he; an' faigs, mind you, there's nae sayin' but he may do't; he's a spunky carlie Sandy, when he's raised.

But, as far as that's concerned, I'm no' sorry at it, for it'll keep the cratur awa' frae the place. Sin' Sandy put that sofa into the washin'-hoose, him an' twa-three mair's never lain oot o't. Lyin' smokin' an' spittin' an' crackin' aboot life bein' a trauchle, an' so on! I tell you, if it had lested muckle langer, I'd gien them a bucket o' water sweesh aboot their lugs some day; that's juist as fac's ocht.

But I maun tell you aboot my mischanter wi' my noo buits. I'm sure it has fair delighted Sandy. He thinks he's gotten a hair i' my neck noo that'll haud him gaen a while. He was needin't, I can tell you. If ilky mairter he's made had been a hair in his neck, I'll swag, there wudna been room for mony fairntickles.

wil, 'sandɪ həd bin 'spikən ə'but hɪ̜z 'ferntɪ̜klz tə 'sandərz rob. 'sandərz, ɪ̜n maɪ ɔ'piŋən, ɪ̜z dʒyst ə 'heːvrən aːld as. hiz ə 'hodl'doxlən, 'hʌŋərt 'lukən 'wɪ̜zgən o ə 'kretər; ən, əm ʃøːr, hi həz ə məind tə matʃ ɪ̜z [1]'bodɪ. ðərz 'neθɪ̜n hi 'dɪ̜znə ken ə'but—ən, ðə fak ɪ̜z, hi kens 'neθɪ̜ŋ. hiz əi ɪ̜ ðə wəi o ɪ̜m'prøːvən 'ɪðər fʌuks wark. ðərz 'neθɪ̜n 'sandərz 'dɪ̜znə θɪ̜ŋk hi kʌd ɪ̜m'prøv, ɪ̜k'sɛp ɪ̜m'sɛl 'mɪ̜bɪ̜. ə 'kannə bi 'baðərt wɪ̜ ðə 'tʃatrən, 'fəiki, 'kjʌu'wʌuən lɪ̜tl wratʃ. hiz əi 'θroən ut sʌd'ʒistʃənz n̩ hɪ̜nts ə'but ðɪ̜s n̩ ðat. hiz 'neθɪ̜ŋ bət ə sʌd'ʒistʃən hɪ̜m'sɛl, ən əm ʃøːr ə kʌd ɔfn θroː hɪ̜m ut, wɪ̜ rɪ̜xt gyd [2]wɪ̜l.

wil, hid gin 'sandɪ sʌm kjøːr fər ɪ̜z 'ferntɪ̜klz, ən 'sandɪ, ʌnbɪ'kent tə miː, həd gɔtn 'sʌmθɪ̜ŋ fre ðə 'drʌgɪ ən mɪ̜kst ɪ̜t ʌp wɪ̜ ə gyd θri 'baːbiz wɪ̜rθ o krim ðət ə həd ɪ̜n ðə 'ʌpsteːrz pres. hi həd 'rʌbət ɪ̜t ɔn hɪ̜z fes n̩ nɛk ə'foːr hi geːd tɪ̜l ɪ̜z bɛd; bət i 'wəznə ən uːr 'bɛdət ʍən hi həd tə [3]raɪz. ən sɪ̜k ə sɪ̜xt əz i wəz! hɪ̜z fes n̩ nɛk wər əz 'jalə z 'merɪ̜gyldz, ən 'jaloər; ən θo əv teːn 'waʃən 'sodə, ən 'pudər, ən ðə 'vɛrə 'skrʌbən brʌʃ tɪ̜lt, 'sandɪz 'geən ə'but jɛt dʒyst ləiks i wəz nuː ut o ðə 'jalə 'fɪvər ən ðə 'dʒandɪz ðə'gɪðər.

"jil 'bɛtər spiːr ət 'sandərz ʍat l̩ tak ɪ̜t af," sɛz aɪ tɪ̜l hɪ̜m ðə 'ɪðər [1]'mornən.

"ɪ̜f a həd ə grɪ̜p o 'sandərz, al tak meːr ðən ðə 'ferntɪ̜klz af ɪ̜m," sɛz hi; ən fegz, məind jɪ, ðərz neː 'seən bət i me døːt; hiz ə 'spʌŋkɪ̜ 'karlɪ̜ 'sandɪ, ʍən iz reːzd.

bət, əz faːr əz ðats kən'seːrnt, əm noː 'sɔrɪ at ɪ̜t, fər ɪ̜tl kip ðə 'kretər ə'waː fre ðə ples. sɪ̜n 'sandɪ pʌt ðat 'sofə 'ɪ̜ntə ðə 'waʃən-'hus, hɪ̜m ən 'twaθri meːrz 'nɪvər leːn ut ot. 'laɪən 'smokən ən 'spɪ̜tən ən 'krakən ə'but ləif 'biən ə traːxl, ən so ɔn! ə tɛl jɪ, ɪ̜f ɪ̜t həd 'lɛstət mʌkl 'laŋər, əd gin ðəm ə 'bʌkət o 'watər swiʃ ə'but ðər lʌgz sʌm deː; ðats dʒyst əz faks [1]oxt.

bət ə mən tɛl jɪ ə'but mə mɪ'ʃantər wɪ̜ mə nuː byts. əm ʃøːr ɪ̜t həz feːr drɪ'ləitət 'sandɪ. hi θɪ̜ŋks hiz gɔtn ə heːr ɪ̜ mə nɛk nuː ðət l̩ [4]had ɪ̜m 'geən ə ʍəil. hi wəz nidnt, ə kən tɛl jɪ. ɪ̜f 'ɪ̜lkɪ̜ 'mertər hiːz med həd bin ə heːr ɪ̜n hɪ̜z nɛk, al swag, ðər 'wʌdnə bin rum fər [5]'mɔnɪ̜ 'ferntɪ̜klz.

---

[1] ɔ [2] ʌ [3] əi [4] aː [5] a, ɔ

Weel, I gaed awa' to the kirk lest Sabbath—Sandy, of coorse, cudna get oot wi' his yallow face an' neck. He had a bran poultice on't to see if it wud do ony guid. I canna do wi' noo buits ava, till I've worn them a while. I pet them on mibby to rin an errand or twa, till they get the set o' my fit, an' syne I can manish them to the kirk. But I canna sit wi' noo buits; they're that uneasy. I got a noo pair lest Fursday, an' tried them on on Sabbath mornin'. But na, na! Altho' my auld anes were gey binkit, an' worn doon at the heels, I juist put them on gey hurried, an' aff I set to the kirk, leavin' Sandy to look efter the denner.

I was feelin' akinda queerish when I startit; but I thocht it was juist the hurry, an' that a breath o' the caller air wud mak' me a' richt. But faigs, mind ye, instead o' better I grew waur. My legs were like to double up aneth me, an' my knees knokit up again' ane anither like's they'd haen a pley aboot something. I fand a sweit brakin' oot a' ower me, an' I had to stop on the brae an' grip the railin's, or, it's juist as fac's ocht, I wudda been doon i' the road on the braid o' my back. I thocht I was in for a roraborialis, or some o' thae terriple diseases. Eh, I was feard I wud dee on the open street; I was that! Mysie Meldrum noticed me, an' she cam' rinnin' to speer what was ado.

"I've taen an awfu' dwam, Mysie," says I. "I think I'm genna dee. Ye micht juist sit doon on the railin's aside's till the fowk be by."

"I think we're aboot the henmost, Bawbie," says she. "We're gey late; but I'll bide aside you, lassie."

We sat for the maitter o' ten meenits, an' I got akinda roond, an' thocht I wud try an' get hame. Mistress Kenawee had putten on her tatties an' come oot for a dander a bittie, an' noticed the twa o's; so she cam' up, an' I got her airm an' Mysie's, an', though it was a gey job, we manished to get hame. An' gled I was when I saw Sandy's yallow nose again, I can tell ye, for I was shure syne I wud dee at hame amon' my nain bed-claes.

"The Lord preserve's a'!" says Mysie when she saw Sandy. "What i' the name o' peace has come ower you? I'll need to go! I've Leeb's bairns at hame, you see, an' this is the collery wil, ə ge:d ə'wa: tə ðə kɪ̢rk lɛst 'sa:bəθ—'sandɪ, əv kurs, 'kʌdnə gɛt ut wɪ̢ hɪ̢z 'jalə fes ən nɛk. hi həd ə bran 'poltɪ̢s ɔnt tə si: ɪ̢f ɪ̢t wʌd dø: [1]'onɪ̢ gyd. a 'kannə dø: wɪ̢ nu: byts ə'va:, tɪ̢l əv [1]worn ðəm ə'ʍəil. ə pɪ̢t ðəm ɔn 'mɪ̢bɪ̢ tə rɪn ən [2]'e:rənd ɔr twa:, tɪ̢l ðe gɛt ðə sɛt o mə fɪ̢t, ən səin ə kən 'manɪʃ ðəm tə ðə kɪ̢rk. bət ə 'kannə sɪ̢t wɪ̢ nu: byts; ðe:r ðat [3]ʌn'i:zi. ə gɔt ə nu: pe:r lɛst 'fø:rzdɪ̢, ən traɪt ðəm ɔn ən 'sa:bəθ [1]'mornən. bət na:, na:! əl'θo mə a:ld enz wər gəi 'bɪ̢ŋkət, n̩ [1]worn dun ət ðə hilz, ə dʒyst pɪ̢t ðəm ɔn gəi 'hʌrɪ̢t, ən af ə sɛt tə ðə kɪ̢rk, 'li:vən 'sandɪ tə luk 'ɛftər ðə 'dɛnər.

ə wəz 'filən ə'kɪ̢ndə 'kwi:rɪʃ ʍən ə 'startət; bət ə [1]θoxt ɪ̢t wəz dʒyst ðə 'hʌrɪ̢, ən ðət ə [4]breθ o ðə 'kalər e:r wʌd mak mɪ a: rɪ̢xt. bət fegz, məind jɪ, [5]ɪ̢n'sted o 'bɛtər ə gru: wa:r. mə lɛgz wər ləik tə dubl ʌp [4]ə'neθ mɪ, ən mə ni:z 'nokət ʌp ə'gen en ə'nɪðər ləiks ðed he:n ə pləi ə'but 'sʌmθɪ̢ŋ. ə [6]fand ə swəit 'brakən ut a: ʌur mɪ, ən ə həd tə stop ɔn ðə bre: ən grʌp ðə 'relənz, ɔr, ɪ̢ts dʒyst əz faks [1]oxt, ə wʌd ə bin dun ɪ̢ ðə rod ɔn ðə bred o mə bak. ə [1]θoxt ə wəz ɪ̢n fər ə rorəbɔrɪ̢'alɪz, ɔr sʌm o ðe: 'tɛrɪpl [3]dɪ'zi:zəz. e:, ə wəz [7]fi:rd ə wʌd di: ɔn ðə 'opən strit; ə wʌz ðat! 'məizi 'mɛldrʌm 'notɪst mɪ, ən ʃi kam 'rɪnən tə spi:r ʍat wəz ə'dø:.

"əv te:n ən 'a:fə dwa:m, 'məizi," sɛz aɪ. "ə θɪ̢ŋk əm 'gɪ̢nnə di:. jɪ mɪ̢xt dʒyst sɪ̢t dun ɔn ðə 'relənz ə'səidz tɪ̢l ðə fʌuk bi baɪ."

"ə θɪ̢ŋk wi:r ə'but ðə 'hɪ̢nməst, 'ba:bɪ," sɛz ʃi. "wi:r gəi let; bət al bəid 'əsəid jɪ, 'lasɪ̢."

wi sat fər ðə 'metər o tɛn 'minəts, ən ə gɔt ə'kɪ̢ndə rund, ən [1]θoxt ə wʌd traɪ ən gɛt hem. 'mɪ̢strəs 'kɛnəwi həd pʌtn ɔn ər 'tatɪ̢s n̩ kʌm ut fər ə [6]'dandər ə 'bɪ̢tɪ̢, ən 'notɪst ðə twa: o:z; so ʃi kam ʌp, ən ə gɔt hər [4]erm ən 'məiziz, ən, θo ɪ̢t wəz ə gəi dʒɔb, wi 'manɪʃt tə gɛt hem. ən glɛd a wəz ʍən ə sa: 'sandɪz 'jalə no:z ə'gen, ə kən tɛl jɪ, fər ə wəz ʃø:r səin ə wʌd di: ət hem ə'mon mə ne:n 'bɛd'kle:z.

"ðə lo:rd prɪ'zɛrvz a:!" sɛz 'məizi ʍən ʃi sa: 'sandɪ. "ʍat ɪ̢n ðə nem o pis həz kʌm ʌur jɪ? əl nid tə go:! əv libz [4]bɛrnz ət hem, jɪ si:, ən ðɪ̢s ɪ̢z ðə 'kolərɪ̢ ɔr ðə 'rɪ̢ndərpest ɔr 'sʌmθɪ̢ŋ

---

[1]ɔ [2]i: [3]e: [4]ɛ [5]i [6]a: [7]t

or the renderpest or something come ower you twa, an' I'm feard o' smittin' the bairns, or I wudda bidden. As shure's I live, I'll need to go!" an' she vanisht oot at the door wi' a face as white's kauk.

"I think I'll rin for the docter, Bawbie," said Mistress Kenawee. She kent aboot Sandy's fairntickles afore, of coorse, an' Sandy's yallow fizog didna pet her aboot.

"Juist hover a blink," says I, "till I see if I come to mysel'."

I sat doon in the easy-chair, an' Sandy was in a terriple wey aboot me. He cudna speak a wird, but juist keepit sayin', "O dinna dee, Bawbie, dinna dee; your denner's ready!" He lookit me up an' doon, an' then booin' doon till he was for a' the world juist like a half-steekit knife he roars oot, "What's ado wi' your feet, Bawbie? Look at them! Your taes are turned oot juist like the hands o' the tnock, at twenty meenits past echt. You're shurely no genna tak' a parrylattick stroke."

I lookit doon, an' shure eneuch my taes were turned oot an' curled roond like's they were gaen awa' back ahent my heels. Mistress Kenawee got doon on her knees aside me.

"Preserve's a', Bawbie," says she; "you have your buits on the wrang feet! Nae winder than your knees were knokin' thegither wi' thae auld worn-doon heels turned inside, an' your taes turned oot."

But I'll better no' say nae mair aboot it. I was that angry; and Mistress Kenawee, the bissam, was like to tnet hersel' lauchin'; but, I ashure ye, I never got sik a fleg in my life—an' sik simple dune too, mind ye.

kʌm ʌur juː twɑː, ən əm [1]fiːrd o smɪ̞tn ðə [2]bernz, ɔr ə wʌd ə bɪ̞dn. əz ʃøːrz ə liːv, əl nid tə goː!" ən ʃi ˈvanɪʃt ut ət ðə doːr wɪ̞ ə fes əz ʍəits kɑːk.

"ə θɪ̞ŋk əl rɪn fər ðə ˈdɔktər, ˈbɑːbɪ," sɛd ˈmɪ̞strəs ˈkɛnəwi. ʃi kɛnt əˈbut ˈsɑndɪz ˈferntɪ̞klz əˈfoːr, əv kurs, ən ˈsɑndiz ˈjɑlə fɪ̞ˈzɔg ˈdɪ̞dnə pɪ̞t hər əˈbut.

"dʒyst ˈhoːvər ə blɪ̞ŋk," sɛz ɑɪ, "tɪ̞l ə siː ɪ̞f ə kʌm tə məˈsɛl."

ə sɑt dun ɪ̞n ðə [3]ˈiːziˈtʃeːr, ən ˈsɑndɪ wəz ɪ̞n ə ˈtɛrɪpl wəi əˈbut mɪ. hi ˈkʌdnə spik ə wɪ̞rd, bət dʒyst ˈkipət ˈseən, "oː, ˈdɪ̞n*n*ə diː, ˈbɑːbɪ, ˈdɪ̞n*n*ə diː; jər ˈdɛnərz ˈrɛdɪ!" hi ˈlukət mɪ ʌp ən dun, ən ðɑn ˈbuən dun tɪ̞l hi wəz fər ɑː ðə [4]wɑrl*d* dʒyst ləik ə ˈhɑːfˈstikət nəif hi roːrz ut, "ʍɑts əˈdøː wɪ̞ jər fit, ˈbɑːbɪ? luk ət ðəm! jər teːz ər tʌrnt ut dʒyst ləik ðə [4]hɑn*d*z o ðə [5]tnok, ət ˈtwɪ̞ntɪ ˈminɪ̞ts pɑst ɛxt. jɪr ˈʃøːrlɪ̞ noː ˈgɪ̞n*n*ə tɑk ə pɑrɪ̞ˈlɑtɪk strok."

ə ˈlukət dun, ən ʃøːr [6]əˈnɟux mə teːz wər tʌrnt ut ən kʌrlt run*d* ləiks ðe wər ˈgeən əˈwɑː bɑk əˈhɪ̞nt mə hilz. ˈmɪ̞strəs ˈkɛnəwi gɔt dun ɔn ər niːz əˈsəid mɪ.

"prɪˈzɛrvz ɑː, ˈbɑːbɪ," sɛz ʃi; "jɪ həv jər byts ɔn ðə *w*rɑŋ fit! neː ˈwɪn*d*ər ðən jər niːz wər [5]ˈnokən ðəˈgɪðər wɪ̞ ðeː ɑːl*d* [5]ˈworn-ˈdun hilz tʌrnt ɪ̞nˈsəid, ən jər teːz tʌrnt ut."

bət əl ˈbɛtər noː seː neː meːr əˈbut ɪ̞t. ə wəz ðɑt ˈɑŋrɪ̞; ən ˈmɪ̞strəs ˈkɛnəwi, ðə bɪ̞sm, wəz ləik tə [7]tnɛt hərˈsɛl [4]ˈlɑxən; bət, ə əˈʃøːr jɪ, ə ˈnɪvər gɔt sɪ̞k ə flɛg ɪ̞n mə ləif—ən sɪ̞k sɪ̞mpl dyn tøː, məin*d* jɪ.

---

[1] ɪ̞ [2] ɛ [3] eː [4] ɑː [5] ɔ [6] ʌ [7] See Ph. § 21

XVIII A. HUGHIE'S INDIGNATION AT THE CONDUCT OF THE ABSCONDING ELDER

J. Logie Robertson.

He's aff the kintra at a spang!
  He's on the sea—they've tint him!
The warst o' weather wi' him gang!
  Gude weather bide ahint him!
O for a rattlin' bauld Scots blast
  To follow an' owretak' him—
To screed his sails, an' brak' his mast,
  An' grup his ship, an' shak' him.

Yet wha was less possessed wi' guile,
  Or prayed wi' readier unction?
He brocht the sweetness o' a smile
  To every public function.
There wasna ane had half the grace
  Or graciousness o' Peter;
There wasna ane in a' the place
  For the millennium meeter.

He's fairly aff, he's stown awa',
  A wolf that wore a fleece, man!
He's cheated justice, jinkit law,
  An' lauch'd at the policeman.
The mission fund, the parish rate,
  He had the haill control o't;
The very pennies i' the plate—
  He's skirtit wi' the whole o't!

It's juist a year—it's no' a year,
  I'm no' a hair the belder,
Since in the Session Chaumer here
  We made him rulin' elder.

XVIII A. HUGHIE'S INDIGNATION AT THE CONDUCT OF THE ABSCONDING ELDER

J. Logie Robertson.

hiz ɑf ðə 'kɪntrə ət ə spɑŋ !
  hiz ɔn ðə siː—ðev tɪ̢nt ɪ̢m !
ðə wɑrst o 'wɛðər wɪ̢ hɪ̢m gɑŋ !
  gyd 'wɛðər bəid ə'hɪ̢nt ɪ̢m !
oː fər ə 'rɑtlən [1]bɑːl*d* skɔts blɑst
  tə 'fɔlə ən ʌur'tɑk ɪ̢m—
tə skrid ɪ̢z selz, ən brɑk ɪ̢z mɑst,
  ən grʌp ɪ̢z ʃɪ̢p, ən ʃɑk ɪ̢m.

jɛt [1]ʍɑː wəz lɛs pə'zɛst wɪ̢ gəil,
  ɔr preːd wɪ̢ 'rɛdɪər 'ʌŋʃən ?
hi [2]broxt ðə 'switnəs o ə sməil
  tə 'ɪvrɪ̢ 'pʌblɪk 'fʌŋʃən.
ðər 'wəznə [3]en həd [1]hɑːf ðə gres
  ɔr 'greʃəsnəs o 'pitər ;
ðər 'wəznə [3]en ɪ̢n [1]ɑː ðə ples
  fər ðə mɪ'lɛnjəm 'mitər.

hiz feːrlɪ̢ ɑf, hiz stʌun [1]ə'wɑː,
  ə wulf ðət woːr ə flis, mən !
hiz 'tʃitət 'dʒʌstɪs, 'dʒɪ̢ŋkət [1]lɑː,
  ən [4]lɑxt ət ðə pə'lismən.
ðə mɪʃn fʌn*d*, ðə 'perɪʃ ret,
  hiː həd ðə hel kən'trol ot ;
ðə 'vɛrə 'pɛnɪ̢z ɪ̢ ðə plet—
  hiz 'skɪ̢rtət wɪ̢ ðə hol ot !

ɪ̢ts dʒyst ə iːr—ɪ̢ts noː ə iːr,
  əm noː ə heːr ðə 'bɛldər,
sɪ̢ns ɪ̢n ðə sɛʃn [1]'tʃɑːmər hiːr
  wi med ɪ̢m 'ruːlən 'ɛldər.

---

[1] ǫː [2] ɔ [3] jɪ̢n [4] ɑː

An' juist a month as Feursday fell
  He gat the gold repeater,
That in a speech I made mysel
  We handit owre to Peter.

A bonnie lever, capp'd an' jew'ld,
  Perth never saw the mak' o't,
An' wi' his character in goold
  Engraven on the back o't.
He's aff! He's aff wi' a' the spoil,
  Baith law and justice jinkit!
O for a wind o' winds the wale
  To chase his ship an' sink it!

To lift the watter like a fleece
  An' gie him sic a drookin',
Whaur on his growf he groans for grace
  But canna pray for pukin'.
Then wash'd owre seas upon a spar,
  Wi' seaweeds roun' the head o'm,
Let neither licht o' sun nor star
  Shine down upon the greed o'm!

But let a shark fra oonderneath,
  It's jaws wi' hunger tichtenin',
Soom round him, shawin' izzet teeth
  At every flash o' lichtnin'!
Till in the end the angry waves
  Transport him to a distance
To herd wi' wolves an' sterve in caves
  An' fecht for an existence!

ən dʒyst ə mʌnθ əz ˈføːrzdɪ fɛl
hi gɑt ðə gold rɪˈpitər,
ðət ɪn ə spitʃ ə med məˈsɛl
wi [1]hɑndət ʌur tə ˈpitər.

ə [2]ˈbonɪ ˈliːvər, kɑpt ən dʒuːld,
pɛrθ ˈnɪvər [3]sɑː ðə mɑk ot,
ən wɪ hɪz ˈkɑrəktər ɪn [4]guːld
ɪnˈgreːvn ɔn ðə bɑk ot.
hiz ɑf! hiz ɑf wɪ [3]ɑː ðə spəil,
beθ [3]lɑː ənˌˈdʒʌstɪs ˈdʒɪŋkət!
oː fər ə [5]wʌnd o [5]wʌndz ðə wəil
tə tʃes ɪz ʃɪp ən sɪŋk ɪt!

tə lɪft ðə ˈwɑtər ləik ə flis
ən giː hɪm sɪk ə ˈdrukən,
ʍər ɔn ɪz grʌuf hi groːnz fər gres
bət ˈkɑnnə preː fər ˈpjukən.
ðɑn wɑʃt ʌur siːz əˈpɔn ə spɑːr,
wɪ ˈsɪːwidz rund ðə hid om,
[6]lɛt [7]neðər lɪxt o sʌn nɔr stɑːr
ʃəin dun əˈpɔn ðə grid om!

bət [6]lɛt ə ʃɑrk fre undərˈniθ,
ɪts [3]dʒɑːz wɪ ˈhʌŋər ˈtɪxtnən,
sum rund ɪm, ˈʃɑən ˈɪzət tiθ
ət ˈɪvrɪ flɑʃ o ˈlɪxtnən!
tɪl ɪn ðə ɛnd ðə ˈɑŋrɪ weːvz
transˈport ɪm tə ə ˈdɪstəns
tə hɛrd wɪ wulfs ən stɛrv ɪn keːvz
ən fɛxt fər ən ɪgˈzɪstəns!

---

[1] ɑː [2] ɔ [3] ǫː [4] an 18th century pronunciation [5] ɪ [6] ɑ, ə [7] eː

XIX A. THE WOOER

ROBBIE DOO.

JOSEPH LAING WAUGH.

I dinna ken hoo Davie got word ower to the lassies, but whenever we landed I saw at aince that I was expected. Marget left Davie staunin' at the ootside' door and took me richt ben to the kitchen, and there, sittin' on the settle was the biggest, fattest lass I had ever seen, wi' a face like a full harvest moon and a crap o' hair like the mane o' a chestnut pownie. Man, she was a stoot yin. Her claes seemed to be juist at the burst and the expectant kind o' wey she was sittin' on the edge o' the settle made her stootness a' the mair pronounced. I couldna help lookin' at her, and stood sayin' nocht, but gey dumbfoondered like. Then I heard the ooter door steek, and when I lookit roon Marget was off, and I was my leave-a-lane wi' the fat fremit lassie.

Efter a wee, when the tickin' o' the clock had got awfu' lood, I remarked that it was a nice nicht for the time o' year, and she said at aince that it was. Mind ye, we had never shaken hauns, or ocht o' that kind, and we micht easily hae dune sae, withoot pittin' oorsel's to muckle trouble, for mine were in my pooch, and hers were lyin' on her lap as if she never intended usin' them again in this warld. You see, I had never been to see the lassies before. I was a novice at the usual formalities, and wasna juist very sure o' what was expected o' me, so I made some ither remark aboot the tattie crap, and sat doon at the ither end o' the settle, and twirled my bonnet roon my finger.

Man, the nearer I was to her, the bigger she was, and the redder her face, and hair, and hauns seemed to be. Dod, my lass, thinks I to mysel', I've seen something like you made in a brickwark. I gied a bit lauch to mysel', as the thocht struck me, and lookit at her oot o' the tail o' my e'e. In a moment

XIX A. THE WOOER

ROBBIE DOO.

JOSEPH LAING WAUGH.

ə ′dɪn*n*ə ken huː ′deːvɪ̢ gɔt wʌrd ʌur tə ðə ′lɑsɪ̢z, bət ʍən′ɪvər wi [1]′lɑndət ə [2]sɑː ət [5]ens ðət ə wəz ɪ̢k′spɛkət. ′mɑrgət lɛft ′deːvɪ̢ [2]′stɑːnən ət ðə ′utsəid doːr ən tuk mi rɪ̢xt bɛn tə ðə ′kɪ̢tʃən, ən ðeːr, ′sɪ̢tən ɔn ðə sɛtl wəz ðə ′bɪ̢gəst, ′fɑtəst lɑs ə həd ′ɪvər sin, wɪ̢ ə fes ləik ə fʌl ′hɛrvəst myn ən ə krɑp o heːr ləik ðə men o ə ′tʃɛs*t*nʌt ′pʌunɪ. mɑn, ʃi wʌz ə stut jɪ̢n. hər kleːz simt tə bi dʒyst ət ðə bʌrst ən ðə ɪ̢k′spɛktənt kəin o wəi ʃi wəz ′sɪ̢tən ɔn ðə ɛdʒ o ðə sɛtl med ər ′stutnəs [2]ɑː ðə meːr prə′nunst. ə ′kʌdnə hɛlp ′lukən ət ər, ən styd ′seən [3]noxt, bət gəi dʌm′funərt ləik. ðɑn ə [4]hɛrd ðə ′utər doːr stik, ən ʍən ə ′lukət run ′mɑrgət wəz ɔf, ən ɑ wəz mə liːvə′len wɪ̢ ðə fɑt ′frɛmɪ̢t ′lɑsɪ̢.

′ɛftər ə wiː, ʍən ðə ′tɪ̢kən o ðə klɔk həd gɔt [2]′ɑːfə lud, ə rɪ′mɑrkt ðət ɪ̢t wəz ə nəis nɪ̢xt fər ðə təim o iːr, ən ʃɪ sɛd ət [5]ens ðət ɪ̢t wəz. məin jɪ, wi həd ′nɪvər ′ʃɑkən [2]hɑːnz, ɔr [3]oxt o ðɑt kəin, ən wi mɪ̢xt [6]iːzlɪ̢ he dyn se, wɪ̢′θut pɪ̢tn ur′sɛlz tə mʌkl trʌbl, fər məin wər ɪ̢n mə putʃ, ən hərz wər ′lɑɪən ɔn ər lɑp əz ɪ̢f ʃi ′nɪvər ɪ̢n′tɛndət ′jøːzən ðəm ə′gen ɪ̢n ðɪ̢s [1]wɑrl*d*. jɪ siː, ə həd ′nɪvər bin tə siː ðə ′lɑsɪ̢z bɪ′foːr. ə wəz ə ′novɪs ət ðə ′jøːzwəl fɔr′mɑlɪtɪ̢z, ən ′wəznə dʒyst ′vɛrə ʃøːr o ʍɑt wəz ɪ̢k′spɛkət o mɪ, so ə med sʌm ′ɪðər rɪ′mɑrk ə′but ðə ′tɑtɪ̢ krɑp, ən sɑt dun ət ðə ′ɪðər ɛn*d* o ðə sɛtl, ən [7]twɪ̢rlt mə ′bɔnət run mə ′fɪ̢ŋər.

mɑn, ðə niːrər ə wəz tə hər, ðə ′bɪ̢gər ʃi wəz, ən ðə [8]′rɛdər hər fes, ən heːr, ən [2]hɑːnz simt tə biː. dɔd, mə lɑs, θɪ̢ŋks ɑ tə mə′sɛl, əv sin ′sʌmθɪ̢ŋ ləik juː med ɪ̢n ə ′brɪ̢kwɑrk. ə giːd ə bɪ̢t lɑːx tə mə′sɛl, əz ðə [3]θoxt strʌk mɪ, ən ′lukət ɑt ər ut o ðə tel o

---

[1]ɑː [2]ǫː [3]ɔ [4]ɑ [5]jɪ̢ns [6]eː [7]ʌ [8]ə

she lookit side-weys at me, and lauched, too, and says she, "There ye go noo. Ye've sterted."

"Sterted," says I, "what to dae?"

"H'm! what to dae—as if ye didna ken. My word, but you toon chiels are great boys," and she gaed a wee bit loll in the settle and giggled and jippled.

Dod, thinks I, she's gien me credit for bein' a bit o' a blade, and, to tell ye the truth, I admit it flattered my vanity, so I thocht it juist as weel to act up to the character, as yin micht say.

"Aye, you're richt," says I, "Thornhill chiels ken a thing or twae, I tell ye."

"Yes," says she, "but if you're a sample o' them, there's ae thing they dinna ken."

"What's that?" I asked, raither ta'en aback.

"Hoo to sit on a settle beside a lass," said she, and she lookit up to a side o' bacon hingin' on the ceilin' and giggled again.

Man, that took the stairch oot o' me, as it were, and I didna very weel ken what to say. I lookit at the lang length o' settle that was between us, and muttered something aboot meetin' her hauf-road. Govanenty! she cam' her hauf glibly, and I sidel'd ower mine, and there we sat cheek-for-jowl; but I keepit my bonnet in my haun.

Man, d'ye ken this, when I was close beside her she seemed sae big, and me sae wee, that I felt like a wee sparra cooryin' aside a corn stook.

Just for something to say, I asked her where she belanged to and she said, "Crawfordjohn." Then I spiert if she had ever been in Thornhill, and she said "Yes," that she had gaen through it aince in a cairt.

"Where were they cairtin' ye to?" I asked withoot lauchin'.

"Oh," says she, "they werena cairtin' me onywhere. I was gaun to Scaurbrig Kirk."

"Oh, then," says I, "ye'll be a Cameronian."

"Not at all," says she, "I'm a dairywoman."

So I let it staun at that, and put my bonnet doon on the flaer.

mə iː. ɪ̞n ə ˈmoment ʃi ˈlukət ˈsəidwəiz ɑt mɪ, ən lɑːxt, tøː, ən sɛz ʃi, "ðeːr jɪ goː nuː. jiv ˈstɛrtət."

"stɛrtət," sɛz ɑ, "ʍɑt tə deː?"

"m̩! ʍɑt tə deː—əz ɪ̞f jɪ ˈdɪ̞dnə kɛn. mɑɪ wʌrd, bət juː tun tʃilz ər gret [1]bɔɪz," ən ʃi geːd ə wiː bɪ̞t lɔl ɪ̞n ðə sɛtl ən gɪglt n̩ dʒɪ̞plt.

dɔd, θɪ̞ŋks ɑɪ, ʃiz ˈgiən mi ˈkrɛdɪt fɔr ˈbiən ə bɪ̞t o ə bled, ən, tə tɛl jɪ ðə tryθ, ə əˈdmɪ̞t ɪ̞t ˈflɑtərt mə ˈvɑnɪtɪ̞, so ə [2]θoxt ɪ̞t dʒyst əz wil tə ɑk ʌp tə ðə ˈkɑrəktər, əz jɪ̞n mɪ̞xt seː.

"ɑɪ, jɪr rɪ̞xt," sɛz ɑɪ, "θɔrnˈhɪ̞l tʃilz kɛn ə θɪ̞ŋ ɔr tweː, ə tɛl jɪ."

"jɛs," sɛz ʃi, "bət ɪ̞f juːr ə sɑmpl o ðəm, ðərz *je*ː θɪ̞ŋ ðe ˈdɪ̞nnə kɛn."

"ʍɑts ðɑt?" ə ɑst, [3]ˈreðər teːn əˈbɑk.

"huː tə sɪ̞t ɔn ə sɛtl bɪˈsəid ə lɑs," sɛd ʃi, ən ʃi ˈlukət ʌp tə ə səid o ˈbekən ˈhɪ̞ŋən ɔn ðə ˈselən ən gɪ̞glt əˈgen.

mɑn, ðɑt tuk ðə stɛrtʃ ut o mɪ, əz ɪ̞t wər, ən ə ˈdɪ̞dnə ˈvɛrə wil kɛn ʍɑt tə seː. ə ˈlukət ət ðə lɑŋ lɛnθ o sɛtl ðət wəz bɪˈtwin ʌs, ən ˈmʌtərt ˈsʌmθɪ̞ŋ əˈbut mitn ər [4]ˈhɑːfˈrod. govənˈɛntɪ̞! ʃiː kɑm̩ hər [4]hɑːf ˈglɪ̞blɪ̞, ən ɑː səidlt ʌur məin, ən ðeːr wi sɑt tʃik fər dʒʌul; bət ɑː ˈkipət mə ˈbɔnət ɪ̞n mə [4]hɑːn.

mɑn, djɪ kɛn ðɪ̞s, ʍən ə wəz klos bɪˈsəid ər ʃiː simt seː bɪ̞g, ən miː seː wiː, ðət ə fɛlt ləik ə wiː ˈspɑrə ˈkuːrɪən əˈsəid ə [2]korn stuk.

dʒyst fər ˈsʌmðɪ̞ŋ tə seː, ə ɑst ər [4]ʍɑːr ʃi bɪˈlɑŋt tə ən ʃi sɛd, "[4]krɑːførˈdʒon." ðɑn ə spiːrt ɪ̞f ʃi həd ˈɪvər bin ɪ̞n θɔrnˈhɪ̞l, ən ʃi sɛd "jɛs," ðət ʃi həd geːn θru ɪ̞t [5]ens ɪ̞n ə [6]kert.

"[4]ʍɑːr wər ðe [6]ˈkertən jɪ tə?" ə ɑst wɪ̞ˈθut ˈlɑːxən.

"oː," sɛz ʃi, "ðe ˈwərnə [6]ˈkertən mi [2]ˈonɪ̞ʍər. ə wəz [4]gɑːn tə skɑrˈbrɪ̞g kɪ̞rk."

"oː, ðɑn," sɛz ɑɪ, "jɪl bi ə kɑmərˈonjən."

"nɔt ət [4]ɑːl," sɛz ʃi, "ɑm ə ˈdeːrɪwʌmən."

soː ə [7]lɛt ɪ̞t [4]stɑːn ət ðɑt, ən pɪ̞t mə ˈbɔnət dun ɔn ðə fleːr.

---

[1] oɪ [2] ɔ [3] eː [4] o̜ː [5] jɪ̞ns [6] ɛ· [7] ɑ, ə

"That's the thing," says she, and she hotched hersel' up; "ye're the better o' baith hauns free when ye come to see the lassies."

Man, I kenned then that I was in a tichtish place, and I began to wonder hoo in the name o' guidness I was to get oot o't. I saw at aince that it was policy to keep sweet wi' her, so, to appear mair at hame and taen wi' my quarters, I put my airm on the back o' the settle. Dod, she was quick o' the uptak', for she sune leaned back till her shooder touched my airm, and then she turned her face to mine, and, in the firelicht, man, d'ye ken it was juist like a sunset.

Hoo I did curse Davie Gracie, and hoo I wished he wad come in, or that the ceilin' wad fa', or the hoose tak' on fire, or something desperate wad tak' place to save me. Nocht happened tho', and I juist sat quate, but a' the time I felt she was gettin' mair and mair cooriet into me, and my airm, wi' her great wecht on't, was beginnin' to sleep, and to feel terribly jaggy weys and prickly. Mair than that, I had the uncomfortable feelin' that she was makin' things gang, what yin micht ca', "swift a wee."

At last, efter a lang silence, she spiert at me if I kenned a nice piece o' poetry ca'd "The Pangs o' Love."

"No," says I, "I never heard o't, but the fact is love's no muckle in my line."

"Hoo's that?" she asked quite surprised.

I didna very weel ken what to say. Then a happy thocht struck me. It cam' like an inspiration—a' in a flash, as it were—and I saw my wey oot o't. Efter hurridly thinkin' ower maitters, says I, "Weel, I daursay I needna say that love's no' in my line, for it is. Nocht wad gie me greater pleesure than to hae a nice lassie like you for a sweethert, and the prospect before me o' a happy mairrit life, but that can never be," and I pou'd my hair doon aboot my een and shook my heid frae side to side. "Of coorse, you, bein' a stranger in this locality, will no' ken that a' my family's peculiar—not only peculiar but dangerous."

"In what wey?" she asked.

"Oh, weel," says I, "when we turn twenty-yin we've a' to

“ðɑts ðə θɪ̣ŋ,” sɛz ʃi, ən ʃi hɔtʃt ər'sɛl ʌp; “jɪr ðə 'bɛtər o beθ [1]hɑːnz friː wən jɪ kʌm tə siː ðə 'lɑsɪ̣z.”

mɑn, ə kɛnt ðɑn ðət ə wəz ɪ̣n ə 'tɪ̣xtɪ̣ʃ ples, ən ə bɪ'gɑn tə 'wʌndər huː ɪ̣n ðə nem o 'gydnəs ə wəz tə gɛt ut ot. ə [1]sɑː ət [2]ɛns ðət ɪ̣t wəz 'polɪsɪ̣ tə kip swit wɪ̣ hər, soː, tə ə'piːr meːr ət hem ən teːn wɪ̣ mə 'kwɑrtərz, ə pɪ̣t mə [3]ɛrm on ðə bɑk o ðə sɛtl. dəd, ʃi wəz kwɪ̣k o ðə 'ʌptɑk, fər ʃi syn lɛnt bɑk tɪ̣l ər 'ʃudər tʌtʃt mə [3]ɛrm, ən ðɑn ʃi tʌrnt hər fes tə məin, ən, ɪ̣n ðə [4]'fɑɪr-lɪ̣xt, mɑn, djɪ kɛn ɪ̣t wəz dʒyst ləik ə 'sʌnsɛt.

huː ə dɪ̣d kʌrs 'deːvɪ̣ 'gresɪ̣, ən huː ə [5]wɪ̣ʃt hi wəd kʌm ɪ̣n, ɔr ðət ðə [6]'selən wəd [1]fɑː, ɔr ðə hus tɑk on [4]fɑɪr, ɔr 'sʌmθɪ̣ŋ 'dɛsprɪ̣t wəd tɑk ples tə seːv mɪ. [7]noxt hɑpnt θoː, ən ə dʒyst sɑt kweːt, bət [1]ɑː ðə təim ə fɛlt ʃi wəz gɛtn meːr ən meːr 'kuːrit ɪ̣ntə mɪ, ən mə [3]ɛrm, wɪ̣ hər grɛt wɛxt ont, wəz bɪ'gɪ̣nən tə slip, ən tə fil 'tɛrɪblɪ̣ 'dʒɑgɪ wəiz ən 'prɪ̣klɪ̣. meːr ðən ðɑt, ə həd ðə ʌn'kʌm-fərtəbl 'filən ðət ʃi wəz 'mɑkən θɪ̣ŋz gɑŋ, ʍɑt jɪ̣n mɪ̣xt [1]kɑː, “swɪ̣ft ə wiː.”

ət lɑst, 'ɛftər ə lɑŋ 'silens, ʃi spiːrt ɑt mɪ ɪ̣f ə kɛnt ə nəis pis o 'potrɪ̣ [1]kɑːd “ðə pɑŋz o lʌv.”

“noː,” sɛz ɑɪ, “ə 'nɪvər [8]hɛrd ot, bət ðə fɑk ɪ̣z lʌvz noː mʌkl ɪ̣n mɑː ləin.”

“huːz ðɑt?” ʃi ɑst kwəit [9]sʌr'prɑɪzd.

ə 'dɪ̣dnə 'vɛrə wil kɛn ʍɑt tə seː. ðɑn ə 'hɑpɪ̣ [7]θoxt strʌk mɪ. ɪ̣t kɑm ləik ən ɪ̣nspɪ̣'reʃən—[1]ɑː ɪ̣n ə flɑʃ, əz ɪ̣t wər—ən ə [1]sɑː mə wəi ut ot. 'ɛftər 'hʌrɪ̣dlɪ̣ 'θɪ̣ŋkən ʌur 'metərz, sɛz ɑɪ, “wil, ə 'dɑrse ə 'nidnə seː ðət lʌvz noː ɪ̣n mɑɪ ləin, fər ɪ̣t ɪ̣z. [7]noxt wəd giː miː 'grɛtər [10]pliːzər ðən tə he ə nəis 'lɑsɪ̣ leik juː fər ə 'swithɛrt, ən ðə 'prɔspɛk bɪ'foːr mɪ o ə 'hɑpɪ̣ [3]'merɪ̣t ləif, bət ðɑt kən 'nɪvər biː,” ən ə puːd mə heːr dun ə'but mə in ən ʃyk mə hid fre səid tə səid. “əv kurs, juː, biən ə [4]'strendʒər ɪ̣n ðɪ̣s lə'kɑlɪtɪ̣, wɪ̣l noː kɛn ðət [1]ɑː mə 'fɛmlɪ̣z pɪ'kjuljər—nɔt 'onlɪ̣ pɪ'kjuljər bət [4]'dɛndʒərəs.”

“ɪ̣n ʍət wəi?” ʃi ɑst.

“oː, wil,” sɛz ɑɪ, “ʍən wi tʌrn 'twɪ̣ntɪ'jɪ̣n wiv [1]ɑː tə bi teːn

---

[1] ọː [2] jɪ̣ns [3] ɛ [4] əi [5] ʌ [6] i [7] ɔ [8] ɑ [9] sʌr'prɑɪst [10] pliːʒər

be taen to an asylum for a wee—in fact, I doot I'll hae to gang before I'm that age, for I feel terribly queer at times. For instance, the day noo, I've been daein' the daftest things imaginable, and my heid's been bizzin' like a bum bee's bike."

She lookit at me for a meenit, but I juist put on a kistin' face and my b'lo' jaw was doon.

"It's very hard lines on a young chap like me," I gaed on, "wi' a' the warld before me, but it's in the bluid, and the warst o't is, it's bluid we seek. If it was a hairmless kind o' daftness it wad be naething, but—— Weel, isn't it a peety?"

She made nae answer, but, mair to hersel' than to me, she says, "I think that fire needs a wee bit coal. I'll juist gang oot and get a bit."

For a stoot lass she raise quick, and her step was licht. She gaed oot, but she never cam' back, and I sat at the fire warmin' my taes till Marget and Davie returned. Man, it was a mercifu' deliverance. When we were aince ootside, quat o' the ferm toon and tacklin' the Burn brae, I told Davie a' aboot my ploy, and he lauched a' the road hame.

tə ən ə'səiləm fər ə wiː—ɪ̞n fɑk, ə dut ɑːl he tə gɑŋ bɪ'foːr əm ðɑt edʒ, fər ə fil 'tɛrɪblɪ̞ kwiːr ət təimz. fər 'ɪ̞nstəns, ðə deː nu, əv bin 'deən ðə 'dɑftəst θɪ̞ŋz ɪ̞'medʒɪnəbl, ən mə hidz bin 'bɪ̞zən ləik ə 'bʌmbiːz bəik."

ʃi 'lukət ɑt mɪ fər ə 'minɪ̞t, bət ə dʒyst pɪ̞t ɔn ə 'kɪ̞stən fes ən mə bloː [1]dʒɑː wəz dun.

"ɪ̞ts 'vɛrə hɑrd ləinz ən ə jʌŋ tʃɑp ləik miː," ə geːd ɔn, "wɪ̞ [1]ɑː ðə [2]wɑrl*d* ə'foːr mɪ, bət ɪ̞ts ɪ̞n ðə blyd, ən ðə wɑrst ot ɪ̞z, ɪ̞ts blyd wi sik. ɪ̞f ɪ̞t wəz ə [3]'hermləs kəin o 'dɑftnəs ɪ̞t wəd bi 'neθiŋ, bʌt—— wil, ɪ̞znt ɪ̞t ə 'piti?"

ʃi med neː 'ɑnsər, bʌt, meːr tə hər'sɛl ðən tə miː, ʃi sɛz, "ə θɪ̞ŋk ðɑt [4]fɑɪr nidz ə wiː bɪ̞t kol. əl dʒyst gɑŋ ut ən gɛt ə bɪ̞t."

fər ə stut lɑs ʃi reːz kwɪ̞k, ən hər stɛp wəz lɪ̞xt. ʃi geːd ut, bət ʃi 'nɪvər kɑm bɑk, ən ə sɑt ət ðə [4]fɑɪr wɑrmən mə teːz tɪ̞l 'mɑrgət ən 'deːvɪ̞ rɪ'tʌrn̩t. mɑn, ɪ̞t wəz ə 'mersɪfə dɪ'lɪ̞vrəns. ʍən wi wər [5]ens ut'səid, kwɑt o ðə [3]ferm tun ən 'tɑklən ðə bʌrn breː, ə told 'deːvɪ̞ [1]ɑː ə'but mə [6]plɔɪ, ən hi lɑːxt [1]ɑː ðə rod hem.

---

[1] o̜ː [2] ɑː [3] ɛ [4] əi [5] jɪ̞ns [6] oɪ

XX A. TAIBLET

WEE MACGREEGOR.

J. J. BELL.

The dialect of *Wee Macgreegor* is the Scotch of the Glasgow working man. Its most marked phonetic feature is the use of the glottal catch (see Ph. § 44) before the consonants **t**, **p**, **k**, and sometimes **n**. In rapid speech, these consonants are frequently replaced by the glottal catch whether in medial or final position, the only limit to the use of the substitute being intelligibility.

"When I'm a man," observed Macgregor, leaning against the knees of his father, who was enjoying an evening pipe before the kitchen fire, "when I'm a man, I'm gaun to be a penter"

"A penter," echoed John. "D'ye hear whit Macgreegor's sayin', Lizzie?" he inquired of his wife.

Lizzie moistened her finger and thumb, twirled the end of a thread, and inserted it into the eye of a needle ere she replied. "Whit kin' o' a penter? Is't pictur's ye're wantin' to pent, Macgreegor?"

"Naw!" said her son with great scorn. "I'm gaun to ha'e a big pot o' pent an' a big brush, an' I'm gaun to staun' on a ladder, an' pent wi' white pent, an' rid pent, an' bew pent, an'——"

"Aw, ye're gaun to be a hoose-penter, Macgreegor," said his father.

"Ay. But I'm gaun to pent shopes tae. An' I'm gaun to ha'e big dauds of potty fur stickin' in holes. I like potty. Here a bit!" And Macgregor produced from his trouser pocket a lump of the greyish, plastic substance.

"Feech!" exclaimed Lizzie in disgust. "Whaur got ye that? Ye ll jist file yer claes wi' the nesty stuff."

"Wullie Thomson whiles gets potty frae his Paw. Wullie's Paw's a jiner."

"I thocht you an' Wullie had cast oot," said John. "Ha'e ye been makin' freens wi' him again?"

XX A. TAIBLET

WEE MACGREEGOR.

J. J. Bell.

In the text, the symbol for the glottal catch, viz. ʔ, is used only when the consonant is omitted.

Note also in this dialect (1) **ǫː** for **ɑː** as **hǫːf** = "half," (2) *bew*, **bjuː**, "blue," (3) the unrounding of **ø** and **y** to **e** and **ɪ** as in *dae*, **deː**, "do," *jist*, **dʒɪst**, "just," and of **u** before a back consonant to **ʌ** as *tuk*, **tʌk**, "took."

"ʍən ɑm ə mɑn,............ʍən ɑm ə mɑn, əm gǫːn tə bi ə ˈpɛntər."

"ə ˈpentər,............djɪ hiːr ʍɪt məˈgrigərz ˈseən, ˈliːzi?"

. . . .

"ʍɪʔ kɪ̜n o ə pentər? ɪ̜st ˈpɪ̜ktərz jər ˈwɑntən tə pent, məˈgrigər?"

"nǫʔ!............əm gǫːn tə he ə bɪ̜g pot o pent ən ə bɪ̜g brʌʃ, ən əm gǫːn tə stǫːn on ə ˈlɛðər, ən pent wɪ̜ ʍəiʔ pent, ən rəd pent, ən bjuː pent, ən——"

"ǫː, jər gǫːn tə bi ə ˈhusˈpentər, məˈgrigər,"............

"ɑɪ. bʌʔ əm gǫːn tə pent ʃops teː. ən əm gǫːn tə he bɪ̜g dǫːdz o poʔɪ̜ fʌr stɪ̜ʔən ɪ̜n holz. ə ləiʔ poʔɪ̜. hiːr ə bɪ̜t!".........

"fix!............ʍǫːr goʔ jɪ ðɑʔ? jɪl dʒɪst fəil jər kleːz wɪ̜ ðə ˈnestɪ̜ stʌf."

"ˈwʌlɪ̜ ˈtomsən ʍəilz gɛts poʔɪ̜ fre hɪ̜z pǫː. ˈwʌlɪ̜z pǫːz ə ˈdʒəinər."

"ə θoxt ju ən ˈwʌlɪ̜ həd kɑst ut............he jɪ bin mɑʔən frinz wɪ̜ hɪ̜m əˈgen?"

"Naw. But I seen him wi' the potty, an' I askit him for a daud."

"It wis rale nice o' the laddie to gi'e ye a bit," remarked Lizzie, looking up from her seam.

"He didna gi'e it, Maw. I tuk it frae him."

"Aw, Macgreegor!" said Lizzie, shaking her head reproachfully.

"Wullie's bigger nor me, Maw."

"Ay; but he's gey wake i' the legs."

"I hut him, an' he tummilt; an' I jist tuk hauf his potty," said Macgregor unconcernedly.

John was about to laugh, when he caught his wife's eye.

"An' hoo wud ye like," she said addressing her son, "if yer Paw gi'ed ye potty, an' anither laddie cam' an'——"

"Paw hasna ony potty."

John sniggered behind his hand.

"Weel," said Lizzie, casting her husband a severe look, and turning again to her son, "hoo wud ye like if yer Paw gi'ed ye taiblet, an' anither laddie cam' an' tuk hauf o' 't awa'?"

"I wud gi'e him yin on the neb twicet!" said Macgregor boldly, going over to the window to see the lamps being lighted.

"But if he hut ye an' knocked ye doon?"

"I wudna let him. Paw hasna gi'ed me taiblet fur a lang while," said the boy over his shoulder.

"Macgreegor," said his mother solemnly, "I'm thinkin' ye're gettin' waur every day."

"Aw, the wean's fine, Lizzie," interposed John, softly.

"Haud yer tongue, John," retorted Lizzie quietly. "The wean's no fine! An' instead o' lauchin' at him an' makin' a pet o' him, ye ocht to be gi'ein' him a guid skelpin'."

"I've never skelpit a wean yet, an'——"

"It's easy seen ye've never skelpit Macgregor, John. Ye jist let him get his ain wey, an' he dis'na ken when he's misbehavin' hissel'. Weans needs to be checkit whiles."

"Aweel, whit dae ye want me to dae, Lizzie?"

"I want ye to punish Macgreegor for hittin' that puir speldron o' a laddie, Wullie Thomson, an' stealing his potty," said Lizzie in an undertone.

"nǫ:. bʌʔ ə sin ɪ̢m wɪ̢ ðə pɔʔɪ̢, ən ə 'ɑskət ɪ̢m fʌr ə dǫ:d."

"ɪ̢t wɪ̢z re:l nəis o ðə 'lǫdɪ tə gi: jɪ ə bɪ̢t,"...........

"hi dɪ̢dnɪ̢ gi ɪ̢t, mǫ:. ə tʌk ɪ̢ʔ fre hɪ̢m."

"ǫ:, mə'grigər!"...........

"'wʌlɪ̢z 'bɪ̢gər nər mi:, mǫ:."

"ɑɪ; bʌʔ iz gəi wek ɪ̢ ðə lɛgz."

"ə hʌt ɪ̢m, ən i tʌmlt; ən ə dʒɪst tʌk hǫ:f ɪ̢z 'pɔʔɪ̢."

. . . .

"ən hu: wʌd jɪ ləiʔ...........ɪ̢f jər pǫ: gi:d ji: 'pɔʔɪ̢, ən ə'nɪðər 'lǫdɪ kɑm ən——"

"pǫ: 'hɪ̢znɪ̢ 'onɪ̢ 'pɔʔɪ̢."

. . . .

"wil,...........hu: wʌd jɪ ləiʔ ɪ̢f jər pǫ: gi:d ji: 'teblət, ən ə'nɪðər 'lǫdɪ kɑm ən tʌk hǫ:f o ɪ̢t ə'wǫ:?"

"ə wʌd gi: hɪ̢m jɪ̢n on ðə nɛb twəist!"...........

"bʌʔ ɪ̢f hi hʌt jɪ ən 'noʔət jɪ dun?"

"ə 'wʌdnə lɛʔ ɪ̢m. pǫ: 'həznə gi:n mi 'teblət fʌr ə lɑŋ ʍəil"...........

"mə'grigər,...........əm 'θɪ̢ŋkən jər 'gɛʔən wǫ:r 'ɪvrɪ de:."

"ǫ:, ðə we:nz fəin, 'li:zi."...........

"hǫd jər tʌŋ, dʒon,...........ðə we:nz no: fəin! ən ɪ̢n'stɛd o 'lɑ:xən əʔ ɪ̢m ən mɑʔən ə pɛt o ɪ̢m, jɪ oxt tə bi 'giən ɪ̢m ə gɪd 'skɛlpən."

"əv 'nɪvər 'skɛlpət ə we:n jɛʔ, ən——"

"ɪ̢ts 'i:zi sin jɪv 'nɪvər 'skɛlpət mə'grigər, dʒon. jɪ dʒɪst lɛʔ ɪ̢m gɛʔ ɪ̢z e:n wəi, ən i 'dɪ̢znɪ ken ʍɛn hiz mɪ̢sbɪ'hevən hɪ̢'sel. we:nz nidz tə bi 'tʃɛʔət ʍəilz."

"əwil, ʍɪ̢ʔ de jɪ wɑnt mi tə de:, 'li:zi?"

"ə wɑnt jɪ tə 'pʌnɪʃ mə'grigər fər 'hɪ̢ʔən ðɑt pe:r 'spɛldrən o ə 'lǫdɪ, 'wʌlɪ̢ 'tomsən, ən stiln ɪ̢z 'pɔtɪ̢."...........

Macgregor came back from the window with the putty plastered over his nose.

"Paw, see ma neb!" he said gaily, unaware of the conversation which had just passed concerning him.

John laughed loudly. "Dod, but ye've a braw neb the nicht, Macgreegor!"

"Tak' it aff this meenit!" cried Lizzie. "John, ye micht think shame o' yersel' to sit there lauchin' at his nesty tricks! D'ye no' mind hoo Mrs. Cochrane's man tell't us his neb wis aye bew wi' him pittin' potty on't when he wis a wean?...Tak' it aff, Macgreegor, or I'll sort ye!"

Macgregor, but little abashed, returned to the window, removed the offending plaster, rolled it into a ball, and proceeded to squeeze it through his fingers with undisguised relish.

"John," whispered Lizzie, "dae whit I tell't ye."

"I canna," returned John miserably. "It micht wauken wee Jeannie," he added a little hopefully.

"I didna exac'ly say ye wis to—to wheep the laddie," said his wife, "but ye maun gi'e him a lesson he'll no' furget. I'm no' gaun to ha'e him boastin' an' ill-usin' ither weans. D'ye see?"

"But whit am I to dae, Lizzie?"

"I'll tell ye, John. Ye'll gang ower to the dresser an' open the wee drawer, an' ye'll tak' oot the taiblet ye brocht hame fur Macgreegor the morn—— Are ye listenin'?"

"Ay, wumman."

"An' ye'll tell Macgreegor ye bocht the taiblet fur his Setterday treat, thinkin' he deservit it, but ye've fun' oot he disna deserve it, an' ye canna gi'e him ony."

"Aw, Lizzie!"

"An' ye'll tie up the paircel, an' gar him tak' it roon the corner to Wullie Thomson, an' gi'e it to Wullie Thomson, an' gi'e him back his potty furbye."

"Aw, Lizzie!"

"An' it'll be a lesson to Macgreegor no' to strike laddies waker nor hissel'. Ye wud be gey sair pit aboot, John, if a muckle laddie wis strikin' Macgreegor."

"Deed, wud I! But—but Macgreegor's that fond o' taiblet."

"pǫː, si mə nɛb!"...........

"dod, bʌʔ jɪv ə brǫː nɛb ðə nɪ̣xt, mə'grigər!"

"tɑʔ ɪ̣t ɑf ðɪ̣s 'minət!............dʒon, jɪ mɪ̣xt θɪ̣ŋk ʃem o jər'sɛl tə sɪ̣t ðeːr 'lɑːxən ət ɪ̣z 'nestɪ̣ trɪ̣ks! djɪ noː məind huː 'mɪ̣strəz 'kɔxrənz mɑn tɛlt ʌs hɪ̣z nɛb wəz əi bjuː wɪ̣ hɪ̣m 'pɪ̣ʔən 'pɔʔɪ̣ ont ʍən i wɪ̣z ə weːn?...tɑʔ ɪ̣t ɑf, mə'grigər, ɔr ɑːl sort jɪ!"

. . . .

"dʒon,...........deː ʍɪ̣t ə tɛlt jɪ."

"ə 'kɑnɪ,...........ɪ̣t mɪ̣xt 'wǫkən wiː 'dʒini,"...........

"ə 'dɪ̣dnɪ ɪg'zɑklɪ̣ seː jɪ wɪ̣z tə—tə ʍip ðə 'lǫdi,...........bʌʔ jɪ mən giː ɪ̣m ə lɛsn hil noː fʌr'gɛʔ. əm noː gǫːn tə he ɪ̣m 'bostən ən ɪ̣l'jeːzən 'ɪðər weːnz. djɪ siː?"

"bʌʔ ʍɪ̣ʔ əm ə tə deː, 'liːzi?"

"əl tɛl jɪ, dʒon. jɪl gɑŋ ʌur tə ðə 'drɛsər ən opm ðə wiː 'drǫər, ən jɪl tɑʔ ut ðə 'tebləʔ jɪ broxt hem fʌr mə'grigər ðə morn—— ər jɪ 'lɪ̣snən?"

"ɑɪ, 'wʌmən."

"ən jɪl tɛl mə'grigər jɪ boxt ðə 'tebləʔ fʌr ɪ̣z 'sɛʔərdɪ̣ tret, 'θɪ̣ŋkən hi dɪ'zɛrvət ɪ̣t, bʌʔ jɪv fʌn ut hi 'dɪ̣znɪ dɪ'zɛrv ɪ̣t, ən jɪ 'kɑnɪ gi ɪ̣m 'onɪ̣."

"ǫː, 'liːzi!"

"ən jɪl tɑɪ ʌp ðə 'pɛrsl, ən gʌr ɪ̣m tɑʔ ɪ̣t run ðə 'kornər tə 'wʌlɪ̣ 'tomsən, ən giʔ tə 'wʌlɪ̣ 'tomsən, ən giː ɪ̣m bɑʔ ɪ̣z 'pɔʔɪ̣ fʌr'bɑɪ."

"ǫː, 'liːzi!"

"ən ɪ̣tl bi ə 'lɛsn tə mə'grigər noː tə strəik 'lǫdɪz 'wekər nɔr hɪ̣'sɛl. ji wʌd bi gəi seːr 'pɪ̣ʔ ə'but, dʒon, ɪ̣f ə mʌʔl 'lǫdɪ wɪ̣z 'strəikən mə'grigər."

"did, wʌd ə! bʌʔ—bʌʔ mə'grigərz ðɑt fond o 'tebləʔ."

"Man, man, can ye no' think o' whit's guid fur Macgreegor? That's the wey ye spile him, John. Ye wud gi'e him the cock aff the steeple if he cried fur't!"

"Maybe ye're richt, Lizzie. But it's a hard thing ye're askin'. Wud it no' dae to gi'e him hauf the taiblet to tak' to Wullie Thomson?"

"Na, na," said Lizzie firmly. "Here, Macgreegor," she called to her son. "Yer Paw wants to speak to ye....Noo, John!"

With a huge sigh, John rose, went to the wee drawer in the dresser, and returned with the poke of "taiblet."

"Paw," said Macgreegor absently, "I like taiblet better nor potty."

The father glanced appealingly at the mother, but she was adamant. She had resumed her needle, but was keeping an eye on the twain.

"Macgreegor," said John with a painful effort, "whit wey did ye strike puir Wullie Thomson?"

"I wantit a wee daud o' potty."

"Ay," murmured John, and paused for a moment. "Are ye sorry ye hut him?"

"Naw. I got the potty, Paw."

"But ye sud be sorry, Macgreegor."

"Whit wey, Paw?"

"Wis he greetin'?"

"Ay; wis he!"

John looked across at Lizzie for aid, but she was sewing diligently.

"Weel," he said, haltingly, "yer Maw an' me's no' vera pleased wi' whit ye done to Wullie Thomson. It wisna fair to strike the likes o' him."

Macgregor's visage began to assume an anxious expression.

"Yer Maw," continued John, "yer Maw says ye canna——"

"John!" murmured Lizzie, warningly.

"Yer Maw and me thinks ye canna get ony taiblet the morn."

Macgregor's under lip shot out quivering.

"An'—ye've got to gi'e the taiblet to Wullie Thomson, an' gi'e him back his potty, furbye, an'—an'—oh, Lizzie, I canna say ony mair!"

"man, man, kən jɪ no: θɪ̣ŋk o ʍɪ̣ʔs gɪd fʌr mə'grigər? ðɑʔs ðə wəi jɪ spəil ɪ̣m, dʒon. jɪ wʌd gi ɪ̣m ðə kok ɑf ðə stipl ɪ̣f i krɑɪt fʌrt!"

"'mebi jɪr rɪ̣xt, 'li:zi. bʌʔ ɪ̣ts ə hɑrd θɪ̣ŋ jɪr 'ɑskən. wʌd ɪ̣ʔ no: de: tə gi ɪ̣m hǫ:f ðə 'tebləʔ tə tɑʔ tə 'wʌlɪ̣ 'tomsən?"

"nɑ:, nɑ:,...........hi:r, mə'grigər...........jər pǫ: wɑnts tə spiʔ tə jɪ...nu:, dʒon!"

. . . .

"pǫ:,...........ə ləik 'tebləʔ 'bɛʔər nɔr 'pɔʔɪ̣."

. . . .

"mə'grigər,...........ʍɪ̣ʔ wəi dɪ̣d jɪ strəik pe:r 'wʌlɪ̣ 'tomsən?"

"ə 'wɑntət ə wi: dǫ:d o 'pɔʔɪ̣."

"ɑɪ,...........ər jɪ̣ 'sorɪ̣ jɪ hʌt ɪ̣m?"

"nǫ:. ə goʔ ðə 'pɔʔɪ̣, pǫ:."

"bʌʔ 'jɪ sʌd bi 'sorɪ̣, mə'grigər."

"ʍɪ̣ʔ wəi, pǫ:?"

"wɪ̣z i 'gritən?"

"ɑɪ; wɪ̣z i!"

. . . .

"wil,...........jər mǫ: ən mi:z no: 'vɛrə plist wɪ̣ ʍɪ̣ʔ jɪ dɪn tə 'wʌlɪ̣ 'tomsən. ɪ̣t 'wɪ̣znɪ fe:r tə strəik ðə ləiʔs o hɪ̣m."

. . . .

"jər mǫ:...........jər mǫ: sɛz jɪ 'kɑnɪ——"

"dʒon!"...........

"jər mǫ: ən mi: θɪ̣ŋks jɪ 'kɑnɪ gɛʔ 'onɪ̣ 'tebləʔ ðə morn."

. . . .

"ən—jɪv̩ goʔ tə gi: ðə 'tebləʔ tə 'wʌlɪ̣ 'tomsən, ən gi: ɪ̣m bɑʔ ɪ̣z 'pɔʔɪ̣, 'f̣ʌrbɑɪ̣, ən—ən—o, 'li:zi, ə 'kɑnɪ se: 'onɪ̣ me:r!"

It took a few seconds for the dire truth to dawn upon Macgregor, but when it did, a low wail issued from him, and the tears began to flow.

John was about to lift him on to his knee, but Lizzie interposed.

"Pit on yer bunnet, Macgregor," she said quietly, "an' tak' the taiblet an' potty roon' to Wullie Thomson. It's no' dark yet," she added, glancing out of the window.

"I'm no' wantin' to gi'e the taiblet to Wullie Thomson," sobbed the luckless youngster.

"Ye've jist to dae whit ye're tell't," returned his mother calmly, but not unkindly. "Ye're no' to be a tawpy noo," she went on, endeavouring to dry his eyes. "Ye're to be a man. Whit wud Wullie Thomson think if he seen ye greetin'? Eh, Macgreegor?"

Lizzie had struck the right note. The sobs ceased, though the breath still came gustily. He mopped the tears with his cap, and replaced it on his head.

"Am I to gi'e him a' the taiblet an' the potty furbye?" he inquired plaintively.

"Ay. An ye're to say ye're sorry fur hurtin' him. He's no' a fine, strong laddie like yersel', Macgreegor—mind that! Yer Paw an' me wudna like if ye wis wake i' the legs like puir Wullie. Noo, jist gang roon' an' gi'e him the taiblet an' his potty, an' see if ye canna mak' freen's wi' him again."

"I'm no' wantin' to be freen's," said Macgregor, rebelliously. "I'm no' wantin' to gang."

"Are ye feart fur Wullie Thomson?" asked Lizzie. Another clever stroke!

"I'm no' feart! I'll gang!"

"Fine, man!" cried John, who had been listening in gloomy silence. "I kent ye wisna feart."

Macgregor began to feel himself rather a hero. In dignified silence he took the poke of "taiblet," which his mother had tied securely with a piece of tape from her work-bag, and departed on his errand.

John looked anxiously to Lizzie.

She sat down to her seam again, but her fingers were less deft than usual. They both eyed the clock frequently.

. . . .

"pɪ̞ʔ on jər 'bʌnət, mə'grigər,...........ən taʔ ðə 'tebləʔ ən 'pɔʔɪ̞ run tə 'wʌlɪ̞ 'tomsən. ɪ̞ts no: dark jɛt,"...........

„əm no: 'wantən tə gi: ðə 'tebləʔ tə 'wʌlɪ̞ 'tomsən."...........

"jɪv dʒɪst tə de: ʌɪ̞ʔ jɪr tɛlt,...........jɪr no: tə bi ə 'tǫ:pɪ̞ nu:,...........jɪr tə bi ə man. ʌɪ̞ʔ wʌd 'wʌlɪ̞ 'tomsən θɪ̞ŋk ɪ̞f i sin jɪ gritn? e:, mə'grigər?"

. . . .

"əm ə tə gi ɪ̞m ǫ: ðə 'tebləʔ ən ðə 'pɔʔɪ̞ fʌr'baɪ?"...

"aɪ. ən jɪr tə se: jɪr 'sorɪ̞ fʌr 'hʌrtən ɪ̞m. hiz no: ə fəin, strɔŋ 'lǫdɪ ləik jər'sɛl, mə'grigər—məind ðaʔ! jər pǫ: ən mi: 'wʌdnɪ ləik ɪ̞f jɪ wɪ̞z wek ɪ̞ ðə lɛgz ləiʔ pe:r 'wʌlɪ̞. nu:, dʒɪst gaŋ run ən gi ɪ̞m ðə 'tebləʔ ən ɪ̞z 'pɔʔɪ̞, ən si: ɪ̞f jɪ 'kanɪ maʔ frinz wɪ̞ ɪ̞m ə'gen."

"əm no: 'wantən tə bi frinz,...........əm no: 'wantən tə gaŋ."

"ər jɪ fi:rt fʌr 'wʌlɪ̞ 'tomsən?"...........

"əm no: fi:rt! əl gaŋ!"

"fəin, man!"...........ə kent jɪ 'wɪ̞znɪ fi:rt."

. . . .

"He sudna be mair nor five meenits," remarked John. "I doot we wis ower hard on the wean, wumman."

Lizzie made no response, and ten minutes dragged slowly past.

"Did ye expec' he wud dae't?" asked John presently.

"Och, ay!" she answered with affected carelessness.

"I wisht I had went wi' him," said John.

Lizzie put in half-a-dozen stitches in silence. Then she said—"Ye micht gang roon an' see whit's keepin' him, John."

"I'll dae that, Lizzie....Dae ye think I micht buy him a bit taiblet when I'm ootbye?" He asked the question diffidently.

His wife looked up from her seam.

"If ye like, John," she said, gently. "I'm thinkin' the laddie's had his lesson noo. He's unco prood fur to be a wean, is he no'?"

"Ay," said John. "There's no mony like Macgreegor." He nodded to his wife, and went out.

About twenty minutes later father and son re-entered the house together. Both were beaming.

"I cudna get Macgreegor awa' frae Wullie Thomson, Lizzie," said John, smiling.

"Weel, weel," said his wife, looking pleased. "An' did ye gi'e Wullie the taiblet an' the potty, Macgreegor?"

"Ay, Maw."

Whereupon his mother caught and cuddled him. "Gi'e him a bit taiblet, John," she said.

John did so right gladly and generously, and Macgregor crumped away to his heart's content.

"An' whit kep' ye waitin' at Wullie's a' this time?" inquired Lizzie, pleasantly.

"He gi'ed me a big daud o' potty, Maw," said the boy, producing a lump the size of an orange.

"Oh!" exclaimed Lizzie, trying not to look annoyed.

"An' him an' me ett the taiblet," added Macgregor.

"hi 'sʌdnɪ bi meːr nɔr fɑɪv 'minəts,...........ə dut wi wɪ̞z ʌur hɑrd on ðə weːn, 'wʌmən."

. . . .

"dɪ̞d jɪ ɪ̞k'spɛk hi wʌd deːt?"...........

"ox, ɑɪ!"...........

"ə wɪ̞ʃt ə hɪ̞d wɛnt wɪ̞ ɪ̞m."

. . . .

"jɪ mɪ̞xt gɑŋ run ən siː ʍɪ̞ʔs 'kipən ɪ̞m, dʒon."

"əl deː ðɑʔ, 'liːzi...de jɪ θɪ̞ŋk ə mɪ̞xt bɑɪ ɪ̞m ə bɪ̞ʔ 'tebləʔ ʍən əm ut'bɑɪ?"

. . . .

"ɪ̞f jɪ ləik, dʒon,...........əm 'θɪ̞ŋkən ðə 'lo̜dɪz həd ɪ̞z lɛsn nuː hiz 'ʌŋkə prud fʌr tə bi ə weːn, ɪ̞z i noː?"

"ɑɪ,...........ðərz noː 'monɪ̞ ləiʔ mə'grigər."

. . . .

"ə 'kʌdnɪ gɛʔ mə'grigər ə'wo̜ː fre 'wʌlɪ̞ 'tomsən, 'liːzi."...

"wil, wil,...........ən dɪ̞d jɪ giː 'wʌlɪ̞ ðə 'tebləʔ ən ðə 'pɔʔɪ̞, mə'grigər?"

"ɑɪ, mo̜ː."

. . . .

"gi ɪ̞m ə bɪ̞ʔ 'tebləʔ, dʒon."

. . . .

"ən ʍɪ̞ʔ kɛp jɪ 'weʔən ət 'wʌlɪz o̜ː ðɪ̞s təim?"...........

"hi giːd mi ə bɪ̞g do̜ːd o 'pɔʔɪ̞, mo̜ː,"...........

"oː!"...........

"ən hɪ̞m ən miː ɛʔ ðə 'tebləʔ,"...........

XXI A. CUDDLE DOON

ALEXANDER ANDERSON (Surfaceman) (1845–1909).

The bairnies cuddle doon at nicht
   Wi' muckle faucht an' din;
"Oh try and sleep, ye waukrife rogues,
   Your faither's comin' in—"
They never heed a word I speak;
   I try to gi'e a froon,
But aye I hap them up an' cry,
   "O, bairnies, cuddle doon."

Wee Jamie wi' the curly heid—
   He aye sleeps next the wa',
Bangs up an' cries, "I want a piece"—
   The rascal starts them a'.
I rin an' fetch them pieces, drinks,
   They stop awee the soun',
Then draw the blankets up an' cry,
   "Noo, weanies, cuddle doon."

But ere five minutes gang, wee Rab
   Cries out, frae 'neath the claes,
"Mither, mak' Tam gi'e ower at ance,
   He's kittlin' wi' his taes."
The mischief's in that Tam for tricks,
   He'd bother half the toon;
But aye I hap them up and cry,
   "O, bairnies, cuddle doon."

At length they hear their faither's fit,
   An, as he steeks the door,
They turn their faces to the wa',
   While Tam pretends to snore.

XXI A. CUDDLE DOON

Alexander Anderson (Surfaceman) (1845–1909).

ðə [1]ˈbernɪ̜z kʌdl dun ət nɪ̜xt
  wɪ̜ mʌkl fɑːxt ən dɪ̜n;
"oː traɪ ən slip, jɪ [2]ˈwɑːkrɪ̜f rogz,
  jər [3]ˈfeðərz ˈkʌmən ɪ̜n—"
ðeː ˈnɪvər hid ə wʌrd ə spik;
  ə traɪ tə gi ə frun,
bət əi ə hɑp ðəm ʌp ən kraɪ,
  "oː, [1]ˈbernɪ̜z, kʌdl dun."

wiː ˈdʒimi wɪ̜ ðə ˈkʌrlɪ̜ [4]hid—
  hi əi slips nɛkst ðə [2]wɑː,
bɑŋz ʌp ən kraɪz, "ə [5]wɪ̜nt ə pis"—
  ðə rɑskl stɛrts ðəm [2]ɑː.
ə rɪn ən fɛtʃ ðəm ˈpisəz, drɪ̜ŋks,
  ðe stɔp əˈwiː ðə sun,
ðən [2]drɑː ðə ˈblɑŋkəts ʌp ən kraɪ,
  "nuː, ˈweːnɪ̜z, kʌdl dun."

bət eːr faɪv ˈminəts gɑŋ, wiː rɑb
  kraɪz ut, fre [4]niθ ðə kleːz,
"ˈmɪðər, mɑk tɑm gi ʌur ət [6]ens,
  hiz ˈkɪtlən wɪ̜ hɪ̜z ṭeːz."
ðə ˈmɪstʃifs ɪ̜n ðɑt tɑm fər trɪ̜ks,
  hid ˈboðər [2]hɑːf ðə tun;
bət əi ə hɑp ðəm ʌp ən kraɪ,
  "oː, [1]ˈbernɪ̜z, kʌdl dun."

ət lɛnθ ðe hiːr ðər [3]ˈfeðərz fɪ̜t,
  ən, əz i stiks ðə doːr,
ðe tʌrn ðər ˈfesəz tə ðə [2]wɑː,
  ʍəil tɑm prɪˈtɛn*d*z tə snoːr.

---

[1] ɛ [2] o̜ː [3] eː [4] e [5] ɑ, ʌ [6] jɪ̜ns

"Ha'e a' the weans been gude?" he asks,
As he pits aff his shoon;
"The bairnies, John, are in their beds,
An' lang since cuddled doon."

An' just afore we bed oorsel's,
We look at our wee lambs,
Tam has his airm roun' wee Rab's neck,
And Rab his airm roun' Tam's.
I lift wee Jamie up the bed,
An' as I straik each croon,
I whisper, till my heart fills up,
"O, bairnies, cuddle doon."

The bairnies cuddle doon at nicht
Wi' mirth that's dear to me;
But sune the big warl's cark an' care
Will quaten doon their glee.
Yet, come what will to ilka ane,
May He who rules aboon
Aye whisper, though their pows be bald,
"O, bairnies, cuddle doon."

"he [1]ɑː ðə weːnz bin gyd?" hi ɑsks,
  əz hi pɪts ɑf ɪz ʃun;
"ðə [2]ˈbernɪz, dʒon, ər ɪn ðər bɛdz,
  ən lɑŋ sɪns kʌdlt dun."

ən dʒyst əˈfoːr wi bɛd [3]urˈsɛlz,
  wi luk ət uːr wiː lɑmz,
tɑm həz hɪz [2]erm run wiː rɑbz nɛk,
  ən rɑb hɪz [2]erm run tɑmz.
ə lɪft wiː ˈdʒimi ʌp ðə bɛd,
  ən əz ə strek itʃ krun,
ə [4]ˈʍʌspər, tɪl mə hɛrt fɪlz ʌp,
  "oː, [2]ˈbernɪz, kʌdl dun."

ðə [2]ˈbernɪz kʌdl dun ət nɪxt
  wɪ mɪrθ ðəts diːr tə miː;
bət [5]syn ðə bɪg [6]wɑrldz kɑrk ən keːr
  [4]wʌl kweːtn dun ðər gliː.
jɛt, kʌm ʍɑt [4]wʌl tə ˈɪlkə [7]en,
  meː hiː hu ruːlz əˈbun
əi [4]ˈʍʌspər, θo ðər pʌuz bi [1]bɑːld,
  "oː, [2]ˈbernɪz, kʌdl dun."

---

[1] ǫː [2] ɛ [3] wɪr, wʌr, wər [4] ɪ [5] ʃ [6] ɑː [7] jɪn

XXII A. FAUR WAUR

GALLOWAY GOSSIP.

R. De Bruce Trotter.

This extract is an example of Galloway and Nithsdale speech which is sharply distinguished from that of East Dumfries. Gaelic lingered up till the beginning of the 18th century in Sth. Ayrshire and Galloway, but at a very early date "Inglis" was no doubt spoken in the boroughs like Kirkcudbright and Dumfries. Galloway Scots is distinctly of the Lothian type. Among middle-aged speakers in the country **y** and **ø** are still rounded vowels, though with younger people and in the towns they are tending towards **ɪ** and **e**. **j** occurs very commonly after a back consonant such as **k** or **g** followed by a front vowel, e.g. **kjɛn**, **gjed**, *ken*, *gaed*, "know," "went." When **d** is dropped after

---

Weel-ye-ken! in coorse o' time A gaed wrang i' head like ither folk, an' took a man, an' we set up hoose in The Ferry; for yer faither ken't a lot o' folk there, an' try't tae get a practice in't, for there wus nae doctor there at the time, but an aul' buddy yt had been in the airmy, an' didna care whether he gaed oot or no—for the half o' the natives wus Eerish, an gied him naething but thanks, an' the lave o' them wus gentilities yt keepit him rinnin' efter them nicht an' day, an' gied him naething but an ill name whun he crave't them for siller. Ye see, whun they wudna pey he wudna gang back, an' they had tae invent some kin' o' a story for an excuse for leavin' him, an' gettin' a Newton-Stewart doctor yt didna ken them, in his place. Of coorse my man didna ken ocht aboot this, an' had tae buy his experience like ither doctors.

Sae ye see, he gat plenty 'a do, but unco little tae eat; lots o' promises but little pey, an' whiles a deal o' grumblin.

The warst grumbler o' them a' wus an aul' buddy frae Barfad, they ca't Bella Gibson, yt wus aye badly, an' naething he could gie her wud do her ony gude. She was an "aul' lass" aboot 95 or 96, an' wus cross an' cantankerous acause she hadna a man

XXII A. FAUR WAUR

GALLOWAY GOSSIP.

R. De Bruce Trotter.

a nasal, there is a distinct lengthening of the nasal as in **kəin:** = *kind.* **ɑ̢:** never takes the place of **ɑ:** as in so many districts of Mid Sc. unless among incomers from Ayrshire and their children. The glottal catch (see Ph. § 44) so common in N. Ayr is also unknown among genuine Galloway speakers. **ʌ** is very common as a substitute for **ɪ** or **ɪ̞**.

Dr. Trotter's sketches are very racy and real specimens of Scottish Vernacular. Those who know the Galloway of last century can testify that they are also true to the old world life of the ancient province.

---

wil i kjɛn! ɪ̞n kurs o təim ɑ gjed rɑŋ i hid ləik ɪ'ðər fok, ən tuk ə mɑn, ən wi sɛt ʌp hus ɪ̞n ðə 'fɛrɪ̞; fər jər 'feðər kjɛnt ə lɔt o fok ðe:r, ən trɑɪt tə gjɛt ə 'prɑktɪ̞s ɪ̞nt, fər ðər wʌz ne: 'dɔktər ðe:r ət ðə təim, bət ən ɑ:l 'bʌdɪ ɪ̞t həd bin ɪ̞n ðə 'ermɪ̞, ən 'dɪ̞dnə kje:r 'ʍʌðər hi gjed ut ɔr no:—fər ðə hɑ:f o ðə 'netɪ̞vz wʌz 'i:rɪ̞ʃ, ən gjid ɪ̞m 'neθɪŋ bət θɑŋks, ən ðə le:v o ðəm wʌz dʒɛn'tilɪtɪ̞z ɪ̞t 'kipət ɪ̞m 'ɪrmən 'ɛftər ðəm nɪ̞xt n̩ de:, ən gjid ɪ̞m 'neθɪ̞ŋ bət ən ɪ̞l nem ʍʌn i kre:vt ðəm fər 'sɪ̞lər. jɪ si:, ʍʌn ðe: 'wʌdnə pəi hi: 'wʌdnə gjɑŋ bɑk, ən ðe həd tə ɪ̞n'vɛnt sʌm kɪ̞n o ə 'sto:rɪ̞ fər ən ɪ̞k'skjys fər 'li:vən ɪ̞m, ən 'gjɛtən ə 'njutən 'stjuərt 'dɔktər ɪ̞t 'dɪ̞dnə kjɛn ðəm, ɪ̞n ɪz ples. əv kurs mə mɑn 'dɪ̞dnə kjɛn ɔxt ə'but ðɪ̞s, ən həd tə bɑɪ hɪ̞z ɪ̞k'sperjəns ləik 'ɪ̞ðər 'dɔktərz.

se jɪ si:, hi gɑt 'plɛntɪ ə'dø:, bət 'ʌŋkə lɪ̞tl tə it; lɔts o 'prɔmɪsəz bət lɪ̞tl pəi, ən ʍəilz ə del o 'grʌmlən.

ðə wɑrst 'grʌmlər o ðəm ɑ: wʌz ən ɑ:l 'bʌdɪ fre bɑr'fɑd, ðe kɑ:t 'bɛlə 'gɪ̞bsən, ɪ̞t wʌz əi 'bɑdlɪ̞, ən 'neθɪ̞ŋ i kʌd gji ər wʌd dø: ər 'ɔnɪ̞ gʝyd. ʃi wʌz ən "ɑ:l lɑs" ə'but 'nəintɪ̞ fɑɪv ɔr 'nəintɪ̞ sɪ̞ks, ən wʌz krɔs ən kən'tɑŋkərəs ə'kɔz ʃi 'hədnə ə mɑn tae rage on; an' she had a brither they ca't Alick, yt leev't next door, an' was twa or three year younger nor her, an he wus a wabster, an' wrocht plaids an' blankets an' things o' that kin'. A see the dictionary says it should be pronounce't "plad," but thats joost nonsense, for its pronounce't joost like the English "played." But that's naething.

Weel! Bella an Alick belang't tae the Glenkenns, an' they ca't their faither Sauners McGubb, him yt use't tae leeve across the water frae Dalry; but they cheinge't their name tae Gibson whun they turn't genteel. A'll no say but it was an improvement, though.

Every twa-three days Alick use't tae come doon tae The Ferry, an gie a furious chap at the door.

"Eh! Doctor!" says he, "ye'll hae tae c'wa up tae Barfad an' see Bella, she's far waur the day; yon med'cine didna do her a bit o' gude; she's joost dune wi' hosstin, an fair chokit wi' the clocher an' the floam." He use't the same words every time he cam, an' whun he had restit a bit, he resume't—"O! Doctor! she's aboot bye wi't! could ye no gie's a pair o' aul' black trousers tae wear at the burial?" As we had nae black trousers tae spare in thae days, he gat nane; so he finish't aff wi'—"Heest ye! Doctor! heest ye! she'll be deid or ye wun half-way. She gat aff the Session, ye ken."

Aff gaed the Doctor, four weary miles an' nae mile-stanes, an' as sune as he wun in ye door an' could be seen through the reek, he was salutit wi'—"Eh! Doctor! whut keepit ye? A'm far waur! A'm fit tae be chokit wi' the clocher an' the floam! yon drogg was nae use. A micht as weel 'a' suppit saep-sapples! A'm clocherin' and hosstin' frae morning tae nicht, an' frae nicht tae morning."

It wus verra heartless tae be tell't every time he gaed yt she wus far waur, an' the Doctor wus fair provokit aboot it, an' thocht folk wud notice the man comin' day efter day to the door, an' think he was makin' a puir han' o' her.

Hooever, a big blue letter cam' frae Edinburgh yae day, an' this wus a Insurance Company wantin' him tae gang tae Palnure tae examine aul' Doctor Agnew tae see if he wus aye leevin? He wus 99, an' there wus an annuity on his life, an' they thocht tə redʒ ɔn; ən ʃi həd ə 'brɪðər ðe kaːt 'alɪk, ɪt liːvt nɛkst doːr, ən wʌz 'twarθri iːr 'jʌŋər nɔr hər, ən i wʌz ə 'wabstər, ən *wrɔxt* pledz ən 'blaŋkəts ən θɪŋz o ðat kəin. ə siː ðə 'dɪkʃnrɪ sɛz ɪt ʃud bi prə'nunst "plad," bət ðats dʒyst 'nɔnsəns, fər ɪts prə'nunst dʒyst ləik ðə 'ɪŋlɪʃ "pled." bət ðats 'neθɪŋ.

wil! 'bɛlə ən 'alɪk bɪ'laŋt tə ðə 'glɛnkɪnz, ən ðe kaːt ðər 'feðər 'saːnərz mə'gʌb, hɪm ɪt jøst tə liːv ə'krɔs ðə 'watər fre də'raɪ; bət ðe [1]tʃəindʒt ðər nem tə 'gɪbsən ʍʌn ðe tʌrnt dʒɪn'til. əl noː seː bət ɪt wʌz ən ɪm'prøːvmənt, θoː.

'ɪvrɪ 'twaθri deːz 'alɪk jøst tə kʌm dun tə ðə 'fɛrɪ, ən gjiː ə 'fjøːrɪəs tʃap ət ðə doːr.

"eː! 'dɔktər!" sɛz i, "jil heː tə kwaː ʌp tə bar'fad ən siː 'bɛlə, ʃiz faːr waːr ðə deː; jɔn 'mɛdsɪn 'dɪdnə døː ər ə bɪt o gjyd; ʃiz dʒyst dyn wɪ 'hɔstən, ən feːr 'tʃɔkət wɪ ðə 'klɔxər ən ðə flom." hi jøst ðə sem wʌrdz 'ɪvrɪ təim i kam, ən ʍʌn i həd 'rɛstət ə bɪt, hi rɪ'zumt—"oː! 'dɔktər! ʃiz ə'but baɪ wiːt! kʌd i noː [2]gjis ə peːr o aːl blak 'truːzərz tə wiːr ət ðə 'bøːrɪəl?" əz wi həd neː blak 'truːzərz tə speːr ɪn ðeː deːz, hi gat nen; so i 'finiʃt af wɪ— "'histi! 'dɔktər! 'histi! ʃil bi did ɔr i wʌn 'haːfwəi. ʃi gat af ðə 'sɛʃən, i kjɛn."

af gjed ðə 'dɔktər, 'fʌuər 'wiːri məilz ən neː 'məilstenz, ən əz syn əz i wʌn ɪn jɪ doːr ən kʌd bi sin θruː ðə rik, hi wʌz sə'lutət wɪ—"eː! 'dɔktər! ʍʌt 'kipət i? am faːr waːr! am fɪt tə bi 'tʃɔkət wɪ ðə 'klɔxər ən ðə flom! jɔn drɔg wʌz neː jys. ə mɪxt əz wil a 'sʌpət 'sep'saplz! əm 'klɔxərən ən 'hɔstən fre 'mɔrnən tə nɪxt, ən fre nɪxt tə 'mɔrnən."

ɪt wʌz 'vɛrə 'hɛrtləs tə bi tɛlt 'ɪvrɪ təim hi gjed ɪt ʃi wʌz faːr waːr, ən ðə 'dɔktər wʌz feːr prə'vɔkət ə'but ɪt, ən θɔxt fok wʌd 'nɔtɪs ðə man 'kʌmən deː 'ɛftər deː tə ðə doːr, ən θɪŋk i wʌz 'makən ə pøːr han o ər.

hu'ɪvər, ə bɪg bljuː 'lɛtər kam fre 'ɛdnbʌrə jeː deː, ən ðɪs wʌz ə ɪn'ʃurəns 'kʌmpənɪ 'wantən ɪm tə gaŋ tə pal'njuːr tə ɪg'zamɪn aːl 'dɔktər 'agnju tə siː ɪf i wʌz əi 'liːvən? hi wʌz 'nəintɪ nəin, ən ðər wʌz ən ə'njuɪtɪ ɔn ɪz ləif, ən ðe θɔxt i ʃud a bin did laŋ

---

[1] tʃəinʃt [2] gjiːz

he should 'a' been deid lang afore; an' they jalouse't yt somebuddy else wus signing his name an' gettin' the siller.

Weel! the Doctor gaed his wa's ower an' saw him; an' he wus oot in the yaird settin' kail, an' they gaed awa-ye-hoose an' had a dram thegither.

"Eh! man!" says Doctor Agnew, "an' ye'r i' Ferry, ir ye?—d'ye ken Sanny M'Kie, is he aye leevin' yet; an' hoo's John M'Clurg an' Peter M'Quhae?" An' he speer't an' better speer't, whiles aboot folk yt wus leevin' an' whiles aboot folk yt wus deid mony a year afore, an' at last he said—"An' hae ye been ca't tae Barfad yet tae see Bella Gibson?"

"Aye!" says my man, "yt hae A."

"Is she far waur?" says the Doctor.

"Aye! she's far waur," wus the answer.

"Weel!" says Doctor Agnew, "she haes been 'far waur' tae my knowledge for fifty-seven year, sae ye'll no be dishearten't if she keeps 'far waur' for a dizzen year tae come. A suppose she's as badly as ever wi' the clocher an' the floam."

It wus an awfu' relief; an' he cam hame as pleas't as if he had fun a groat; an' the next time aul' Alick cam for him, he speer't if she wusna "far waur"; an' whun he begood aboot the aul' black trousers, he tell't him it wudna be lang or she wus gaun aboot the Ferry, an' beggin' for an aul' black goon tae mak her decent for Alick's burial. It wus months efter afore Alick cam back for him again.

Yae nicht aboot fowr year efter this, Alick wus in maskin' some tea for her, an' quo she—"Dinna lea' me the nicht, Alick! A'm far waur nor ever A wus; A'm horridly chokit wi' the clocher an' the floam." "Deevil choke ye!" quo Alick, "ye can choke awa' there; ye'e been far waur this fifty year; maybe ye think A'm as big a fule as the doctor"; an' he gaed aff tae his bed an' left her.

In the mornin' she wus fun stark deid.

"Confoond her!" says Alick, "could she no 'a' tell't folk! she wus aye cryin' 'far waur!' but wha ever thocht o' heedin' her?"

In coorse o' time Alick dee't too, an' there wus twunty-three coats fun in the hoose, an' seeventy-nine black trousers, a' etten useless wi' the moths; an' the queer pairt o't wus—yt whun Bella dee't he had a new black suit made for the burial, an' made nae use o' a' he had beggit for't.

ə'foːr; ən ðe dʒə'lust ɪt 'sʌmbʌdɪ els wʌz 'səinən ɪz nem ən 'gɛtən ðə 'sɪlər.

wil! ðə 'dɔktər gjed ɪz wɑːz 'ʌuər ən sɑː hɪm; ən i wʌz ut ɪ ðə jɛrd 'sɛtən kel, ən ðe gjed ə'wɑjɪ'hus ən həd ə dram ðə'gɪðər.

"eː! mən!" sez 'dɔktər 'ɑgnju, "ən jər i 'fɛrɪ, ɪr (j)ɪ?—djɪ kjɛn 'sɑnɪ mə'kiː, ɪz i əi 'liːvən jɛt; ən huːz dʒɔn mə'klʌrg ən 'pitər mə'kxʌeː?" ən i spiːrt ən 'bɛtər spiːrt, ʌəilz ə'but fok ɪt wʌz 'liːvən ən ʌəilz ə'but fok ɪt wʌz did 'mɔnɪ ə iːr ə'foːr, ən ət lɑst i sɛd—"ən he jɪ bin kɑːt tə bɑr'fɑd jɛt tə siː 'bɛlə 'gɪbsən?"

"ɑɪ!" sez mə mɑn, "ɪt he ə."

"ɪz ʃi fɑːr wɑːr?" sez ðə 'dɔktər.

"ɑɪ! ʃiz fɑːr wɑːr," wʌz ðə 'ɑnsər.

"wil!" sez 'dɔktər 'ɑgnju, "ʃi həz bin 'fɑːr wɑːr' tə mɑɪ 'nɔlədʒ fər 'fɪftɪ'sivn iːr, se il noː bi dɪs'hɛrtənt ɪf ʃi kips 'fɑːr wɑːr' fər ə dɪzn iːr tə kʌm. ə sʌ'poːz ʃiz əz 'bɑdlɪ əz 'ɪvər wɪ ðə 'klɔxər ən ðə flom."

ɪt wʌz ən 'ɑːfə rɪ'lif; ən hi kɑm hem əz pliːst əz ɪf i həd fʌn ə grɔt; ən ðə nɛkst təim ɑːl 'ɑlɪk kɑm fɔr ɪm, hi spiːrt ɪf ʃi 'wʌznə 'fɑːr wɑːr'; ən ʌʌn i brɪ'gud ə'but ðə ɑːl blɑk 'truːzərz, hi tɛlt ɪm ɪt 'wʌdnə bi lɑŋ ɔr ʃi wʌz gɑːn ə'but ðə 'fɛrɪ, ən 'bɛgən fər ən ɑːl blɑk gun tə mɑk ər 'dɛsənt fər 'ɑlɪks 'bøːrɪəl. ɪt wʌz mʌnθs 'ɛftər ə'foːr 'ɑlɪk kɑm bɑk fɔr ɪm ə'gɛn.

jeː nɪxt ə'but 'fʌuər iːr 'ɛftər ðɪs, 'ɑlɪk wʌz ɪn 'mɑskən sʌm tiː fɔr ər, ən kwo ʃiː—"'dɪnnə liː mi ðə nɪxt, 'ɑlɪk! əm fɑːr wɑːr nɔr 'ɪvər ə wʌz; əm 'hɔrədlɪ 'tʃɔkət wɪ ðə 'klɔxər ən ðə flom." "diːvl tʃɔk jɪ!" kwo 'ɑlɪk, "jɪ kən tʃɔk ə'wɑː ðeːr; ji e bin fɑːr wɑːr ðɪs 'fɪftɪ iːr; 'mebi ji θɪŋk əm əz bɪg ə fyl əz ðə 'dɔktər"; ən i gjed ɑf tə ɪz bed ən lɛft ər.

ɪn ðə 'mɔrnən ʃi wʌz fʌn stɑrk did.

"kən'fun ər!" sez 'ɑlɪk, "kʌd ʃi noː ə tɛlt fok! ʃi wʌz əi 'krɑɪən 'fɑːr wɑːr!' bʌt ʌɑː 'ɪvər θɔxt o 'hidən ər?"

ɪn kurs o təim 'ɑlɪk diːt tøː, ən ðər wʌz 'twʌntɪ'θriː kots fʌn ɪn ðə hus, ən 'sivntɪ'nəin blɑk 'truːzərz, ɑː ɛtn 'jysləs wɪ ðə moθs; ən ðə kwiːr pert ot wʌz—ɪt ʌʌn 'bɛlə diːt hi həd ə njuː blɑk syt med fər ðə 'bøːrɪəl, ən mɛd neː jys o ɑː hi əd 'bɛgət fɔrt.

XXIII A. WINTER

ECHOES FROM KLINGRAHOOL.

JUNDA (J. S. ANGUS).

These verses are written in the Shetland dialect which is Mid Scots grafted upon an original Scandinavian stock. The Orkney and Shetland Islands came under the Scottish Crown in 1469 in pledge for the dowry of Margaret of Denmark on her marriage with King James III. The Scottish governors with their following of officials, retainers and traders, introduced the language of the Lowlands so that the islanders gradually abandoned their old Scanic tongue. According to the late Dr Jakobsen of Copenhagen University, there are still about 10,000 words of Scandinavian origin in the modern dialect. The pronunciation given in this extract is that of Mr Brown, Schoolmaster of John o' Groats, Caithness, who is a native of Fetlar and has had a phonetic training.

Blaw, blaw, blaw!
  Rain, rain, rain!
I wis tinkin he shörely wis gjaain ta faa,
  Bit he's takkin 'im up again.
Da streen he wis up at da wast
  An noo he's as hard fae da aest,
If dis wicked wadder be's gjaain ta last
  Hit'll finish baith man an baest.

Sleet, sleet, sleet!
  An slush up as hiech as da cöts,—
Da mellishan widna had oot ta da feet,—
  Hit wid sok trou da best sea-böts.
An as for a clog or a shö!
  Hit gengs trou dem da sam as trou socks;
An what can a pör body dö,
  'At haes naethin bit rivleens or smucks.

XXIII A. WINTER

ECHOES FROM KLINGRAHOOL.

JUNDA (J. S. ANGUS).

Among the phonetic points of interest in this dialect are:

(1) O.E. *ō*, Scan. *ō*, Fr. *u* become **y** or **ø**, e.g. shörely, pör, cöts, shö.

(2) O.E. *ā* + *n* = *i* as in part of N.E., e.g. *stane, lane* = **stin, lin.**

(3) Diphthong **ɔu** in "through, thought, brought," **trɔu, tɔut, brɔut.**

(4) **θ** and **ð** are very widely rendered by **t** and **d** (generally advanced), e.g. da = the, tinkin = thinking.

For many years now, fishermen from the N.E. have frequented these islands and many have even settled there. This will account for the occasional appearance of a N.E. pronunciation, e.g. *fu*, **fu** = "how," in our poem.

---

blɑː, blɑː, blɑː!
  reːn, reːn, reːn!
ai wəz ˈtəŋkən hi ˈʃyrli wəz gjɑːn tə fɑː,
  bət hiz ˈtɑkən əm ʌp əˈgin.
də strin hi wəz ʌp ɑt də wɑst
  ən nuː hiz əz hard fe də est,
əf dəs ˈwikid ˈwadər biz gjɑːn tə lɛˀst
  hətl finiʃ beθ man ən best.

slit, slit, slit!
  ən slʌʃ ʌp əz həiç əz də kyts,—
də ˈmɛliʃən ˈwədnə had ut tə də fit,—
  hət wəd sɔk trɔu də bɛst ˈsiˈbyts.
ən əz fər ə klɔg ɔr ə ʃøː!
  hət gɛŋz trɔu dəm də sam əs trɔu sɔks;
ən ʌat kən ə pøːr ˈbɔdi døː,
  ət həz ˈneθin bət ˈrəvlinz ɔr smʌks.

Whan Baabie cam hame fae da gippeen
  I made her a new pair o clogs—
Dey hed aald bain soles for da shoddeen
  An peerie bress pies i da lugs.
Ta lat wis see fu dey wir wearin,
  I aksed her ta shaw dem dastreen,
Bit, sae get I helt, an dat's swearin,
  Shö brocht me da upper o ean.

Dere's da twartree craeturs o sheep—
  Der no mony o dem left—
I böl'd a foon o dem up at da Neep
  An da rest o dem doon at da Klift;
Wi da ebb dey göed doon i da gjo
  Ta nibble da bleds o waar,
Da sea hit cam in an hit laid dem i soe
  An carried dem—göd kens whaar.

Bit Johnie o Skjotaing's Gibbie
  He wis at da craigs aerdastreen,
An he says at whan he wis bewast da Knibbie
  He tocht 'at he shörely saw ean;
Shö wis lyin i da wash o da shoormal
  As composed lek as ever he saw,
Da craws wis aboot her most pooerful,
  Bit her een an her tail wis awa.

I widna a minded sae muckle
  If I'd only been clair wi da rent,
For if I soud a lived on a wilk or a cockle,
  I'd a tried till a cleared it at lent;
Bit wi sikkan a year as he's bön,
  An appearinly still gjaain ta be,
Der jöst as oonleekly a circumstance bön
  As da last leevin craetur ta dee.
An dan whaar's his rent ta come frae?—
  Fae da clood o da lift, or da stane?
So, boy, I mann bid dee göd day,
  I left peerie Beenie her lane.

ʍən ′baːbi kam him fe də ′gəpin
ai med hər ə njuː peːr ə klɔgz—
de hed ɑːld beːn solz fər də ′ʃɔdin
ən ′piːri bres pɑəz ə də lʌgz.
tə lət [1]wəz siː fu de wɪr ′werən,
ai ɑkst hər tə ʃɑː dəm dəstrin,
bət, se gɛt ai hɛlt, ən dɑts ′swerən,
ʃøː brɔut mi də ′ʌpər ə in.

derz də ′twɑrtri ′krɛtərz ə ʃip—
der noː ′mɔni ə dəm lɛft—
ai byld ə fun ə dəm ʌp ɑt də nip
ən də rɛst ə dəm dun ət də kləft;
wi də eb de gyd dun ə də gjoː
tə nəbl də bledz o wɑːr,
də siː ət kam ən ən hət led dəm ə soː
ən ′kjarid dəm—gyd kinz ʍɑːr.

bət ′tʃoni ə ′skjotɛŋz ′gəbi
hi wəz ɑt də kregz erdə′strin,
ən hi sez ət ʍən hi wəz bi′wɑst də ′knəbi
hi tɔut ət hi ′ʃyrli sɑː in;
ʃø wəz ləiən ə də wɑʃ ə də ′ʃurməl
əz kʌm′pozd lɛk əz əvər hi sɑː,
də kraːz wəz ə′but hər most ′purfəl,
bət hər in ən hər teːl wəz ə′wɑː.

ai ′wədnə ə ′məindəd se mʌkl
əf aid ′ɔnli bin kliːr wi də rɛnt,
fʌr əf ai sud ə ləvd ɔn ə weilk ɔr ə kɔkl,
aid ə traid təl ə kliːrd ət ɑt lɛnt;
bət wi ′sɛ˔kən ə jiːr əz hiːz bin,
ən ə′pirəntli stəl gjɑːn tə biː,
dər tʃyst əz unlɛ˔kli ə ′sərkəmstəns bin
əz də lɑst ′ləvən ′krɛtər tə diː.
ən dan ʍɑːrz həz rɛnt tə kʌm freː?—
fe də klud o də ləft, ɔr də stin?
so, bɔi, ai mən bəd di gyd deː,
ai lɛft ′piri ′bini hər lin.

---

[1] *us*

XXIV A. SOUTHERN SCOTTISH

An extract from the story of Ruth (Ch. i) in the Teviotdale dialect of 50 years ago as given by Sir James A. H. Murray in *The Dialect of the Southern Counties of Scotland* (1873), pp. 242, 244.

The Extract shows the following points of difference between Sth. Sc. and Mid Sc.

An' thay cryed oot lood, an' gràt ageane, an' Orpah kysst hyr guid-muther, but Ruith hang bey'er. An' schui said, "Sey, (y)eir guid-syster's geane away heäme tui her ayn fuok, an' tui her gôds; geae 'way yuw tui, æfter (y)eir guid-syster." An' Ruith said, "O dynna treit on-us tui leeve-(y)e, or tui gàng bàk fræ cumein æfter (y)e, for quhayr-ever (y)ee gàng, aa'l gàng, an' quhayr (y)ee beyde, aa'l beyde, yoor fuok'll bey maa fuok, an' yoor Gôd maa Gôd. Quhayr (y)ee dey, aa'l dey, an' bey laid î the greave theare aseyde-(y)e: the Loard dui-seae an mayr tui mey, yf owcht but death cum atwein yuw an' mey!" Quhan schui saa, ăt schui was sæt ònna gangein wui'r, schui gæ ower speikein tyll 'er.

Seae the tweaesum geade, tyll thay càm tui Bæthlem. An' quhăn thay wàn tui Bæthlem, quhat but the heäle toon was yn a steir aboot-them; an' quo' thay, "Ys thys Naaomie, thynk-wey?" An' schui says tui-them, "Dynna caa mey Naaomie, caa-meh Maarah, for the Almeychtie hes dealt wui-meh værra bytterlie. Aa geade oot fuw, an' the Loard hes browcht meh heäme tuim: huw wàd-(y)e caa-meh Naaomie, syn the Loard hes wutnest ageane-meh, an' the Almeychtie hes gein-meh sayr truble?"

Seae Naaomie càm heäme, an Ruith the Moabeytess, hyr guid-dowchter, wui'r, hyr ăt càm oot ŏ the cuintrie ŏ Moab; an' quhăn thay càm tui Bæthlem, yt wăs aboot the fuore-end ŏ the baarlie hærst.

XXIV A. SOUTHERN SCOTTISH

Mid Sc.	Sth. Sc.	English
uː (final)	ʌu	
huː, juː, fuː	hʌu, jʌu, fʌu	how, you, full
eː, e, he	ɪːə, ɪə, hjɛ	
greːv, nem, hem	grɪːəv, nɪəm, hjɛm	grave, name, home
iː	ɛɪ	
dee, be, me	dɛi, bɛi, mɛi,	die, be, me
ɛ	æ	
vɛrə, sɛt, hɛrst	værɛ, sæt, hærst	very, set, harvest
o, ɔ	ʊə	
foːr, fok and fʌuk	fʊər, fuək	fore, folk
ɪ̣ (in suffixes)	i	
bɪ̣tərlɪ̣, bɑ(ː)rlɪ̣, bọːrlɪ̣	bɛtɛrli, bɑ(ː)rli	bitterly, barley
ʹkʌmɪ̣n, or ʹkʌmən	ʹkʌmin	coming (noun inf.)
ɪ̣	ɛ	
sɪ̣stər, θɪ̣ŋk	sestɛr, θɛŋk	sister, think
ʍ	xʍ	
ʍɑn, ʍer	xʍʌn, xʍer	when, where
ɔx	ɔxʍ	
dɔxtər	dɔxʍtɛr	daughter

ɛn ðe˔ kraid ut lud, ɛn grɑt əʹgɪən, ɛn ʹɔrpə kɛst ɛr gødʹɪnʌðɛr, bʌt røθ hɑŋ bei ɛr. ɛn ʃø se˔d, "sɛi, ir gødʹsɛstɛrz gɪən əʹwe˔ hjɛm tø ɛr eː˔n fʊək, ɛn tø ɛr gɔːdz; gɪə weː˔ jʌu tø, æʹftɛr ir gød-ʹsɛstɛr." ɛn røθ se˔d, "ɔː ʹdɛnə trit ʹɔnɛs tɛ liːv i, ɔr tɛ gɑŋ bɑk θrɛ ʹkʌmin ʹæftɛr i, fɔr xʍe˔rʹɛvɛr iː gɑŋ, ɑːl gɑŋ, ɛn xʍeː˔r iː be˔id, ɑːl be˔id, juːr fʊək l̩ bɛi mɑː fʊək, ɛn juːr gɔːd mɑː gɔːd. xʍeː˔r iː dɛi, ɑːl dɛi, ɛn bɛi le˔d ɛ ðɛ grɪːəv ðɪːər əʹse˔id i: ðɛ lɔːrd dø sɪːə ɛn meː˔r tɛ mɛi, ɛf [1]ɔxʍt bʌt dɪəθ kʌɪn əʹtwin jʌu ɛn mɛi!" xʍʌn ʃø sɑː, ət ʃøː wʌz sæt ɔn ə ʹgɑŋin wøːr, ʃø gæ ɔur spikin tɛl ɛr.

sɪːə ðɛ ʹtwɪːəsʌm gɪəd, tl̩ ðɛ kɑm tɛ ʹbæθlɛm. ɛn xʍʌn ðɛ wɑn tɛ ʹbæθlɛm, xʍɑt bʌt ðɛ hjɛl tun wʌz ɛn ɛ stiːr əʹbut ðɛm; ɛn kwə ðeː˔, "ɛz ðɛs nɑʹɔːmi, θɛŋk wɛ?" ɛn ʃø sɛz tɛ ðɛm, "ʹdɛnə kɑː mɛi nɑʹɔːmi, kɑː mɛ ʹmɑːrə, fɔr ðɛ ɑlʹmɪeçti hɛz dɪəlt wø mɛ ʹværɛ ʹbɛtɛrli. ɑː gɪəd ut fʌu, ɛn ðɛ lɔːrd hɛz brɔxʍt mɛ hjɛm tøm: hʌu wʌd i kɑː mɛ nɑʹɔːmi, sɛn ðɛ lɔːrd hɛz ʹwʌtnɛst əʹgɪən mɛ, ɛn ðɛ ɑlʹmeçti hɛz gin mɛ seː˔r trʌbl?"

sɪːə nɑʹɔːmi kɑm hjɛm, ɛn røθ ðɛ ʹmɔəbe˔itɛs, hɛr [1]gødʹdɔxʍtɛr, wøːr, hɛr ɛt kɑm ut ə ðɛ ʹkøntri ə mɔːəb; ɛn xʍʌn ðɛ kɑm tɛ ʹbæθlɛm, ɛt wʌz əʹbut ðɛ ʹfʊːərʹænd ə ðɛ ʹbɑːrli hærst.

[1] Might be written ɔuxt, ʹdɔuxtɛr

PART IV

BALLADS AND SONGS

I B. SIR PATRICK SPENS[1]

ANONYMOUS.

The king sits in Dunfermline town,
  Drinking the bluid-red wine;
"O whare will I get a skeely skipper,
  To sail this new ship of mine?"

O up and spake an eldern knight,
  Sat on the king's right knee,
"Sir Patrick Spens is the best sailor
  That ever sailed the sea."

Our king has written a braid letter
  And sealed it with his hand,
And sent it to Sir Patrick Spens,
  Was walking on the strand.

"To Noroway, to Noroway,
  To Noroway o'er the faem;
The king's daughter of Noroway,
  'Tis thou maun bring her hame."

The first word that Sir Patrick read,
  Sae loud loud laughed he;
The neist word that Sir Patrick read,
  The tear blinded his e'e.

"O wha is this has done this deed,
  And tauld the king o' me;
To send us out, at this time of the year,
  To sail upon the sea?

"Be it wind, be it weet, be it hail, be it sleet,
  Our ship must sail the faem;
The king's daughter of Noroway,
  'Tis we must fetch her hame."

---

[1] The versions of I, II, III, X are taken from George Eyre-Todd's *Scottish Ballad Poetry* and *Ancient Scottish Ballads*.

I B. SIR PATRICK SPENS

ANONYMOUS.

ðə kiŋ sɪ̡ts ɪ̡n dʌm'fɛrmlɪn tun,
'drɪŋkən ðə blyd[1]rid wəin;
"o ʍɑːr [2]wɪ̡l ə gɛt ə 'skili 'skɪ̡pər,
tə sel ðɪ̡s njuː ʃɪ̡p o məin?"

o ʌp ən spɑk ən 'ɛldərn knɪ̡xt,
sɑt ət ðə kiŋz rɪ̡xt kniː,
"[2]sɪ̡r [3]'pɑtrɪ̡k spɛns ɪ̡z ðə bɛst 'selər
ðət 'ɪvər [4]seld ðə siː."

[5]wər kiŋ həz [2]wrɪ̡tn ə bred 'lɛtər
ən [3]sild ɪ̡t wɪ̡ hɪ̡z [6]hɑn*d*,
ən sɛnt ɪ̡t tə [2]sɪ̡r [3]'pɑtrɪ̡k spɛns,
wəz [7]'wɑːkən ɔn ðə [6]strɑn*d*.

"tə 'nɔrəwe, tə 'nɔrəwe,
tə 'nɔrəwe ʌur ðə fem;
ðə kiŋz [8]'doxtər o 'nɔrəwe,
tɪ̡z ðuː mən brɪ̡ŋ ər hem."

ðə [2]fɪ̡rst [9]wʌrd ðət [2]sɪ̡r [3]'pɑtrɪ̡k rɛd,
se lud lud [6]lɑxt hiː;
ðə nist [9]wʌrd ðət [2]sɪ̡r [3]'pɑtrɪ̡k rɛd,
ðə tiːr 'blɪ̡ndət ɪ̡z iː.

"o [7]ʍɑː ɪ̡z ðɪ̡s həz dyn ðɪ̡s did,
ən [7]tɑːl*d* ðə kiŋ o miː;
tə sɛn*d* ʌs ut, ət ðɪ̡s təim o ðə iːr,
tə sel ə'po ðə siː?

"bi ɪ̡t [9]wʌn*d*, bi ɪ̡t wit, bi ɪ̡t hel, bi ɪ̡t slit,
uːr ʃɪ̡p mʌst sel ðə fem;
ðə kiŋz [8]'doxtər o 'nɔrəwe,
tɪ̡z wiː mʌst fɛs ər hem."

---

[1] ɛ, ə [2] ʌ [3] e [4] t [5] wɪ̡r, wʌr, ur [6] ɑː [7] ǫː [8] ɔ [9] ɪ̡

They hoysed their sails on Monenday morn
Wi' a' the speed they may;
They ha'e landed in Noroway,
Upon a Wodensday.

They hadna been a week, a week,
In Noroway, but twae,
When that the lords o' Noroway
Began aloud to say,

"Ye Scottishmen spend a' our king's gowd,
And a' our queenis fee."
"Ye lie, ye lie, ye liars loud!
Fu' loud I hear ye lie;

"For I brought as much white money
As gane my men and me,
And I brought a half-fou of gude red gowd
Out o'er the sea wi' me.

"Make ready, make ready, my merry men a',
Our gude ship sails the morn."
"Now, ever alake, my master dear,
I fear a deadly storm.

"I saw the new moon, late yestreen,
Wi' the auld moon in her arm;
And if we gang to sea, master,
I fear we'll come to harm."

They hadna sailed a league, a league,
A league but barely three,
When the lift grew dark, and the wind blew loud,
And gurly grew the sea.

The anchors brak, and the top-masts lap,
It was sic a deadly storm;
And the waves cam' o'er the broken ship,
Till a' her sides were torn.

"O where will I get a gude sailor,
To take my helm in hand,
Till I get up to the tall top-mast,
To see if I can spy land?"

ðe [1]hɑɪzd ðər selz ɔn ʹmʌnəndɪ̣ mɪorn
wɪ̣ [2]ɑː ðə spid ðe me;
ðeː he [3]ʹlɑndət ɪ̣n ʹnɔrəwe,
əʹpɔn ə ʹwɔdzɥde.
ðe ʹhədnə bin ɵ [4]wik, ə [4]wik,
ɪ̣n ʹnɔrəwe, bʌt tweː,
ʍən ðɑt ðə lordz o ʹnɔrəwe
bɪʹgɑn əʹlud tə ṣeː,
"ji ʹskɔtɪʃ mɛn spɛnd [2]ɑː [5]wər kiŋz ɡʌud,
ən ɑː [5]wər kwiniz fiː."
"jɪ liː, jɪ liː, jɪ ʹliərz lud!
fu lud ə hiːr jɪ liː;
"fər ə [6]broxt əz mʌtʃ ʍəit ʹmʌnɪ̣
əz ɡen mɑ mɛn ən miː,
ən ə [6]broxt ə [2]ʹhɑſʹfːu o ɡyd [7]rid ɡʌud
ut ʌur ðə siː wɪ̣ ɪniː.
mɑk ʹrɛdɪ, mɑk ʹrɛdɪ, mə ʹmɛrɪ̣ mɛn [2]ɑː,
[5]wər ɡyd ʃɪ̣p selz ðə [6]morn."
"nuː, ʹɪvər əʹlɑk, mə ʹmestər diːr,
ə fiːr ə [8]ʹdidlɪ̣ [6]storm.
"ə [2]sɑː ðə njuː myn, let jəʹstrin,
wɪ̣ ðə [2]ɑː*ld* myn ɪ̣n hər [8]erm;
ən ɪ̣f wi ɡɑŋ tə siː, ʹmestər,
ə fiːr wil kʌm tə [8]herm."
ðe ʹhədnə [9]seld ə liɡ, ə liɡ,
ə liɡ bət ʹbeːrlɪ̣ θriː,
ʍən ðə lɪ̣ft ɡruː dɑrk, ən ðə wʌn bluː lud,
ən ʹɡʌrlɪ̣ ɡruː ðə siː.
ðə ʹɑŋkərz brɑk, ən ðə ʹtɑpmɑsts lɑp,
ɪ̣t wəz sɪ̣k ə [8]ʹdidlɪ̣ [6]storm;
ən ðə weːvz kɑm ʌur ðə ʹbrokən ʃɪ̣p,
tɪ̣l [2]ɑː hər səidz wər [6]torn.
"o [2]ʍɑːr [10]wɪ̣l ə ɡɛt ə ɡyd ʹselər,
tə tɑk mə hɛlm ɪ̣n [3]hɑn*d*,
tɪ̣l ə ɡɛt ʌp tə ðə [2]tɑːl ʹtɑpmɑst,
tə siː ɪ̣f ɑ kən spɑɪ [3]lɑn*d*?"

[1] əi, ɔɪ [2] ọː [3] ɑː [4] uk [5] wɪ̣r, ur [6] ɔ [7] ɛ, ə [8] ɛ [9] t [10] ʌ

"O here am I, a sailor gude,
  To take the helm in hand,
Till you go up to the tall top-mast,
  But I fear you'll ne'er spy land."

He hadna gane a step, a step,
  A step but barely ane,
When a bout flew out of our goodly ship,
  And the salt sea it cam' in.

"Gae, fetch a web o' the silken claith,
  Another o' the twine,
And wap them into our ship's side,
  And let na the sea come in."

They fetched a web o' the silken claith,
  Another o' the twine,
And they wapp'd them round that gude ship's side,
  But still the sea cam' in.

O laith, laith were our gude Scots lords
  To weet their cork-heeled shoon!
But lang or a' the play was played,
  They wat their hats aboon.

And mony was the feather bed
  That flatter'd on the faem;
And mony was the gude lord's son
  That nevermair cam' hame.

The ladies wrang their fingers white,
  The maidens tore their hair,
A' for the sake of their true loves,
  For them they'll see nae mair.

O lang, lang may the ladies sit,
  Wi' their fans into their hand,
Before they see Sir Patrick Spens
  Come sailing to the strand!

And lang, lang may the maidens sit,
  With their gowd kaims in their hair,
A' waiting for their ain dear loves!
  For them they'll see nae mair.

"o hi:r əm ɑɪ, ə ˈselər ɡyd,
tə tɑk ðə hɛlm ɪn [1]hɑnd,
tɪ̞l ju ɡo ʌp tə ðə [2]tɑ:l tɑpmɑst,
bət ə fi:r jul ne:r spɑɪ [1]lɑnd."
hi ˈhədnə ɡe:n ə stɛp, ə stɛp,
ə stɛp bət ˈbe:rlɪ̞ [3]en,
ʍən ə bʌut flu: ut əv ur ˈɡydlɪ̞ ʃɪ̞p,
ən ðə [2]sɑ:t si: ɪ̞t kɑm ɪ̞n.
"ɡe:, fɛs ə [4]wɑb o ðə ˈsɪ̞lkən kleθ,
əˈnɪðər o ðə twəin,
ən wɑp ðəm ˈɪ̞ntə ur ʃɪ̞ps səid,
ən [5]lɛt nə ðə si: kʌm ɪ̞n."
ðe fɛst ə [4]wɑb o ðə ˈsɪ̞lkən kleθ,
əˈnɪðər o ðə twəin,
ən ðe wɑpt ðəm run*d* ðɑt ɡyd ʃɪ̞ps səid,
bət stɪ̞l ðə si: kɑm ɪ̞n.
o leθ, leθ wɛr ur ɡyd skɔts lordz
tə wit ðər ˈkɔrk[6]hild ʃyn!
bət lɑŋ ɔr [2]ɑ: ðə ple: wəz ple:d,
ðe wɑt ðər hɑts əˈbyn.
ən [7]ˈmonɪ̞ wəz ðə ˈfɛðər bɛd
ðət ˈflɑtərt ɔn ðə fem;
ən [7]ˈmonɪ̞ wəz ðə ɡyd lordz [8]sɪn
ðət ˈnɪvərˈme:r kɑm hem.
ðə ˈlɛdɪz *w*rɑŋ ðər ˈfɪ̞ŋərz ʍəit,
ðə mednz to:r ðər he:r,
[2]ɑ: fər ðə sek o ðe:r tru: lʌvz,
fər ðɛm ðe:l si: ne: me:r.
o lɑŋ, lɑŋ me: ðə ˈlɛdɪz sɪ̞t,
wɪ̞ ðər fɑnz ɪ̞ntə ðər [1]hɑn*d*,
bɪˈfo:r ðe si [8]sɪ̞r [9]ˈpɑtrɪ̞k spɛns
kʌm ˈselən tə ðə [1]strɑn*d*!
ən lɑŋ, lɑŋ me: ðə mednz sɪ̞t,
wɪ̞ ðər ɡʌud kemz ɪ̞n ðər he:r,
[2]ɑ: [10]ˈwetən fər ðər e:n di:r lʌvz!
fər ðɛm ðe:l si: ne: me:r.

[1] ɑ: [2] o̞: [3] jɪ̞n [4] ɔ [5] ə, ɑ [6] t [7] ɑ, ɔ, ʌ [8] ʌ [9] e [10] əi

O forty miles off Aberdeen
'Tis fifty fathoms deep,
And there lies gude Sir Patrick Spens,
Wi' the Scots lords at his feet.

o 'fɔrtɪ̞ məilz ɑf ebər'din
tɪ̞z 'fɪ̞ftɪ̞ [1]'fɑðəmz dip,
ən ðeːr lɑɪz gyd [2]sɪ̞r [3]'pɑtrɪ̞k spens,
wɪ̞ ðə skɔts lordz ət ɪ̞z fit.

[1] 'fɑdəmz [2] ʌ [3] e

II B. THE TWA CORBIES

ANONYMOUS.

As I was walking all alane,
I heard twa corbies making a mane;
The tane unto the tother say,
"Where sall we gang and dine the day?"

"In behint yon auld fail dyke
I wat there lies a new-slain knight;
And naebody kens that he lies there
But his hawk, his hound, and his lady fair.

"His hound is to the hunting gane,
His hawk to fetch the wild-fowl hame;
His lady's ta'en another mate,
Sae we may mak' our dinner sweet.

"Ye'll sit on his white hause-bane,
And I'll pike out his bonnie blue een.
Wi' ae lock o' his gowden hair
We'll theek our nest when it grows bare.

"Mony a ane for him mak's mane,
But nane sall ken where he is gane.
O'er his white banes, when they are bare,
The wind sall blaw for evermair."

II B. THE TWA CORBIES

ANONYMOUS.

əz ɑ wəz [1]ˈwɑːkən [1]ɑː əˈlen,
ə hɑrd [1]twɑː [2]ˈkorbɪz ˈmɑkən ə men;
ðə ten ˈʌntə ðə ˈtɪðər seː,
"[1]ʍɑːr sɑl wi gɑŋ ən dəin ðə deː?"

"ɪ̢n brˈhɪ̢nt jɔn [1]ɑːl*d* fel dəik
ə wɑt ðər lɑɪz ə ˈnjuːˈsleːn knɪ̢xt;
ən ˈneːbʌdɪ kɛnz ðət hiː lɑɪz ðeːr
bət hɪ̢z [1]hɑːk, hɪ̢z hʌn, ən hɪ̢z ˈlɛdɪ feːr.

"hɪ̢z hʌn ɪz tə ðə ˈhʌntən gen,
hɪ̢z [1]hɑːk tə fɛs ðə ˈwəil*d*ˈfuːl hem;
hɪ̢z ˈlɛdɪz teːn əˈnɪðər met,
se wiː me mɑk [3]ur ˈdɛnər swit.

"jiːl sɪ̢t ɔn hɪ̢z ʍəit [1]ˈhɑːsˈben,
ən ɑːl pəik ut hɪ̢z [1]ˈbonɪ̢ blu in.
wɪ̢ *j*eː lɔk o hɪ̢z gʌudn heːr
wil θik [3]ur nɛst ʍən ɪ̢t grʌuz beːr.

"[4]ˈmonɪ̢ ə [5]en fər hɪ̢m mɑks men,
bət nen sɑl kɛn ʍər hiː ɪ̢z gen,
ʌur hɪ̢z ʍəit benz, ʍən ðe ər beːr,
ðə wʌn sɑl [1]blɑː fər ˈɪvərˈmeːr."

---

[1] ǫː [2] ɔ [3] wər, wɪ̢r [4] ɑ, ʌ, ɔ [5] jɪ̢n

III B. THE DOWIE DENS O' YARROW

ANONYMOUS.

Late at e'en, drinking the wine,
  And ere they paid the lawing,
They set a combat them between
  To fight it in the dawing.

"O stay at hame, my noble lord!
  O stay at hame, my marrow!
My cruel brother will you betray
  On the dowie houms o' Yarrow."

"O fare ye weel, my lady gay!
  O fare ye weel, my Sarah!
For I maun gae, though I ne'er return,
  Frae the dowie banks o' Yarrow."

She kissed his cheek, she kaimed his hair,
  As oft she had done before, O;
She belted him wi' his noble brand,
  And he's away to Yarrow.

As he gaed up the Tennies bank,
  I wat he gaed wi' sorrow,
Till down in a den he spied nine armed men,
  On the dowie houms o' Yarrow.

"O come ye here to part your land,
  The bonnie forest thorough?
Or come ye here to wield your brand,
  On the dowie houms o' Yarrow?"

"I come not here to part my land,
  And neither to beg nor borrow;
I come to wield my noble brand
  On the bonnie banks o' Yarrow.

"If I see all, ye're nine to ane,
  And that's an unequal marrow;
Yet will I fight while lasts my brand,
  On the bonnie banks o' Yarrow."

III B. THE DOWIE DENS O' YARROW

ANONYMOUS.

let ət iːn, 'drɪ̣ŋkən ðə wəin,
  ən eːr ðe [1]pəid ðə [2]'lɑən,
ðe sɛt ə 'kɔmbət ðɛm bɪ'twin
  tə fɛxt ɪ̣t ɪ̣n ðə [2]'dɑən.
"o [3]steː ət hem, mə nobl lord!
  o [3]steː ət hem, mə 'mɑro!
mə kruːl 'brɪðər wɪ̣l ju bɪ'treː
  ɔn ðə 'dʌuɪ hʌumz o 'jɑro."
"o feːr jɪ wil, mə 'lɛdɪ ɡeː!
  o feːr jɪ wil, mə 'sɑːrə!
fər ɑ mɑn ɡeː, θo ɑ neːr rɪ'tʌrn,
  fre ðə 'dʌuɪ bɑŋks o 'jɑrə."
ʃi kɪ̣st hɪ̣z tʃik, ʃi [4]kemd hɪ̣z heːr,
  əz ɔft ʃi həd dyn bɪ'foːr, o;
ʃi 'bɛltət hɪ̣m wɪ̣ hɪ̣z nobl [5]brɑn*d*,
  ən hiːz [2]ə'wɑː tə 'jɑro.
əz hi ɡeːd ʌp ðə 'tɛnɪ̣z bɑŋk,
  ə wɔt hi ɡeːd wɪ̣ 'sɔro,
tɪ̣l dun ɪ̣n ə dɛn hi [4]spaɪd nəin [4][6]ermd mɛn,
  ɔn ðə 'dʌuɪ hʌumz o 'jɑro.
"o kʌm jɪ hiːr tə [6]pert jər [5]lɑn*d*,
  ðə [7]'bonɪ̣ 'fɔrəst 'θɔro?
ɔr kʌm jɪ hiːr tə wil*d* jər [5]brɑn*d*,
  ɔn ðə 'dʌuɪ hʌumz o 'jɑro?"
"ə kʌm nɔt hiːr tə pert mə [5]lɑn*d*,
  ən 'neːðər tə bɛɡ nɔr 'bɔro;
ə kʌm tə wil*d* mə nobl [5]brɑn*d*
  ɔn ðə [7]'bonɪ̣ bɑŋks o 'jɑro.
"ɪ̣f ə si [2]ɑː, jiːr nəin tə [8]en,
  ən ðɑts ən ʌ'nikwəl 'mɑro;
jɛt [9]wɪ̣l ə fɛxt ʍəil lasts mə [5]brɑn*d*,
  ɔn ðə [7]'bonɪ̣ bɑŋks o 'jɑro."

[1]eː [2]ɑ̣ː [3]əi [4]t [5]ɑː ·[6]ɛ [7]ɔ· [8]jɪ̣n [9]ʌ

Four has he hurt, and five has slain,
  On the bloody braes o' Yarrow,
Till that stubborn knight came him behind,
  And ran his body thorough.

"Gae hame, gae hame, gude-brother John,
  And tell your sister Sarah,
To come and lift her leafu' lord,
  He's sleeping sound on Yarrow."

"Yestreen I dreamed a dolefu' dream,
  I fear there will be sorrow—
I dreamed I pu'd the heather green
  Wi' my true love on Yarrow.

"O gentle wind that bloweth south
  From where my love repaireth,
Convey a kiss from his dear mouth
  And tell me how he fareth.

"But in the glen strive armed men,
  They've wrought me dule and sorrow;
They've slain—the comeliest knight they've slain,
  He bleeding lies on Yarrow."

As she sped down yon high, high hill,
  She gaed wi' dule and sorrow;
And in the den spied ten slain men
  On the dowie banks o' Yarrow.

She kissed his cheek, she kaimed his hair,
  She searched his wounds all thorough;
She kissed them till her lips grew red,
  On the dowie houms o' Yarrow.

"Now haud your tongue, my daughter dear,
  For a' this breeds but sorrow;
I'll wed ye to a better lord
  Than him ye lost on Yarrow."

"O haud your tongue, my father dear,
  Ye mind me but of sorrow;
A fairer rose did never bloom
  Than now lies cropped on Yarrow."

fʌur həz i hʌrt, ən fɑɪv həz sleːn,
  ɔn ðə ˈblydɪ breːz o ˈjɑro,
tɪl ðɑt ˈstʌbrən knɪxt kɑm hɪm brˈhɪn,
  ən rɑn ɪz [1]ˈbodɪ ˈθɔro.

"geː hem, geː hem, gydˈbrɪðər dʒon,
  ən tɛl jər ˈsɪstər ˈsɑːrə,
tə kʌm n̩ lɪft ər ˈliːfə lord,
  hiːz ˈslipən sund ɔn ˈjɑrə."

"jəˈstrin ə [23]drimd ə ˈdolfə [3]drim,
  ə fiːr ðər [4]wɪl bi ˈsɔro—
ə [23]drimd ə [2]puːd ðə ˈhɛðər grin
  wɪ mɑ truː lʌv ɔn ˈjɑro.

"o dʒɛntl [4]wɪn ðət [5]ˈbloəθ suθ
  frɔm ʌeːr mɑɪ lʌv rɪˈpeːrəθ,
[6]kənˈveː ə kɪs frɔm hɪz diːr muθ
  ən tɛl mi hu hi ˈfeːrəθ.

"bʌt ɪn ðə glɛn strɑɪv [23]ˈerməd mɛn,
  ðev [1]wroxt mi dyl ən ˈsɔro;
ðev sleːn—ðə ˈkʌmlɪəst knɪxt ðev sleːn,
  hiː ˈblidən lɑɪz ɔn ˈjɑro."

əz ʃi spɛd dun jɔn hix, hix hɪl,
  ʃi geːd wɪ dyl ən ˈsɔro;
ən ɪn ðə dɛn [2]spɑɪd tɛn sleːn mɛn
  ɔn ðə ˈdʌuɪ bɑŋks o ˈjɑro.

ʃi kɪst ɪz tʃik, ʃi [2]kemd ɪz heːr,
  ʃi [3]sertʃt ɪz wundz [5]ɑː θɔro;
ʃi kɪst ðɛm tɪl ər lɪps gruː [3]rid,
  ɔn ðə ˈdʌuɪ hʌumz o ˈjɑro.

"nu [75]hɑːd jər tʌŋ, mə [7]ˈdoxtər diːr,
  fər [5]ɑː ðɪs bridz bət ˈsɔro;
əl wɑd ji tɪ əˑˈbɛtər lord
  ðən hɪm ji lɔst ɔn ˈjɑro."

"o [75]hɑːd jər tʌŋ, mə ˈfeðər diːr,
  ji məind mi bʌt o ˈsɔro;
ə ˈfeːrər roːz dɪd ˈnɪvər blym
  ðən nuː lɑɪz krɔpt ɔn ˈjɑro."

---

[1]ɔ [2]ɪ [3]ɛ [4]ʌ [5]ǫː [6]kənˈvəi [7]ɑ

IV B. FAIR HELEN OF KIRKCONNEL

ANONYMOUS.

I wish I were where Helen lies!
Night and day on me she cries.
O that I were where Helen lies,
  On fair Kirkconnel Lea!

Curst be the heart that thought the thought,
And curst the hand that fired the shot,
When in my arms burd Helen dropt,
  And died to succour me!

O think na ye my heart was sair,
When my love dropt down and spak nae mair!
There did she swoon wi' meikle care,
  On fair Kirkconnel Lea.

As I went down the water-side,
None but my foe to be my guide,
None but my foe to be my guide,
  On fair Kirkconnel Lea;

I lighted down my sword to draw,
I hacket him in pieces sma',
I hacket him in pieces sma',
  For her sake that died for me.

O Helen fair, beyond compare!
I'll make a garland of thy hair,
Shall bind my heart for evermair,
  Until the day I die.

O that I were where Helen lies!
Night and day on me she cries;
Out of my bed she bids me rise,
  Says, "Haste and come to me!"

O Helen fair! O Helen chaste!
If I were with thee, I were blest,
Where thou lies low, and takes thy rest,
  On fair Kirkconnel Lea.

IV B. FAIR HELEN OF KIRKCONNEL

ANONYMOUS.

ə wʌs ə wər [1]ʍɑːr ˈɛlən lɑɪz!
nɪ̢xt ən deː ɔn miː ʃi krɑɪz.
oː ðət ə wɛr [1]ʍɑːr ˈɛlən lɑɪz,
  ɔn feːr kɪ̢rˈkɔnl liː!

kʌrst bi ðə hɛrt ðət [2]θɔxt ðə [2]θɔxt,
ən kʌrst ðə [3]hɑn*d* ðət [4]fəird ðə ʃɔt,
ʍɑn ɪ̢n mə [5]ermz bʌrd ˈɛlən drɔpt,
  ən [6]diːt tə ˈsʌkər mi!

oː θɪ̢ŋk nə ji mə hɛrt wəz seːr,
ʍən mə lʌv drɑpt dun ən spɑk ne meːr!
ðeːr dɪd ʃi swun wɪ̢ mikɫ keːr,
  ɔn feːr kɪ̢rˈkɔnl liː.

əz ɑ wɛnt dun ðə ˈwɑtərˈsəid,
nen bət mə feː tə bi mə ɡəid,
nen bət mə feː tə bi mə ɡəid,
  ɔn feːr kɪ̢rˈkɔnl liː;

ə ˈlɪ̢xtət dun mə suːrd tə [1]drɑː,
ə ˈhɑkət hɪ̢m ɪ̢n ˈpisəz [1]smɑː,
ə ˈhɑkət hɪ̢m ɪ̢n ˈpisəz [1]smɑː,
  fər hər sek ðət [6]diːt fər mi.

o ˈɛlən feːr, bɪˈjɔn*d* kəmˈpeːr!
əl mɑk ə ˈɡɑrlən*d* o ðɑɪ heːr,
sɑl bɪ̢n*d* mə hɛrt fər ˈɪvərmeːr,
  ʌnˈtɪ̢l ðə deː ɑ diː.

oː ðət ə wɛr [1]ʍɑːr ˈɛlən lɑɪz!
nɪ̢xt ɲ deː ɔn miː ʃi krɑɪz;
ut o mə bɛd ʃi bɪ̢dz mi rɑɪz,
  sez, "hest ɲ kʌm tə mi!"

o ˈɛlən feːr! o ˈɛlən tʃest!
ɪ̢f ɑ wɛr wɪ ði, ɑ wɛr blɛst,
ʍər ðu lɑɪz loː, ən tɑks ðɑɪ rɛst,
  ɔn feːr kɪ̢rˈkɔnl liː.

[1] ǫː [2] o [3] ɑː [4] fəirt [5] ɛ [6] diːd

I wish my grave were growing green,
A winding-sheet drawn ower my een,
And I in Helen's arms lying,
   On fair Kirkconnel Lea.

I wish I were where Helen lies!
Night and day on me she cries;
And I am weary of the skies,
   For her sake that died for me.

ə wʌs mə greːv wər ˈgrʌuən grin,
ə ˈwəindənˈʃit [1]drɑːn ʌur mə in,
ən ɑɪ ɱ ˈɛlənz [2]ermz ˈlɑɪın,
  on feːr kɪ̯rˈkonl liː.

ə wʌs ə wər [1]ʍɑːr ˈɛlən lɑɪz!
nɪ̯xt ɱ deː on miː ʃi krɑɪz;
ən ɑɪ əm ˈwiːri o ðə skɑɪz,
  for hər sek ðət [3]diːt for miː.

---

[1] ǫː [2] ɛ [3] diːd

V B. MY JO, JANET

ANONYMOUS.

"Sweet sir, for your courtesy,
  When ye come by the Bass, then,
For the love ye bear to me
  Buy me a keekin' glass, then."
"Keek into the draw-well,
  Janet, Janet;
There ye'll see your bonnie sel',
  My jo, Janet."

"Keekin' in the draw-well clear,
  What if I fa' in then?
Syne a my kin will say and swear
  I drowned mysel' for sin, then."
"Haud the better by the brae,
  Janet, Janet;
Haud the better by the brae,
  My jo, Janet."

"Gude sir, for your courtesy,
  Comin' through Aberdeen, then,
For the love ye bear to me,
  Buy me a pair o' shoon, then."
"Clout the auld, the new are dear,
  Janet, Janet;
Ae pair may gane ye half a year,
  My jo, Janet."

"But what if, dancin' on the green,
  And skippin' like a maukin,
They should see my clouted shoon,
  O' me they will be talkin'."
"Dance aye laigh, and late at e'en,
  Janet, Janet;
Syne a' their faut's will no be seen,
  My jo, Janet."

V B. MY JO, JANET

ANONYMOUS.

"swit [1]sɪ̣r, fɔr jər 'kurtəsi,
ʍɑn ji kʌm bɑɪ ðə bɑs, ðɑn,
fɔr ðə lʌv jɪ beːr tə mi
bɑɪ mi ə 'kikən glɑs, ðɑn."
"kik 'ɪ̣ntə ðə [2]'drɑːwɛl,
'dʒɑnət, 'dʒɑnət;
ðeːr jɪl siː jər [3]'bonɪ̣ sɛl,
mɑ dʒoː, 'dʒɑnət."

"'kikən ɪ̣n ðə [2]'drɑːwɛl kliːr,
ʍɑt ɪ̣f ə [2]fɑː ɪ̣n ðɑn?
səin [2]ɑː mə kɪ̣n [1]wɪ̣l seː ən swiːr
ə [4]drunt mə'sɛl fər sɪ̣n, ðɑn."
"[2][5]hɑd ðə 'bɛ̣tər bɑɪ ðə breː,
'dʒɑnət, 'dʒɑnət;
[2][5]hɑd ðə 'bɛtər bɑɪ ðə breː,
mɑ dʒoː, 'dʒɑnət."

"gyd [1]sɪ̣r, fɔr jər 'kurtəsi,
kʌmən θru ebər'din, ðɑn,
fɔr ðə lʌv jɪ beːr tə mi,
bɑɪ mi ə peːr o ʃin, ðɑn."
"klut ðə [2]ɑːl*d*, ðə njuː ər diːr,
'dʒɑnət, 'dʒɑnət;
jeː peːr me gen jɪ [2]hɑːf ə iːr,
mɑ dʒoː, 'dʒɑnət."

"bət ʍɑt ɪ̣f, 'dɑnsən ɔn ðə grin,
ən 'skɪ̣pən ləik ə [2]'mɑːkɪ̣n,
ðeː səd siː mə 'klutət ʃin,
o miː ðe wɪ̣l bi [2]'tɑːkən."
"dɑns əi lɛx, ən let ət iːn,
'dʒɑnət, 'dʒɑnət;
səin ɑː ðər [2]fɑːts [1]wɪ̣l bi noː sin,
mɑ dʒoː, 'dʒɑnət."

---

[1] ʌ [2] ǫː [3] ɔ [4] d [5] ɑː

VI B. ANNIE LAURIE

LADY JOHN SCOTT (1810–1900).

Maxwellton braes are bonnie,
  Where early fa's the dew,
And it's there that Annie Laurie
  Gied me her promise true,
Gied me her promise true,
  Which ne'er forgot will be;
And for bonnie Annie Laurie
  I'd lay me doon and dee.

Her brow is like the snaw-drift,
  Her neck is like the swan,
Her face it is the fairest
  That e'er the sun shone on—
That e'er the sun shone on,
  And dark blue is her e'e;
And for bonnie Annie Laurie
  I'd lay me doon and dee.

Like dew on the gowan lying,
  Is the fa' o' her fairy feet:
And like winds in simmer sighing,
  Her voice is low and sweet—
Her voice is low and sweet,
  And she's a' the world to me,
And for bonnie Annie Laurie
  I'd lay me doon and dee.

VI B. ANNIE LAURIE

Lady John Scott (1810–1900).

'mɑksweltən bre:z ər [1]'bonɪ̧,
ʍ̣ər 'ɛrlɪ̧ [2]fɑ:z ðə dju:,
ən ɪ̧ts ðe:r ðət 'ɑnɪ̧ [2]'lɑ:rɪ̧
gi:d mi: hər 'promɪ̧s tru:,
gi:d mi: hər 'promɪ̧s tru:,
ʍɪ̧tʃ ne:r fər'gɔt wɪ̧l bi: ;
ən fər [1]'bonɪ̧ 'ɑnɪ̧ [2]'lɑ:rɪ̧
ɑd le: mi dʉn ən di:.

hər bru: ɪ̧z ləik ðə [2]'snɑ:'drɪ̧ft,
hər nɛk ɪ̧z ləik ðə swɑn,
hər fes ɪ̧t ɪ̧z ðə 'fe:rəst
ðət e:r ðə sʌn ʃɔn ɔn—
ðət e:r ðə sʌn ʃɔn ɔn,
ən dɑrk blu: ɪ̧z hər i: ;
ən fər [1]'bonɪ̧ 'ɑnɪ̧ [2]'lɑ:rɪ̧
ɑd le: mi dun ən di:.

ləik dju: ɔn ðə 'gʌuən 'lɑɪən,
ɪ̧z ðə [2]fɑ: o hər 'fe:rɪ̧ fit :
ən ləik [3]wɪ̧nd*z* ɪ̧n 'sɪmər 'sɑɪən,
hər vəis ɪ̧z lo: ən swit—
hər vəis ɪ̧z lo: ən swit,
ən ʃiz [2]ɑ: ðə [4]wɑrl*d* tə mi:,
ən fər [1]'bonɪ̧ 'ɑnɪ̧ [2]'lɑ:rɪ̧
ɑd ẹ: mi dun ən di:.

---

[1] ɔ [2] ǫ: [3] ʌ [4] ɑ:

VII B. MAGGIE LAUDER

FRANCIS SEMPILL? (died 1682).

Wha wadna be in love
  Wi' bonnie Maggie Lauder?
A piper met her gaun to Fife,
  And spier'd what was't they ca'd her;
Right scornfully she answered him,
  "Begone, you hallan shaker,
Jog on your gate, ye bladder scate,
  My name is Maggie Lauder."

"Maggie," quo' he, "and by my bags
  I'm fidgin' fain to see thee;
Sit down by me, my bonnie bird,
  In troth I winna steer thee:
For I'm a piper to my trade,
  My name is Rob the Ranter;
The lasses loup as they were daft,
  When I blaw up my chanter."

"Piper," quo' Meg, "hae ye your bags,
  Or is your drone in order?
If ye be Rob, I've heard of you,
  Live ye upon the border?
The lasses a', baith far and near,
  Hae heard o' Rob the Ranter;
I'll shake my foot wi' right good-will,
  Gif ye'll blaw up your chanter."

Then to his bags he flew wi' speed,
  About the drone he twisted;
Meg up and walloped o'er the green,
  For brawly could she frisk it.

VII B. MAGGIE LAUDER

FRANCIS SEMPILL? (died 1682).

[1]ʍɑː ˈwədnə bi ɪn lʌv
  wɪ [2]ˈbonɪ ˈmɑgı [1]lɑːdər?
ə pəipər mɛt ər [1]gɑːn tə fəif,
  ən spiːrt ʍɑt wəst ðe [1]kɑːd ər;
rɪxt ˈskɔrnfəlɪ ʃi ˈɑnsərt hɪm,
  "brˈgɔn, jı ˈhɑlən ˈʃɑkər,
dʒɔg ɔn jɛr get, jı [3]ˈblɛdər sket,
  mə nem ɪz ˈmɑgı [1]ˈlɑːdər."

"ˈmɑgı," k*w*o hiː, "ən bɑı mə bɑgz
  əm ˈfɪdʒən feːn tə siː ði;
sɪt dun bɑı mi, mə [2]ˈbonɪ bɪrd,
  ɪn trɔθ ə [4]ˈwɪn*n*ə stiːr ði:
fər ɑm ə ˈpəipər tə mə trɛd,
  mə nem ɪz rɔb ðə ˈrɑntər;
ðə ˈlɑsəz lʌup əz ðe wər dɑft,
  ʍən ɑː [1]blɑː ʌp mə tʃɑntər."

"ˈpəipər," k*w*o mɛg, "heː jı jər bɑgz,
  ɔr ɪz jər dron ɪn ˈɔrdər?
ɪf jiː bi rɔb, əv [5]hɑrd o juː,
  liːv ji əˈpɔn ðə ˈbɔrdər?
ðə ˈlɑsəz [1]ɑː, beθ [1]fɑːr ən niːr,
  he [5]hɑrd o rɔb ðə ˈrɑntər;
əl ʃɑk mə fɪt wɪ rɪxt gydˈwɪl,
  gɪf jiːl [1]blɑː ʌp jər tʃɑntər."

ðɑn tə hɪz bɑgz hi fluː wɪ spid,
  əˈbut ðə dron i ˈtwɪstət;
mɛg ʌp ən ˈwɑləpt ʌur ðə grin,
  fər [1]ˈbrɑːlɪ kʌd ʃi frɪsk ɪt.

---

[1] ǫː [2] ɔ [3] ˈblɛðər [4] ʌ [5] ɛ

"Weel done," quo' he: "play up," quo' she:
  "Weel bobb'd," quo' Rob the Ranter;
"It's worth my while to play, indeed,
  When I hae sic a dancer."

"Weel hae you play'd your part," quo' Meg,
  "Your cheeks are like the crimson;
There's nane in Scotland plays sae weel,
  Sin' we lost Habby Simson.
I've lived in Fife, baith maid and wife,
  These ten years and a quarter:
Gin ye should come to Anster fair,
  Spier ye for Maggie Lauder."

"wil dyn," *kwo* hiː: "pleː ʌp," *kwo* ʃiː:
  "wil bɔbd," *kwo* rɔb ðə 'rɑntər;
"ɪ̞ts wʌrθ mə ʌəil tə pleː, ɪ̞n'did,
  ʌən ɑ heː sɪ̞k ə 'dɑnsər."

"wil heː jɪ pleːd jər [1]pert," *kwo* mɛg,
  "jər tʃiks ər ləik ðə 'krɪ̞msən;
ðərz nen ɪ̞n 'skɔtlən*d* pleːz se wil,
  sɪ̞n wi lɔst 'hɑbɪ 'sɪ̞msən.
əv [2]liːvd ɪ̞n fəif, beθ med ən wəif,
  ðiːz tɛn iːrz ən ə 'kwɑrtər:
gɪ̞n jiː [3]ʃəd kʌm tə 'ɛnstər feːr,
  spiːr ji fər 'mɑgɪ [4]'lɑːdər."

[1] ɛ [2] t [3] sʌd [4] ɔ̜ː

VIII B. BESSY BELL AND MARY GRAY

ALLAN RAMSAY (1686–1758).

O Bessy Bell an' Mary Gray,
  They are twa bonny lasses,
They bigg'd a bow'r on yon burn-brae,
  An' theek'd it o'er wi' rashes.
Fair Bessy Bell I loo'd yestreen,
  An' thought I ne'er cou'd alter;
But Mary Gray's twa pawky een,
  They gar my fancy falter.

Now Bessy's hair's like a lint tap,
  She smiles like a May morning,
When Phoebus starts frae Thetis' lap,
  The hills wi' rays adorning:
White is her neck, saft is her hand,
  Her waist an' feet's fu' genty,
Wi' ilka grace she can command,
  Her lips, O wow! they're dainty.

An' Mary's locks are like the craw,
  Her een like diamonds glances;
She's ay sae clean redd up, an' braw,
  She kills whene'er she dances:
Blythe as a kid, wi' wit at will,
  She blooming, tight, an' tall is;
An' guides her airs sae gracefu' still,
  O Jove! she's like thy Pallas.

Dear Bessy Bell an' Mary Gray,
  Ye unco sair oppress us,
Our fancies jee between ye twa,
  Ye are sic bonny lasses:
Waes me, for baith I canna get,
  To ane by law we're stented;
Then I'll draw cuts, an' tak my fate,
  An' be wi' ane contented.

VIII B. BESSY BELL AND MARY GRAY

Allan Ramsay (1686–1758).

o ˈbɛsɪ̣ bɛl ən ˈmeːrɪ̣ greː,
  ðe ɑr [1]twɑː [2]ˈbonɪ̣ ˈlɑsəz,
ðe [3]bɪ̣gd ə buːr ɔn jɔn bʌrnˈbreː,
  ən θikt ɪ̣t ʌur wɪ̣ ˈrɑʃəz.
feːr ˈbɛsɪ̣ bɛl ə luːd jəˈstrin,
  ən [2]θoxt ə neːr kʌd ˈɑltər;
bət ˈmeːrɪ̣ greːz [1]twɑː [1]ˈpɑːkɪ̣ in,
  ðe gɑːr mə ˈfɑnsɪ̣ ˈfɑltər.

nu ˈbɛsɪ̣z heːrz ləik ə lɪ̣nt tɑp,
  ʃi sməilz ləik ə məi [2]ˈmornən,
ʍən ˈfebəs stɑrts fre ˈθetɪs lɑp,
  ðə hɪ̣lz wɪ̣ reːz [2]əˈdornən:
ʍəit ɪ̣z ər nɛk, sɑft ɪ̣z ər [4]hɑn*d*,
  hər west ən fits fu ˈdʒɛntɪ̣,
wɪ̣ ˈɪ̣lkə gres ʃi kɑn [4]kəˈmɑn*d*,
  hər lɪ̣ps, o wʌu! ðer ˈdɛntɪ̣.

ən ˈmeːrɪ̣z lɔks ər ləik ðə [1]krɑː,
  hər in ləik ˈdəimən*dz* ˈglɑnsəz;
ʃiz əi se klin rɛd ʌp, ən [1]brɑː,
  ʃi kɪ̣lz ʍənˈeːr ʃi ˈdɑnsəz:
bləiθ əz ə kɪ̣d, wɪ̣ wɪ̣t ət wɪ̣l,
  ʃi ˈblumən, tɪ̣xt, ən [1]tɑːl ɪ̣z;
ən gəidz ər eːrz se ˈgresfə stɪ̣l,
  o dʒoːv! ʃiz ləik ðɑɪ ˈpɑləz.

diːr ˈbɛsɪ̣ bɛl ən ˈmeːrɪ̣ greː,
  ji ˈʌŋkə seːr əˈprɛs əs,
[5]ur ˈfɑnsɪ̣z dʒiː bɪˈtwin ji tweː,
  ji ɑr sɪ̣k [2]ˈbonɪ̣ ˈlɑsəz:
weːz mi, fər beθ ə ˈkɑn*n*ə gɛt,
  tə [6]en bɪ̣ [1]lɑː wir ˈstɛntət;
ðɛn ɑl [1]drɑː kʌts, ən tɑk mə fet,
  ən bi wɪ̣ [6]en kɔnˈtɛntət.

[1] ǫː [2] ɔ [3] bɪ̣gɪ̣t [4] ɑː [5] wɪ̣r, wʌr [6] jɪ̣n

IX B. TULLOCHGORUM[1]

JOHN SKINNER (1721–1807).

Come gie's a sang, Montgomery cry'd,
And lay your disputes all aside,
What signifies't for folks to chide
For what was done before them:
Let Whig and Tory all agree,
Whig and Tory, Whig and Tory,
Whig and Tory all agree,
To drop their Whig-mig-morum;
Let Whig and Tory all agree
To spend the night wi' mirth and glee,
And cheerful sing alang wi' me
The Reel o' Tullochgorum.

O' Tullochgorum's my delight,
It gars us a' in ane unite,
And ony sumph that keeps a spite,
In conscience I abhor him:
For blythe and cheerie we'll be a',
Blythe and cheerie, blythe and cheerie,
Blythe and cheerie we'll be a',
And make a happy quorum,
For blythe and cheerie we'll be a'
As lang as we hae breath to draw,
And dance till we be like to fa'
The Reel o' Tullochgorum.

What needs there be sae great a fraise
Wi' dringing dull Italian lays,
I wadna gie our ain Strathspeys
For half a hunder score o' them:

[1] "*Amusements of Leisure Hours*, by the late Reverend John Skinner, Edinburgh, 1809."

IX B. TULLOCHGORUM

John Skinner (1721–1807).

kʌm [1]giːz ə sɑŋ, mʌnˈgʌmrɪ̞ *krɑɪd,
ən leː jər ˈdɪ̞spjuts ɑː əˈsəid,
ʍɑt ˈsɪnjɪfist fər [2]fʌuks tə *tʃəid
fər ʍɑt wəz dyn bɪ̞ˈfoːr ðəm:
[3]lət ʍɪ̞g ən ˈtoːrɪ̞ ɑː əˈgriː,
ʍɪ̞g ən ˈtoːrɪ̞, ʍɪ̞g ən ˈtoːrɪ̞,
ʍɪ̞g ən ˈtoːrɪ̞ ɑː əˈgriː,
tə drɑp ðər ˈʍɪ̞g-mɪ̞g-ˈmoːrəm;
[3]lət ʍɪ̞g ən ˈtoːrɪ̞ ɑː əˈgriː
tə spen ðə nɪ̞xt wɪ̞ mɪ̞rθ ən gliː,
ən ˈtʃiːrfə sɪ̞ŋ əˈlɑŋ wɪ̞ miː
ðə ril o tʌləxˈgoːrəm.

o tʌləxˈgoːrəmz mɑɪ dɪ̞ˈləit,
ɪ̞t [4]gɑːrz ʌs ɑː ɪ̞n en juˈnəit,
ən [2]ˈonɪ̞ sʌmf ðət kips ə spəit,
ɪ̞n [2]ˈkonʃəns ɑ əbˈhoːr əm:
fər bləiθ ən ˈtʃiːri wil bi ɑː,
bləiθ ən ˈtʃiːri, bləiθ ən ˈtʃiːri,
bləiθ ən ˈtʃiːri wil bi ɑː,
ən mɑk ə ˈhɑpɪ̞ ˈkwoːrəm,
fər bləiθ ən ˈtʃiːri wil bi ɑː
əz lɑŋ əz wi he [4]breθ tə drɑː,
ən dɑns tɪ̞l wi bi ləik tə fɑː
ðə ril o tʌləxˈgoːrəm.

ʍɑt nidz ðər bi seː gret ə freːz
wɪ̞ ˈdrɪ̞ŋən dʌl ˈitɑljən leːz,
ə ˈwədnə giː [5]ur eːn strɑθˈspeːz
fər hɑːf ə ˈhʌnər skoːr o ðəm:

[1]gis [2]o [3]ɑ, ɛ [4]ɛ [5]wɪ̞r, wər, wʌr

* Both words might be pronounced with diphthong ʌi in N.E. Sc., making a perfect rhyme.

They're dowf and dowie at the best,
  Dowf and dowie, dowf and dowie,
  Dowf and dowie at the best,
    Wi' a' their variorum;
They're dowf and dowie at the best,
Their allegros and a' the rest,
They canna' please a Scottish taste
    Compar'd wi' Tullochgorum.

Let warldly worms their minds oppress
Wi' fears o' want and double cess,
And sullen sots themsells distress
    Wi' keeping up decorum:
Shall we sae sour and sulky sit,
  Sour and sulky, sour and sulky,
  Sour and sulky shall we sit
    Like old philosophorum!
Shall we sae sour and sulky sit,
Wi' neither sense, nor mirth, nor wit,
Nor ever try to shake a fit
    To th' Reel o' Tullochgorum?

May choicest blessings ay attend
Each honest, open hearted friend,
And calm and quiet be his end,
    And a' that's good watch o'er him;
May peace and plenty be his lot,
  Peace and plenty, peace and plenty,
  Peace and plenty be his lot,
    And dainties a great store o' them;
May peace and plenty be his lot,
Unstain'd by any vicious spot,
And may he never want a groat,
    That's fond o' Tullochgorum!

But for the sullen frumpish fool,
That loves to be oppression's tool,
May envy gnaw his rotten soul,
    And discontent devour him;

ðer dʌuf ən 'dʌuɪ ət ðə best,
dʌuf ən 'dʌuɪ, dʌuf ən 'dʌuɪ,
dʌuf ən 'dʌuɪ ət ðə best,
wɪ̣ ɑː ðər vɑrr'oːrəm;
ðer dʌuf ən 'dʌuɪ ət ðə best, .
ðər ɑlɛ'groːz ən ɑː ðə rest,
ðeː 'kɑn*nə* pliːz ə 'skotɪʃ tɛst
kəmpeːrt wɪ̣ tʌləx'goːrəm.

[1]lət [2]'wɑrl*d*lɪ̣ wʌrmz ðər məin*dz* ə'prɛs
wɪ̣ fiːrz o [5]wɑnt ən dubl sɛs,
ən 'sʌlən sots ðəm'selz dɪ'strɛs
wɪ̣ 'kipən ʌp de'koːrəm;
ʃəl wiː se suːr ən 'sʌlkɪ sɪ̣t,
suːr ən 'sʌlkɪ, suːr ən 'sʌlkɪ,
suːr ən 'sʌlkɪ ʃɑl wiː sɪ̣t
ləik ɑːl*d* 'fɪ̣losə'foːrəm!
ʃəl wiː se suːr ən 'sʌlkɪ sɪ̣t,
wɪ̣ [3]'neðər sens, nor mɪ̣rθ, nor wɪ̣t,
nor 'ɪvər trɑɪ tə ʃɑk ə fɪ̣t
tə ðə ril o tʌləx'goːrəm?

me 'tʃəisəst 'blɪ̣sənz əi ə'ten*d*
itʃ 'onəst, 'opm 'hertət fren*d*,
ən kɑːm ən 'kweːət bi hɪ̣z ɛn*d*,
ən ɑː ðəts gyd wɑtʃ oːr əm;
me [4]pis ən 'plentɪ̣ bi hɪ̣z lot,
[4]pis ən 'plentɪ̣, pis ən 'plentɪ̣,
[4]pis ən 'plentɪ̣ bi hɪ̣z lot,
ən 'dentɪ̣z ə gret stoːr o ðəm;
me [4]pis ən 'plentɪ̣ bi hɪ̣z lot,
ʌn'steːnd bɑɪ 'ɛnɪ̣ 'vɪ̣ʃəs spot,
ən me hi 'nɪvər [5]wɑnt ə grot,
ðəts fond o tʌləx'goːrəm.

bət fər ðə sʌln 'frʌmpɪʃ fyl,
ðət lʌvz tə bi ə'prɛʃnz tyl,
me 'ɛnvɑɪ *g*nɑː hɪ̣z rotn sol,
ən 'dɪ̣skən'tɛnt dɪ'voːr əm;

[1]ɑ, ɛ [2]ɑː [3]eː [4]e [5]ɪ, ʌ

May dool and sorrow be his chance,
  Dool and sorrow, dool and sorrow,
  Dool and sorrow be his chance,
    And nane say, wae's me for him!
May dool and sorrow be his chance,
Wi' a' the ills that come frae France,
Wha'er he be that winna dance
    The Reel o' Tullochgorum.

me [1]dul ən ′sɔrə biː hɪ̣z tʃɑns,
  [1]dul ən ′sɔrə, [1]dul ən ′sɔrə,
  [1]dul ən ′sɔrə biː hɪ̣z tʃɑns,
    ən nen seː, weːz mi fɔr əm!
me [1]dul ən ′sɔrə biː hɪ̣z tʃɑns,
wɪ̣ ɑː ðə ɪ̣lz ðət kʌm fre frɑns,
ʍɑ′eːr hi biː ðət [2]wɪ̣nnə dɑns
    ðə ril o tʌləx′goːrəm.

[1] y [2] ɪ, ʌ

X B. THE LAIRD O' COCKPEN

Lady Nairne (1766–1845).

The Laird o' Cockpen, he's proud and he's great,
His mind is ta'en up wi' things o' the state;
He wanted a wife his braw house to keep,
But favour wi' wooin' was fashious to seek.

Doun by the dyke-side a lady did dwell,
At his table heid he thocht she'd look well;
McCleish's ae dochter o' Claverseha' Lea,
A pennyless lass wi' a lang pedigree.

His wig was weel-pouthered, as gude as when new,
His waistcoat was white, his coat it was blue;
He put on a ring, a sword, and cocked hat,
And wha could refuse the Laird wi' a' that?

He took the grey mare and rade cannily,
And rapped at the yett o' Claverseha' Lea.
"Gae tell Mistress Jean to come speedily ben:
She's wanted to speak wi' the Laird o' Cockpen."

Mistress Jean, she was makin' the elderflower wine:
"And what brings the Laird here at sic a like time?'
She put off her apron and on her silk goun,
Her mutch wi' red ribbons, and gaed awa' doun.

And when she cam' ben, he bowit fu' low;
And what was his errand, he soon let her know.
Amazed was the Laird when the lady said, Na,
And wi' a laigh curtsie she turned awa'.

Dumfoundered was he, but nae sigh did he gie;
He mounted his mare and rade cannily,
And aften he thocht as he gaed through the glen,
"She was daft to refuse the Laird o' Cockpen!"

X B. THE LAIRD O' COCKPEN

LADY NAIRNE (1766–1845).

ðə lerd o kɔ*k*ˈpɛn, hiz prud ən hiz gret,
hɪ̞z məin*d* ɪ̞z teːn ʌp wɪ̞ θɪ̞ŋz o ðə stet;
hi [1]ˈwantət ə wəif hɪ̞z brɑː hus tə kip,
bət ˈfẹːvər wɪ̞ ˈwuən wəz ˈfɑʃəs tə sik.

dun bɑɪ ðə dəikˈsəid ə ˈlɛdɪ dɪ̞d dwɛl,
ət hɪ̞z tebl [2]hid hi [3]θoxt ʃid luk wɛl;
məˈkliʃəz *j*eː [3]ˈdoxtər o ˈkleːvərzhɑ liː,
ə ˈpɛnɪ̞ləs lɑs wɪ̞ ə lɑŋ pɛdɪˈgriː.

hɪ̞z wɪ̞g wəz wilˈpuðərt, əz gyd əz ʍən njuː,
hɪ̞z ˈwɛs*t*kət wəz ʍəit, hɪ̞z kot ɪ̞t wəz bljuː;
hi pɪ̞t ɔn ə rɪ̞ŋ, ə suːrd, ən kɔkt hɑt,
ən [4]ʍɑː kʌd rɪˈf*j*øːz ðə lerd wɪ̞ [4]ɑː ðɑt?

hi tuk ðə greː miːr ən red ˈkɑnɪlɪ̞,
ən rɑpt ət ðə jɛt o ˈklẹːvərzhɑ liː.
"geː tɛl ˈmɪ̞strəs dʒin tə kʌ̣m ˈspidɪlɪ̞ bɛn:
ʃiz [1]ˈwantət tə spik wɪ̞ ðə lerd o kɔ*k*ˈpɛn."

ˈmɪ̞strəs dʒin, ʃi wəz ˈmɑkən ðə ˈɛldərflur wəin:
"ən ʍɑt brɪ̞ŋz ðə lerd hiːr ət sɪ̞k ə ləik təim?"
ʃi pɪ̞t ɑf ər ˈeprən ən ɔn ər sɪ̞lk gun,
hər mʌtʃ wɪ̞ [5]rɛd ˈrɪ̞bənz, ən geːd [4]əˈwɑː dun.

ən ʍɑn ʃi kɑm bɛn, hi ˈbuət fu loː;
ən ʍɑt wəz *h*ɪ̞z [6]iːrən*d*, hi [7]syn [8]lɛt hər noː.
əˈmeːzd wəz ðə lerd ʍən ðə ˈlɛdɪ sɛd, nɑː,
ən wɪ̞ ə lex ˈkʌrtsɪ̞ ʃi ˈtʌrnət [4]əˈwɑː.

dʌmˈfun*d*ərt wəz hi, bət neː sɪ̞x dɪ̞d hi giː;
hi ˈmuntət hɪ̞z miːr ən red ˈkɑnɪlɪ̞,
ən ˈɑfn hi [3]θoxt əz hi geːd θru ðə g̮lɛn,
"ʃi wəz dɑft tə rɪˈf*j*øːz̦ ðə lerd o kɔ*k*ˈpɛn!"

---

[1]ʌ, ɪ̞ [2]e [3]ɔ [4]ọː [5]ə, i [6]eː [7]ʃyn [8]ɑ, ə

XI B. THE LAND O' THE LEAL

Lady Nairne.

I'm wearin' awa', John,
Like snaw-wreaths in thaw, John,
I'm wearin' awa'
  To the land o' the leal.
There's nae sorrow there, John;
There's neither cauld nor care, John;
The day is aye fair
  In the land o' the leal.

Our bonnie bairn's there, John;
She was baith gude and fair, John;
And oh! we grudged her sair
  To the land o' the leal.
But sorrow's sel' wears past, John,
And joy's a-coming fast, John,
The joy that's aye to last
  In the land o' the leal.

Sae dear that joy was bought, John,
Sae free the battle fought, John,
That sinfu' man e'er brought
  To the land o' the leal.
Oh! dry your glistening e'e, John,
My soul langs to be free, John,
And angels beckon me
  To the land o' the leal.

Oh! haud ye leal and true, John,
Your day it's wearin' through, John,
And I'll welcome you
  To the land o' the leal.
Now fare-ye-weel, my ain John,
This warld's cares are vain, John,
We'll meet, and we'll be fain
  In the land o' the leal.

XI B. THE LAND O' THE LEAL

Lady Nairne.

əm [1]'wi:rən [2]ə'wɑ:, [3]dʒon,
ləik [2]'snɑ:riθs ɪn [2]θɑ:, [3]dʒon,
əm [1]'wi:rən [2]ə'wɑ:
  tə ðə [4]lɑn*d* o ðə lil.
ðərz ne: 'sɔrə ðe:r, [3]dʒon;
ðərz [1]'neðər [2]kɑ:l*d* nɔr ke:r, [3]dʒon;
ðə de: ɪz əi fe:r
  ɪn ðə [4]lɑn*d* o ðə lil.
[5]ur [3]'bonɪ [6]bernz ðe:r, [3]dʒon;
ʃi wəz beθ gyd ən fe:r, [3]dʒon;
ən o:! wi grʌdʒd ər se:r
  tə ðə [4]lɑn*d* o ðə lil.
bət 'sɔrəz sɛl [1]wi:rz pɑst, [3]dʒon,
ən [7]dʒɔɪz ə 'kʌmən fɑst, [3]dʒon,
ðə [7]dʒɔɪ ðəts əi tə lɑst
  ɪn ðə [4]lɑn*d* o ðə lil.
se di:r ðɑt [7]dʒɔɪ wəz [3]boxt, [3]dʒon,
se fri: ðə bɑtl [3]foxt, [3]dʒon,
ðət 'sɪnfə mɑn e:r [3]broxt
  tə ðə [4]lɑn*d* o ðə lil.
o:! drɑɪ jər 'glɪsnən i:, [3]dʒon,
mɑɪ sol lɑŋz tə bi fri:, [3]dʒon,
ən 'endʒɪlz 'bɛkən mi:
  tə ðə [4]lɑn*d* o ðə lil.
o:! [2][4]hɑd ji lil ən tru:, [3]dʒon,
jər de: ɪts [1]'wi:rən θru:, [3]dʒon,
ən ɑ:l 'wɛlkʌm ju:
  tə ðə [4]lɑn*d* o ðə lil.
nu: 'fe:r'jɪ'wil, mə e:n [3]dʒon,
ðɪs [4]wɑrl*dz* ke:rz ər ve:n, [3]dʒon,
wil mit, ən wil bi fe:n
  ɪn ðə [4]lɑn*d* o ðə lil.

---

[1] e: [2] ǫ: [3] ɔ [4] ɑ: [5] wɪr, wər, wʌr [6] ɛ [7] ɔɪ

XII B. THE FLOWERS OF THE FOREST

JEAN ELLIOT (1727–1805).

I've heard the lilting at our yowe-milking,
  Lasses a-lilting, before the dawn of day;
But now they are moaning, on ilka green loaning;
  The Flowers of the Forest are a' wede away.

At buchts, in the morning, nae blithe lads are scorning,
  The lasses are lanely and dowie and wae;
Nae daffin, nae gabbin', but sighing and sabbing,
  Ilk ane lifts her leglin, and hies her away.

In hairst, at the shearing, nae youths now are jeering,
  The bandsters are lyart, and runkled, and gray;
At fair or at preaching, nae wooing, nae fleeching—
  The Flowers of the Forest are a' wede away.

At e'en, in the gloaming, nae swankies are roaming,
  'Bout stacks wi' the lasses at bogle to play;
But ilk ane sits drearie, lamenting her dearie—
  The Flowers of the Forest are a' wede away.

Dool and wae for the order sent our lads to the Border!
  The English, for ance, by guile wan the day;
The Flowers of the Forest, that fought aye the foremost,
  The prime of our land, lie cauld in the clay.

We'll hear nae mair lilting at our yowe-milking,
  Women and bairns are heartless and wae;
Sighing and moaning on ilka green loaning—
  The Flowers of the Forest are a' wede away.

XII B. THE FLOWERS OF THE FOREST

JEAN ELLIOT (1727–1805).

ɑv [1]hɑrd ðə ˈlɪltən ət ur jʌuˈmɪlkən,
ˈlɑsəz əˈlɪltən, bɪˈfoːr ðə dɑːn o deː;
bət nuː ðe ər ˈmoːnən, ɔn ˈɪlkə grin ˈloːnən;
ðə fluːrz o ðə ˈfɔrəst ər [2]ɑː wid əˈweː.

ət bʌxts, ɪn ðə [3]ˈmornən, ne bləiθ lɑdz ər [3]ˈskornən,
ðə ˈlɑsəz ər ˈlenlɪ ən ˈdʌuɪ ən weː;
neː ˈdɑfən, neː ˈgɑbən, bət ˈsɪxən ən ˈsɑbən,
ɪlk [6]en lɪfts ər ˈlɛglɪn, ən hɑɪz hər əˈweː.

ɪn [1]herst, ət ðə ˈʃiːrən, neː [4]juθs nuːˋər ˈdʒiːrən,
ðə [5]ˈbɑn*d*stərz ər ˈlɑɪərt, n̩ rʌŋklt, ən greː;
ət feːr ɔr ət ˈpritʃən, neː ˈwuən, neː ˈflitʃən—
ðə fluːrz o ðə ˈfɔrəst ər [2]ɑː wid əˈweː.

ət iːn, ɪn ðə ˈglomən, neː ˈswɑŋkɪz ər ˈromən,
but stɑks wɪ ðə ˈlɑsəz ət bogl tə pleː;
bət ɪlk [6]en sɪts ˈdriːri, lɑˈmɛntən hər ˈdiːri—
ðə fluːrz o ðə ˈfɔrəst ər [2]ɑː wid əˈweː.

dul ən weː fər ðə ɔrdər sent [7]ur lɑdz tə ðə ˈbɔrdər!
ðə ˈɪŋlɪʃ, fər [8]ens, bɪ gəil wɑn ðə deː;
ðə fluːrz o ðə ˈfɔrəst, ðət [3]foxt əi ðə ˈfoːrməst,
ðə prəim o ur [5]lɑn*d*, lɑɪ [2]kɑːl*d* ɪn ðə kleː.

wil hiːr neː meːr ˈlɪltən ət uːr jʌuˈmɪlkən,
ˈwimən ən [1]bernz ər ˈhɛrtləs ən weː;
ˈsɪxən ən ˈmoːnən ɔn ˈɪlkə grin ˈloːnən—
ðə fluːrz o ðə ˈfɔrəst ər [2]ɑː wid əˈweː.

---

[1] ɛ [2] ǫː [3] ɔ [4] y [5] ɑː [6] jɪn [7] wər, wʌr, wɪr [8] jɪns

XIII B. AULD ROBIN GRAY

LADY ANNE BARNARD (1750–1825).

When the sheep are in the fauld, when the kye's come hame,
And a' the weary warld to rest are gane,
The waes o' my heart fa' in showers frae my ee,
Unkent by my guidman, wha sleeps sound by me.

Young Jamie lo'ed me weel, and sought me for his bride,
But saving ae crown-piece he had naething beside;
To make the crown a pound my Jamie gaed to sea,
And the crown and the pound—they were baith for me.

He hadna been gane a twelvemonth and a day,
When my father broke his arm and the cow was stown away;
My mither she fell sick—my Jamie was at sea,
And auld Robin Gray came a-courting me.

My father couldna wark—my mother couldna spin—
I toiled day and night, but their bread I couldna win;
Auld Rob maintained them baith, and wi tears in his ee,
Said: "Jeanie, O for their sakes, will ye no marry me?"

My heart it said na, and I looked for Jamie back,
But hard blew the winds, and his ship was a wrack,
His ship was a wrack—why didna Jamie dee,
Or why am I spared to cry wae is me?

My father urged me sair—my mither didna speak,
But she looked in my face till my heart was like to break;
They gied him my hand—my heart was in the sea—
And so Robin Gray he was guidman to me.

I hadna been his wife a week but only four,
When, mournfu' as I sat on the stane at my door,
I saw my Jamie's ghaist, for I couldna think it he,
Till he said: "I'm come hame, love, to marry thee!"

XIII B. AULD ROBIN GRAY

Lady Anne Barnard (1750–1825).

ʍən ðə ʃip ər ɪ̣n ðə [1]fɑːl*d*, ʍən ðə kɑɪz kʌm hem,
ən [1] ɑː ðə ˈwiːri [2]wɑrl*d* tə rɛst ər [3]gen,
ðə weːz o mə hɛrt [1]fɑː ɪ̣n ˈʃuərz fre mə iː,
ʌnˈkɛnt bɪ̣ mə gydˈmɑn, [1]ʍɑː slips sun*d* bɑɪ miː.

jʌŋ ˈdʒimi luːd mɪ wil, ən [4]soxt mɪ fər ɪ̣z brəid,
bət ˈseːvən *j*eː ˈkrunpis hi həd ˈneθɪ̣ŋ brˈsəid;
tə mɑk ðə krun ə pʌun*d* mɑ ˈdʒimi geːd tə siː,
ən ðə krun ən ðə pʌun*d*—ðe wər beθ fər miː.

hi ˈhədnə bin [3]gen ə ˈtwɑlmʌnθ ən ə deː,
ʍən mə [3]ˈfeðər brɑk hɪ̣z [5]erm ən ðə kuː wəz ˈstʌuən əˈweː;
mə ˈmɪðər ʃi fɛl sik—mə ˈdʒimi wəz ət siː,
ən [1]ɑːl*d* ˈrobɪ̣n greː kɑm əˈkurtən miː.

mə [3]ˈfeðər ˈkʌdnə wɑrk—mə ˈmɪðər ˈkʌdnə spɪ̣n—
ə təilt deː ən nɪxt, bət ðər brid ə ˈkʌdnə wɪ̣n;
[1]ɑːl*d* rɔb mənˈtent ðəm beθ, ən wɪ̣ tiːrz ɪ̣n hɪ̣z iː,
sɛdː "ˈdʒini, oː fər ðeːr seks, wɪ̣l jiː no [5]ˈmɛrɪ̣ miː?"

mə hɛrt ɪ̣t sɛd nɑː, ən ə lukt fər ˈdʒimi bɑk,
bət hɑːrd bluː ðə [6]wɪ̣n*d*z, ən hɪ̣z ʃɪ̣p wəz ə rɑk,
hɪ̣z ʃɪ̣p wəz ə rɑk—ʍɑɪ ˈdɪ̣dnə ˈdʒimi diː,
ɔr ʍɑɪ əm ɑɪ speːrt tə krɑɪ weː ɪ̣z miː?

mə [3]ˈfeðər ʌrdʒd mi seːr—mə ˈmɪðər ˈdɪ̣dnə spik,
bət ʃi lukt ɪ̣n mə fes tɪ̣l mə hɛrt wəz ləik tə brek;
ðe giːd hɪ̣m mə [2]hɑn*d*—mə hɛrt wəz ɪ̣n ðə siː—
ən soː ˈrobɪ̣n greː hi wəz gydˈmɑn tə miː.

ə ˈhədnə bin hɪ̣z wəif ə wik bət ˈonlɪ̣ foːr,
ʍɑn, ˈmʌrnfə əz ə sɑt ɔn ðə sten ət mə doːr,
ə [1]sɑː mə ˈdʒimiz gest, fər ə ˈkʌdnə θɪ̣ŋk ɪ̣t hiː,
tɪ̣l hi sɛd: "əm kʌm hem, lʌv, tə [5]ˈmɛrɪ̣ ðiː!"

---

[1] ǫː [2] ɑː [3] eː [4] ɔ [5] e [6] ʌ

Oh, sair sair did we greet, and mickle say of a',
I gied him ae kiss, and bade him gang awa'—
I wish that I were dead, but I'm nae like to dee,
For, though my heart is broken, I'm but young, wae is me!

I gang like a ghaist, and I carena much to spin,
I daurna think o' Jamie, for that wad be a sin,
But I'll do my best a gude wife to be,
For, oh! Robin Gray, he is kind to me.

oː, seːr seːr dɪ̣d wi grit, ən mɪ̣kl seː əv [1]ɑː,
ə giːd hɪ̣m eː kɪ̣s, ən bɑd hɪ̣m gɑŋ [1]əˈwɑː—
ə [2]wʌʃ ðət ə wər did, bət əm neː ləik tə diː,
fɔr, θo mə hɛrt ɪ̣z ˈbrokən, əm bət jʌŋ, weː ɪ̣z miː!

ə gɑŋ ləik ə gest, ən ə ˈkeːrṅə mʌtʃ tə spɪ̣n,
ə [1]ˈdɑːrnə θɪ̣ŋk o ˈdʒimi, fər ðɑt [3]wəd bi ə sɪ̣n,
bət ɑːl døː mə bɛst ə gyd wəif tə biː,
fər, oː! ˈrobɪ̣n greː, hi ɪ̣z kəin*d* tə miː.

---

[1] ǫː [2] ɪ̣ [3] ɪ̣, ʌ

XIV B. LOGIE O' BUCHAN

George Halket ? (died 1756).

O Logie o' Buchan, O Logie the laird,
They hae ta'en awa' Jamie, that delved i' the yard,
Wha play'd on the pipe, and the viol sae sma',
They hae ta'en awa' Jamie, the flower o' them a'.

He said, "Thinkna lang, lassie, tho' I gang awa'";
He said, "Thinkna lang, lassie, tho' I gang awa'";
The simmer is comin', cauld winter's awa',
And I'll come and see thee in spite o' them a'.

Tho' Sandy has ousen, has gear, and has kye,
A house, and a hadden, and siller forbye,
Yet I'd tak my ain lad, wi' his staff in his hand,
Before I'd hae him wi' his houses and land.

My daddy looks sulky, my minnie looks sour,
They frown upon Jamie because he is poor;
*Tho' I lo'e them as weel as a daughter should do,
They're nae half sae dear to me, Jamie, as you.

I sit on my creepie, I spin at my wheel,
And think on the laddie that lo'es me sae weel;
He had but ae saxpence, he brak it in twa,
And gied me the half o't when he gaed awa'.

Then haste ye back, Jamie, and bidena awa',
Then haste ye back, Jamie, and bidena awa',
The simmer is comin', cauld winter's awa',
And ye'll come and see me in spite o' them a'.

* Another version runs:
But daddy and minny altho' that they be,
There's nane of them a' like my Jamie to me.

XIV B. LOGIE O' BUCHAN

GEORGE HALKET ? (died 1756).

oː ′logɪ o ′bʌxən, oː ′logɪ ðə lerd,
ðe he teːn ə′wɑː ′dʒimi, ðət dɛlt ɪ̣ ðə jerd,
ʍɑ pleːd ɔn ðə pəip, ən ðə ′vɑɪɔl seː smɑː,
ðe heː teːn ə′wɑː ′dʒimi, ðə fluːr o ðəm ɑː.

hi sɛd, "′θɪ̣ŋknə lɑŋ, ′lɑsɪ̣, θo ɑ gɑŋ ə′wɑː";
hi sɛd, "′θɪ̣ŋknə lɑŋ, ′lɑsɪ̣, θo ɑ gɑŋ ə′wɑː";
ðə ′sɪmər ɪ̣z ′kʌmən, kɑːl [1]′wɪntərz ə′wɑː,
ən ɑl kʌm ən siː ði ɪ̣n spəit o ðəm ɑː.

θo ′sɑndɪ həz ′ʌusən, həz giːr, ən həz kɑɪ,
ə hus, ən ə ′hɑdən, ən ′sɪ̣lər fər′bɑɪ,
jɛt ɑːd tɑk mə eːn lɑd, wɪ̣ hɪ̣z stɑf ɪ̣n hɪ̣z [2]hɑnd,
bɪ′foːr əd he hɪ̣m wɪ̣ hɪ̣z ′husəz ən [2]lɑn*d*.

mə ′dɑdɪ luks ′sʌlkɪ̣, mə ′mɪnɪ̣ luks suːr,
ðe frun ə′pɔn ′dʒimi bɪ′kɑːz hi ɪ̣z puːr;
*θo ə luː ðəm əz wil əz ə [3]′doxtər [4]ʃud [5]duː,
ðer neː hɑːf se diːr tə mi, ′dʒimi, əz [5]juː.

ə sɪ̣t ɔn mə ′kriːpi, ə spɪ̣n ət mə ʍil,
ən θɪ̣ŋk ɔn ðə ′lɑdɪ ðət luːz mi seː wil;
hi hɑd bət eː ′sɑkspəns, hi brɑk ɪ̣t ɪ̣n twɑː,
ən giːd mi ðə hɑːf ot ʍən hi geːd ə′wɑː.

ðɑn hist jɪ bɑk, ′dʒimi, ən ′bəidnə ə′wɑː,
ðɑn hist jɪ bɑk, ′dʒimi, ən ′bəidnə ə′wɑː,
ðə ′sɪmər ɪ̣z ′kʌmən, kɑːl*d* [1]′wɪntərz ə′wɑː,
ən jil kʌm ən siː mi ɪ̣n spəit o ðəm ɑː.

---

[1] ʌ, ɪ̣ [2] ɑː [3] ɔ [4] sʌd [5] i, Northern rhyme
* Another version runs:
bət ′dɑdɪ ən ′mɪnɪ̣ əl′θo ðət ðe biː,
ðərz nen o ðəm ɑː ləik mə ′dʒimi tə miː.

XV B. AULD LANG SYNE

BURNS.

Chorus.

For auld lang syne, my dear,
For auld lang syne,
We'll tak a cup o' kindness yet
For auld lang syne!

Should auld acquaintance be forgot,
And never brought to mind?
Should auld acquaintance be forgot,
And auld lang syne?

And surely ye'll be your pint-stowp,
And surely I'll be mine,
And we'll tak a cup o' kindness yet
For auld lang syne!

We twa hae run about the braes,
And pou'd the gowans fine,
But we've wander'd monie a weary fit
Sin' auld lang syne!

We twa hae paidl'd in the burn
Frae morning sun till dine,
But seas between us braid hae roar'd
Sin' auld lang syne!

And there's a hand, my trusty fiere,
And gie's a hand o' thine,
And we'll tak a right guid-willie waught
For auld lang syne!

XV B. AULD LANG SYNE

BURNS.

Chorus.

fər [1]ɑːl*d* lɑŋ səin, mə dir,
  fər [1]ɑːl*d* lɑŋ səin,
wil tɑk ə kʌp oʼ ˈkəin*d*nəs jɛt
  fər [1]ɑːl*d* lɑŋ səin!

[2]ʃud [1]ɑːl*d* əˈkwɑntəns bi fərˈgɔt,
  ən ˈnɪvər [3]broxt tə məin?
[2]ʃud [1]ɑːl*d* əˈkwɑntəns bi fərˈgɔt,
  ən [1]ɑːl*d* lɑŋ səin?

ən ˈʃørlɪ jiːl bi juːr pəintˈstʌup,
  ən ˈʃørlɪ ɑːl bi məin,
ən wil tɑk ə kʌp o ˈkəin*d*nəs jɛt
  fər [1]ɑːl*d* lɑŋ səin!

wi [1]twɑː he rʌn əˈbut ðə breːz,
  ən [4]puːd ðə ˈgʌuənz fəin,
bʌt wiv [4]ˈwɑn*d*ərd [5]ˈmonɪ ə ˈwiːri fɪt
  sɪn [1]ɑːl*d* lɑŋ səin!

wi [1]twɑː he pedlt ɪn ðə bʌrn
  fre [3]ˈmornən [8]sɪn tɪl dəin,
bʌt siːz bɪˈtwin ʌs bred he [4]roːrd
  sɪn [1]ɑːl*d* lɑŋ səin!

ən ðeːrz ə [6]hɑn*d*, mə ˈtrʌstɪ fiːr,
  ən [7]giːz ə [6]hɑn*d* o ðəin,
ən wil tɑk ə rɪxt gyd[8]ˈwɪlɪ [1]wɑːxt
  fər [1]ɑːl*d* lɑŋ səin!

---

[1] ǫː [2] sʌd [3] ɔ [4] t [5] ʌ, ɑ, ɔ [6] ɑː [7] gis [8] ʌ

XVI B. A MAN'S A MAN FOR A' THAT

BURNS.

Is there, for honest poverty,
That hings his head, an' a' that?
The coward slave, we pass him by—
We dare be poor for a' that!
For a' that, an' a' that,
Our toil's obscure, and a' that,
The rank is but the guinea's stamp,
The man's the gowd for a' that.

What though on hamely fare we dine,
Wear hoddin grey, an' a' that?
Gie fools their silks, and knaves their wine—
A man's a man for a' that!
For a' that, and a' that,
Their tinsel show, an' a' that;
The honest man, tho' e'er sae poor,
Is king o' men for a' that!

Ye see yon birkie, ca'd "a lord,"
Wha struts, and stares, an' a' that;
Tho' hundreds worship at his word,
He's but a cuif for a' that:
For a' that, and a' that,
His ribband, star, and a' that,
The man of independent mind,
He looks and laughs at a' that!

A prince can mak a belted knight,
A marquis, duke, an' a' that;
But an honest man's aboon his might—
Guid faith he mauna fa' that!

XVI B. A MAN'S A MAN FOR A' THAT

BURNS.

ɪz ðər, fər 'ɔnəst 'povərtɪ,
  ðət hɪŋz ɪz [1]hed, ən [2]ɑː ðɑt?
ðə 'kuərd sleːv, wi pɑs hɪm bɑɪ—
  wi [2]dɑːr bi pøːr fər [2]ɑː ðɑt!
fər [2]ɑː ðɑt, ən [2]ɑː ðɑt,
  [3]ur təilz əb'skjøːr, ən [2]ɑː ðɑt,
ðə rɑŋk ɪz bʌt ðə 'giniz stɑmp,
  ðə mɑnz ðə gʌud fər [2]ɑː ðɑt.

ʍɑt θo ɔn 'hemlɪ feːr wi dəin,
  wiːr hɔdn greː, ən [2]ɑː ðɑt?
giː fylz ðər sɪlks, ən neːvz ðər wəin—
  ə mɑnz ə mɑn fər [2]ɑː ðɑt!
fər [2]ɑː ðɑt, ən [2]ɑː ðɑt,
  ðər 'tɪnsəl ʃoː, ən [2]ɑː ðɑt;
ðə 'ɔnəst mɑn, θo eːr se pøːr,
  ɪz kiŋ o mɛn fər [2]ɑː ðɑt!

jɪ siː jɔn 'bɪrkɪ, [2]kɑːd "ə lord,"
  [2]ʍɑː strʌts, ən steːrz, ən [2]ɑː ðɑt;
θo 'hʌndərz 'wʌrʃɪp ət hɪz wʌrd,
  hiːz bət ə kyf fər [2]ɑː ðɑt:
fər [2]ɑː ðɑt, ən [2]ɑː ðɑt,
  hɪz 'rɪbən, stɑːr, ən [2]ɑː ðɑt,
ðə mɑn o ɪndɪ'pendənt məind,
  hi luks ən [4]lɑxs ət [2]ɑː ðɑt!

ə prɪns kən mɑk ə 'bɛltət nɪxt,
  ə 'mɑrkwɪs, djuk, ən [2]ɑː ðɑt;
bʌt ən 'ɔnəst mɑnz ə'byn hɪz mɪxt—
  gyd feθ hi 'mɑnnə [2]fɑː ðɑt!

[1] i [2] ɑ̨ː [3] wɪr, wər, wʌr [4] ɑː

For a' that, and a' that,
  Their dignities, an' a' that,
The pith o' sense, an' pride o' worth,
  Are higher rank than a' that.

Then let us pray that come it may,
  (As come it will for a' that)
That Sense and Worth, o'er a' the earth,
  May bear the gree, an' a' that!
For a' that, and a' that,
  It's comin' yet, for a' that,
That man to man, the world o'er,
  Shall brithers be for a' that!

fər [1]ɑː ðɑt, ən [1]ɑː ðɑt,
  ðər ˈdɪ̞gnɪtɪ̞z, ən [1]ɑː ðɑt,
ðə pɪ̞θ o sens, ən prəid o [2]wɪ̞rθ,
  ər hɑɪər rɑŋk ðən [1]ɑː ðɑt.

ðɑn [3]let ʌs preː ðət kʌm ɪ̞t meː,
  (əz kʌm ɪ̞t [2]wɪ̞l fər [1]ɑː ðɑt)
ðət sens ən wɪ̞rθ, ʌur [1]ɑː ðə jɪ̞rθ,
  ʃəl beːr ðə griː, ən [1]ɑː ðɑt!
fər [1]ɑː ðɑt, ən [1]ɑː ðɑt,
  ɪ̞ts ˈkʌmən jet, fər [1]ɑː ðɑt,
ðət mɑn tə mɑn, ðə [4]wɑrl*d* ʌur,
  ʃəl ˈbrɪðərz bi fər [1]ɑː ðɑt!

[1]ɑ̜ː [2]ʌ [3]ɑ, ə [4]ɑː

XVII B. DUNCAN GRAY

BURNS.

Duncan Gray cam here to woo,
(Ha, ha, the wooing o't!)
On blithe Yule night when we were fou,
(Ha, ha, the wooing o't!)
Maggie coost her head fu' high,
Looked asklent and unco skeigh,
Gart poor Duncan stand abeigh—
Ha, ha, the wooing o't!

Duncan fleech'd and Duncan pray'd,
(Ha, ha, the wooing o't!)
Meg was deaf as Ailsa Craig,
(Ha, ha, the wooing o't!)
Duncan sigh'd baith out and in,
Grat his een baith bleer't an' blin',
Spak' o' lowpin o'er a linn—
Ha, ha, the wooing o't!

Time and chance are but a tide,
(Ha, ha, the wooing o't!)
Slighted love is sair to bide,
(Ha, ha, the wooing o't!)
"Shall I, like a fool," quoth he,
"For a haughty hizzie die?
She may gae—to France for me!"—
Ha, ha, the wooing o't!

How it comes, let doctors tell,
(Ha, ha, the wooing o't!)
Meg grew sick, as he grew hale,
(Ha, ha, the wooing o't!)
Something in her bosom wrings,
For relief a sigh she brings;
And O, her een they spak sic things!—
Ha, ha, the wooing o't!

Duncan was a lad o' grace,
(Ha, ha, the wooing o't!)
Maggie's was a piteous case,
(Ha, ha, the wooing o't!)
Duncan could na be her death,
Swelling pity smoor'd his wrath;
Now they're crouse and canty baith—
Ha, ha, the wooing o't!

XVII B. DUNCAN GRAY

BURNS.

'dʌŋkən greː kam hiːr tə *wu*ː,
ən bləiθ jyl nɪxt ʌən wi wər fuː,
'magɪ kyst hər [1]hed fu hix,
lukt ə'sklent ən 'ʌŋkə skix,
[2]gaːrt pøːr 'dʌŋkən [3]stand ə'bix—
haː, haː, ðə *w*'uən ot!

'dʌŋkən flitʃt n̩ 'dʌŋkən preːd,
meg wəz dif əz 'ɛlsə kreg,
'dʌŋkən [4]sɪxt beθ ut n̩ ɪn,
grat ɪz in beθ blirt n̩ blɪn,
spak o 'lʌupən ʌur ə lɪn—
haː, haː, ðə *w*'uən ot!

təim ən tʃans ər bʌt ə təid,
'slɪxtət lʌv ɪz seːr tə bəid,
"ʃal aɪ, ləik ə fyl," *kwo* hiː,
"fɔr ə [5]'haːtɪ 'hɪzɪ diː?
ʃiː me geː—tə frans fər miː!"—
haː, haː, ðə *w*'uən ot!

huː ɪt kʌmz, [6]lɛt 'dɔktərz tɛl,
meg gruː sik, əz hiː gruː hɛl,
'sʌmθɪŋ ɪn hər buːzm *wr*ɪŋz,
fər rɪ'lif ə [4]sɪx ʃi brɪŋz;
ən oː, hər in ðe spak sɪk θɪŋz!—
haː, haː, ðə *w*'uən ot!

'dʌŋkən wəz ə [3]lad o gres,
'magɪz wəz ə 'pitjəs kes,
'dʌŋkən 'kʌdnə biː hər deθ,
'swɛlən 'piti smøːrd hɪz *reθ;
nuː ðeːr krus ən 'kantɪ beθ—
haː, haː, ðə *w*'uən ot!

---

[1] i [2] ɛ [3] aː [4] saɪ, more common now. [5] ɔː [6] a, ə

* Older wreθ, cf. *Cursor Mundi*, c. 1300:
"O chastite has lichur *leth*,
On charite ai werrais *wreth*."

XVIII B. JOHN ANDERSON, MY JO

BURNS.

John Anderson, my jo, John,
  When we were first acquent;
Your locks were like the raven,
  Your bonie brow was brent;
But now your brow is beld, John,
  Your locks are like the snaw;
But blessings on your frosty pow,
  John Anderson, my jo!

John Anderson, my jo, John,
  We clamb the hill thegither;
And monie a cantie day, John,
  We've had wi' ane anither:
Now we maun totter down, John,
  And hand in hand we'll go;
And sleep thegither at the foot,
  John Anderson, my jo!

XVIII B. JOHN ANDERSON, MY JO

BURNS.

[1]dʒon ˈɑn*d*ərsən, mə dʒoː, [1]dʒon,
ʍən wi wər [2]fɪ̣rst əˈkwɛnt;
jər lɔks wər ləik ðə ˈreːvn,
jər [1]ˈbonɪ̣ bruː wəz brɛnt;
bət nuː jər bruː ɪ̣z [3]bɛld, [1]dʒon,
jər lɔks ər ləik ðə snǫː;
bət ˈblɪ̣sənz ɔn jər [1]ˈfrostɪ̣ pʌu,
[1]dʒon ˈɑn*d*ərsən, mə dʒoː!

[1]dʒon ˈɑn*d*ərsən, mə dʒoː, [1]dʒon,
wi klɑm ðə hɪ̣l ðəˈgɪðər;
ən [4]ˈmonɪ̣ ə·ˈkɑntɪ deː, [1]ˈdʒon,
wiːv hɑd wɪ̣ [5]en əˈnɪðər:
nuː wi mən ˈtɔtər dun, [1]dʒon,
ən [6]hɑn*d* ɪ̣n [6]ḥɑn*d* wil goː;
ən slip ðəˈgɪðər ət ðə fɪ̣t,
[1]dʒon ˈɑn*d*ərsən, mə dʒoː!

[1] ɔ [2] ʌ [3] bɛlt [4] ɑ, ʌ, ɔ [5] jɪ̣n [6] ɑː

XIX B. THERE WAS A LAD WAS BORN IN KYLE

BURNS.

Chorus.

Robin was a rovin boy,
A rantin, rovin, rantin rovin,
Robin was a rovin boy,
Rantin, rovin Robin.

There was a lad was born in Kyle,
But whatna day o' whatna style,
I doubt it's hardly worth the while
To be sae nice wi' Robin.

Our monarch's hindmost year but ane
Was five-and-twenty days begun,
'Twas then a blast o' Janwar' win'
Blew hansel in on Robin.

The gossip keekit in his loof,
Quo' scho :—wha lives will see the proof,
This waly boy will be nae coof:
I think we'll ca' him Robin.

He'll hae misfortunes great and sma',
But aye a heart aboon them a';
He'll be a credit till us a',
We'll a' be proud o' Robin!

But sure as three times three mak' nine,
I see by ilka score and line,
This chap will dearly like our kin',
So leeze me on thee, Robin.

XIX B. THERE WAS A LAD WAS BORN IN KYLE

BURNS.

Chorus.

'robɪ̣n wəz ə 'roːvən [1]bɔɪ,
ə 'rɑntən, 'roːvən, 'rɑntən 'roːvən,
'robɪ̣n wəz ə 'roːvən [1]bɔɪ,
'rɑntən, 'roːvən 'robɪ̣n.

ðər wəz ə [2]lɑd wəz [3]bɔrn ɪ̣n kəil,
bət 'ʍɑtnə deː o 'ʍɑtnə stəil,
ə dut ɪ̣ts 'hɑr*d*lɪ̣ wʌrθ ðə ʍəil
tə bi seː nəis wɪ̣ 'robɪ̣n.

[4]ur 'mɔnərks 'hɪ̣n*d*məst iːr bət jɪ̣n
wəz 'fɑivən'twɪ̣ntɪ deːz bɪ'gʌn,
twəz ðɑn ə blɑst o 'dʒɑnwər [5]wɪ̣n
bluː 'hɑnsəl ɪ̣n ɔn 'robɪ̣n.

ðə 'gɔsɪp 'kikət ɪ̣n hɪ̣z lyf,
k*wo* ʃø:—[6]ʍɑː liːvz [5]wɪ̣l siː ðə pryf,
ðɪ̣s [6]'wɑːlɪ̣ [1]bɔɪ [5]wɪ̣l bi neː kyf:
ə θɪ̣ŋk wiːl [6]kɑː hɪ̣m 'robɪ̣n.

hil heː mɪ̣s'fɔrtjənz gret ṇ [6]smɑː,
bət əi ə hert ə'byn ðəm [6]ɑː;
hil bi ə 'krɛdɪt tɪ̣l ʌs [6]ɑː,
wiːl [6]ɑː bi prud o 'robɪ̣n!

bət ʃøːr əz θri təimz θriː mɑk nəin,
ə siː bɑɪ 'ɪ̣lkə skoːr ən ləin,
ðɪ̣s [5]tʃɑp wɪ̣l 'diːrlɪ̣ ləik [4]ur kəin,
seː liːz mi ɔn ði, 'robɪ̣n.

[1] ɔɪ [2] ɑː [3] o [4] wɪ̣r, wʌr, wər [5] ʌ [6] ǫː

XX B. WILLIE BREWED A PECK O' MAUT

BURNS.

Chorus.

We are na fou, we're no that fou,
But just a drappie in our e'e!
The cock may craw, the day may daw,
And aye we'll taste the barley bree.

O, Willie brewed a peck o' maut,
And Rob and Allan cam to pree;
Three blyther hearts, that lee-lang night,
Ye wad na found in Christendie.

Here are we met, three merry boys,
Three merry boys I trow are we;
And monie a night we've merry been,
And monie mae we hope to be!

It is the moon, I ken her horn,
That's blinkin' in the lift sae hie!
She shines sae bright to wyle us hame,
But, by my sooth, she'll wait a wee!

Wha first shall rise to gang awa',
A cuckold, coward loon is he!
Wha first beside his chair shall fa',
He is the king amang us three!

XX B. WILLIE BREWED A PECK O' MAUT

BURNS.

Chorus.

wi ɑːr nə fuː, wir noː ðɑt fuː,
bət dʒyst ə ˈdrɑpɪ ɪn ur iː!
ðə kɔk mə [1]krɑː, ðə deː me [1]dɑː,
ənd əi wiːl test ðə ˈbɑrlɪ briː.

oː, [2]ˈwɪlɪ brüːd ə pɛk o [1]mɑːt,
ən rɔb ən ˈɑlən kɑm tə priː;
θriː ˈbləiθər hɛrts, ðɑt ˈliːlɑŋ nɪxt,
ji [3]ˈwədnə fʌnd ɪn ˈkrɪsəndiː.

hiːr ər wi mɛt, θriː ˈmɛrɪ [4]bɔɪz,
θriː ˈmɛrɪ [4]bɔɪz ɑ trʌu ər wiː;
ən [5]ˈmonɪ ə nɪxt wiːv ˈmɛrɪ bin,
ən [5]ˈmonɪ meː wi hʌup tə biː!

ɪt ɪz ðə myn, ɑ kɛn hər [6]horn,
ðəts ˈblɪŋkən ɪn ðə lɪft seː hiː!
ʃi ʃəinz seː brɪxt tə wəil ʌs hem,
bʌt, bɑɪ mə syθ, ʃil [7]wet ə wiː!

[1]ʍɑː [2]fɪrst ʃəl rɑɪz tə gɑŋ [1]əˈwɑː,
ə ˈkʌkəld, ˈkuərd lun ɪz hiː!
[1]ʍɑː [2]fɪrst bɪˈsəid hɪz [7]tʃeːr ʃəl [1]fɑː,
hiː ɪz ðə kiŋ əˈmɑŋ ʌs θriː!

[1] ɔ̜ː [2] ʌ [3] ʌ, ɪ [4] oɪ [5] ʌ, ɔ, ɑ [6] ɔ [7] əi

XXI B. OF A' THE AIRTS THE WIND CAN BLAW

BURNS.

I.

Of a' the airts the wind can blaw
  I dearly like the west,
For there the bonie lassie lives,
  The lassie I loe best.
There's wild woods grow, and rivers row,
  And monie a hill between,
But day and night my fancy's flight
  Is ever wi' my Jean.

II.

I see her in the dewy flowers—
  I see her sweet and fair.
I hear her in the tunefu' birds—
  I hear her charm the air.
There's not a bonie flower that springs
  By fountain, shaw, or green,
There's not a bonie bird that sings,
  But minds me o' my Jean.

XXI B. OF A' THE AIRTS THE WIND CAN BLAW

BURNS.

I.

o [1]ɑː ðə [2]erts ðə [3]wɪ̣n kən [1]blɑː
  ɑ 'diːrlɪ̣ ləik ðə wɛst,
fɔr ðeːr ðə [4]'bonɪ̣ 'lɑsɪ̣ liːvz,
  ðə 'lɑsɪ̣ ɑ luː bɛst.
ðeːrz wəild [3]wɪ̣dz grʌu, ən 'rɪ̣vərz rʌu,
  ən [5]'monɪ̣ ə hɪ̣l bɪ'twin,
bət deː ən nɪ̣xt mə 'fɑnsɪ̣z flɪ̣xt
  ɪ̣z 'ɪvər wɪ̣ mə dʒin.

II.

ə siː hər ɪ̣n ðə 'djuɪ fluːrz—
  ə siː hər swit ən feːr.
ə hiːr hər ɪ̣n ðə 'tjynfə bɪ̣rdz—
  ə hiːr hər tʃɑrm ðə eːr.
ðərz nɔt ə [4]'bonɪ̣ fluːr ðət sprɪ̣ŋz
  bɪ 'fʌuntən, [1]ʃɑː, ɔr grin,
ðərz nɔt ə [4]'bonɪ̣ bɪ̣rd ðət sɪ̣ŋz,
  bət məin*dz* mi o mə dʒin.

[1]ǫ [2]ɛ [3]ʌ [4]ɔ [5]ɔ, ʌ, ɑ

XXII B. WAE'S ME FOR PRINCE CHARLIE

WILLIAM GLEN (1789–1826).

A wee bird cam' to our ha' door,
  He warbled sweet and clearly,
An' aye the owre-come o' his sang
  Was, "Wae's me for Prince Charlie!"
Oh! when I heard the bonnie, bonnie bird,
  The tears cam' drappin' rarely,
I took my bonnet aff my head,
  For weel I lo'ed Prince Charlie!

Quoth I, "My bird, my bonnie, bonnie bird,
  Is that a sang ye borrow;
Or is't some words ye've learnt by heart,
  Or a lilt o' dool an' sorrow?"
"Oh! no, no, no," the wee bird sang,
  "I've flown sin' mornin' early;
But sic a day o' wind an' rain—
  Oh! wae's me for Prince Charlie!

"On hills that are by right his ain,
  He roves a lanely stranger,
On ilka hand he's press'd by want,
  On ilka side is danger.
Yestreen I met him in a glen,
  My heart maist burstit fairly,
For sadly changed indeed was he—
  Oh! wae's me for Prince Charlie!

"Dark night cam on, the tempest roar'd,
  Oot owre the hills an' valleys,
An' whar was't that your Prince lay down,
  Whase hame should been a palace?

XXII B. WAE'S ME FOR PRINCE CHARLIE

WILLIAM GLEN (1789–1826).

ə wi: [1]bɪ̞rd kɑm tə u:r [2]hɑ: do:r,
hi wɑrblt swit ən 'kli:rlɪ̞,
ən əi ðə 'ʌurkʌm o hɪ̞z sɑŋ
wəz, "we:z mi fɔr prɪ̞ns 'tʃe:rlɪ̞!"
o:! ʍɑn ə [3]hɑrd ðə [4]'bonɪ̞, [4]'bonɪ̞ bɪ̞rd,
ðə ti:rz kɑm 'drɑpən 'ṛe:rlɪ̞,
ɑ tuk mə 'bɔnət ɑf mə [5]hid,
fɔr wil ə lu:d prɪ̞ns 'tʃe:rlɪ̞!

kwoθ ɑɪ, "mə [1]bɪ̞rd, mə [4]'bonɪ̞, [4]'bonɪ̞ bɪ̞rd,
ɪ̞z ðɑt ə sɑŋ ji 'bɔro;
ɔr ɪ̞st sʌm wʌrdz jiv lɛrnt bɪ̞ hɛrt,
ɔr ə lɪ̞lt o [6]dul ən 'sɔro?"
"o:! no:, no:, no:," ðə wi: [1]bɪ̞rd sɑŋ,
"ɑv flʌun sɪ̞n [4]'mornən 'e:rlɪ̞;
bət sɪ̞k ə de: o [1]wɪ̞n*d* ən ren—
o:! we:z mi fɔr prɪ̞ns 'tʃe:rlɪ̞!

"ɔn hɪ̞lz ðət ɑ:r bɪ̞ rɪ̞xt hɪ̞z e:n,
hi ro:vz ə 'lenlɪ̞ [7]'strendʒər,
ɔn 'ɪ̞lkə hɑnd hiz prɛst bɪ̞ wɑnt,
ɔn 'ɪ̞lkə səid ɪ̞z [7]'dendʒər.
jə'strin ə mɛt hɪ̞m ɪ̞n ə glɛn,
mə hɛrt mɛst 'bʌrstət 'fe:rlɪ̞,
fɔr 'sɑdlɪ̞ [7]tʃendʒt ɪ̞n'did wəz hi:—
o:! we:z mi fɔr prɪ̞ns 'tʃe:rlɪ̞!

"dɑrk nɪ̞xt kɑm ɔn, ðə 'tempəst ro:rt,
ut ʌur ðə hɪ̞lz ən [5]'vɑlɪ̞z,
ən [2]ʍɑ:r wəst ðət jər prɪ̞ns le: dun,
ʍe:z hem ʃud bin ə [5]'pɑlɪ̞s?

---

[1] ʌ [2] ọ: [3] ɛ [4] ɔ [5] e [6] y [7] əi

He row'd him in a Highland plaid,
  Which cover'd him but sparely,
An' slept beneath a bush o' broom—
  Oh! wae's me for Prince Charlie!"

But now the bird saw some red coats,
  An' he shook his wings wi' anger,
"Oh! this is no a land for me;
  I'll tarry here nae langer!"
A while he hover'd on the wing
  Ere he departed fairly,
But weel I mind the fareweel strain
  Was, "Wae's me for Prince Charlie!"

hi rʌud hɪ̣m ɪ̣n ə 'hilən*d* pled,
ʍɪ̣tʃ 'kʌvərt hɪ̣m bət 'speːrlɪ̣,
ən slɛpt [1]brˈniθ ə bʌs o brym—
oː! weːz mi fɔr prɪ̣ns 'tʃeːrlɪ̣!"

bət nuː ðə [2]bɪ̣rd [3]sɑː sʌm [4]rɛd kots,
ən i ʃyk hɪ̣z wɪ̣ŋz wɪ̣ 'ɑŋər,
"oː! ðɪ̣s ɪ̣z noː ə [5]lɑn*d* fər miː;
əl 'tɑrɪ̣ hiːr neː 'lɑŋər!"
ə ʍəil hi 'hoːvərt ɔn ðə wɪ̣ŋ
eːr hi [6]drˈpertət 'feːrlɪ̣,
bət wil ə məin*d* ðə 'feːrwil stren
wəz, "weːz mi fɔr prɪ̣ns 'tʃeːrlɪ̣!"

---

[1]e [2]ʌ [3]ǫː [4]ə, i [5]ɑː [6]ɛ

XXIII B. WHEN THE KYE COMES HAME

JAMES HOGG (1770–1835).

Chorus.

When the kye comes hame,
When the kye comes hame,
'Tween the gloamin and the mirk
When the kye comes hame.

Come all ye jolly shepherds
That whistle through the glen,
I'll tell ye of a secret
That courtiers dinna ken;
What is the greatest bliss
That the tongue o' man can name?
'Tis to woo a bonnie lassie
When the kye comes hame.

'Tis not beneath the coronet,
Nor canopy of state;
'Tis not on couch of velvet,
Nor arbour of the great—
'Tis beneath the spreadin' birk,
In the glen without the name,
Wi' a bonnie, bonnie lassie,
When the kye comes hame.

There the blackbird bigs his nest
For the mate he loe's to see,
And on the topmost bough,
Oh, a happy bird is he!
Then he pours his meltin' ditty,
And love is a' the theme,
And he'll woo his bonnie lassie
When the kye comes hame.

XXIII B. WHEN THE KYE COMES HAME

JAMES HOGG (1770–1835).

Chorus.

ʍən ðə kɑɪ kʌmz hem,
ʍən ðə kɑɪ kʌmz hem,
twin ðə 'gloмən ən ðə mɪ̣rk
ʍən ðə kɑɪ kʌmz hem.

kʌm [1]ɑ: ji 'dʒolɪ̣ 'ʃɛpərdz
ðət [2]ʍʌsl θru: ðə glɛn,
əl tɛl ji o ə 'sikrɪ̣t
ðət 'kurtjərz 'dɪ̣n*n*ə kɛn;
ʍɑt ɪ̣z ðə 'gretəst blɪ̣s
ðət ðə tʌŋ o mɑn kən nem?
tɪ̣z tə wu: ə [3]'bonɪ̣ 'lɑsɪ̣
ʍən ðə kɑɪ kʌmz hem.

tɪ̣z nɔt [4]bɪ'niθ ðə 'kɔrənɛt,
nɔr 'kɑnopɪ̣ o stet;
tɪ̣z nɔt ɔn kutʃ o 'vɛlvɛt,
nɔr 'ɑrbər ə*v* ðə gret—
tɪ̣z [4]bɪ'niθ ðə 'sprɛdən bɪ̣rk,
ɪ̣n ðə glɛn wɪ̣'θut ðə nem,
wɪ̣ ə [3]'bonɪ̣, [3]'bonɪ̣ 'lɑsɪ̣,
ʍən ðə kɑɪ kʌmz hem.

ðe:r ðə 'blɑkbərd bɪ̣gs hɪ̣z nɛst
fər ðə met hi lu:z tə si:,
ənd ɔn ðə 'tɑpməst bʌu,
o:, ə 'hɑpɪ̣ bɪ̣rd ɪ̣z hi:!
ðɑn hi pu:rz hɪ̣z 'mɛltən 'dɪ̣tɪ̣,
ən lʌv ɪ̣z [1]ɑ: ðə θem,
ən hil *w*u: hɪ̣z [3]'bonɪ̣ 'lɑsɪ̣
ʍən ðə kɑɪ kʌmz hem.

---

[1] ɒ̣: [2] ɪ̣ [3] ɔ [4] e

When the blewart bears a pearl,
  And the daisy turns a pea,
And the bonnie lucken-gowan
  Has fauldit up her e'e,
Then the laverock frae the blue lift
  Drops down, and thinks nae shame
To woo his bonnie lassie
  When the kye comes hame.

See yonder pawkie shepherd,
  That lingers on the hill,
His yowes are in the fauld,
  And his lambs are lyin' still,
Yet he downa gang to bed,
  For his heart is in a flame
To meet his bonnie lassie
  When the kye comes hame.

When the little wee bit heart
  Rises high in the breast,
And the little wee bit starn
  Rises red in the east,
Oh, there's a joy sae dear
  That the heart can hardly frame
Wi' a bonnie, bonnie lassie
  When the kye comes hame.

Then since all nature joins
  In this love without alloy,
Oh, wha wad prove a traitor
  To nature's dearest joy?
Or wha wad choose a crown
  Wi' its perils and its fame,
An' miss his bonnie lassie
  When the kye comes hame?

ʍən ðə ˈbluərt beːrz ə pɛrl,
  ən ðə ˈdeːzɪ tʌrnz ə piː,
ən ðə [1]ˈbonɪ̣ ˈlʌkənˈgʌuən
  həz [2]ˈfɑːldət ʌp hər iː,
ðɑn ðə ˈlɑvrək fre ðə bluː lɪ̣ft
  drɑps dun, ən θɪ̣ŋks neː ʃem
tə *wu*ː hɪ̣z [1]ˈbonɪ̣ ˈlɑsɪ̣
  ʍən ðə kɑɪ kʌmz hem.

siː ˈjɔndər [2]ˈpɑːkɪ̣ ˈʃɛpərd,
  ðət ˈlɪ̣ŋərz ɔn ðə hɪ̣l,
hɪ̣z jʌuz ər ɪ̣n ðə [2]fɑːl*d*,
  ən hɪ̣z lɑmz ər ˈlɑɪən stɪ̣l,
jɛt hi ˈdʌunə gɑŋ tə bed,
  fər hɪ̣z hɛrt ɪ̣z ɪ̣n ə flem
tə mit hɪ̣z [1]ˈbonɪ̣ ˈlɑsɪ̣
  ʍən ðə kɑɪ kʌmz hem.

ʍən ðə lɪ̣tl wiː bɪ̣t hɛrt
  [3]ˈrɑɪzəz hɑɪ ɪ̣n ðə brist,
ən ðə lɪ̣tl wiː bɪ̣t stɑrn
  [3]ˈrɑɪzəz [4]rɛd ɪ̣n ðə ist,
oː, ðərz ə [5]dʒɔɪ seː diːr
  ðət ðə hɛrt kən ˈhɑrdlɪ̣ frem
wɪ̣ ə [1]ˈbonɪ̣, [1]ˈbonɪ̣ ˈlɑsɪ̣
  ʍən ðə kɑɪ kʌmz hem.

ðɛn sɪ̣ns [2]ɑː ˈnetər dʒəinz
  ɪ̣n ðɪ̣s lʌv wɪ̣ˈθut [5]əˈlɔɪ,
oː, [2]ʍɑː [6]wəd prøːv ə ˈtretər
  tə ˈnetərz ˈdiːrəst [5]dʒɔɪ?
ɔr [2]ʍɑː [6]wəd tʃøːz ə krun
  wɪ̣ ɪ̣ts ˈpɛrəlz ən ɪ̣ts fem,
ən mɪ̣s hɪ̣z [1]ˈbonɪ̣ ˈlɑsɪ̣
  ʍən ðə kɑɪ kʌmz hem?

---

[1] ɔ [2] o̜ː [3] əi [4] i, ə [5] oɪ [6] ʌ, ɪ̣

XXIV B. MY LOVE SHE'S BUT A LASSIE YET

JAMES HOGG (1770–1835).

My love she's but a lassie yet,
A lightsome lovely lassie yet;
  It scarce wad do
  To sit an' woo
Down by the stream sae glassy yet.
But there's a braw time comin' yet,
When we may gang a-roamin' yet,
  An' hint wi' glee
  O' joys to be,
When fa's the modest gloamin' yet.

She's neither proud nor saucy yet,
She's neither plump nor gaucy yet;
  But just a jinkin',
  Bonnie blinkin',
Hilty-skilty lassie yet.
But O her artless smile's mair sweet
Than hinny or than marmalete;
  An' right or wrang,
  Ere it be lang,
I'll bring her to a parley yet.

I'm jealous o' what blesses her,
The very breeze that kisses her.
  The flowery beds
  On which she treads,
Though wae for ane that misses her.
Then O to meet my lassie yet,
Up in yon glen sae grassy yet;
  For all I see
  Are nought to me
Save her that's but a lassie yet!

XXIV B. MY LOVE SHE'S BUT A LASSIE YET

JAMES HOGG (1770–1835).

mə lʌv ʃiz bʌt ə ˈlɑsɪ̞ jɛt,
ə ˈlɪ̞xtsəm ˈlʌvlɪ̞ ˈlɑsɪ̞ jɛt;
ɪ̞t skers [1]wəd du:
tə sɪ̞t ən wu:
dun bɑɪ ðə strim se ˈglɑsɪ̞ jɛt,
bət ðərz ə [2]brɑ: təim ˈkʌmən jɛt.
ʍən wi me gɑŋ əˈromən jɛt,
ən hɪ̞nt wɪ̞ gli:
o [3]dʒɔɪz tə bi:,
ʍən [2]fɑ:z ðə ˈmɔdəst ˈglomən jɛt.

ʃiz [4]ˈneðər prud nɔr [2]ˈsɑ:sɪ̞ jɛt,
ʃiz [4]ˈneðər plʌmp nɔr [2]ˈgɑ:sɪ̞ jɛt;
bət dʒyst ə ˈdʒɪ̞ŋkən,
[6]ˈbonɪ̞ ˈblɪ̞ŋkən,
ˈhɪ̞ltɪ̞ˈskɪ̞ltɪ̞ ˈlɑsɪ̞ jɛt.
bət o: hər ˈɛrtləs sməilz me:r swit
ðən ˈhɪnɪ̞ ɔr ðən ˈmɑrməlit;
ən *wrɪ̞xt* ɔr *wrɑŋ*,
e:r ɪ̞t bi lɑŋ,
əl brɪ̞ŋ hər tə ə ˈpɑrlɪ̞ jɛt.

əm ˈdʒɛləs o ʍɑt ˈblɪ̞səz hər,
ðə ˈvɛrə bri:z ðət ˈkɪ̞səz hər.
ðə ˈflu:rɪ bɛdz
ɔn ʍɪ̞tʃ ʃi trɛdz,
θo we: fər [5]en ðət ˈmɪ̞səz hər.
ðɛn o: tə mit mə ˈlɑsɪ̞ jɛt,
ʌp ɪ̞n jɔn glɛn se ˈgrɑsɪ̞ jɛt;
fər [2]ɑ: ə si:
ər [6]noxt tə mi:
se:v hər ðəts bʌt ə ˈlɑsɪ̞ jɛt!

[1] ʌ, ɪ̞ [2] ɑ̦: [3] oɪ [4] e: [5] jɪ̞n [6] ɔ

XXV B. THERE'S NAE LUCK ABOUT THE HOUSE

ANONYMOUS.

Chorus.

There's nae luck about the house,
There's nae luck ava;
There's little pleasure in the house
When our gudeman's awa'.

And are ye sure the news is true?
And are ye sure he's weel?
Is this a time to think o' wark?
Ye jauds, fling by your wheel.
Is this a time to think o' wark,
When Colin's at the door?
Rax me my cloak! I'll to the quay
And see him come ashore.

Rise up and mak a clean fireside,
Put on the muckle pot;
Gie little Kate her cotton gown,
And Jock his Sunday coat;
And mak their shoon as black as slaes,
Their hose as white as snaw;
It's a' to please my ain gudeman,
For he's been lang awa'.

There's twa fat hens upon the bauk,
Been fed this month and mair;
Mak haste and thraw their necks about,
That Colin weel may fare;
[1]And mak the table neat and clean,
Let ev'ry thing look braw;
For wha can tell how Colin fared
When he was far awa'?

[1] These four lines were add d by William J. Mickle (1734–1788).

XXV B. THERE'S NAE LUCK ABOUT THE HOUSE

ANONYMOUS.

Chorus.

ðərz ne: lʌk ə'but ðə hus,
ðərz ne: lʌk [1]ə'vɑ:;
ðərz lɪtl [2]'pli:zər ɪn ðə hus
ʍən u:r gyd'mɑnz [1]ə'wɑ:.

ənd ər jɪ ʃø:r ðə nju:z ɪz tru:?
ən ər jɪ ʃø:r hiz wil?
ɪz ðɪs ə təim tə θɪŋk o wɑrk?
ji [1]dʒɑ:dz, flɪŋ bɑɪ jər ʍil.
ɪz ðɪs ə təim tə θɪŋk o wɑrk,
ʍən 'kolɪnz ət ðə do:r?
rɑks mi mə klok! əl tə ðə ki:
ən si: hɪm kʌm ə'ʃo:r.

[3]rɑɪz ʌp ən ɪnɑk ə klin [3]fɑɪr'səid,
pɪt ɔn ðə mʌkl pɔt;
gi: lɪtl ket hər kɔtn gun,
ən dʒɔk hɪz 'sʌndɪ kɔt;
ən mɑk ðər ʃyn əz blɑk əz sle:z,
ðər ho:z əz ʍəit əz [1]snɑ:;
ɪts [1]ɑ: tə pli:z mə e:n gyd'mɑn,
fɔr hi:z bin lɑŋ [1]ə'wɑ:.

ðərz [1]twɑ: fɑt hɛnz ə'pɔn ðə [1]bɑ:k,
bin fɛd ðɪs mʌnθ ən me:r;
mɑk hest ən [1]θrɑ: ðər nɛks ə'but,
ðət 'kolɪn wil me: fe:r;
ən mɑk ðə tebl nit ņ klin,
[4]lɛt 'ɪvrɪ θɪŋ luk [1]brɑ:;
fər [1]ʍɑ: kən tɛl hu: 'kolɪn fe:rd
ʍən hi wəz [1]fɑ:r [1]ə'wɑ:?

[1] ǫ: [2] 'ple:zər; also with ʒ [3] əi [4] ɑ, ə

O gie me down my bigonet,
  My bishop satin gown,
For I maun tell the bailie's wife
  That Colin's come to town.
My Sunday's shoon they maun gae on,
  My hose o' pearlin blue;
'Tis a' to please my ain gudeman,
  For he's baith leal and true.

Sae true his words, sae smooth his speech,
  His breath's like caller air!
His very foot has music in't
  As he comes up the stair.
And will I see his face again?
  And will I hear him speak?
I'm downright dizzy wi' the thought—
  In troth, I'm like to greet.

[1]The cauld blasts o' the winter wind,
  That thrilled through my heart,
They're a' blawn by; I hae him safe,
  Till death we'll never part.
But what puts parting in my head?
  It may be far awa';
The present moment is our ain,
  The neist we never saw.

[2]If Colin's weel, and weel content,
  I hae nae mair to crave;
And gin I live to keep him sae,
  I'm blest aboon the lave;
And will I see his face again,
  And will I hear him speak?
I'm downright dizzy wi' the thought—
  In troth, I'm like to greet.

This stanza was added by Dr Beattie (1735–1803).

2 The first four lines were added by William J. Mickle.

o: gi: mi dun mə 'bɪ̞gənɛt,
  mə 'bɪʃəp 'setɪ̞n gun,
fər ɑɪ mɑn tɛl ðə [1]'bəiliz wəif
  ðət 'kolɪ̞nz kʌm tə tun.
mə 'sʌndɪ̞z ʃyn ðe: mɑn ge: ɔn,
  mə ho:z o 'perlɪ̞n blu: ;
tɪ̞z [2]ɑ: tə pli:z mə e:n gyd'mɑn,
  fər hi:z beθ lil əu tru:.

se: tru: hɪ̞z wʌrdz, se: smuθ hɪ̞z spitʃ,
  hɪ̞z [3]briθs ləik 'kɑlər e:r !
hɪ̞z 'verə fɪ̞t həz 'mø:zɪk ɪ̞nt
  əz hi kʌmz ʌp ðə ste:r.
ən [4]wɪ̞l ə si: hɪ̞z fes ə'gen ?
  ən [4]wɪ̞l ə hi:r hɪ̞m spik ?
əm 'dunrɪ̞xt 'dɪ̞zɪ wɪ̞ ðə [5]θoxt—
  ɪ̞n trɔθ, əm ləik tə grit.

ðə [2]kɑ:l*d* blɑsts o ðə [6]'wɪntər [4]wɪ̞n*d*,
  ðət θɪ̞rlt θru: mə [7]hɛrt,
ðe:v [2]ɑ: [2]blɑ:n bɑɪ ; ə he: hɪ̞m sef,
  tɪ̞l deθ wil 'nɪvər [7]pɛrt.
bət ʍɑt pɪ̞ts [7]'pertən ɪ̞n mə [7]hid ?
  ɪ̞t me: bi [2]fɑ:r [2]ə'wɑ: ;
ðə 'prɛzənt 'momənt ɪ̞z [8]ur e:n,
  ðə nist wi 'nɪvər [2]sɑ:.

ɪ̞f 'kolɪ̞nz wil, ən wil kən'tɛnt,
  ə he: ne: nɪe:r tə kre:v ;
ən gɪ̞n ɑ li:v tə kip hɪ̞m se:,
  əm blɪ̞st ə'byn ðə le:v ;
ən [4]wɪ̞l ə si: hɪ̞z fes ə'gen,
  ən [4]wɪ̞l ə hi:r hɪ̞m spik ?
əm 'dunrɪ̞xt 'dɪ̞zɪ wɪ̞ ðə [5]θoxt—
  ɪ̞n trɔθ, əm ləik tə grit.

---

[1] 'belɪ, 'beljɪ [2] ǫ: [3] e, ɛ [4] ʌ [5] ɔ [6] ɪ̞, ʌ [7] e [8] wɪ̞r, wər, wʌr

XXVI B. GLOOMY WINTER'S NOW AWA'

ROBERT TANNAHILL (1774–1810).

Gloomy winter's now awa',
Saft the westlàn' breezes blaw,
'Mang the birks o' Staneley shaw
 The mavis sings fu' cheerie, O;
Sweet the crawflower's early bell
Decks Gleniffer's dewy dell,
Blooming like thy bonnie sel',
 My young, my artless dearie, O.
Come, my lassie, let us stray
O'er Glenkilloch's sunny brae,
Blythely spend the gowden day
 'Midst joys that never weary, O.

Tow'ring o'er the Newton wuds,
Lav'rocks fan the snaw-white cluds,
Siller saughs, wi' downy buds,
 Adorn the banks sae briery, O;
Round the silvan fairy nooks
Feathery breckans fringe the rocks,
'Neath the brae the burnie jouks,
 And ilka thing is cheerie, O;
Trees may bud, and birds may sing,
Flow'rs may bloom, and verdure spring.
Joy to me they canna bring,
 Unless wi' thee, my dearie, O.

XXVI B. GLOOMY WINTER'S NOW AWA'

ROBERT TANNAHILL (1774–1810).

'glumɪ [1]'wɪntərz nu: [2]ə'wɑ:,
saft ðə 'wastlən 'bri:zəz [2]blɑ:,
maŋ ðə bɪrks o 'stenlɪ [2]ʃɑ:
ðə 'me:vɪs sɪŋz fu 'tʃi:ri, o:;
swit ðə [2]'krɑ:flu:rz 'ɛrlɪ bɛl
dɛks glen'ɪfərz 'djuɪ dɛl,
'blumən ləik ðɑɪ [3]'bonɪ sɛl,
mɑɪ jʌŋ, mɑɪ 'ɛrtləs 'di:ri, o:.
kʌm, mɑɪ 'lasɪ, [4]lɛt ʌs stre:
ʌur glen'kɪləxs 'sʌnɪ bre:,
'bləiθlɪ spend ðə 'gʌudən de:
mɪdst [5]dʒoɪz ðət 'nɪvər 'wi:ri, o:.

'tu:rən ʌur ðə 'njutən wʌdz,
'lavrəks fan ðə [2]'snaʌəit klʌdz,
'sɪlər [2]sɑ:xs, wɪ 'dʌunɪ bʌdz,
ə'dorn ðə baŋks se 'briərɪ, o:;
rund ðə 'sɪlvən 'fe:rɪ nuks
'fɛðərɪ 'brɛkənz frɪndʒ ðə roks,
nɛθ ðə bre: ðə 'bʌrnɪ dʒuks,
ən 'ɪlkə θɪŋ ɪz 'tʃi:ri, o:;
tri:z me bʌd, ən bɪrdz me sɪŋ,
flu:rz me blym, ən 'vɛrdjər sprɪŋ.
[5]dʒoɪ tə mi: ðe 'kannə brɪŋ,
ʌn'lɛs wɪ ði:, mə 'di:ri, o:.

[1] ɪ, ʌ [2] ɑ: [3] ɔ [4] ɑ, ə [5] əɪ

XXVII B. CASTLES IN THE AIR

JAMES BALLANTINE (1808–1877).

The bonnie, bonnie bairn, wha sits poking in the ase,
Glowerin' in the fire wi' his wee roun' face;
Lauchin' at the fuffin' lowe, what sees he there?
Ha! the young dreamer's biggin' castles in the air.

His wee chubby face, and his touzie curly pow,
Are lauchin' and noddin' to the dancin' lowe;
He'll brown his rosy cheeks, and singe his sunny hair,
Glowerin' at the imps wi' their castles in the air.

He sees muckle castles towerin' to the moon!
He sees little sodgers pu'ing them a' doun!
Worlds whamlin' up and doun, bleezin' wi' a flare,
See how he loups! as they glimmer in the air.

For a' sae sage he looks, what can the laddie ken?
He's thinkin' upon naething, like mony mighty men;
A wee thing maks us think, a sma' thing maks us stare,
There are mair folk than him biggin' castles in the air.

Sic a night in winter may weel mak him cauld;
His chin upon his buffy hand will soon mak him auld;
His brow is brent sae braid, O pray that Daddy Care
Would let the wean alane wi' his castles in the air!

He'll glower at the fire; and he'll keek at the light!
But mony sparklin' stars are swallowed up by night;
Aulder een than his are glamoured by a glare,
Hearts are broken, heads are turned, wi' castles in the air.

XXVII B. CASTLES IN THE AIR

JAMES BALLANTINE (1808–1877).

ðə [1]ˈbonɪ̞, [1]ˈbonɪ̞ [2]bern, ʍɑ sɪ̞ts ˈpokən ɪ̞n ðə es,
ˈglʌurən ɪ̞n ðə [3]fɑɪr wɪ̞ hɪ̞z wiː run fes;
[4]ˈlɑxən ət ðə ˈfʌfən lʌu, ʍɑt siːz hi ðeːr?
hɑː! ðə jʌŋ ˈdrimərz ˈbɪ̞gən kɑstlz ɪ̞n ðə eːr.

hɪ̞z wiː ˈtʃʌbɪ fes, ən hɪ̞z ˈtuːzɪ̞ ˈkʌrlɪ̞ pʌu,
ər [4]ˈlɑxən ən ˈnɔdən tə ðə ˈdɑnsən lʌu;
hil brun hɪ̞z ˈrozɪ tʃiks, ən sɪ̞ŋ hɪ̞z ˈsʌnɪ̞ heːr,
ˈglʌurən ət ðə ɪ̞mps wɪ̞ ðər kɑstlz ɪ̞n ðə eːr.

hi siːz mʌkl kɑstlz ˈtuːrən tə ðə mun!
hi siːz lɪ̞tl ˈsodʒərz ˈpuən ðəm [5]ɑː dun!
[4]wɑrl*d*z ˈʍɑmlən ʌp ən dun, ˈbliːzən wɪ̞ ə fleːr,
siː hu hi lʌups! əz ðe ˈglɪ̞mər ɪ̞n ðə eːr.

fər [5]ɑː seː sedʒ hi luks, ʍɑt kɑn ðə ˈlɑdɪ kɛn?
hiz ˈθɪ̞ŋkən əˈpɔn ˈneθɪ̞ŋ, ləik [8]ˈmonɪ̞ ˈmɪ̞xtɪ̞ mɛn;
ə wiː θɪ̞ŋ mɑks ʌs θɪ̞ŋk, ə [5]smɑː θɪ̞ŋ mɑks ʌs steːr,
ðər ər meːr fʌuk ðən hɪ̞m ˈbɪ̞gən kɑstlz ɪ̞n ðə eːr.

sɪ̞k ə nɪ̞xt ɪ̞n [6]ˈwɪntər me wil mɑk hɪ̞m [5]kɑːl*d*;
hɪ̞z tʃɪ̞n əˈpɔn hɪ̞z ˈbʌfɪ̞ [4]hɑn*d* wɪ̞l syn mɑk hɪ̞m [5]ɑːl*d*;
hɪ̞z bruː ɪ̞z brɛnt se bred, o preː ðət ˈdɑdɪ keːr
[6]wəd [7]lɑt ðə weːn əˈlen wɪ̞ hɪ̞z kɑstlz ɪ̞n ðə eːr!

hil glʌur ət ðə [3]fɑɪr; ən hil kik ət ðə lɪ̞xt!
bət [8]ˈmonɪ̞ ˈspɑrklən stɑːrz ər ˈswɑlət ʌp bɪ̞ nɪ̞xt;
[5]ˈɑːl*d*ər in ðən hɪ̞z ə̀r [9]ˈglɑmərd bɑɪ ə gleːr,
hɛrts ər ˈbrokən, [10]hidz ər tʌrnt, wɪ̞ kɑstlz ɪ̞n ðə eːr.

---

[1] ɔ [2] ɛ [3] əi [4] ɑː [5] ǫː [6] ʌ, ɪ̞ [7] ə, ɛ [8] ɑ, ɔ, ʌ [9] t [10] e

ALPHABETICAL WORD INDEX TO PART II

(*The numerals refer to paragraphs.*)

GLOSSARY OF SCOTS WORDS IN EXTRACTS

abeigh, *abiegh*, aloof
aboon, *abune*, above
abreed, abroad
adoos, troubles, difficulties
ae, one
aerdastreen, the evening before the last
affin't, off from it
agley, wrong, awry
ahint, behind
aiblins, perhaps
Ailsa Craig, an islet rock (at the mouth of the Firth of Clyde off the Ayrshire coast)
ain, own
aince, once
airn, iron
airt, direction
aith, an oath
aits, oats
akinda, a sort of
alaw, below
amaist, almost
anes, once
ase, ashes
ashet, a flat dish
asklent, askance, obliquely
asseer, assure
aught, possession
auld, old
auld lang syne, times of long ago
aweers o', on the point of
awmous, alms, charity

baggie, the belly
bags, bagpipes
bailie, *baillie*, burgh magistrate, cattleman
bain, bend of leather
bairnswoman, nurse
bairntime, progeny
baps, morning rolls
bassened quey, a young cow whose forehead has a white streak
bauk, to roost
bauld, bold
bawbee, halfpenny
bawd, a hare
bear, barley
bedeen, speedily
begood, began
begunk, trick
beld, *belder*, bald, balder
beldam, a hag
belyve, soon
ben, inside, inner room or parlour
bend (*the bicker*), quaff
bethrel, beadle
beuk, baked
bew, blue
bewast, west of
bey, by
bicker, sb. a bowl, v. to hurry
bienli, comfortably
big, to build
bigonet, linen cap or coif
bike, nest of wild bees or wasps
billie, fellow, comrade
binkit, spoiled in the shape
birk, birch
birkie, a smart, conceited fellow
birsle, to toast
bissim, term of reproach for a woman
bladderskate, a foolish talker
blate, backward, shy
blaud, spoil
bleer't, bleered
bleeze, blaze
blellum, babbler
blethering, boasting
blewart, speedwell (Veronica chamædrys)
b'l'o, under
blude, *bluid*, blood
bobbit (*bands*), ornamented with tassels
boddle, *bodle*, a small copper coin
bogle, spirit, ghost, hobgoblin; *to play at bogles*=hide and seek
böl'd, folded
boo, to bend
boot, in phr. *to the boot*=over and above the bargain
boss, empty
bouk, carcase, body
bourtree, elderberry wood (Sambucus nigra)
bout, bolt
bow(e), a boll or measure of corn=6 bushels
bowet, lantern
brae, slope, hillside
bragged, challenged
braid, breadth
braing't, pulled rashly
brak, broke
brattle, uproar, scamper, spurt
braw, fine

breastit, sprang forward
bree, brew; *barley bree* is ale or whisky
breeks, breeches
breet, brute
brent, smooth, unwrinkled
brent new, brand new
briskit, breast
brizzed, pressed
brooses, wedding races from the church to the bride's home
browcht, brought
buchts, sheep-pens
buffy, chubby
buirdly, stout and strong
buits, boots
bumbaized, dumfoundered
burd, maid, lady
bure, bore
busk, prepare
but, outer room or kitchen
bute, *bude*, must (emphatic)
byke, see *bike*
byous, exceedingly
byre, cowshed

callant, lad
caller, fresh
Cameronian, a member of one of the strictest of the Presbyterian sects
canna, cannot
cannie, quiet, cautious
cannily, softly, carefully
cantie, cheerful, comfortable
cantraip, *cantrip*, device, charm, trick
carle, an old man
carlin, an old woman
cast oot, quarrel
ca't, called
cauld, cold
cauler, fresh
caum, a mould
caup, wooden bicker
caw, drive, call
cawker, glass of spirits
cess, tax
chacked, bit
chamber o' deas, best room
chancy, lucky
chap, knock at the door
chapman billies, pedlars
cheat-the-wuddy, cheat the gallows
cheepin', squeaking
chiels, men, fellows
chop, the shop
chow, chew
chynge-house, an inn
chyre, chair
claes, clothes
clamb, climbed
claught, seized
claw, to scrape
cleck, to hatch, invent
cleekit, hooked, took hold
cleiks, hooks
clocher, a wheezing in the throat
closs, a lane
coft, bought
cog, a hollow wooden vessel for holding milk, &c.
collery, cholera
connach, spoil, ruin
cood, cud
coof, fool, weakling
cookie, a bun
coorie, cower, snuggle close to
coost, threw off
corbie, raven, crow
cöts, ankles
coup, overturn
cour, stoop
couthie, comfortable
crack(s), gossip, chat
craggit, long-necked
cranreuch, hoar-frost
crap, a crop
crawflower, wild hyacinth (Scilla nutans)
creepie, a low stool
creeshie, greasy
cried, proclaimed in church
crony, boon companion
croon, hum to oneself
croynt awa', shrivelled up
crummock, a crooked stick, name for a cow with crooked horns
cuif, a blockhead, simpleton
cuist, cast
cuits, ankles
culf, drive home the wadding
cumein, coming
cumstairy, obstinate
curn, a handful
cutty, short; the cutty-stool was the low stool on which church offenders were admonished
c' wa', come away

daffin', jesting, teasing
daft, foolish
daiker, stroll
daimen, occasional
dander, stroll leisurely
darg, day's work
daud, lump
daunder, same as *dander*
daw, dawn (vb.)
dawing, dawn (sb.)
dead, *deid*, death
deas, *deece*, a wooden settle
dee, to die

deid thraw, point of death, critical moment
deive, deafen, plague
dey, die
diced (*window*), figured like dice
dike, a wall
dine, dinner
ding on, to snow or rain hard
dinket oot, dressed up
dinna, do not
dirl, rattle
divors, debtors
divot, a turf
docken, the dock weed (Rumex obtusifolius)
doit, a small copper coin
dominie, village schoolmaster
donsie, perverse, vicious
dool, woe
dorts, ill-humour
dossie, a pat (of butter or sugar)
douce, sedate
doup, bottom
dour, stubborn
dow(*na*), may (not)
dowf, dull
dowie, doleful, weakly
driegh, dreary
dringing, singing dolefully
drook, drench
droop-rumpl't, short-rumped
drouthy, thirsty (especially for liquor)
druggie, druggist
dub, a muddy pool
duddies, shabby clothes
dule, woe
dune, done
dwam, a feeling of faintness
dyke, see *dike*

echt, eight
ee(*n*), eye(s)
Eerish, Irish
eese, use (sb.)
eeswally, usually
eithly, easily
eldern, elderly
eldritch, *eldrich*, awesome
eneuch, *eneugh*, enough
enoo, *enow*, just now
ett, *etten*, ate, eaten
ettle, (vb.) try, purpose, (sb.) aim, impetus
even, to cross
eydent, diligent

fa', to claim, attempt, pretend to
fa', fall
fac's ocht, true as anything
faem, foam
fail, turf
fain, joyous, eager
fairin', present bought at a fair, deserts
fairntickles, freckles
fash, trouble
fashion, pretence
fashious, vexatious
faucht, struggle
fauld, fold
faut, fault
feck, a number or quantity, the muckle feck = the majority
feckless, feeble
feckly, chiefly
feel, fool
feerious, furious
feint a flee, *feint a hair* = devil a bit; see *fient*
fek, quantity; see *feck*
fell, (adj.) sharp to the taste, (adv.) very
fernyear, last year
fetch't, stopped suddenly
fidge, move restlessly
fidgin' fain, restlessly eager
fient, the fient a tail = the devil a tail; fient haed = devil a bit; see *feint*
fiere, comrade
file, to dirty
file, *filie*, while (sb.)
fin, feel
firlot, a measure = ¼ boll
fissinless, tasteless
fisslin, rustling
fittie-lan', the near horse of the hindmost pair in the plough
fivver, fever
flaer, floor
flattered, floated
flaw, exaggerate
flee, fly
fleech, coax
fleg, fright
flichterin', fluttering
fliskit, capered
floam, phlegm
foalin', overturning
foggage, second crop of grass
foon, a few
forbye, besides
fou, full, drunk
fow, a heap of corn in the sheaves
fower oors, afternoon meal
fraise, fuss
freen, friend
fremit (adj.), stranger
fu', full
fule, fool
fun, found
fungin, flinging

fuok, folk
furbye, besides
Fursday, Thursday
furth, away from home
futt'rat, weasel
fyke, fret
fykie, fidgety
fyou, few

gab, the mouth; *set up their gabs* = chatter disrespectfully
gaberlunzie, licensed beggar
gait, road
gane, suffice
gang-there-out, fond of wandering
gar, compel
gash, wise-looking
gate, road
gaucy, huxom
gaun, going
gawn, going
gawsy, jaunty, portly
geade, went
gear, property
geck at, make fun of
genna, going to
genty, graceful, dainty
ger, compel
gey, (adj.) wild, (adv.) very, rather
geylies, pretty well
ghaist, ghost
gied, gave
gillravaging, depredation, plundering
gin, if
gippeen, fish-gutting
girn, complain fretfully
gjo, a creek
gliff, a moment
gloam, pass from twilight to dark; *gloaming* = twilight
gluff, a mouthful
Gorbals (*The*), a district in Glasgow
gowan, the daisy
gowd(*en*), gold(en)
gowk, fool
grainy (*a*), a little
graith, equipment
grane, groan
grat, wept
gree, prize, first place
greet, *greit*, cry, weep
grien, desire eagerly
growf, belly
grue, shudder with fear or cold
gryte, great
gude-dochter, daughter-in-law
guide, to treat
guid-willie, hearty
gullie, a big knife
gurly, threatening to be stormy
gusty, tasty
gweed, good; *gweed billies* = good friends
gyte, mad

ha', hall
hadden, holding
hae, *haen*, have, had (past pt.)
haffits, temples, cheeks, side-locks
hafflins, half, partly
haill, whole
hain, save up, preserve
hairst, harvest
haiverin', talkative
hale, whole; *halesome* = wholesome
half-fou, $\frac{1}{8}$ part of a peck
halflin, half-grown lad
half-steekit, half-closed
hallan, partition
hallan-shaker, rascal of shabby appearance
haly, holy
hankle, much
hansel, the first gift for luck
hantle, much
hap, to cover
harn, coarse woollen cloth, made from the refuse or hards of flax or hemp
harns, brains
haud, hold; *haud wi't* = acknowledge it
hauf-road, half-way
hauld, protection
hause-bane, throat-bone
ha'ver, cut in halves
hawkie, a cow
heale, the whole
heame, home
heese, to lift
heest, hast (vb.)
helt, health
henmost, last
hidlins, *hidlings*, secret
hie, *hiech*, high
hilty-skilty, careless, helter-skelter
hinny, honey, a term of endearment
hizzie, wench
hoastin', croaking
hoddel-dochlin, clumsy and silly
hoddin grey, coarse woollen cloth, grey homespun
hoo, how
hosstin, coughing
hotch'd, jerked (his arm in playing); sidled
hotter, make a bubbling noise in boiling
houkins, diggings
houlets, owls
houms, holms
hover, delay (vb.)

howe-backit, hollow-backed
howp, hope
hoyte, amble, hobble along
hurdies, buttocks
hyne, far

icker, ear of corn
ilka, *ilky*, every
ill-fared, *ill-faured*, ill-favoured
ingans, onions
ingle, fireside
izzet, zig-zag

jalouse't, suspected
jauk, trifle over work
jee, move hesitatingly
jeestie, matter for jest
jellie, sonsy
jiner, joiner
jink, elude; *jinkin'*, frolicsome
jinker (*noble*), a noble goer
jippled, rippled over with laughter
jo, sweetheart, dear
jook, to bow
justified, executed

kaims, combs
kauk, chalk
kebbuck, cheese
keek, look, peep
ken, know
kep, to catch
kiauch, cark
kilt up, tie up
kinkin, kinds
kintra, country
kirsened, christened
kistin', coffining
kitchie (vb.), give a relish to food
kittle (vb.), tickle; (adj.), ticklish
knaggie, knobby
knowes, knolls
kye, cows
kyeukin, cooking
Kyle, the central district of Ayrshire
kyowowin', fastidious
kyteful, bellyful

laigh, low
laird, landowner, squire
laith, loath
laithfu', awkward, sheepish
lan', flat in a house
lane, alone, as in *my lane*
lap, sprang
lave, the rest
laverock, lark
lawing, reckoning
lay, lea
lea'e, leave
leafu', lawful
leal, true, loyal
lean down, sit down, recline
lee-lang, livelong
leev't, lived
leeze me on, blessings be on
leglin, a pail
leive, live
leuch, laughed
lift, the sky
lilt, sing softly
limmer, rascal (a familiar term applied to both sexes)
link, trip along
linn, waterfall
lint, flax
lippen, trust
loan(*ing*), lane, milking-park
lo'e, love
lood, loud
loof, palm of hand
looten, past pt. of let
Lords o' Session, Judges in the Court of Session, the supreme civil court of Scotland
loup, leap
low(*e*), flame
lowp, leap
lowse, leave off work
lucken, looking
lucken-gowan, the globe flower
lucky-daddy, grandfather
lug, ear, chimney-corner
luik, look
lum, chimney
lyart, hoary, grey-haired

mae, more (of number)
mailens, rent
mair, more, formerly of quantity only, now also of number
mairter, mess
mairyguilds, marigolds
mane, moan
marrow, mate, match
maukin, hare
maun, must
maut, malt
meere, mare
megsty, an exclamation
meikle, much, big
melder, quantity of oats ground at a time
mellishan, the devil (cf. malison)
min', remember
minnie, mother
mirk, darkness
mischanter, accident
mith(*a*), might (have)
mittans, fingerless gloves

mools, mould, the grave
mowse, used negatively; *nae mowse* = no joke, dangerous
mu', the mouth
muckle, big, much
muntit, mounted
mutch, woman's cap

naar, *naur*, near
nain, own
nappy, ale
neb, the nose
neist, next
neuk, nook, corner
nickums, young rascals
niz, the nose
nocht, nothing
nowte, cattle
nyeuk, corner

oe, grandchild
onlee't, without telling a lie
ony, any
ook, week
ool, owl
oot-bye, outside, besides
ootset, beginning
or, before
or ens no, a phrase implying incredulity or lack of respect
ousen, oxen
outby (*of*), without
owcht, aught
ower, over
owre-come, refrain
oxter, the armpit

paidlin, short-stepped
parritch, porridge
pattle, a stick
paukie, *pawky*, shrewd, arch
peerie, small
pey, pay
pickle, small quantity
pies, eyelets
pint, point
pirn, reel
pitiful, kind
plack, a Scots copper coin, $\frac{1}{3}$ of a penny
pleugh, plough
pley, a quarrel
pliskie, a trick
ploy, a trick, frolic
pock (*the*), small-pox
pock-neuk, corner of a sack
pock-puddin', glutton, used especially of Englishmen
pooch, pocket
pooket-like, puny, shabby
pottage, porritch
pou'd, pulled
pow, the head or poll
pownie, pony
pree, to taste
preen, a pin
press, cupboard
prin, a pin
protty, fine
puckles, numbers
puir, poor

quat, quit
quate, quiet; *quaten* = quieten
quean, young woman
queering, making fun of
quey, young cow
quhan, when
quhayr, where

rair, to roar
ranter, a roving blade
rantle-tree, the beam across the chimney by which the crook is suspended
rave, tore
rax, stretch, hand out
ream, cream
reamed, mantled
reaming, frothy
redd up, tidy
reek, smoke, steam
reerie, noise
reest, dry in the smoke
reest, balk, stop in one's course
reest, roost
reivin', thieving
rid, red
riggin, ridge of roof
rigwoodie, lean and scraggy
rintheroot, gad-about
ripp, a handful of corn from the sheaf
rissen, reason
rivleens, sandals of undressed skin
rodden-tree, mountain-ash
rotten, a rat
roup, sell by auction
row, roll
rug, pull violently
runkled, wrinkled

sae, so
saep-supples, soap-suds
sair, serve
sark, shirt
sauf, save
saugh, willow
scads, scalds
scald, to scold
scart, scratch, put on hurriedly
scho, *schui*, she
scraich, *scriech*, shriek

screed, tear to pieces
seer, sure
seggs, sedges
Session, (for Kirk Session) = the lowest Presbyterian Church Court, which in former days dispensed public charity and superintended the morals of the community
severals, others
shake a fit, to dance
shaltie, pony
shaw, a grove
sheen, shoes
sheetin', shooting
shewed, sewed
shoo, scare away
shool, shovel
shoon, shoes
shoormal, shore-mark, margin
shore, threaten
shörely, surely
shüit, suit of clothes
sib, related
sic, *siccan*, such
siccar, sure
siller, money
silly, weak
sin, since
sin'ry like, separately
skaith, harm
skeely, skilful
skeigh, skittish
skellum, a worthless fellow
skelp, whip, slap, move briskly on
skiltin', skipping
skirtit, run off, bolted
skriegh, call, whinny
skytit, shot out, slipped quickly
slae, sloe
slap, opening in hedge or fence
slee, sly
sleight, cunning, dexterous
slypet, slipped
sma', small
smoor'd, smothered
smucks, woollen shoes
snappert, stumbled
sneeshin, snuff
snell, sharp
snod, neat
snoove, jog along
snule, anything mean or paltry
sodger, soldier
soe, pieces of limpet chewed and then thrown into the sea as an attraction for fish; hence fragments
sonsie, plump, good-natured
soom, swim
soop, sweep
sort, put to rights, punish
sough, (sb.) moaning sound, (vb.) whistle over a tune in a low tone; see *sugh*
soupled, made flexible
souter, shoemaker
sowff, hum over
spang, spring
spean, wean
speer, *spier*, ask
speldron, lanky, badly-shaped person
spout, downpour
spreagh, cattle raid
sprittie, full of rush roots
spunkie, spirited
squakin', squeaking
squallachin, squealing, noisy clamour
stacher, stagger
staggie, young stag or horse
stank, ditch
stappin', stepping
stark, strong
starn, star
staunin, standing
steek, close
steep, in *pit yir brains in steep*, i.e. exercise all your wits
steer, *steir*, trouble
steerin, bustling about
steeve, compact
stend, spring suddenly, past pt. *stent*
stent, restricted
stent-masters, assessors
steyest, stiffest
stimpart, ¼ peck
stirrah, young fellow
stook, a shock of corn
stour, dust in motion
stown, stolen
stowp, liquor vessel
strae, straw
straik, stroke
Strathspeys, Highland dances and their music
strums, in *tak the strums*, i.e. take the pet
sugh, see *sough*
sumph, surly person
sune, soon
sung, singed
swag, guarantee (vb.)
swank, agile
swankies, swains, strapping young fellows
swat, sweated
swats, newly brewed ale
sweir, lazy
swither, hesitate
syne, then

ta'en o', taken effect on
tawie, tame, tractable

tawpy, stupid, clumsy person, a giddy, idle girl
teen, a tune
tent, attention
tentie, attentively
tead, toad, term applied to a child
teuchat, lapwing
theek, to thatch
theft-boot, the taking of some payment from a thief to secure him from legal prosecution
thir, those
thof, though
thrave, 24 sheaves of grain set up in two stooks of 12 sheaves each
thraw, twist
through-stanes, flat gravestones
tight, ready for action, in good order or health
tine, lose; past pt. *tint*
tippenny, cheap ale
tnet, to knit
tnock, clock
tocher, dowry
toom, empty
tow, rope
toyte, toddle
trauchle, drudge, weary burden
travise, a partition between two stalls in a stable
trig, neat
trokes, jobs
troo, believe
twartree, two or three
tweaesum, a couple or pair
tweetled, tootled
tyeuk, took
tyke, a rough, unkempt dog
tyleyors, tailors

unca, *unco* (adj., adv.), extraordinary, very
unchancy, unlucky, not safe to meddle with
uncos, strange things
up-throu', up the country

vauntie, proud
vouts, vaults

wa', wall
waar, seaweed
wabster, weaver
wadset, a mortgage
waesuck, alas!
waff, disreputable
wale, choose
walie, fine, jolly, ample
walloch, Highland fling
walloped, moved forcibly, danced with swinging force
wame, the belly
wan, direction
wan ower, escaped
wap, bind or splice with a cord
wapping, lusty, stout
warstle, struggle
wat, wet
wat, know
wather, water
wathers, wethers
wattle, rod or wand
wauble, wobble
waught, draught
waukrife, wakeful
waur, worse
waur't, worsted (vb.)
wawlie, see *walie*
wean, child
wede, vanished, faded
weel-a-wat, assuredly
weel-tochered, well-dowered
whaizle, breathe hard
wheen, a few, several
wheep, whip
wheepled, whistled
widdy, the gallows
wintle, stagger, toss about
wis, us
wisgan, contemptible-looking person
wuddy, see *widdy*
wy, *wye*, way
wyle, choose
wyme, the belly
wyte, blame

yauld, active
yett, gate
yird, earth
youky, itchy
yowe, ewe
Yule, Xmas

CAMBRIDGE: PRINTED BY J. B. PEACE, M.A., AT THE UNIVERSITY PRESS.

Lightning Source UK Ltd.
Milton Keynes UK
UKHW010249150922
408867UK00002B/347

9 789353 863302